晏子春秋通译

上

临淄区齐文化研究中心　编

齊魯書社

前 言

党的十八大以来，习近平总书记多次强调弘扬中华优秀传统文化对实现中华民族伟大复兴中国梦的重要作用。他强调中华优秀传统文化是中华民族的突出优势，中华民族伟大复兴需要以中华文化发展为条件，必须大力弘扬中华优秀传统文化。党的十九大报告明确指出：“文化兴国运兴，文化强民族强。没有高度的文化自信，没有文化的繁荣兴盛，就没有中华民族伟大复兴。”5000多年形成的中华优秀传统文化，则是坚定文化自信的深厚基础。

《晏子春秋》不仅是齐文化名著之一，而且是中华优秀传统文化中光辉灿烂的珍宝。通译《晏子春秋》，弘扬晏子（下文或作“晏婴”）思想，有助于弘扬社会主义核心价值观，有助于治国理政，有助于坚守文化自信，有助于实现中华民族伟大复兴的中国梦。下面就《晏子春秋》一书的几个问题，分别阐述之：

晏婴其人

晏婴，字仲，谥平，齐国夷维（今山东高密）人。大约生于公元前585年，死于公元前500年，享年85岁左右。晏婴的父亲晏弱，字桓子，为齐大夫，于齐灵公二十六年（前556）病逝，晏婴袭父职为齐大夫。

晏婴所处的时代，是齐桓公称霸后百余年的春秋末期。那正是一个“周室衰，礼法堕”（《汉书·货殖列传》），“圣王不作，诸侯放恣”（《孟子·滕文公下》）的时期。就齐国而言，则正是姜齐政权由霸业的顶峰向衰败消亡转变的时期。正如马骕所言："晏平仲之在齐也，历事三君，皆暗主也……所际之时，则季世也。"（《绎史》卷七十七）

齐灵公晚年，齐国内乱已起，曾招致晋兵围临淄，焚郭而去。灵公之子齐庄公残暴荒淫、滥杀无辜，最终为崔杼所杀。齐景公在刀光剑影中即位，杀伐也愈演愈烈。鲁襄公二十七年（前546），庆封灭崔氏当国；次年，陈、鲍二氏合公族栾、高共灭庆氏；后陈、鲍氏又灭栾、高二氏。因此后人多说，晏婴身处乱世，"自全于纷扰之中"（《全唐文》卷八百六十七）。从齐国当时的地位看，齐国虽遭内乱削弱，但霸主余威仍在。对周边列国而言，齐仍不失为东方强国大国。

王志民先生说："总的讲，晏婴时代的齐国，是一个外强与内乱相映，衰败与发展并存的社会。这种社会情况，使晏婴虽'身处乱世'，但'显名诸侯'，造就了晏婴其人，也成就了晏婴其业。"

晏婴出仕后历事灵公、庄公、景公三朝，从政达五十余年，景公时为齐相。他是春秋后期著名的政治家、思想家和外交家，是与管仲齐名的齐国贤相。司马迁把晏婴与管仲合写一传列入《史记》，称作《管晏列传》，并高度评价说："假令晏子而在，余虽为之执鞭，所忻慕焉。"（《史记·管晏列传》）其对晏婴的崇仰敬佩之情由此可见。

晏婴在长期治国实践中，坚持礼法治国，采取薄赋敛、省刑罚、减徭役等民本措施；尚贤使能、除奸杜佞；行政以廉为本、节俭力行；对外施行和平外交政策。总之，晏婴在当时极其复杂的环境中，内安社稷，外靖邻邦，维持了齐国长时期的稳定和强盛，真乃千古贤相。晏婴的治国思想与实践，充分反映在《晏子春秋》中。

《晏子春秋》的撰写与思想体系

《晏子春秋》是一部重要的先秦典籍。它以短篇故事的形式记述了晏婴的思想言行，是认识、了解和研究晏婴的不可缺少的宝贵资料，具有重要的史料价值。

《晏子春秋》，旧题晏婴撰，然而遍读其书，《晏子春秋》并非为晏婴所作，这是可以断言的。因为全书215章中，有161章明确写到齐“景公”，而“景公”是齐国国君死后的谥号，齐景公死于晏婴之后，其谥号晏婴生前不及知，而且书中常载有晏婴死后之事，内外篇皆有。可知《晏子春秋》非晏婴自撰。

那么，《晏子春秋》究竟出自何人之手，古今众家说法不一。唐代柳宗元认为是墨家之中的齐人撰成，说：“吾疑其墨子之徒有齐人者为之。”今人又有作者为淳于越说，宋钘、尹文说；其学派归属，则有墨家说、儒家说等。

宣兆琦先生指出：“《晏子春秋》实非某人、某派之作。最初，这部书可能是齐景公身边，或晏婴身边的史官所作的原始记录。后来，晏婴后昆中熟悉宫廷档案和历史文献的人又加以补充增缀，崇拜晏婴的齐人在传颂中又加以演绎提升；至战国时期，稷下学宫中推崇晏婴人品、业绩和思想的先生们整理出多种写本的《晏子春秋》。”

此言讲明了《晏子春秋》形成的根由、过程和作者。

关于《晏子春秋》的记载，最早见于司马迁的《史记》。他在《管晏列传》中写道：“吾读……《晏子春秋》，详哉其言之也……至其书，世多有之。”《史记》没有注明这部书的篇数，但我们可以知道，它在西汉初已经广为流传了。

稍晚于司马迁的刘向，曾对这部书作过一番整理，删去重复的篇章，定著为8篇215章。他在《晏子叙录》中说：“其书六篇，皆忠谏其君，文章可观，义理可法，皆合六经之义。又有复重，文辞颇异，不敢遗失，复列以为一篇。又有颇不合经术，似非晏子言，疑后世辩士所为者，故亦不敢失，复以为一篇。”

可见，刘向所校订的《晏子》共有8篇，《汉书·艺文志》所引《晏子》8篇，当即向本；现在通行的《晏子春秋》应该就是刘向所校录过的版本。

关于《晏子春秋》思想体系的归属问题，刘向认为《晏子春秋》属于儒家。《汉书·艺文志》把《晏子》8篇列于儒家。其后，《隋书·经籍志》《旧唐书·经籍志》《新唐书·艺文志》《宋史·艺文志》等皆将其列入儒家。唐代柳宗元《辩〈晏子春秋〉》，则认为《晏子春秋》属墨家，自此，开启了《晏子春秋》儒墨归属争端。还有人主张列入小说家，《四库全书总目提要》则将其列入传记类。今人或曰儒，或曰墨，不一而足。

关于《晏子春秋》的学派归属问题，宣兆琦先生作过深刻的阐述。他说："如同管仲一样，晏婴本是一个做实际工作的人。他没有，也无暇著书立说，更无意独立门户，甚或附入某家而为人张目了。他作为齐相，面对的是经邦治国理民的实际问题，他的谋略、举措由是出，思想、学说亦（由）是生……针对当时齐国公室微缩、私家膨胀的局面，晏婴主张以礼治国；针对齐国统治者横征暴敛、刑繁罚重的苛政，晏婴主张施行仁政，此为儒家所称道；针对齐君以及卿大夫们的奢侈淫逸生活，晏婴主张节俭，并身体躬行之，此为墨家所欣赏。然若将其归入儒家或墨家，无疑是出主而入奴了，断断不可。如果强为之作一归属的话，那么，将晏婴和《晏子春秋》的思想学说称作晏子学比较适宜。"

王志民先生指出："《晏子春秋》编著于稷下学宫，是学士们集体著作的产物。"战国时期，承担编辑审定《晏子春秋》的稷下学者们，为了使其编著更符合时代的需要，有助于解决现实的诸种问题，他们在遵循晏婴思想的基础上，兼容并包地汲取其他学派的先进思想。这种现象也必然反映到《晏子春秋》中来。这恰恰说明齐文化的包容性，因此，将《晏子春秋》列入其他学派是不科学的。

关于《晏子春秋》是否为"伪书"问题。从两千多年来历代史志的著录情况看，《晏子春秋》属于先秦著作，当没有问题。但是唐代柳宗元对《晏子春秋》提出质疑，因而导致了其后学者对《晏子春秋》的怀疑，他们随之从《晏子春秋》的内容、书名和篇卷方面提出疑问，然后斥其为"伪书"或疑其为"伪书"，从而影响到千百年来学术界对这部史学典籍的评价和运用。1972年4月，山东临沂银雀山发掘的两座西汉墓中有《晏子》残简共102枚，与现在流传的版本相对照，基本一致。至此“伪书”之说才销声匿迹，还《晏子春秋》以历史真面目。

《晏子春秋》的思想内容

一、礼、法治国思想

晏子从政相齐，已是姜氏齐国的末世，这一时期臣弑君、子弑父、废嫡立庶、手足相残等社会现象屡见不鲜。与之相伴随的公室衰微、大夫专权、私家膨胀等社会现实，导致上层统治集团内部矛盾日益尖锐。与此同时，国君随意赏赐利禄，肆刑滥杀，致使社会秩序无比混乱，民不聊生。在这种形势下，晏子继承了姜太公、管仲的法律思想，提出了适合齐国实际情况的礼、法兼治的政治主张，以构建他所向往的和谐社会。这一思想自然反映到《晏子春秋》中来。

（一）以礼治国

什么是礼呢？晏子认为：“君令臣忠，父慈子孝，兄爱弟敬，夫和妻柔，姑慈妇听，礼之经也。”（《晏子春秋·卷七·十五》。以下只注篇名）就是说，君善臣忠，父慈子孝，兄爱弟敬，夫和妻柔，婆慈媳顺，这是礼的法则。可见礼是对所处社会不同地位的人们的道德要求和行为规范。

根据礼的内容和实质，晏子认为，礼有多方面的功能。第一，礼可以治国安君。晏子认为：“人君无礼，无以临其邦；大夫无礼，官吏不恭；父子无礼，其家必凶；兄弟无礼，不能久同。”（《卷七·一》）这就是说，国君不讲礼，就不能够治理国家；大夫不讲礼，官吏也随之违背礼法；父子之间不讲礼，他们的家一定不吉祥；兄弟之间不讲礼，就不能长期和睦相处。可见礼对治国的作用之大。第二，礼可以限制私门。《卷七·十五》记载晏子与景公议政，景公问何以阻止陈（田）氏势力发展时，晏子回答：“维礼可以已之。其在礼也，家施不及国……士不滥，官不謟，大夫不收公利。”这就是说，只有仰仗礼才能防范，因为据礼施政，大夫的施舍不能超过国君……官吏不会滥权贪污舞弊，大夫也不会因贪私利而枉法。因此说，礼可以用来限制私门。第三，礼可以御民。晏子认为“礼者所以御民也”（《卷二·二十五》），并强调说：“夫礼者，民之纪，纪乱则民失，乱纪失民，危道也。”（《卷二·十二》）这就是说，礼是用来管理百姓的。礼是百姓的纲纪，纲纪乱了，就失去了百姓，这是一条十分危险的道路。

晏子之礼是对管子之礼的继承和实际运用，《管子·五辅》曰：“上下有义（仪），贵贱有分，长幼有等，贫富有度。凡此八者，礼之经也……八者各得其义，则为人君者中正而无私，为人臣者忠信而不党，为人父者慈惠以教，为人子者孝悌以肃，为人兄者宽裕以诲，为人弟者比顺以敬，为人夫者敦蒙以固，为人妻者劝勉以贞。”可见晏子之礼和管子之礼的传承关系。而比较晏子之礼与孔子之礼，二者既有相同之处，又有不同之处。孔子主张“君君，臣臣，父父，子子”，晏子也主张“君令臣忠，父慈子孝，兄爱弟敬”，但晏子反对孔子厚葬久丧的繁文缛节。

（二）以法治国

晏子不仅主张以礼治国，而且同时主张以法治国。这种礼、法并用的思想与管子学说是一脉相承的。熟谙管仲法律思想的晏子，深知其以法治国的理念和精髓，因而提出了“修法治，广政教”的主张。《晏子春秋》中，反映了晏子不少的法治主张。

其一，“刑罚中于法，废置顺于民”（《卷三·十一》）。所谓“刑罚中于法”，就是说，在制定刑罚条文时，既不可繁苛，也不可疏漏，宜取于“中”，合乎法度，恰到好处。所谓“废置顺于民”，就是说，在恢复、整顿业已废弛的旧法令时，要体察民情，损益其罪及罪类，该删就删，该加就加，做到百姓能够接受，合乎国情民心。这与管仲提出的“修旧法，择其善者而业用之”（《国语·齐语》）、“下令如流水之原，令顺民心”（《史记·管晏列传》）之主张，是一脉相承的。

其二，信赏必罚。赏为激励，罚是制约，这是国君御群臣、理万民的两种法治手段。国君必须做到赏其该赏、罚其当罚，才能实现治国的目标。晏子针对景公“燕赏无功而罪有司”的过失，向景公讲述了信赏必罚的重要性和必要性。他说："昔者三代之兴也，利于国者爱之，害于国者恶之，故明所爱而贤良众，明所恶而邪僻灭，是以天下治平，百姓和集。"（《卷一·七》）深刻阐明了赏有功、罚有罪、赏罚分明是治国施政的要义。要做到这一点，就必须公正执法。"喜乐无羡赏，忿怒无羡刑"（《卷四·八》）、"不因喜以加赏，不因怒以加罚"（《卷三·十七》）。

《管子·明法解》曰："明主虽心之所爱，而无功者不赏也；虽心之所憎，而无罪者弗罚也。"可见晏子信赏必罚思想与管子法律思想的一致性。

其三，诛不避贵，赏不遗贱。所谓"诛不避贵，赏不遗贱"（《卷三·十一》），就是惩罚邪恶不庇护权贵，庆赏贤能不遗漏贫贱之士。《管子·七法》曰："论功计劳未尝失法律也，便辟、左右、大族、尊贵大臣不得增其功焉，疏远、卑贱、隐不知之人不忘其劳。"晏子汲取管子这一主张而提出的"诛不避贵，赏不遗贱"主张，是对"刑不上大夫，礼不下庶人"这一传统观念、制度的进一步否定，体现了平等执法、公正执法的精神。

晏子礼、法治国的理论，在当时有着重要的社会意义，时至今日，仍有重要的借鉴价值。

二、以民为本思想

春秋时期的管仲率先提出"以人为本"的论断，他把民众作为治国及取得霸业的根本。他说："夫霸王之所始也，以人为本。本理则国固，本乱则国危。"（《管子·霸言》）春秋末期的晏子全面继承先人及管仲的民本思想，明确提出"以民为本"的主张，并以此作为得道、正行的标准。他说："卑而不失尊，曲而不失正者，以民为本也。"（《卷四·二十一》）这是在中国思想史上第一次明确提出"以民为本"的语义概念。

那么，怎样做到以民为本呢？要做到以民为本，就必须做到爱民。晏子把是否爱民作为衡量国君德行的标准。他说："意莫高于爱民，行莫厚于乐民。""意莫下于刻民，行莫贱于害身也。"（《卷四·

二十二》）那么，怎样做到爱民呢？其措施如下：

其一，薄赋敛。景公时，统治阶层对人民的盘剥日益严重。针对因赋敛重而导致的民不聊生、“国之危失”的局面，晏子主张减轻赋税、节用财物、减轻关卡市场的税收、不垄断山林湖沼以谋取厚利、体恤百姓的疾苦等，以得到百姓的亲近。他还提出减税的具体方案：“君商渔盐，关市讥而不征；耕者十取一焉。”（《卷六·十六》）在晏子的劝谏下，这些方案得以实施。

其二，省刑罚。景公时苛法严刑，草菅人命，常常为了一只鸟、一匹马、一棵树而治人死罪。因而造成“拘者满圄，怨者满朝”“踊贵而屦贱”的局面。景公这种行为，引起了齐国百姓的强烈愤慨。针对这种情况，晏子多次进谏，指出刑罚重对于国家和百姓的危害。在晏子的劝谏下，景公在一定程度上减轻了刑罚。

其三，减徭役。景公为了享乐，大兴土木，滥用民力，给百姓造成极大的负担和痛苦。《卷二·八》载：“景公春夏游猎，又起大台之役。”晏子借楚灵王屡兴劳役而不息，终为人民所抛弃的历史教训，警告景公说：“昔文王不敢盘游于田，故国昌而民安。楚灵王不废乾溪之役，起章华之台，而民叛之。今君不革，将危社稷，而为诸侯笑。”景公在晏子的进谏之下遂罢役。

其四，恤不幸。晏子认为，作为国君应该时时处处关心群众疾苦，“饱而知人之饥，温而知人之寒，逸而知人之劳”（《卷一·二十》）。尤其对那些鳏寡孤独、老弱病残者，更应该加以体恤和照顾。在晏子的劝谏下，“于是老弱有养，鳏寡有室”（《卷五·八》）。

其五，赈灾害。自然灾害往往给百姓带来极大的困难，甚至造成妻离子散、家破人亡的灾难。在救灾方面，晏子的态度是坚决的。景公时，有一次，大雨一连下了十七天，可是景公依然沉迷酒乐，对雨灾无动于衷。晏子对此不满，便拿出自家粮食救济灾民，同时力谏景公，说：“日夜饮酒，令国致乐不已，马食府粟，狗餍刍豢，三保之妾，俱足粱肉。”（《卷一·五》）在晏子的劝谏下，景公授晏子以赈灾之权，于是一万七千家灾民得到救济。

综上所述，晏子的民本思想涉及治国理政的各个方面。他所推行的爱民之政在一定程度上减轻了百姓的负担，保全了百姓的生命，改善了百姓的生活，促进了经济的发展，稳定了社会的局势，增强了齐国的综合国力。

三、人才思想

晏子继承了姜太公“尊贤尚功”和管仲“量能而授官”的人才思想，根据当时齐国形势，提出了广纳贤士、尚贤任能的人才思想并付诸实践。这一思想，在《晏子春秋》中有多方面的反映。

重贤。晏子深刻地认识到：贤士对于兴国、强国所起的作用是巨大的。用贤，则国兴；不用贤，则国衰。因此，他旗帜鲜明地提出“国有三不祥”：“夫有贤而不知，一不详；知而不用，二不详；用而不任，三不祥也。”（《卷二·十》）晏子认为，要实施爱民的治国之策，必须任用贤人。景公问晏子贤君治国之道，晏子回答说：“其政任贤，其行爱民。”（《卷三·十七》）

选贤。在选贤方面，晏子在继承前人的基础上有独到见解，从而反映了他广纳贤士的博大胸怀和海纳百川的开放精神。

其一，认真考察。《卷三·二十七》记“景公问得贤之道”，晏子对曰：“举之以语，考之以事，能谕，则尚而亲之。近而勿辱以取人，则得贤之道也。”强调在实践中考察贤者，只要通晓治国之理又有办事能力的人，就能得到敬重和任用。而且要“观之以其游，说之以其行……故通则视其所举，穷则视其所不为，富则视其所分，贫则视其所不取”（《卷三·十三》）。就是说，观察其和什么人交游，品评其行为；观察其在显达、困顿、富有、贫穷时的所作所为，来断定其是否贤人。

其二，唯才是举。第一，要做到避免摒仇弃贱，唯才是举。对此《卷四·二》以桓公用仇人管仲、家贫的卫人宁戚为例，极尽说明用贤不避仇、不避贱的道理。第二，不要求全责备，而要做到用其所长。《卷三·二十四》说：“任人之长，不强其短；任人之工，不强其拙。此任人之大略也。”晏子这种广纳贤士的思想与管仲“任其所长，不任其所短，故事无不成，而功无不立”（《管子·形势解》）的思想是一致的。

其三，惩治奸佞。为了充分地举贤用贤，晏子提出了“审择左右”惩治谗佞的主张。尤其是国君身边的谗夫佞臣，依托君威，加害贤良，危害国家，故为国之大患。晏子把这种谗夫佞臣比作“社鼠”“猛狗”，力主惩之、除之。“社鼠”喻指国君身边的佞臣，他们依恃国君的权威，在朝中遮蔽善恶、拨弄是非，在外矫命弄权、鱼肉百姓，不诛之则乱，诛之则为国君所庇护。“此亦国之社鼠也。”（《卷三·九》）“猛狗”喻指当政的权奸，他们嫉贤妒能，阻塞圣听，使有道之士不能参与朝政事，忠良贤臣不得任用。“此亦国之猛狗也。”（《卷三·九》）因此，惩治与铲除社鼠、猛狗一类的奸佞是选贤任能的需要，也是治国安邦的根本大计。

综上可知，晏子继承了齐国“尊贤尚功”的用人传统，并使之更全面、更深刻、更有实践意义。

四、廉政思想

倡廉洁是治理国家的根本，他说：“廉者，政之本也。”（《卷六·六》）这是在中国思想史上第一次提出“廉为政本”的观点。《卷三·一》说：“尽忠不豫交，不用不怀禄，晏子可谓廉矣！”是说遇事尽忠而不预先结交于国君，不被任用也不贪恋爵禄，晏子可以说是廉洁啊！

在晏子看来，奢侈腐败是当时齐国政治的主要症结，它不仅使政风污浊，而且给劳动人民造成极大的灾难。为此，晏子从齐国大局出发，以不屈不挠的精神，同齐国的腐败势力进行斗争。景公欲以圣王之居服而致天下诸侯，晏子指出：“今君穷台榭之高、极汚池之深而不止，务于刻镂之巧、文章之观而不厌，则亦与民为仇矣。若臣之虑，恐国之危而公不平也。公乃愿致诸侯，不亦难乎！”（《卷二·十四》）在晏子的多次劝谏下，景公的奢侈之行有所收敛，朝中政风也有所改观。

在反奢倡廉的同时，晏子本人勤政廉洁，事必躬行，在个人衣、食、住、行、婚、丧等各方面，都做到了廉洁自律，并一再辞去景公赐予的封邑、千金、宅第、市租、辂车、乘马等。晏子这种崇高的德行受到后人高度赞扬。清人马骕说："晏平仲之在齐也，历事三君，皆暗主也……乃景公固非能大有为之君也，所宠任者梁丘据、裔款之流，所好者宫室台榭之崇，声色狗马之玩，婴也随事补救，以讽谏匡君心者，朝夕不怠，危行言孙，故能身处乱世，显名诸侯，而齐国赖之以安也。"（《绎史》卷七十七）总之，《晏子春秋》以大量的事例，反映了晏子的清正廉洁思想，塑造了晏子令人崇仰的廉吏形象。

五、外交思想

从《晏子春秋》中可以看到，晏子从当时齐国的实际情况出发制定了一条外结诸侯、和睦相处、反对侵伐、维护和平的外交政策。

景公问晏子"圣王其行"，晏子答曰："不侵大国之地，不秏小国之民，故诸侯皆欲其尊；不劫人以兵甲，不威人以众强，故天下皆欲其强；德行教训加于诸侯，慈爱利泽加于百姓，故海内归之若流水。"（《卷三·五》）晏子告诉了景公这样一个道理：不侵犯大国的土地，不损耗小国的人口，所以诸侯都希望他尊贵；不用武力劫掠别人，不以田地广大威胁别人，所以天下人都希望他强大；德行教化施加给诸侯，慈爱恩惠施加给百姓，所以天下人像流水般归附他。晏子还主张"不以威强退人之君，不以众强兼人之地；其用法，为时禁暴，故世不逆其志；其用兵，为众屏患，故民不疾其劳"（《卷四·十一》），即所谓：不凭借势力强大而征服他国国君，不依恃地域广大而兼并他国国土；若动用法令，是为社会禁止暴乱，因此得到天下人的欢心；若动用武力，是为民众消除祸患，因此百姓不抱怨劳苦。

《晏子春秋》记载，晏子为实践这条外交路线，曾劝阻庄公伐晋，劝阻景公伐宋、伐鲁，使齐国和有关诸侯国避免了一次又一次的战争祸乱，维护了社会的和平稳定局面。根据《晏子春秋》记载，晏子在外交活动中，对来自强国的侮辱和挑衅进行了坚决斗争，不仅维护了齐国的尊严，而且广泛联络了诸侯。晏子使楚、使吴等许多生动篇章，有力地表现了晏子不畏强暴、敢于斗争、善于斗争的爱国形象。其爱国精神两千多年来一直影响着一代又一代的中华儿女。

六、哲学思想

晏子的哲学思想中最精彩和最有价值的内容，则是和同之辩、和而不同。

西周末年太史史伯通过“和”“同”之异，说明宇宙万物起源的宇宙观和矛盾的统一性的辩证法，肯定万物是由不同的原始物质元素和合而成的，不是同类事物简单相加的结果，这个道理在当时是光辉的。

晏子在史伯的思想基础上，进一步分辨“和”“同”之异，阐明了各种事物是多样的对立统一的矛盾体，以及其“相济”“相成”“相异”“相即”的关系。

与景公论“和”与“同”的问题时，晏子以烹调和音乐为例给景公作了形象的解释，并指出景公与梁丘据是“同”而不是“和”。晏子说：“今据不然，君所谓可，据亦曰可；君所谓否，据亦曰否。若以水济水，谁能食之？若琴瑟之专一，谁能听之？同之不可也如是。”(《卷七·五》)

晏子的“和而不同”思想，包含着丰富而深刻的哲学思想，主要有以下含义：第一，“和”是宇宙万物中普遍存在的矛盾，任何事物都是矛盾对立双方组成的统一体。如清浊、大小、短长、疾徐、哀乐、刚柔、迟速、高下、出入、可否等，都是诸种事物矛盾的表现。这些表现既是对立相反的，又是相济相成的。正因如此，才构成万事万物。第二，“和”是产生新事物的基本条件。不同物质的相互调合，相济相成，在一定量度的配合下组成新生事物。如五味、五声等在一定条件下和成美味、美声。任何事物都是由不同成分组成的统一体。“和”是事物多样性的统一之义，“同”是事物的“单一化”。只求“单一性”，就难以形成新事物，难以促进事物的发展。正如晏子所说，用清水调和清水，就不会做出美味的羹汤；用一个单调的音符来演奏，就不会奏出优美动听的音乐。

由此可见，晏子的“和而不同”思想，反映了他厚德载物、海纳百川的包容精神，也是他治国为政的哲学指导思想。

此外，晏子的无神论、生命观(“生之有死”是自然界新陈代谢规律)、

"足欲必亡"等思想都闪烁着哲理的光辉。

《晏子春秋》的艺术成就

在先秦诸子文献中，《晏子春秋》是别具一格的，它虽名为"春秋"，但记述晏子思想言行，其中很多与历史事实相符，具有一定的史料价值；它又不拘泥于历史，其中不乏民间传闻和记述者的创造。因此可以说，《晏子春秋》是一部史料性很强的历史故事集，具有很高的艺术成就。

一、故事性强

《晏子春秋》由一篇篇小故事连缀成书，这些小故事有历史、有传说、有演义，有人物、有事件，大都有头有尾，情节完整，富有故事性。如《卷五·三》"崔庆劫齐将军大夫盟晏子不与"章就有完整的情节，先是崔庆逼盟，继而晏子盟，后崔杼威逼晏子易盟，再后来，晏子拒斥崔杼，最后晏子脱险。再如晏子再治东阿、景公夜饮、晏子使楚、晏子使吴等章节都写得曲折动人，妙趣横生，足以说明《晏子春秋》十分注意情节的安排和组织，使故事波澜起伏，曲折生动，引人入胜。

二、人物形象鲜明

善于记述人物是《晏子春秋》的一大艺术成就。如晏子的爱国爱民、廉洁勤政、忠言直谏、不畏强暴、智慧超群、能言善辩等都得到充分展现。此外，景公的贪欲腐化，梁丘据的媚态，楚王的愚笨、自作聪明等，也都得到切实的展示。《晏子春秋》记述人物很注意选择典型事件，把人物置于矛盾冲突的漩涡中，以此突显人物的性格特征、精神、思想。如《卷五·三》"崔庆劫齐将军大夫盟晏子不与"章，就把晏子置于生死关头，充分展示了晏子不为暴屈、不为利诱的大无畏精神和坚贞品格。《晏子春秋》还注意通过一些日常生活琐事来表现人物性格，丰富人物形象。如《卷六·十七》"梁丘据言晏子食肉不足景公割地将封晏子辞"章、《卷六·十八》"景公以晏子食不足致千金而晏子固不受"章、《卷六·二十四》"景公以晏子妻老且恶欲内爱女晏子再拜以辞"章、《卷六·二十五》“景公以晏子乘弊车驽马使梁丘据遗之三返不受”章等，都从日常生活的不同方面展现了晏子俭约自守、清正廉洁、严于律己的高尚品德。此外，《晏子春秋》还注意通过其他人物来烘托晏子这个主要人物。如《卷五·二十五》借御者之妻之口赞美晏子谦逊恭谨的美德，从侧面表现了晏子一代国相的风度。《卷五·二十七》借北郭骚杀身，从侧面说明了晏子的贤良。《卷五·二十九》借晏子辞家臣高纠，从侧面反映了晏子的用人原则。

三、语言的精妙

《晏子春秋》有精妙的语言艺术，它的叙述语言准确、精炼，人物对话语言符合人物性格特征。对于晏子，无论是规劝进谏，还是出使外交，其语言慷慨激昂、义正词严、中肯诚挚；特别是晏子语言中的幽默感，不但使故事意趣盎然，而且增加了语言的辛辣机锋、雄辩的逻辑力且更富有斗争性，使对方不得不在谈笑之间，或欣然接受，或认错服输。如《卷一·二十五》章，全篇采用正话反说的笔法，表面上是历数养马人的罪状，实际上是谴责景公“以一马之故而杀人”的残忍。《卷六·二十一》章，晏子由物价巧妙地引出“踊贵而屦贱”，使景公愀然而省刑。晏子使楚诸篇，晏子以其机敏和雄辩，巧妙地反驳了楚人的无理刁难，反客为主，智胜楚王。其语言的辛辣、幽默达到了十分精妙的程度。

《晏子春秋》语言的精妙还表现在其句式常用排比、对偶等修辞方式，揭示深刻的哲理。如：“谋度于义者必得，事因于民者必成”（《卷三·十二》），“饱而知人之饥，温而知人之寒，逸而知人之劳”（《卷一·二十》），“诛不避贵，赏不遗贱”（《卷三·十一》），“任人之长，不强其短；任人之工，不强其拙”（《卷三·二十四》），“夫有贤而不知，一不祥；知而不用，二不详；用而不任，三不祥也”（《卷二·十》），“为者常成，行者常至”（《卷六·二十七》）等。这些经典语句，增强了《晏子春秋》的政治思想性。

《晏子春秋》思想的当代价值

党的十九大报告明确指出："深入挖掘中华优秀传统文化蕴含的思想观念、人文精神、道德规范，结合时代要求继承创新，让中华文化展现出永久魅力和时代风采。"《晏子春秋》一书有许多值得今天借鉴的思想观念、人文精神、道德规范。下面仅举几点阐述之：

其一，借鉴晏子的礼、法治国思想，助推构建社会主义和谐社会。法律和道德作为上层建筑的组成部分，都是维护社会秩序、规范人们思想和行为的重要手段，它们互相联系、相互补充。法治以其权威和强制性手段规范社会成员的行为，德治（礼治）以其感召力和劝导力提高社会成员的思想认识和道德觉悟。因此，道德是法律的基础，法律是道德的保障。晏子的可贵之处就在于，在治国实践中汲取管仲的法律思想，坚持"修法治，广政教"，实施礼、法结合的治国方略。晏子的礼、法兼治理论，对于我们今天坚持以德治国和依法治国相结合而构建社会主义和谐社会，仍具有重要的启迪意义。

其二，借鉴晏子的"以民为本"思想，坚守执政为民理念。我们今天研究晏子这一民本理念，有利于我们加深对坚持"人民群众是历史的创造者"和"以民为本"理念的理解。习近平总书记在党的十九大报告中指出："坚持以人民为中心。人民是历史的创造者，是决定党和国家前途命运的根本力量……把党的群众路线贯彻到治国理政全部活动之中，把人民对美好生活的向往作为奋斗目标，依靠人民创造历史伟业。"我们以历史唯物主义观点看问题，晏子的民本思想是值得借鉴的。

其三，借鉴晏子的人才思想，加快建设人才强国。打破传统观念，广招贤士、选贤任能，是晏子人才思想的主要部分。这一思想无论是在当时还是在今天，都有重要意义。

我们党一向尊重知识、尊重人才，充分调动各类人才为社会主义现代化建设服务的积极性。各级领导都重视贯彻尊重劳动、尊重知识、尊重人才、尊重创造的方针，努力开创人才辈出、人尽其才的新局面。以史为鉴，晏子的人才思想对于我们实施人才强国战略，具有重要的借鉴价值。

其四，借鉴晏子的廉政思想，助推党的廉政建设。晏子反奢倡俭、廉洁自律的廉政思想是其治国理政思想的重要组成部分，也是他挽救国家颓危命运、取得民心的重要措施。这一廉政思想一直为历代开明执政者所传承，在持续以高压态势反腐败斗争、全面推进党的建设的今天，晏子的廉政思想有着特别重要的借鉴价值。

其五，借鉴晏子的和平外交思想，始终不渝走和平发展道路。当今世界，和平与发展仍然是当今时代的主题，求和平、谋发展、促合作已经成为不可阻挡的时代潮流。但霸权主义和强权政治依然存在，世界和平与发展面临诸多难题和挑战。中国一贯实行和平外交政策，不管国际风云如何变幻，中国都将高举和平、发展、合作、共赢旗帜，高举独立自主的和平外交政策，维护国家主权、安全、发展利益，恪守维护世界和平、促进共同发展的外交政策宗旨。以此审视晏子的和平外交思想，其借鉴意义是不可低估的。

其六，借鉴晏子的“和而不同”思想，助推构建人类命运共同体。“和而不同”思想作为一种科学先进的思维方式用以治国，其意义是重大的。比如：执政者必须采纳谏言，汲取不同政见；必须除奸去佞，不听阿谀奉承之言；必须正确对待贤士的长处、短处，不可求全责备；坚持礼、法治国，以协调人与人之间的关系；在对外关系中，坚持以礼相待、求同存异等，以此实现强国安民的治国目标。

今天，晏子的“和而不同”思想，在构建社会主义和谐社会、处理民族关系以及处理复杂多变的国际关系等方面仍有重要的借鉴价值。2014年3月，习近平主席在联合国教科文组织总部演讲中，引述了《左传》中齐国上大夫晏子关于“和”的一段话：“和如羹焉，水、火、醯、醢、盐、梅，以烹鱼肉。”“声亦如味，一气，二体，三类，四物，五声，六律，七音，八风，九歌，以相成也。”“若以水济水，谁能食之？若琴瑟之专壹，谁能听之？”（与《卷七·第五》相同）以此表明不同文明间应该相互尊重、和谐共处，让文明交流互鉴成为增进各国人民友谊的桥梁、推动人类社会进步的动力、维护世界和平的纽带。

综上所述，弘扬晏子思想是新时代的需要。要使晏子思想更好地为当代社会服务，就要坚持创造性转化，创新性发展。创造性转代，就是按照时代持点和要求，对那些至今有借鉴价值的内涵加以改造，赋予其新的时代内涵，激活其生命加创新性发展，就是按照时代的新进步、新发展，对其内涵加以补充、拓展，增强其影响力和号召力。只有这样才能使晏子思想展现出永久魅力和时代风采。

本书为国学经典通译本，兼采众家所长，如孙星衍、张纯一、吴则虞、汤化诸先生之作。同时，又据译者理解略有调整。故本书所用文本参考各书，前人误说或考订未甚精密者，译者试为纠正或补充。

为方便读者了解古籍原貌，特以国家图书馆古籍馆藏清嘉庆二十一年（1816）吴鼒依元刻影钞本组织刊刻的《晏子春秋》八卷全貌作为附录，以飨读者。

因笔者学力所限，不当之处敬请批评指正。

宋玉顺

2018年7月

目　录

【卷二　内篇谏下】

【卷三　内篇问上】

【卷四　内篇问下】

【卷五　内篇杂上】

【卷六　内篇杂下】

【卷七　外篇重而异者】

【卷八　外篇不合经术者】

【卷一　内篇谏上】

庄公矜勇力不顾行义晏子谏第一

【题解】

齐庄公喜欢夸耀勇猛有力的人，导致一些勇猛有力的人轻视国法、无所顾忌，公卿贵族不敢进谏，左右近臣则敷衍塞责。晏子劝说庄公应该弘扬尧、舜、禹、商汤、周武王等圣王之德，大力推行仁义，以求国家永存。

【原文】

庄公奋乎勇力①，不顾于行义②。勇力之士，无忌③于国，贵戚不荐善④，逼迩不引过⑤，故⑥晏子见公。

【注释】

①庄公（？—前548）：也称齐后庄公。春秋时期齐国国君。姜姓，名光。齐灵公之子。公元前553—前548在位。因与崔杼之妻东郭姜私通，而遭崔杼等人杀害。齐庄公死后，崔杼拥立齐庄公的异母弟杵臼即位，是为齐景公。奋：夸耀。乎：于。　②顾：问。于：对。行义：推行礼义。义，道义，礼义。　③无忌：无所顾忌。　④贵戚：国君本姓的公卿贵族。荐：进言，陈述。　⑤逼迩：二字同义，近。这里指国君身边的近臣。引过：指出过失。　⑥故：因此，所以。

【译文】

齐庄公喜欢夸耀勇猛有力的人，却不注重推行礼义。那些勇猛有力的人，对国家的法令制度无所顾忌，公卿贵族不进言美德，左右近臣也不指出过失，因此晏子去见庄公。

【原文】

公曰："古者亦有徒以勇力立于世者乎①？"

晏子对曰："婴闻之，轻死以行礼谓之勇②，诛暴不避强谓之力③。故勇力之立也，以④行其礼义也。汤、武用兵而不为逆⑤，并⑥国而不为贪，仁义之理也。诛暴不避强，替罪⑦不避众，勇力之行也。古之为勇力者，行礼义也；今上⑧无仁义之理，下⑨无替罪诛暴之行，而徒以勇力立于世，则诸侯⑩行之以国危，匹夫行之以家残⑪。昔夏⑫之衰也，有推侈、大戏⑬；殷⑭之衰也，有费仲、恶来⑮。足走千里，手裂兕虎⑯，任之，以力凌轹⑰天下，威戮⑱无罪，崇尚⑲勇力，不顾义理⑳，是以㉑桀、纣以灭，殷、夏以衰。今公自奋乎勇力，不顾乎行义，勇力之士，无忌于国，身立威强，行本淫暴，贵戚不荐善，逼迩不引过，反圣王之德㉒，而循㉓灭君之行，用此存者，婴未闻有也。"

【注释】

①徒：只，仅仅。立：立足。 ②轻死：以死为轻，把死看得很轻。礼：道德规范。 ③诛暴：诛灭凶暴。力：威力，力量。 ④以：用来。 ⑤汤、武：商汤与周武王的并称。商汤，原是商部族的领袖，后来任用伊尹辅政，带领部族逐渐强盛，最后灭掉夏朝，建立商朝。周武王，姬姓，名发，在吕尚的辅佐下，灭掉商朝，建立周朝。逆：忤逆。这句话指商汤征伐夏桀、周武王灭掉商纣，都是正义之举，而非忤逆之行。 ⑥并：吞并，合并。 ⑦替罪：诛灭有罪者。 ⑧上：指国君。 ⑨下：指臣子。 ⑩诸侯：对古代中央政权所分封的各国国君的统称。 ⑪匹夫：

古代指平民中的男子，亦泛指平民百姓。残：破。 ⑫夏：夏朝，我国史书中记载的第一个世袭制王朝。据史书记载，禹传位于子启，改变了原始部落的禅让制，开创中国近四千年世袭制度的先河。因此中国历史上的“家天下”，从夏朝的建立开始。该王朝至夏桀，被商汤所灭。 ⑬推侈、大戏：均是人名。夏桀时的勇猛有力的人。 ⑭殷：商代在约公元前14世纪迁都于殷（今河南省安阳市西北小屯村）后改用的称号，是我国历史上的第二个奴隶制王朝。至殷纣王，被周武王攻灭。 ⑮费仲、恶来：人名。殷纣王时的力士。 ⑯兕（sì）虎：兕与虎，泛指猛兽。 ⑰凌轹（lì）：欺压。 ⑱威戮（lù）：指凭恃其威势滥杀无辜。 ⑲崇尚：推崇。 ⑳义理：合于一定伦理道德的行事准则。 ㉑是以：因此，所以。 ㉒反：违反。圣王：指尧、舜、禹、商汤、周武王等。 ㉓循：遵循。

【译文】

齐庄公问道：“古时候也有只凭勇猛有力在世上立足的人吗？”

晏子回答说：“我听说，为了推行礼义而把死看得很轻的人才叫作有勇，诛灭凶暴不怕强大的才叫作有力。因此树立有勇和有力，是用来推行礼义。商汤与周武王兴兵征伐不是忤逆行为，吞并他国不是贪心，因为符合仁义之理。诛灭凶暴不避强大，消灭罪恶不避势众，这是勇猛有力的行为。古代称得上勇猛有力的人，推行的是礼义；如今国君没有仁义的美德，臣子没有消灭凶暴的作为，只凭勇猛立足于世，那么诸侯这样做就会危及国家，百姓这样做就会破坏家庭。从前夏朝衰落时，有推侈、大戏这样的勇猛有力之士；殷朝衰落时，有费仲、恶来这样的勇猛有力之士。他们徒步能行千里，徒手能撕裂猛兽，任用他们，他们凭着勇力欺压天下，凭恃威势滥杀无辜，推崇勇力，不顾及仁义道德，所以导致夏桀、商纣灭亡，商朝、夏朝衰败。如今国君亲自夸耀勇猛有力的人，不顾及推行礼义，那些勇猛有力的人，对国家的法令制度无所顾忌，以威猛强悍立足于世，以淫邪残暴作为行为的原则，公卿贵族不进言美德，左右近臣也不指出过失，违反圣王的美德，而遵循亡国之君的行为，用这样的行为保存国家的，我没有听说过。”

（注译：毕义星　审核：朱献伟）

景公饮酒酣愿诸大夫无为礼晏子谏第二

【题解】

齐景公饮酒饮得高兴时，想让群臣不必拘于礼节。晏子感到非常惊惭，于是巧用“归谬法”，使景公亲身体验无礼的不适，并趁机劝说景公：“礼不可无也。”景公听从了晏子的劝谏，整顿法度，修习礼治，用心治理国家。

【原文】

景公饮酒酣①，曰：“今日愿与诸大夫为乐饮，请无为②礼。”

晏子蹴然改容曰③：“君之言过④矣！群臣固⑤欲君之无礼也。力多足以胜⑥其长，勇多足以弑⑦其君，而礼不使⑧也。禽兽以力为政⑨，强者犯弱，故日易⑩主。今君去礼，则是禽兽也。群臣以力为政，强者犯弱，而日易主，君将安⑪立矣！凡人之所以贵于禽兽者⑫，以⑬有礼也，故《诗》⑭曰：‘人而无礼，胡不遄死⑮？’礼不可无也。”公湎⑯而不听。

【注释】

①景公（？—前490）：姜姓，吕氏，名杵臼，齐灵公之子，齐庄公之弟，春秋时齐国国君。齐景公力图光复霸业，任晏婴为相，国势渐渐恢复。他既有治国的雄心壮志但又贪图享乐。在位58年，国内政局相对稳定，然因无嫡子，身后诸子展开了激烈的王位之争。酣：酣畅。　②为礼：讲究礼节。　③蹴（cù）然：惊惭不安的样子。改容：改变脸色。　④过：

过失，错误。 ⑤固：本来。 ⑥胜：克制。 ⑦弑（shì）：臣杀君、子杀父母为“弑”。 ⑧使：便，利于。 ⑨政：主事者。这里是首领的意思。 ⑩易：改换。 ⑪安：何，哪里。 ⑫贵：高贵。于：比。 ⑬以：因为。 ⑭《诗》：《诗经》，中国最早的一部诗歌总集，内容丰富，收集了西周初年至春秋中叶（公元前11世纪至前6世纪）的诗歌，共311篇。 ⑮人而无礼，胡不遄（chuán）死：语见《诗经·鄘风·相鼠》。意思是人如果不知礼义，为何不快点死去。胡，何，为何。遄，快速。 ⑯湎（miǎn）：沉迷。

【译文】

齐景公喝酒喝得十分酣畅，说：“今天我要与各位大夫痛快地饮酒，请大家不要讲究礼节。”

晏子惊惭不安地改变脸色说：“国君的话错了！群臣本来希望您不拘礼节。力气大的足以克制长辈，有勇力的足以杀死国君，可是礼治约束不利于他们这样做。禽兽以强大的为首领，强大的侵犯弱小的，所以天天改换首领。如今国君丢弃了礼法，就跟禽兽一样了。群臣也凭借勇力为首领，强大的侵犯弱小的，而天天改换国君，那么您将立身于何处呢？大凡人之所以比禽兽高贵，就是因为讲究礼义，因此《诗经》说：‘人如果不知礼义，为何不快点死去？’礼义不能不讲究。”景公沉迷不悟，不听晏子的话。

【原文】

少间①，公出，晏子不起②；公入，不起，交举③则先饮。公怒，色变，抑手疾视曰④：“向者夫子之教寡人无礼之不可也⑤，寡人出入不起，交举则先饮，礼也？”

晏子避席⑥，再拜稽首而请曰⑦：“婴敢与君言而忘之乎？臣以致无礼之实也⑧。君若欲无礼，此是⑨已！”

公曰：“若是，孤⑩之罪也。夫子就席，寡人闻命矣⑪。”觞三行⑫，遂⑬罢酒。

【注释】

①少间：一会儿，不多久。　②起：起身。古时礼仪，众人席地而坐，尊者进出，卑者应起身，表示恭敬。　③交举：相互举杯敬酒。　④抑手：手按几案。疾视：瞪大眼睛怒视。　⑤向者：从前，刚才。夫子：古时对老师的尊称。这里尊称晏子。　⑥避席：离开座席。表示礼貌或敬意。　⑦再：两次。稽（qǐ）首：古时跪拜礼，叩头到地，并停留多时，是九拜中最为恭敬的一种跪拜礼。请：请求。这里有"请罪"义。　⑧致：致使。实：事实，结果。　⑨是：这样。　⑩孤：古代国君的自称。　⑪寡人：古代国君的自称。闻命：听命，听从劝谏。　⑫觞（shāng）：斟酒劝饮。三行：三遍。古代礼仪，在一般场合，臣子陪侍国君饮酒，以三次敬酒为度。　⑬遂：于是。

【译文】

过了一会儿，齐景公出去，晏子不站起身；景公回来，晏子也不站起身，君臣相互举杯敬酒时晏子抢先而饮。景公十分生气，脸色也变了，手扶几案，瞪大眼睛怒视晏子，说："以前先生告诉我，对人不能没有礼节，我出去、进来您不起立，相互举杯敬酒您却先饮，这合乎礼吗？"

晏子离开座席，再次叩首跪拜而表示请罪，说："我怎么会忘记跟您说过的话呢？我是用这种做法来表达致使没有礼的结果。国君如果想不要礼法，这就是了！"

景公说："如果这样，是我的过错了。请先生入座，寡人听从您的劝告了。"君臣举杯敬酒三次，于是结束酒宴。

【原文】

盖①是后也，饬②法修礼以治国政，而百姓肃③也。

【注释】

①盖：发语词。　②饬（chì）：整顿。　③肃：恭敬有礼。

【译文】

从此以后，齐景公整顿法度，修明礼治，以此治理国家，而百姓也恭敬有礼了。

（注译：毕义星　审核：朱献伟）

景公饮酒酲三日而后发晏子谏第三

【题解】

齐景公饮酒无度，竟然醉了三天。晏子对他陈说古人饮酒的良好行为，并指出饮酒无度的危害。

【原文】

景公饮酒酲①，三日而后发②。晏子见曰："君病酒③乎？"公曰："然④。"

【注释】

①酲（chéng）：形容酒醉后神志不清，醉酒。 ②发：起。这里指醉酒后起来。 ③病酒：醉酒。 ④然：是。

【译文】

齐景公饮酒后神志不清，三天后才起身。晏子去见他，问："国君您醉酒了吗？"景公说："是。"

【原文】

晏子曰："古之饮酒也，足以通气合好而已矣①。故男不群乐以妨事②，女不群乐以妨功③。男女群乐者，周觞五献④，过之者诛⑤。

君身服[6]之，故外无怨治[7]，内无乱行。今一日饮酒而三日寝[8]之，国治怨乎外，左右乱乎[9]内。以刑罚自防[10]者，劝[11]乎为非；以赏誉自劝[12]者，惰乎为善。上离德行，民轻[13]赏罚，失所以为国矣，愿君节[14]之也!”

【注释】

①通气合好：疏通气血、调和精神。已：止。②群乐：指饮酒作乐。事：指农耕。③功：指女织。④觞（shāng）：古代酒器。这里指饮酒。五献：五次。⑤诛：惩罚，责罚。⑥服：躬行。⑦外：此指宫廷之外。怨：通“蕴”，郁积，纠结。⑧寝：睡觉。这里指醉卧。⑨乎：在。⑩自防：自我约束。⑪劝：尽力。⑫自劝：自己尽力追求。⑬轻：轻视。⑭节：节制。

【译文】

晏子说：“古人饮酒，足够用来疏通气血、调和精神就停止了。因此男子不聚众饮酒作乐而耽误农耕，女子不聚众行乐而妨碍女织。男子、女子在一起饮酒作乐，相互饮酒五次，超过了就要受惩罚。国君亲自实行，因此宫廷之外没有郁积不清的政事，宫廷之内没有昏乱的行为。如今您饮酒一天而醉卧三天，宫廷之外郁积了不清的政事，宫廷之内左右臣子昏乱无礼。那些原来以刑罚自我约束的人，就会放肆地为非作歹；以奖赏自我尽力追求的人，就会懒于做善事。国君背离了德行，百姓轻视赏罚，就会失去用来治国的准则了，我恳求国君节制饮酒！”

（注译：毕义星　审核：朱献伟）

景公饮酒七日不纳弦章之言晏子谏第四

【题解】

齐景公酗酒，善于劝谏的大臣弦章以死相劝，景公左右为难。晏子巧妙地“正话反说”，使景公终于不再酗酒。

【原文】

景公饮酒，七日七夜不止。弦章[1]谏曰：“君饮酒七日七夜，章愿君废[2]酒也！不然，章赐死。”

【注释】

①弦章：生卒年不详，齐景公时大臣，善于讽谏。　②废：停止。

【译文】

齐景公饮酒，七天七夜还不停止。大臣弦章劝谏说：“国君您已经喝了七天七夜了，我请求您停止饮酒！不然，就请赐我一死。”

【原文】

晏子入见，公曰：“章谏吾曰：‘愿君之废酒也！不然，章赐死。’如是而听之，则臣为制也[1]；不听，又爱[2]其死。”

晏子曰：“幸矣，章遇君也！令章遇桀、纣者[3]，章死久矣。”于是公遂废酒。

【注释】

①为：被。制：制约，控制。　②爱：怜惜，舍不得。　③令：假若。桀、纣：指历史上夏桀、商纣王两位暴君。

【译文】

晏子进见齐景公，景公说："弦章劝谏我说：'希望我停止饮酒！不然，就请赐他一死。'如果这样听从他的话，那么我就被臣子制约了；如果不听，我又舍不得他死。"

晏子说："幸运啊，弦章遇上您了！假若遇上夏桀、商纣王那样的暴君，弦章早就死了。"于是景公就停止了酗酒。

（注译：毕义星　审核：朱献伟）

景公饮酒不恤天灾致能歌者晏子谏第五

【题解】

齐国的连绵大雨持续了十七天，可是齐景公仍然沉溺于酒乐。晏子立即拿出自己家中的粮食救济百姓，然后步行去见景公，对景公陈情劝谏，并将过错揽到自己身上。如此真诚的行为，终于打动了景公。景公不仅向晏子道歉，而且让晏子全权安排赈灾事宜。

【原文】

景公之时，霖雨十有七日①。公饮酒，日夜相继。晏子请发粟于民②，三请，不见许。公命柏遽③巡国，致④能歌者。

【注释】

①霖雨：连绵阴雨。有：通“又”。 ②粟：谷子（小米）。这里泛指粮食。于：给。 ③柏遽（jù）：人名，齐景公近臣。 ④致：招致，招纳。

【译文】

齐景公时，连绵阴雨下了十七天。景公饮酒，夜以继日。晏子请求发放粮食救济百姓，多次请求，都没得到景公的许可。景公反而命令柏遽巡视全国各地，招纳善于歌舞的人。

【原文】

晏子闻之，不说[1]，遂分家粟于氓[2]，致任器于陌[3]，徒行[4]见公曰：“霖雨十有七日矣！坏室乡[5]有数十，饥氓里[6]有数家，百姓老弱，冻寒不得短褐[7]，饥饿不得糟糠[8]，敝撤[9]无走，四顾无告。而君不恤[10]，日夜饮酒，令国致乐不已，马食府粟[11]，狗餍刍豢[12]，三保之妾[13]，俱足粱肉[14]。狗马保妾，不已厚乎？民氓百姓，不亦薄[15]乎？故里[16]穷而无告，无乐有上[17]矣；饥饿而无告，无乐有君矣。婴奉数之策[18]，以随[19]百官，使民饥饿穷约而无告，使上淫湎失本而不恤[20]，婴之罪大矣。”再拜稽首，请身[21]而去，遂走[22]而出。

【注释】

①说（yuè）：同“悦”，高兴。　②家粟：大夫禄田所产的粟米。氓（méng）：指百姓。　③任器：装载粮食的器具。于：在。陌：道路。　④徒行：步行。　⑤乡：古代行政区域单位。　⑥里：古代行政区域单位。　⑦短褐：粗布短衣。　⑧糟糠：谷糠。　⑨敝撤（bì zhé）：行走艰难的样子。敝，通“躄”。　⑩而：可是。恤：体恤。　⑪府粟：指国家粮库里的粮食。　⑫餍（yàn）：吃饱。刍豢（chú huàn）：指牛、羊、猪等牲畜。这里泛指肉类食品。　⑬三保：即三室。室，宫，后宫。妾：指国君的嫔妃们。　⑭粱肉：泛指精美的膳食。　⑮薄：刻薄。　⑯里：乡里。　⑰无乐有上：指不喜欢国君。　⑱奉数之策：指手里拿着钱粮数目奏章的简册。数，指钱粮户口之类的数目。策，简册，簿籍。　⑲随：跟随。　⑳淫湎：沉溺。本：本职。这里指国君的本职即处理国政。　㉑请身：请求辞官。　㉒走：跑。

【译文】

晏子听说这事，很不高兴，于是将自家禄田所产的粮食分给灾民，并把装载粮食的器具放在路边，步行去见齐景公说：“连绵阴雨十七天了！每个乡有数十家房屋毁坏，每个里有好几户人家吃不上饭，年老体弱的百姓，又受冻穿不上粗布短衣，饿着肚子连谷糠也吃不到，举步维艰，四处张望，求助无门。可是国君不体恤他们，日夜在饮酒，命令到全国各地招纳善于歌舞的近臣没有休止，宫中的马匹吃着国库里的粮食，猎狗饱食着牛羊猪肉，后宫的嫔妃都有着充足的粮食肉品。对待猎狗、马匹、宫中的嫔妃，不是太丰厚了吗？对待百姓，不是太刻薄了吗？因此乡里的百姓贫穷而无处求告，就不会喜欢国君了；挨饥受饿而无处求助，也不会喜欢国君了。我身为手捧钱粮簿籍、百官跟随的相国，使百姓饥饿贫穷而无处求告，使国君沉溺于酒乐荒废政事而不体恤百姓，我的罪过实在大了。”两次跪拜叩头，请求辞官回家，便跑出了宫门。

【原文】

公从之，兼于涂而不能逮①，令趣驾追晏子②，其家，不及。粟米尽于氓，任器存于陌。公驱及之康内③。公下车从晏子曰：“寡人有罪，夫子倍④弃不援，寡人不足以有约⑤也，夫子不顾社稷⑥百姓乎？愿夫子之幸存寡人⑦，寡人请奉齐国之粟米财货，委⑧之百姓，多寡轻重，惟夫子之令。”遂拜⑨于涂。

【注释】

①兼：这里指道路泥泞粘脚难行。涂：同“途”。逮：及，赶上。②趣（cù）：通“促”，急促。驾：驾车。③之：到。康：五路通达的大路。这里泛指大路。④倍：通“背”。⑤约：委屈。⑥社稷：土谷之神。由于古时的国君为了祈求国事太平，五谷丰登，每年都要到郊外祭祀土地和五谷神。后来人们就用“社稷”来代表国家。⑦幸：荣幸。谦辞。存：保全。⑧委：弃。这里作“分给”。⑨拜：致敬行礼。

【译文】

齐景公跟在晏子后面，因道路泥泞粘脚难行，赶不上晏子，于是命令急促驾车追赶，到了晏子家，没有追赶上。看到晏子家的粮食都分给了百姓，装载粮食的器具陈放在路边。景公又驱车追到大路上。景公下车跟在晏子后边说："寡人有罪过，先生抛弃我不帮助我，我不值得让您委屈，先生就不顾念国家和百姓了吗？希望先生保全我，我请求拿出齐国的粮食财物，分给百姓，多少轻重，只听您一人的意见。"景公在大路上（向晏子）致敬行礼。

【原文】

晏子乃返①，命禀巡氓②。家有布缕之本③而绝食者，使有终月之委④；绝本之家，使有期年⑤之食；无委积⑥之氓，与之薪橑⑦，使足以毕⑧霖雨。令柏巡氓，家室不能御⑨者予之金；巡求氓寡用财乏者，死⑩三日而毕，后者若不用令⑪之罪。公出舍⑫，损肉撤酒，马不食府粟，狗不食饘肉⑬，辟拂嗛齐⑭，酒徒减赐。三日，吏告毕上：贫氓万七千家，用粟九十七万钟⑮，薪橑万三千乘⑯；坏室二千七百家，用金三千。公然后就内退食⑰，琴瑟不张⑱，钟鼓不陈。晏子请左右与可令歌舞足以留思虞⑲者退之，辟拂三千，谢于下陈⑳，人待㉑三，士待㉒四，出之关外也㉓。

【注释】

①返：返回。　②禀：人名，齐景公的近臣。氓：百姓。　③布缕之本：农桑　④终月：整月，一个月。委：积蓄。　⑤期（jī）年：周年，整年。　⑥委积：这里指储备的柴草。　⑦薪橑（liáo）：柴草。　⑧毕：完结，完成。　⑨御：抵御。这里指抵御风雨。　⑩死：当为"比"字之误。比，等到。　⑪用令：执行命令。　⑫舍：房舍。这里指王宫。　⑬饘（zhān）肉：肉粥。饘，稠粥。　⑭辟拂：指侍御的幸臣。嗛（qiàn）：通"歉"，不足，减少。齐：通"资"，费用。　⑮钟：古代容量单位，六斛四斗为一钟。　⑯乘（shèng）：古代称四匹马拉的车，一辆为一乘。　⑰退食：减少膳食。　⑱张：陈设，陈列。　⑲虞：当为"虑"字之误。　⑳谢：辞去。下陈：古代统治者宾主相见，陈列礼品、侍从站

立之处位于堂下，因称“下陈”。㉑人待：一作“人侍”，即“嬖御人”，爱妾。㉒士待：即“嬖御士”，爱臣。㉓之：到。关外：宫门之外。

【译文】

晏子这才同意返回朝堂，命令禀去巡视百姓。家里从事种桑养蚕业却没有粮食吃的人家，发给足够一个月食用的粮食；不从事种桑养蚕业且没有粮食吃的人家，发给足够一年食用的粮食；没有柴草储备的人家，发给他们柴草，使他们足够用到阴雨停止。（晏子又）命令柏遽巡视百姓，房屋不能抵御风雨的给他们钱款；寻找缺少用度、经济困难的百姓，限定三天内完成，超过期限就是巡视官员不用心执行命令，应当治罪。齐景公离开王宫，减少肉食，撤掉宴席，马匹不吃国库的粮食，猎狗不吃肉粥，侍御的幸臣减少美味佳肴，陪侍饮酒的近臣减少赏赐。三天后，官吏们完成使命并上报：贫苦灾民共有一万七千家，分发用粮九十七万钟，柴草一万三千车；房屋毁坏的有二千七百家，发放救济三千金。景公然后回到宫内，减少膳食，不再陈设琴瑟，不再击钟敲鼓。晏子请求将左右近臣以及那些足以使国君留恋歌舞的人辞退，又把三千名侍御的幸臣从队列中裁减，还把三名爱妾、四名爱臣赶到了宫门之外。

（注译：毕义星　审核：朱献伟）

景公夜听新乐而不朝晏子谏第六

【题解】

晏子上朝，发现齐景公因整夜欣赏新乐而没有上朝理政。于是拘禁了以新乐惑乱的歌人虞，并且从音乐关乎国家兴亡的角度，以商纣王作北里之曲，周幽王、周厉王好侈靡之乐导致国家衰亡的史例劝谏景公，终于使景公醒悟，接受了晏子的教诲。

【原文】

晏子朝，杜扃望羊待于朝①。晏子曰："君奚②故不朝？"对曰："君夜发③不可以朝。"晏子曰："何故？"对曰："梁丘据入歌人虞④，变齐音⑤。"

晏子退朝，命宗祝修礼而拘虞⑥。

【注释】

①杜扃（jiōng）：人名，齐景公臣。望羊：定睛向上视的样子，即"望着远处"。 ②奚：怎么，为什么。 ③夜发：夜里起来。这里指景公夜间不睡觉，兴致勃发。 ④梁丘据：人名，齐景公宠臣。虞：人名。 ⑤齐音：齐国传统的音乐。 ⑥宗祝：官名。主祭祀之官。修礼：治礼。这里指按照礼法规定办事。

【译文】

晏子上朝，见杜扃待在朝堂外望着远处。晏子问：“国君因为什么原因不上朝理政？”杜扃回答说：“国君夜间起来，兴致勃发，没有睡觉，所以不能上朝。”晏子问：“什么原因？”杜扃回答说：“梁丘据秘密地引进善于歌舞的人虞，演唱了改变齐国传统音乐的乐曲（即新乐）。”

晏子离开朝堂，命令宗祝根据礼法规定拘禁了歌人虞。

【原文】

公闻之而怒曰：“何故而拘虞？”

晏子曰：“以新乐淫①君。”

【注释】

①淫：惑乱。

【译文】

齐景公听说后生气地问：“为什么拘禁虞？”

晏子回答说：“因为他用新乐惑乱君王。”

【原文】

公曰：“诸侯之事、百官之政，寡人愿以请子①；酒醴②之味、金石③之声，愿夫子无与④焉。夫⑤乐，何必夫故⑥哉？”

对曰：“夫乐亡⑦而礼从之，礼亡而政从之，政亡而国从之。国衰，臣惧君之逆⑧政之行。有歌，纣作《北里》⑨，幽、厉⑩之声，顾夫淫以鄙而偕亡⑪。君奚轻⑫变夫故哉？”

公曰：“不幸⑬有社稷之业，不择言而出之，请受命⑭矣。”

【注释】

①子：古时对人的尊称。这里指称晏子。　②酒醴（lǐ）：甜酒，美酒。　③金石：钟、磬一类的乐器。这里泛指乐器。　④无与：不要参与。　⑤夫：发语词，无实义。　⑥夫故：那些传统音乐。夫，那，这。故，旧，传统。　⑦亡：衰亡。　⑧逆：违背，不利于。　⑨北里：舞曲名，商纣王时乐师师涓所作的新乐，属侈靡之乐。　⑩幽、厉：周幽王、周厉王。西周时著名的两位暴君。　⑪顾：只是。淫以鄙：指乐曲淫靡与粗鄙。以，和，而且。偕：连同，一起。　⑫轻：轻易。　⑬不幸：侥幸。表示自谦之词。　⑭受命：接受命令或任务的意思。这里指齐景公表示接受晏子的劝谏。

【译文】

齐景公说："诸侯之间的事情、治理百官的政务，我愿向先生请教；品尝美酒、聆听音乐，希望先生不要参与。聆听音乐，何必一定要听那些传统音乐呢？"

晏子回答说："音乐衰亡了礼义就会跟着衰亡，礼义衰亡了政治就会跟着衰亡，政治衰亡了国家也就跟着衰亡了。国家之所以衰亡，是因为我惧怕国君有违背政治教化的德行。有这样的歌乐，商纣王时作的《北里》，周幽王、周厉王时的新乐，只是因为淫靡粗鄙，便连同礼义、政治、国家一起灭亡了。国君为什么轻易地把传统音乐改变了呢？"

景公说："我侥幸拥有国家大业，不加思考地说了那些话，请让我接受您的劝谏吧。"

（注译：毕义星　审核：朱献伟）

景公燕赏无功而罪有司晏子谏第七

【题解】

齐景公在酒后随意行赏，有关部门的官吏没有听从他的命令，他既生气又苦恼。晏子用历代兴衰的史例阐述赏罚的真正目的，劝说景公要接受教训，不要违背政治教化的德行，以免导致国家倾覆，王室危亡。

【原文】

景公燕①，赏于国内，万钟②者三，千钟者五。令三出，而职计③莫之从。公怒，令免职计。令三出，而士师④莫之从。公不说。

【注释】

①燕：通“宴”。 ②钟：古代计量单位，春秋时齐国以十釜为“钟”。 ③职计：职官名，掌管钱粮会计之类。 ④士师：职官名，掌管司法。

【译文】

齐景公设宴，在国内大行赏赐，赏一万钟粮食的有三人，赏一千钟粮食的有五人。赏令发出多次，可是掌管钱粮会计的职计没有听从。景公大怒，命令罢免职计。赏令发出多次，掌管司法的士师也没有听从。景公很不高兴。

【原文】

晏子见，公谓晏子曰："寡人闻君国[①]者，爱人则能利之，恶人则能疏之。今寡人爱人不能利，恶人不能疏，失君道[②]矣。"

【注释】

①君国：当国君。君，用作动词。　②君道：指国君的规范。道，德行，规范。

【译文】

晏子拜见齐景公，景公对晏子说："寡人听说当国君，宠爱谁就可以让谁得到好处，厌恶谁就可以疏远谁。如今寡人宠爱谁不能使他得利，厌恶谁不能疏远他，已经失去当国君的规范了。"

【原文】

晏子曰："婴闻之，君正臣从谓之顺，君僻[①]臣从谓之逆。今君赏谗谀[②]之臣，而令吏必从，则是使君失其道、臣失其守[③]也。先王之立爱，以劝善也；其立恶，以禁暴也。昔者三代之兴也[④]，利于国者爱之，害于国者恶之，故明所爱而贤良众，明所恶而邪僻灭，是以天下治平，百姓和集[⑤]。及其衰也，行安简易[⑥]，身安逸乐[⑦]，顺于己者爱之，逆于己者恶之，故明所爱而邪僻繁，明所恶而贤良灭，离散百姓，危覆社稷[⑧]。君上不度[⑨]圣王之兴，而下不观惰[⑩]君之衰，臣惧君之逆[⑪]政之行，有司[⑫]不敢争，以覆社稷，危宗庙[⑬]。"

公曰："寡人不知也，请从士师之策。"国内之禄，所收者三也。

【注释】

①僻：邪僻。　②谗谀：谄媚阿谀，长于奉承。　③守：职守。　④

昔者：从前。三代：指夏、商、周三个朝代。 ⑤和集：和睦相处。 ⑥安：以之为安，满足于。简易：怠慢，轻率。 ⑦逸乐：纵欲享乐。 ⑧覆：倾覆。社稷：古代帝王祭祀的土神与谷神，借作“国家”的代称。 ⑨度（duó）：衡量，考虑。 ⑩惰：这里指贪图享乐，不理国政。 ⑪逆：违背，不利于。 ⑫有司：指主管某一部门的官吏，古代设官分职，各有专司，故称“有司”。 ⑬宗庙：古代帝王祭祀祖先的地方。这里指代王室。

【译文】

晏子说：“我听说，国君施行正道臣子服从叫作顺，国君邪僻臣子服从叫作逆。如今国君赏赐那些长于奉承的人，而命令官吏一定服从，这是使国君失去准则、臣子失去职守。先王树立仁爱的规范，是用来勉励人们行善的；树立恶的准则，是用来禁绝暴虐行为的。从前夏、商、周三代兴盛时，国君对有利于国家的人就喜爱他，对有害于国家的人就厌恶他，因此明确所喜爱贤良的人就多，明确所厌恶邪僻的人就灭迹，所以天下治理安定，百姓和睦相处。到了夏、商、周三代衰败时，国君的行为满足于怠慢轻率，身心满足于贪图享乐，对顺从的人就喜爱，对不顺从的人就厌恶，因此明确所喜爱邪僻的人就多，明确所喜爱贤良的人就消失，使得百姓分离逃散，危及国家的存亡。国君上不考虑圣王兴盛的原因，下不观察昏君衰亡的原因，我惧怕国君违背政治教化的德行，各部官吏不敢诤谏，以致国家倾覆，王室危亡。”

齐景公说：“寡人不明智，请听从士师的办法吧。”国内赏赐的禄米，收回得很多。

（注译：毕义星　审核：朱献伟）

景公信用谗佞赏罚失中晏子谏第八

【题解】

齐景公信用谗佞之人，赏罚不公。晏子慷慨陈说如此一意孤行的恶果，并辞职离开了国都。景公派人追赶，并诚恳地认识错误，诚心挽留，使晏子返回国都。

【原文】

景公信用谗佞①，赏无功，罚不辜②。晏子谏曰："臣闻明君望③圣人而信其教，不闻听谗佞以诛赏。今与左右相说颂也④，曰：'比死者勉为乐乎⑤！吾安能为仁而愈黥民耳矣⑥！'故内宠之妾，迫夺于国⑦；外宠之臣，矫夺于鄙⑧；执法之吏，并荷⑨百姓。民愁苦约⑩病，而奸驱尤佚⑪，隐情奄⑫恶，蔽谄⑬其上，故虽有至⑭圣大贤，岂能胜若⑮谗哉！是以忠臣常有灾伤也。臣闻古者之士，可与得之，不可与失之；可与进之，不可与退之。臣请逃之⑯矣。"遂鞭⑰马而出。

【注释】

①谗佞：这里指谗邪奸佞之人。　②不辜：无辜。这里指没有过错的人。　③望：仰望，仰慕。　④说（yuè）：同"悦"，取悦。颂：通"容"，宽容。　⑤比死者：等到死的时候。比，及，等到。勉：尽力。　⑥安：岂，怎么。愈：超过，胜过。黥民：犯罪的人。黥，古代的

一种肉刑，在人脸上刺字并涂上墨。　⑦迫夺：巧取豪夺。迫，紧跟着。夺，强取。国：都城，国都。　⑧矫夺：指假托君命以夺取。鄙：边远的地方。　⑨苛（kē）：同"苛"，苛刻，荼（tú）毒。　⑩约：贫困。　⑪奸驱：奸邪的人，隐藏的坏人。尤佚：更甚，更猖狂。　⑫奄：通"掩"，掩藏，掩盖。　⑬蔽谄：蒙蔽迷惑。谄：当为"謟"（tāo）字之误。謟，惑，迷惑。　⑭至：最，极。　⑮若：这些。　⑯逃之：离开这里。　⑰鞭：鞭打。

【译文】

齐景公信任重用谗邪奸佞的人，赏赐没有立功的人，惩罚没有过错的人。晏子劝谏景公说："我听说贤明的国君仰慕圣人而信奉他的教诲，没有听说国君听信谗邪奸佞之人的话来进行诛杀和赏赐。如今国君与左右近臣相互取悦宽容，说：'临到死亡的时候尚且尽力寻求快乐呢！我怎么能为了仁义而生活得还不如罪犯啊！'因此宫内的宠妾，在都城里巧取豪夺；在外的宠臣，在边远的地方假托君命以夺取；执法的官吏，一起荼毒百姓。百姓愁苦贫病，而隐藏的坏人，更加猖狂，他们隐瞒真情，掩盖罪恶，蒙蔽迷惑国君，因此虽然有至圣大贤，怎能胜过这些谗邪奸佞之人呢！所以忠贞之臣就时常有灾害。我听说古代的士人，可以与国君共同获得好处，不可与国君一起失误；可以与国君共同长进，不可与国君一起退步。我请求离开这里。"于是鞭打马匹出走了。

【原文】

公使韩子休①追之，曰："孤不仁，不能顺教，以至此极②。夫子休国焉而往③，寡人将从而后。"

晏子遂鞭马而返。其仆曰："向④之去何速？今之返又何速？"晏子曰："非子⑤之所知也，公之言至矣。"

【注释】

①韩子休：人名，齐景公臣。　②极：尽，极限。　③夫子：先生。对晏子的尊称。休：放弃。焉而往：往哪里。焉，哪里。而，你。　④

向：先前。　⑤子：你。

【译文】

齐景公派韩子休追赶晏子，对晏子说："我不仁义，没有顺从您的教诲，因此到了这样严重的地步。先生放弃国家要往哪里去，寡人将跟在您的后面。"

晏子于是鞭打马匹返回。他的仆人问："您刚才怎么那么快地离去，如今又这么快地返回？"晏子说："不是你能知道的，景公的话已经说到极点了。"

（注译：毕义星　审核：朱献伟）

景公爱嬖妾随其所欲晏子谏第九

【题解】

翟王子羡为齐景公臣仆，违背了礼治，用十六匹马驾车。对此，景公本不高兴，可是听信宠妾婴子的话，反而要赏赐羡更高的俸禄。晏子抱病勉力劝谏，告诫景公，一定要继承先君齐桓公的功勋业绩，不要受制于妇人，贪图耳目之乐，必然就会导致国家灭亡。最终，景公采纳了晏子的建议，罢免了翟王子羡，疏远了宠妾婴子。

【原文】

翟王子羡臣于景公①，以重驾②，公观之而不说③也。嬖人婴子欲观之④，公曰："及晏子寝病也⑤。"居囿⑥中台上以观之。婴子说之，因为之请曰："厚禄之！"公许诺。

【注释】

①翟：古同"狄"，称我国古代北方的民族。羡：翟王子名。臣：臣仆，奴仆。　②以：用。重驾：超过礼仪制度规定的马匹数驾车。　③说（yuè）：同"悦"，高兴。　④嬖（bì）人：指王宫中被宠幸的妾。婴子：人名，齐景公宠妾。　⑤及：到，趁着。寝病：因病睡卧不起。　⑥囿（yòu）：古代君王养禽兽的园林。

【译文】

翟王子羡当了齐景公的臣仆，用超过礼仪制度规定的马匹数驾车，景公看到不高兴。景公的宠妾婴子想看羡的车驾，景公说："要趁着晏子因病睡卧不起的时候。"于是在园林中的高台上观赏羡的车驾，婴子很高兴，因而为羡请求说："请增加他的俸禄吧！"景公答应了。

【原文】

晏子起病[①]而见公，公曰："翟王子羡之驾，寡人甚说之，请使之示[②]乎？"

晏子曰："驾御之事，臣无职[③]焉。"

【注释】

①起病：抱病起床。 ②使之示：让他演示出来。示，陈列，演示。 ③无职：没有我的职责，不在我的职权内。

【译文】

晏子抱病起床而见齐景公，景公说："翟王子羡的车驾，寡人非常喜欢，可让他演示出来吗？"

晏子说："驾御车马的事，不在我的职权内。"

【原文】

公曰："寡人一乐之，是欲禄之以万钟[①]，其足乎？"

对曰："昔卫士东野之驾也[②]，公说之，婴子不说，公因不说，遂[③]不观。今翟王子羡之驾也，公不说，婴子说，公因说之；为请，公许之。则是妇人为制[④]也。且不乐治人，而乐治[⑤]马；不厚禄贤人，而厚禄御夫。昔者先君桓公之地狭于今[⑥]，修法治，广政教，以霸诸侯。今君，一诸侯无能亲也，岁凶[⑦]年饥，道途死者相望[⑧]也。

君不此忧耻，而惟图耳目之乐[9]；不修先君之功烈[10]，而惟饰驾御之伎[11]，则公不顾民而忘国甚[12]矣。且《诗》曰：‘载骖载驷，君子所届[13]。’夫驾八，固[14]非制也，今又重[15]此，其为非制也，不滋[16]甚乎！且君苟[17]美乐之，国必众为之，田猎[18]则不便，道行致远[19]则不可，然而用马数倍，此非御[20]下之道也。淫[21]于耳目，不当民务，此圣王之所禁[22]也。君苟美乐之，诸侯必或效我[23]，君无厚德善政以被[24]诸侯，而易之以僻[25]，此非所以子民、彰名、致远、亲邻国之道也[26]。且贤良废灭，孤寡不振[27]，而听嬖妾以禄御夫以蓄怨，与民为仇之道也。《诗》曰：‘哲夫成城，哲妇倾城[28]。’今君不思成城之求，而惟倾城之务[29]，国之亡日至矣。君其图[30]之！”

【注释】

①禄之以万钟：给他万钟俸禄。钟，古代计量单位，春秋时齐国以十釜为一钟。　②昔：以前。东野：人名，卫国一个善于驾御的人。　③遂：于是，就。　④妇人为制：被妇人管束。为，被。制，管束，限制。　⑤治：治理。　⑥先君：古人对先辈国君的尊称。桓公：齐桓公（？—前643），姜姓，名小白。春秋时齐国国君。公元前685—前643年在位。任用管仲为相，成为当时诸侯的霸主。于：比。　⑦凶：年成不好。　⑧相望：互相看见。形容接连不断，极言其数量之多。　⑨图：贪图。耳目之乐：指耳听目看的娱乐。　⑩修：学习。功烈：功勋业绩。　⑪伎：同“技”，技巧，技艺。　⑫甚：超过，过分。　⑬载骖载驷，君子所届：语出《诗经·小雅·采菽》。意思是驾着四匹骖乘去迎接，君子已经到来。载，语气助词，无义。骖，一车三马。驷，一车四马。届，至，到。　⑭固：本来。古代礼仪制度非常严格，夏制，天子始六马。这里，翟王子羡驾八马，显然是违背礼仪制度的。　⑮重：双倍。　⑯滋：更加，增加。　⑰苟：如果。　⑱田猎：打猎。　⑲致远：到达远方。　⑳御：驾御，统治。　㉑淫：过分沉溺。　㉒禁：禁止。　㉓或：有的人。效：仿效。　㉔被：覆盖，震慑。　㉕易：改变，

替换。僻：邪僻。　㉖子民：以民为子，即统治百姓。彰名：彰显名声。致远：招致远方百姓前来归附。　㉗孤寡：指贫困无助的百姓。振：同“赈”，救济。　㉘哲夫成城，哲妇倾城：语出《诗经·大雅·瞻卬》。意思是多谋的男人兴建国家，多虑的妇人败坏国家。哲，明智。城，指国家。倾，倾覆，败坏。　㉙务：勉力从事。　㉚图：图谋，谋划。

【译文】

齐景公说：“我喜欢他，想赐给他万钟俸禄，他满足吗？”

晏子回答说：“以前卫国的东野驾车，国君本来很喜欢，婴子不喜欢，国君因而就不喜欢，于是就不观赏。如今翟王子羡驾车，您不喜欢，婴子喜欢，您因而就喜欢；她为他请求增加俸禄，您立即答应了。这样您就被妇人管束了。况且您不乐于治理人，而乐于治理马；不给贤人增加俸禄，却给车夫增加俸禄。以前先君齐桓公的地域比现在狭小，修法治国，大力进行政治教化，因而在诸侯中称霸。如今国君，一个诸侯都不能亲近，年成不好，大闹饥荒，道路上饿死的百姓接连不断。国君不以此感到忧虑羞耻，反而只图耳目的快乐；不学习先君的功勋业绩，而只会修饰驾车的小技巧，这样就不顾百姓忘了国家真是太过分了。况且《诗经》上说：‘驾着四匹骖乘去迎接，君子已经到来。’用八匹马驾车，本来就不合制度，如今又在此加倍，这样的行为不合礼仪制度，不是更加严重了吗！况且国君如果喜欢眼前的美好享乐，国人一定有很多人仿效，打猎更不方便，用马多占道多，要去远方更是不行，这样看来，用数倍的马驾车这不是驾御下属的办法。过分沉溺于耳目之乐，不管理民生政务，这是圣明的国君严厉禁止的。国君如果贪图眼前的美好享乐，诸侯中有的人就一定仿效我们，国君没有敦厚的德行和清明的政治来震慑诸侯，而用邪僻替代，这不是统治百姓、彰显名声、招致远方百姓归附、亲近邻国的良策啊。况且贤良被废黜埋没，百姓得不到赈济，可是听信宠妾的请求增加驾车人的俸禄以致百姓蓄积怨恨，这是跟百姓为仇的做法啊。《诗经》中说：‘多谋的男人兴建国家，多虑的妇人败坏国家。’如今国君不考虑兴国建邦的事，而只尽力去做败坏国家的事，国家灭亡的日子到了。国君请图谋治国之事吧！”

【原文】

公曰："善。"遂不复观，乃罢归翟王子羡，而疏[①]嬖人婴子。

【注释】

①疏：疏远。

【译文】

齐景公说："好。"于是不再观赏驾车，罢免了翟王子羡，而且从此疏远宠妾婴子。

（注译：毕义星　审核：朱献伟）

景公敕五子之傅而失言晏子谏第十

【题解】

齐景公对教他五个儿子的老师承诺，要立他们所教导的公子为太子。晏子不仅辞谢，而且深刻地指出，这样会离间分裂，树立党羽，最终导致倾覆齐国。

【原文】

景公有男子[①]五人，所使傅[②]之者，皆有车百乘[③]者也，晏子为一焉。公召其傅曰："勉之！将以而所傅为子[④]。"

【注释】

①男子：儿子。　②傅：老师，师傅。　③百乘：一百辆车。拥有百乘兵车者属卿大夫之列。乘，一车四马为一乘。　④而：你。子：太子。

【译文】

齐景公有五个儿子，派去当老师的人，都是拥有百乘兵车的卿大夫，晏子就是其中的一位。景公一一召见这些给他儿子当老师的人说："努力啊！我将把你所教的孩子立为太子。"

【原文】

及[①]晏子，晏子辞[②]曰："君命其臣，据其肩[③]以尽其力，臣敢不勉乎！今有车百乘之家[④]，此一国之权臣[⑤]也，人人以君命命[⑥]之曰：‘将以而所傅为子。’此离树别党[⑦]，倾国之道也。婴不敢受命[⑧]，愿君图之！”

【注释】

①及：到。 ②辞：辞谢。 ③据其肩：根据自己肩负的责任。 ④家：卿大夫领地称为“家”。这里指卿大夫。 ⑤权臣：指掌有权势之臣。 ⑥命命：前一个“命”，命令；后一个“命”，自命。 ⑦离：离间，分裂。树：树立。别：各自。党：党羽，帮派。 ⑧受命：从命。

【译文】

到晏子时，晏子辞谢说：“国君命令您的臣子，根据自己肩负的责任而尽自己的力量，臣子能不勉力吗！如今拥有百乘兵车的卿大夫，都是一国之中掌有权势的大臣，人人都以国君的命令自命说：‘将把你所教的孩子立为太子。’这是离间分裂树立党羽，倾覆国家的做法啊。我不敢从命，希望国君您慎重思考！”

（注译：毕义星　审核：朱献伟）

景公欲废适子阳生而立荼晏子谏第十一

【题解】

齐景公偏爱淳于氏所生的少子荼，诸位大臣迎合景公，图谋废嫡子阳生而立荼为太子。晏子从礼法的角度极力劝谏，陈说废嫡立庶、废长立幼的危害，但齐景公没有采纳晏子的意见。最终自食其果，使田氏代齐。

【原文】

淳于人纳女于景公①，生孺子荼②，景公爱之。诸臣谋欲废公子阳生③而立荼，公以告晏子。

晏子曰："不可。夫以贱匹④贵，国之害也；置大立少，乱之本⑤也。夫阳生，长而国人戴⑥之，君其勿易⑦！夫服位⑧有等，故贱不陵⑨贵；立子有礼，故孽不乱宗⑩。愿君教荼以礼而勿陷于邪⑪，导之以义而勿湛于利⑫。长少行其道，宗孽得其伦⑬。夫阳生敢毋使荼餍粱肉之味⑭、玩金石之声⑮而有患乎？废长立少，不可以教下；尊孽卑宗，不可以利所爱。长少无等，宗孽无别，是设贼树奸之本也⑯，君其图之！古之明君，非不知繁乐⑰也，以为乐淫⑱则哀；非不知立爱也，以为义失⑲则忧。是故制乐以节⑳，立子以道。若夫恃谗谀以事君者㉑，不足以责信㉒。今君用谗人之谋，听乱夫之言也，废长立少，臣恐后人之有因君之过以资㉓其邪，废少而立长以成其利者，君其图之！"公不听。

【注释】

①淳于：国名，后为杞国都城，在今山东潍坊安丘市东北。纳：使……接纳。　②孺子荼（tú）：齐景公小儿子。公元前489年，景公卒，立为齐君，号“晏孺子”，当年即被田乞所杀。　③公子阳生：齐景公嫡长子，即齐悼公。公元前488—前485在位，因与大夫鲍子有隙，被鲍子所弑。　④匹：匹配。　⑤本：根本。　⑥戴：爱戴。　⑦易：改变，替换。　⑧服位：地位。　⑨陵：超越。　⑩孽（niè）：孽子，妾生的儿子。宗：宗子，嫡长子。　⑪邪：邪恶。　⑫义：道义。湛：通“耽”，沉溺。　⑬伦：伦理。　⑭餍（yàn）：吃饱，引申为满足。粱肉：泛指美味佳肴。　⑮金石之声：泛指各种美妙的音乐。金石，指钟磬（qìng）一类乐器。　⑯设：设立，布置。贼：害。奸：乱。　⑰繁乐：多乐，意思是尽情享乐。　⑱淫：过度。　⑲义失：指失去道义。　⑳制：节制。节：法度。　㉑若夫：句首语气词，可以翻译为“至于”，无实义。谗谀：谗毁和阿谀。　㉒责信：信其言。　㉓资：助。

【译文】

淳于国嫁给齐景公一个女子，生了孺子荼，景公很宠爱他。诸位大臣想要废掉公子阳生而立荼为太子，景公将此事告诉晏子。

晏子说：“不行。地位卑贱匹配地位尊贵，是国家的祸害；废掉大的立小的，是祸乱的根本。公子阳生，年长而且国人都爱戴他，国君不能改换！地位有等级之分，因此卑贱的不能超越尊贵的；立太子讲究礼法，因此庶子不能混乱嫡子。请国君教给荼礼法不要陷入邪恶，用道义引导他不要沉溺于私利。年长的年少的遵循规矩行事，嫡子庶子各得其伦理。阳生能不让荼吃美味佳肴、玩味美妙音乐而招致祸患吗？废掉长的确立少的，不能教诲臣下；尊庶子贬嫡子，不利于国君所爱的人。长少不分等级，尊卑没有差别，这是设害植乱的根源，国君请慎重考虑！古代的圣明国君，并非不知道尽情地享乐，只是认为过度享乐就会带来悲哀；并非不知道确立所爱的为太子，只是认为失去了道义就会带来忧患。所以用法度来节制享乐，以道义来确立太子。至于凭恃谗毁和阿谀来侍奉国君的人，不足以信其言。如今国君采用谄谀之人的图谋，听信作乱之人的言语，废长立少，我惧怕后来有人会借国君的过错而助长奸邪，废少立长来达到他们的利益，君王请慎重考虑啊！”景公没有听从晏子的劝告。

【原文】

景公没[1]，田氏[2]杀君荼，立阳生；杀阳生，立简公[3]；杀简公，而取齐国。

【注释】

①没：同“殁”，死。②田氏：指田乞，齐国大夫。③简公：齐悼公之子，名壬，公元前484—前481在位，被田成子所杀。

【译文】

齐景公死后，田乞杀死了国君荼，立阳生为国君；后来又杀死了阳生，立简公为齐国君，又杀死了简公，最终（田氏）取代姜齐。

（注译：毕义星　审核：朱献伟）

景公病久不愈欲诛祝史以谢晏子谏第十二

【题解】

齐景公久病不愈，却怪罪于负责祝祷的官员，并要杀了他们来取悦上天。晏子借此事规劝景公，指出如今已经疏远忠臣，不纳谏言，招致很多百姓憎恨诽谤、指责过失，如果依赖于祝祷上天，杀害无辜，更是大错特错，将重蹈夏、商灭亡的覆辙。最终景公采纳了晏子的规劝。

【原文】

景公疥且疟①，期年不已②。召会谴、梁丘据、晏子而问焉③，曰："寡人之病病④矣，使史固与祝佗巡山川宗庙⑤，牺牲珪璧⑥，莫不备具⑦，其数常多先君桓公，桓公一则寡人再⑧。病不已，滋甚⑨，予欲杀二子者以说于上帝，其可乎？"

会谴、梁丘据曰："可。"晏子不对⑩。

【注释】

①疥：疥疮。疟：疟疾。　②期（jī）年：整年。已：止。　③会谴：人名，齐景公宠臣。梁丘据：人名，齐景公宠臣。焉：相当于"于之"。　④病病：前一个"病"字为疾病之"病"，后一个"病"字意为痛苦。意思即病情很痛苦。　⑤史固、祝佗：人名，分别是掌管太祝和太

史的官员。巡：遍，遍祭。宗庙：古代帝王祭祀祖先的地方。　⑥牺牲：祭祀时用作供品的牛羊一类祭品。珪璧：祭祀时所用的玉器。　⑦莫不：无不。备：齐备。　⑧再：二。　⑨滋甚：更加严重。　⑩对：回答。

【译文】

齐景公患疥疮并发着疟疾，整整一年没有病愈。于是召见会谴、梁丘据、晏子而问这件事，说："寡人的病痛苦极了，派遣史固和祝佗遍祭山川宗庙，牛羊祭品和所用玉器无不齐备，其数量常常比先君齐桓公还多，桓公一份寡人就两份。可是不能病愈，反而更加严重，我要杀掉他们二人来取悦上天，这可以吗？"

会谴、梁丘据说："可以。"晏子没有回答。

【原文】

公曰："晏子何如[①]？"

晏子曰："君以祝[②]为有益乎？"

公曰："然。"

晏子免冠曰："若以为有益，则诅亦有损也[③]。君疏辅而远拂[④]，忠臣拥塞[⑤]，谏言不出。臣闻之，近臣嘿[⑥]，远臣瘖[⑦]，众口铄金[⑧]。今自聊、摄以东[⑨]，姑、尤以西者[⑩]，此其人民众矣，百姓之咎怨诽谤[⑪]、诅君于上帝者多矣。一国诅，两人祝，虽善祝者不能胜也。且夫[⑫]祝直言情，则谤吾君也；隐匿过，则欺上帝也。上帝神，则不可欺；上帝不神，祝亦无益。愿君察[⑬]之也。不然，刑[⑭]无罪，夏、商所以[⑮]灭也。"

【注释】

①何如：怎么样。　②祝：祝祷，表示良好愿望。　③诅：诅咒。损：损害。　④辅：指辅佐帝王的大臣。拂（bì）：通"弼"，指与"辅"的意思相同。疏、远：意思相同，即疏远。　⑤拥塞：阻塞，阻隔。　⑥

嘿：同“默”，不出声。 ⑦瘖（yīn）：同“喑”，哑，不作声。 ⑧众口铄（shuò）金：众口一词可以混淆是非，连金属都能熔化。铄，熔化。 ⑨聊、摄：地名，分别在今山东省的聊城西北和茌平县以西，是当时齐国的国界。 ⑩姑、尤：二水名，在今山东省的东部，是当时齐国的东界。 ⑪咎怨诽谤：憎恨怨恶，指责过失。咎，憎恨。诽谤，公开指责。 ⑫且夫：句首助词，无实义。 ⑬察：明察。 ⑭刑：刑杀。 ⑮所以：表示因果关系，可译为“……的原因”。

【译文】

齐景公问：“晏夫子认为怎么样？”

晏子说：“国君认为祝祷有好处吗？”

景公说：“是的。”

晏子脱下帽子说：“如果认为祝祷有益处，那么诅咒就会有损害了。国君疏远左右辅佐大臣，忠臣之路被阻塞，劝谏之语听不到了。我听说，身边的臣子沉默不出声，远处的臣子不作声，众人之口可以熔化金子。如今自聊、摄以东，姑水、尤水以西，这里的人口众多，百姓憎恨诽谤、指责过失、在上天面前诅咒您的人太多了。全国人诅咒，两个人祝祷，即使善于祝祷的人也不能称职。再说祝祷时如果说出真情，就是指责我们的国君；如果隐瞒过失，就是欺骗上天。上天是神灵，不可能受欺骗；上天不是神灵，祝祷就没有好处。请国君明察此事。如果不是这样，杀死无罪的人，就是导致夏、商灭亡的原因了。”

【原文】

公曰：“善解余惑，加冠！”命会谴毋治齐国之政①，梁丘据毋治宾客之事②，兼属之乎晏子。晏子辞，不得命③，受相退，把政④。改月而君病悛⑤。公曰：“昔吾先君桓公，以管子为有力⑥，邑狐与穀⑦，以共宗庙之鲜⑧。赐其忠臣，则是多⑨忠臣者。子⑩今忠臣也，寡人请赐子州款⑪。”辞曰：“管子有一美，婴不如也；有一恶⑫，婴不忍为也，其宗庙之养鲜也⑬。”终辞而不受。

【注释】

①毋：不。齐国之政：指国家内政。　②宾客之事：指外交事务。　③命：成命。　④把政：主持朝政。　⑤改月：下个月，一个月后。悛（quān）：停止，止息。　⑥管子（前723—前645）：人名，即管仲，春秋时著名政治家，齐桓公时为相，辅佐桓公大兴改革，富国强兵，称霸诸侯。有力：有功。　⑦狐、穀（gǔ）：城邑名。　⑧鲜：祭祀用的野兽。　⑨多：赞美，嘉奖。　⑩子：先生。这里是对晏子的尊称。　⑪州款：地名。　⑫有一恶：这里指以野兽作祭品，不是宗庙的常礼，因此晏子认为是短处。　⑬"辞曰"几句：这几句话的言外之意是，自己不愿意像管子那样接受国君的赏赐。

【译文】

齐景公说："先生善于帮我解开疑惑，请戴上帽子！"于是下令会谴不再掌管国家内政，梁丘据不再负责外交事务，他们二人的政事全部交给晏子管理。晏子推辞，景公没有收回成命，于是就接受了相国之职而退出，从此执掌朝政。一个月后，景公的病痊愈了。景公说："从前先君齐桓公，因为管子有功绩，将邑狐和穀两个城邑赐给他作食邑，以便供给祭祀宗庙的野兽。赏赐忠臣，就是嘉奖忠臣。先生如今是忠臣，寡人请求把州款这个地方赏赐给您。"晏子推辞说："管子有一种美德，我不如他；但他有一个短处，我也不忍心去做，就是他为了宗庙祭祀用的野兽而接受食邑。"晏子始终坚持推辞，也没有接受封地。

（注译：毕义星　审核：朱献伟）

景公怒封人之祝不逊晏子谏第十三

【题解】

齐景公要麦丘的封人向他祝福，封人祝他不要得罪民众，景公听了很不高兴。晏子用历史上夏桀商纣被民众推翻的史例向景公揭示国君有罪、民众治之的道理，警醒了景公，体现了晏子敢于直谏的胆略和气魄。

【原文】

景公游于麦丘①，问其封人②曰："年几何矣？"对曰："鄙人之年八十五矣。"公曰："寿哉！子其祝我。"封人曰："使君之年长于胡③，宜国家。"公曰："善哉！子其复之。"封人曰："使君之嗣④，寿皆若鄙人之年。"公曰："善哉！子其复之。"封人曰："使君无得罪于民。"公曰："诚⑤有民得罪于君则可，安有君得罪于民者乎？"

晏子谏曰："君过矣！彼疏者有罪，戚⑥者治之；贱者有罪，贵者治之；君得罪于民，谁将治之？敢⑦问：桀、纣，君诛乎，民诛乎？"

公曰："寡人固⑧也。"于是赐封人麦丘以为邑。

【注释】

①麦丘：地名。位于今山东省商河县境内。　②封人：官名，职掌守

卫边疆。 ③胡：大，这里指长寿。古人称高寿的老人为“胡考”。 ④嗣：后代。 ⑤诚：果真，假如。 ⑥戚：亲，亲近。 ⑦敢：岂敢，斗胆。 ⑧固：固执。引申为鄙陋不开化。

【译文】

齐景公出游到了麦丘，问当地的封人说：“你年龄多大了？”封人回答说：“我八十五岁了。”景公说：“真是高寿啊！请您为我祝福吧。”封人说：“但愿国君您的寿命比最长寿的老人还要长，有利于国家。”景公说：“好啊！请您再为我祝福一次吧。”封人说：“但愿国君您的后代，都像我一样活这么大年纪。”景公说：“好啊！您再祝福一次吧。”封人说：“但愿国君您不要得罪民众。”景公不高兴地说：“假如有民众得罪国君还有可能，哪有国君得罪民众的呢？”

晏子劝谏说：“国君您的话错了！那些与您关系疏远的人有罪，就有与您关系亲近的人去惩治他；卑贱的人有罪，就有高贵的人惩治他；如果国君得罪了民众，又将有谁来惩治呢？我斗胆请问：夏桀、商纣王这样的昏君，是被国君杀的呢？还是被民众杀的呢？”

景公说：“寡人真是鄙陋不开化啊。”于是就把麦丘之地赏赐给封人作为食邑。

（注译：王方诗　审核：朱献伟）

景公欲使楚巫致五帝以明德晏子谏第十四

【题解】

齐景公为楚巫所惑，想通过祭祀祈祷来求得上天保佑，以成就大业。晏子指出，英明的国君应该以美德善行来赢得天佑人助，如果品行不端，政治不明，不重视贤能之人而去倚重巫者，不但百姓不拥护，就是上天也不会庇佑降福，也就更谈不上成就霸业了。

【原文】

楚巫微道裔款以见景公①，侍②坐三日，景公说之。楚巫曰："公，神明之主、帝王之君也。公即位十有七年矣，事未大济③者，神明未至也。请致五帝④，以明君德。"景公再拜稽首⑤。楚巫曰："请巡国⑥郊以观帝位。"至于牛山⑦而不敢登，曰："五帝之位，在于国南，请斋⑧而后登之。"公命百官供斋具于楚巫之所，裔款视事⑨。

【注释】

①巫：古代宗教活动中主持为人降福祈祷的人。微：楚巫的名字。道：由，通过。裔款：人名，齐景公的佞臣。 ②侍：侍奉，陪同。 ③济：成功，实现。 ④五帝：指远古时期的五位大帝。具体说法不一，通常指黄帝、

颛顼（zhuān xū）、帝喾（kù）、尧、舜。　⑤再：再次，第二次。稽首：叩头至地并停留一段时间。这是古人最恭敬的一种跪拜礼。　⑥国：都城，国都。　⑦牛山：山名，在临淄城南，今齐陵街道境内。　⑧斋：斋戒。古人在祭祀或典礼之前表示敬重的一种仪式。　⑨视事：主持办理。

【译文】

一位名叫微的楚巫通过裔款来见齐景公，陪同景公座谈了三天，景公很高兴。楚巫说："国君您，是神明的主人、成就帝王之业的国君。您即位已经十七年了，可大业还没有取得成功，这是因为神明还没有降临的缘故。请让我致意五帝的神灵，来昭明国君您美好的德行。"景公两拜叩首。楚巫说："请让我巡视国都的郊外以观察五帝的神位所在。"（楚巫）到了牛山却不敢攀登，说："五帝的神位，就在国都的南方，请让我斋戒以后再登上去。"景公便命令百官提供斋戒用品到楚巫居住的地方，由裔款主持办理这件事。

【原文】

晏子闻之而见于公曰："公令楚巫斋牛山乎？"公曰："然。致五帝以明寡人之德，神将降福于寡人，其有所济乎？"

晏子曰："君之言过矣！古之王者，德厚足以安世，行广足以容众，诸侯戴之，以为君长，百姓归之，以为父母。是故天地四时和而不失，星辰日月顺而不乱。德厚行广，配天象①时，然后为帝王之君、神明之主。古者不慢②行而繁祭，不轻身而恃巫。今政乱而行僻，而求五帝之明德也；弃贤而用巫，而求帝王之在身也。夫民不苟德③，福不苟降，君之帝王，不亦难乎？惜乎！君位之高，所论之卑也。"

公曰："裔款以楚巫命寡人曰：'试尝见而观焉。'寡人见而说之，信其道，行其言。今夫子讥之，请逐楚巫而拘裔款。"晏子曰："楚巫不可出。"公曰："何故？"对曰："楚巫出，诸侯必或④受之。公信之，以过于内，不知⑤；出以易⑥诸侯于外，不仁。请东⑦楚巫而拘裔款。"

公曰："诺。"故曰[8]送楚巫于东，而拘裔款于国也。

【注释】

①象：象征，相应。　②慢：怠慢，松懈。　③苟（gǒu）：随便。德：感恩戴德。　④或：有的。　⑤知（zhì）：同"智"，明智。　⑥易：改变，改换。　⑦东：到东部去。齐国的东部是海滨，没有其他诸侯国。　⑧曰：当为衍文，无义。

【译文】

晏子听说了这件事就去见齐景公说："是您让楚巫为祭牛山而斋戒吗？"景公说："是的。致意五帝的神灵以昭明寡人的德行，神灵就会降福给寡人，这件事或许能成功吧？"

晏子说："您的话错了！古代称王天下的人，品德淳厚足以安定天下，善行广博足以容纳大众，诸侯拥戴他，把他作为领袖，百姓归附他，把他作为父母。因此天地四季和谐而不失调，日月星辰运行和顺而不混乱。品德淳厚善行广博，与天地四季相应匹配，然后才能成为成就帝王之业的明君、神明的主人。古人不会松懈自己的行为而频繁地祭祀，不会轻视自身而依赖巫者。如今政治混乱而行为邪僻，却想祈求五帝的神灵来昭明德行；抛弃贤人而重用巫者，却想求得帝王之业在自己身上实现。民众不会随便就感恩戴德，福气也不会轻易就能降临，您所期盼的帝王大业，不是很难实现吗？可惜呀！您的地位这么高贵，见识却是这么低劣。"

齐景公说："是裔款举荐的楚巫对寡人说：'您试着见见她再观察她的能耐。'寡人见了就很喜欢她，听信了她的巫术，按照她所说的去做。现在先生批评了这事，就请让我驱逐楚巫并且拘捕裔款。"晏子说："楚巫不可以驱逐出齐国。"景公问："为什么？"晏子回答说："楚巫出了齐国，其他诸侯必定还会有人接受她。您相信她的话，已经在国内犯了错误，这是不明智的；如果放她出去就换成别的诸侯在他们国家犯错误，这是不仁义的。请把楚巫放逐到东部海边并拘捕裔款。"

景公说："好吧。"因此就把楚巫放逐到东部海边，而把裔款拘押在都城。

（注译：王方诗　审核：朱献伟）

景公欲祠灵山河伯以祷[1]雨晏子谏第十五

【题解】

齐国大旱，旱情非常严重，齐景公想要祭祀山河之神来求雨。晏子不同意，指出，大旱之年，山河自身都得不到水，祭祀它们又有什么用呢？这体现了晏子朴素的唯物主义思想。

【原文】

齐大旱逾时[2]，景公召群臣问曰："天不雨久矣，民且[3]有饥色。吾使人卜，云祟在高山广水[4]。寡人欲少赋敛以祠灵山，可乎？"群臣莫对。

晏子进[5]曰："不可！祠此无益也。夫灵山固以石为身，以草木为发，天久不雨，发将焦，身将热，彼独[6]不欲雨乎？祠之何益！"

公曰："不然[7]，吾欲祠河伯[8]，可乎？"

晏子曰："不可！河伯以水为国，以鱼鳖为民，天久不雨，水泉将下[9]，百川将竭，国将亡，民将灭矣，彼独不欲雨乎？祠之何益！"

景公曰："今为之奈何？"

晏子曰："君诚避宫殿暴露，与灵山河伯共忧，其幸而雨乎！"

于是景公出野暴露，三日，天果大雨，民尽得种时。景公曰："善哉！晏子之言，可无用乎！其维有德。"

【注释】

①祷：教徒或迷信的人向天、神求助。 ②逾时：超过了以往干旱的时间，形容旱情特别严重。逾，过。 ③且：将要。 ④云：说。祟：鬼怪作祸。 ⑤进：进言。 ⑥独：唯独，偏偏。 ⑦然：这样。这里指祭祀之事。 ⑧河伯：黄河水神。 ⑨下：下降。

【译文】

齐国大旱超过了以往干旱的时间，齐景公召集群臣问道："天已经很久没下雨了，老百姓将要挨饿了。我派人去占卜，说是有鬼怪在高山和大河里作祸。寡人想少量地征收些赋税来祭祀灵山山神，你们看可以吗？"众臣没有人回答。

晏子站出来进言道："不可以！祭祀灵山山神没有用处。灵山本来就以石头为身体，以草木为毛发，天久不下雨，它的毛发都要枯焦了，身体也将酷热难当，难道唯独它就不想下雨吗？祭它又有什么用！"

景公说："这样不行的话，那我想祭祀黄河水神，可以吗？"

晏子说："不可以！黄河水神以水为国家，以鱼鳖为臣民，天久不下雨，泉水将会下降，所有的河川都要断流干涸，它的国家将要灭亡，它的臣民也将会灭亡，难道唯独它就不想下雨吗？祭它又有什么用！"

景公说："那现在该怎么办呢？"

晏子说："如果国君您能试着离开宫殿露天住在野地里，与山河神灵们一起共担忧患，或许可以有幸求得老天下雨呢！"

于是景公离开宫殿在野外露天居住，三天后，果然下了大雨，老百姓全都得到了播种庄稼的时机。景公说："好啊！晏子的话，怎么可以不采用呢！因为他是个有仁德的人啊。"

（注译：王方诗　审核：朱献伟）

景公贪长有国之乐晏子谏第十六

【题解】

齐景公希望世世代代保有国家。晏子告诫他，要做到这一点，必须坚持善德善政，始终如一；并以齐桓公能够善始则成就霸业、威震天下，却不能够善终而国败身亡、下场可悲的事实，提醒齐景公引以为戒。这体现了晏子忧国忧民的政治主张。

【原文】

景公观于淄[①]上，与晏子闲立。公喟然[②]叹曰："呜呼！使国可长保而传于子孙，岂不乐哉？"

晏子对曰："婴闻明王不徒[③]立，百姓不虚至。今君以政乱国、以行弃民久矣，而欲保之，不亦难乎？婴闻之，能长保国者，能终善者也。诸侯并立，能终善者为长[④]；列士并学，能终善者为师。昔先君桓公[⑤]，方任贤而赞德之时，亡国恃以存，危国仰以安，是以民乐其政，而世高其德，行远征暴，劳者不疾，驱海内使朝天子，而诸侯不怨。当是时也，盛君之行不能进[⑥]焉。及其卒[⑦]而衰，怠于德而并于乐，身溺于妇侍而谋因于竖刁[⑧]，是以民苦其政，而世非其行，故身死乎胡宫而不举，虫出而不收[⑨]。当是时也，桀、纣之卒不能恶焉。《诗》曰：'靡不有初，鲜克有终[⑩]。'不能终善者，不遂[⑪]其君。今君临民若寇仇[⑫]，见善若避热，乱政而危贤，必逆于众，肆欲于民，而虐诛于下，恐及于身。婴之年老，不能待君使矣，行不能革⑬，则持节以没世耳⑭。”

【注释】

①淄：水名，即淄河。　②喟然：感叹的样子。　③徒：徒然，平白无故。　④长（zhǎng）：首领，霸主。　⑤桓公：齐桓公，公元前685—前643年在位，春秋五霸之首。　⑥进：超过。　⑦卒：最终。　⑧因：遵照，听从。竖刁：齐桓公宠信的宦官。桓公死后，他与桓公另一宠臣易牙相谋作乱。　⑨“故身死乎胡宫而不举”二句：齐桓公死后，他的五个儿子为争夺君位而互相攻战，以至于无人为桓公收殓，尸体在床上六十七天，蛆虫满身，竟爬出户外。直到公子无诡立为国君，才将其收殓；八个月后，才得以安葬。胡宫，宫名，亦称“寿宫”。举，举丧，发丧。　⑩靡不有初，鲜克有终：语出《诗经·大雅·荡》。意思是：凡事没有不好的开始，但很少有人能坚持到底。靡，无。鲜，少。克，能。　⑪遂：终。　⑫寇仇：仇敌。　⑬革：改。　⑭持节：保持节操。没（mò）世：在世上消失，即死去。

【译文】

齐景公在淄河边上游览，与晏子悠闲地站立着。景公感慨长叹一声说：“哎呀！假如国家能够长久保有并传给子孙后代，岂不是很快乐吗？”

晏子回答说：“我听说贤明的国君不是平白无故就能立国的，百姓也不会随随便便就来归附的。如今您用政令搞乱国家、用行为背弃民众已经很久了，却想长久保有国家，不是太难了吗？我听说，能长久保有国家的人，是能够善行到底的人。各国诸侯并立，能够善行到底的人就能成为霸主；诸多学子共同学习，能学好到底的人就能成为师长。从前我们的先君齐桓公，当他正在任用贤能崇尚仁德的时候，将要灭亡的国家依靠他而得到保存，危乱中的国家仰仗他而得到安定，因此民众喜欢他的统治，世人崇尚他的德行，军队远行去征伐暴乱者，劳苦的士卒也不辞疾苦，驱使海内各国诸侯朝拜天子，诸侯们也毫无怨言。那个时候，最兴盛的国君的行为也不能再超过他了。可等到他最终衰败的时候，放松了德行而喜欢享乐，自身沉溺于女色近侍并且听从竖刁这些人的主意，因此民众苦于他的统治，世人非议他的行为，所以他身死于胡宫而不得安葬，尸体腐烂生蛆爬出户外也没有人收殓。在那个时候，就是夏桀、商纣王这些暴君的结局也不比他坏。《诗经》上说：‘凡事没有不好的开始，但很少有人能坚持到底。’不能行善到底的人，他的君位也不可能保持至终。如今您对待民众就像对待仇敌，见到善行就像躲避酷暑炎热，扰乱国政而危害贤良，必然会违背民众的心愿，对百姓放纵私欲，对臣下暴虐诛杀，这恐怕最终会连累到国君您自己身上。我已经老了，不能再在您的身边等待使唤了，假若您的行为再不改变的话，那么我也只好保持节操而离开人世了。”

（注译：王方诗　审核：朱献伟）

景公登牛山悲去国而死晏子谏第十七

【题解】

齐景公在牛山上与两个宠臣触景生情，为人生不免一死痛哭流涕。晏子用“归谬法”揭示人生死更替的自然规律，嘲笑了景公的不仁和两个宠臣的阿谀谄媚。这表现了晏子不与谗臣同流合污的高贵品格。

【原文】

景公游于牛山，北临其国城而流涕曰①：“若何滂滂去此而死乎②！”艾孔、梁丘据皆从而泣③，晏子独笑于旁。

公刷涕而顾晏子曰④：“寡人今日之游悲，孔与据皆从寡人而涕泣，子之独笑，何也？”

晏子对曰：“使贤者常守之，则太公、桓公将常守之矣⑤；使勇者常守之，则灵公、庄公将常守之矣⑥。数君者将守之，则吾君安得此位而立焉？以其迭⑦处之，迭去之，至于君也，而独为之流涕，是不仁也。不仁之君见一，谄谀⑧之臣见二，此臣之所以独窃笑也。”

【注释】

①临：对着。国城：都城，国都。　②若何：奈何，为什么。滂滂：盛大的样子。去：离开。这里指死去。　③艾孔、梁丘据：人名，都是齐景公的佞臣。　④刷：擦拭。顾：回头看。　⑤太公：即姜太公，辅佐周武王灭商建立周朝，因功被封于齐，为齐国始祖。桓公：即齐桓公，春秋

五霸之首。　⑥灵公：齐景公的父亲。庄公：齐国先后有两个庄公，一位是姜购，一位是姜光。此为后者，齐景公的异母兄。　⑦迭：更迭，交替。　⑧谄谀：阿谀谄媚，巴结奉承。

【译文】

齐景公到牛山上游览，面朝北望着国都临淄城流着泪说："为什么要离开这堂堂大国而死去啊！" 陪同景公游玩的大夫艾孔、梁丘据也都跟着景公一块哭，只有晏子在一旁偷偷地笑。

景公擦拭着眼泪回头看着晏子说："寡人今天游览触景而生悲伤之情，不由自主地哭泣流泪，艾孔和梁丘据也都跟着寡人哭，只有您独自在笑，为什么呢？"

晏子回答说："假如能让贤能的人永远保有国家的话，那么太公、桓公就将永远保有；假如能让勇武的人永远保有国家的话，那么灵公、庄公将会永远保有。要是他们这些国君还都活着永远保有国家，那么我的国君您又哪能得到这个君位而立为国君呢？正是因为他们交替地登上君位而又离开君位的代代相传，才能轮到您，而唯独您却在为自己的生死而哭泣流泪，这是没有仁德的。我看到一个没有仁德的国君，看到两个阿谀谄媚的臣子，这就是我独自偷笑的缘故。"

（注译：王方诗　审核：朱献伟）

景公游公阜一日有三过言晏子谏第十八

【题解】

晏子陪齐景公外出游览，一日之内进谏三次。第一次是景公为死亡感慨，晏子告之人有生死、君位有更迭的客观规律；第二次是景公把阿谀奉承小人的附和当作君臣之间的和谐，晏子告之“和”与“同”的区别；第三次是景公看到彗星出现，想通过祭祀祈祷来消灾，晏子告之只有修善德善政才能消灾的道理。

【原文】

景公出游于公阜①，北面望，睹齐国②，曰：“呜呼！使古而无死，何如？”晏子曰：“昔者上帝以人之死为善，仁者息焉，不仁者伏③焉。若使古而无死，太公、丁公将有齐国④，桓、襄、文、武将皆相之⑤，君将戴笠衣褐⑥，执铫耨以蹲行畎亩之中⑦，孰暇患死⑧！”公忿然作色⑨，不说⑩。

【注释】

①公阜：地名，在临淄南方，今山东省青州市境内。 ②睹：看见。国：都城，指临淄城。 ③伏：藏匿。 ④太公：即姜太公。丁公：姜太公之子，名伋，继太公之后为齐国国君。 ⑤桓、襄、文、武：指齐国历史上的四位国君，即桓公、襄公、文公、武公。按照年代先后顺序，依次为武公、文公、襄公、桓公，前两君为西周时，后两君为春秋时。相

(xiàng):辅佐。　⑥笠:斗笠,用竹篾等编制的遮阳挡雨的帽子,为穷人所戴。衣(yì):穿着。褐:用粗毛或麻制作的短衣,为穷人所穿。　⑦铫(yáo):农具名,大锄。耨(nòu):农具名,用来除草的小锄。畎(quǎn)亩:田地。畎,田间小沟。　⑧孰:谁,哪个。暇(xiá):闲暇,空闲。患:担心,忧虑。　⑨忿然:气愤的样子。作色:变了脸色。　⑩说(yuè):同"悦",高兴。

【译文】

齐景公外出游览到了公阜,向北眺望,看到了齐国都城临淄,说:"哎呀!假若自古以来人都不死的话,会怎么样?"晏子说:"从前上帝认为人的死亡是好事,仁德的人得以安息,不仁的人也就藏匿了。假若自古以来人都不死,那么太公、丁公将会永远保有齐国,齐桓公、齐襄公、齐文公、齐武公等将都辅佐他们,您将会戴着斗笠穿着粗布短衣,拿着锄头蹲在田间劳动,哪儿还有闲工夫来担忧死亡的问题!"景公气呼呼地变了脸色,很不高兴。

【原文】

无几何而梁丘据乘六马而来[①],公曰:"是谁也?"晏子曰:"据也。"公曰:"何以知之?"曰:"大暑而疾驰,甚者马死,薄[②]者马伤,非据孰敢为之!"公曰:"据与我和者夫!"晏子曰:"此所谓同也。所谓和者,君甘则臣酸,君淡则臣咸。今据也,甘君亦甘[③],所谓同也,安得为和!"公忿然作色,不说。

【注释】

①无几何:没多久。梁丘据:人名,齐景公的宠臣。乘六马:指乘坐六匹马所驾的车。按古制,卿大夫应一车四马,驾六马则为逾礼僭越。　②薄:轻微。　③甘君亦甘:此句当作"君甘亦甘"。

【译文】

没过多久,梁丘据乘着六匹马拉的车来了,齐景公问:"这是谁呀?"

晏子说："是梁丘据。"景公说："您怎么知道？"晏子说："大热天催马狂奔疾驰，严重的要把马累死，轻微的马也会受伤，不是梁丘据谁敢这么做！"景公说："梁丘据与我很相和。"晏子说："这只能说是相同。所谓和，就好比国君您是甜那么臣子就应当是酸，国君您是淡那么臣子就应当是咸。如今梁丘据则不然，国君您甜他也甜，这就是所谓的同，哪里是和！"景公气呼呼地变了脸色，很不高兴。

【原文】

无几何，日暮，公西面望，睹彗星①，召伯常骞②，使禳③去之。晏子曰："不可！此天教也。日月之气④，风雨不时⑤，彗星之出，天为民之乱见⑥之，故诏之妖祥⑦，以戒不敬。今君若设文⑧而受谏，谒⑨圣贤人，虽不去彗，星将自亡。今君嗜酒而并于乐，政不饰⑩而宽于小人，近谗好优⑪，恶文而疏圣贤人，何暇⑫去彗！茀⑬又将见矣。"公忿然作色，不说。

【注释】

①彗星：俗称"扫帚星"，古人认为它出现会带来灾祸。 ②伯常骞（qiān）：人名，齐景公的大臣。 ③禳：通过祭祀祈祷仪式消除灾祸。 ④气：云气。这里指日月光线经云气折射而出现的光晕，往往是坏天气的征兆。 ⑤不时：不合时宜。 ⑥见（xiàn）：同"现"，出现，显现。 ⑦诏：告。妖祥：凶兆和吉兆。这里指凶兆。 ⑧文：文德。这里指礼乐政教之类。 ⑨谒（yè）：谒见，拜见。 ⑩饰：修饰，修整。 ⑪谗：谗言，说人坏话。优：倡优，古代以歌舞供人享乐的人。 ⑫何暇：岂止。 ⑬茀（bèi）：即孛星，类似彗星。

【译文】

没过多久，夜幕降临，齐景公向西眺望，看见了彗星，就召来伯常骞，让他举行祭祀祈祷仪式消除灾祸。晏子说："不可以！这是上天的教诲。日月出现不祥的云气，风雨行得不合时宜，彗星的出现，都是上天因为百姓将要作乱而显现出来的，所以告知不祥之兆，来警诫不恭敬的行为。如今国君您如果设置文德教化并接受劝谏，拜见圣贤之人，即使不祭祀祈祷除去彗星，彗星也会自行消亡。可如今国君您酷好饮酒并且放纵享乐，政事不修治而纵容小人，亲近阿谀谄媚奸臣喜好倡优艺人，厌恶文德教化而疏远圣贤之人，要消除的岂止是彗星！恐怕孛星也将要出现了。”景公气呼呼地变了脸色，很不高兴。

【原文】

及晏子卒，公出屏①而泣曰：“呜呼！昔者从夫子而游公阜，夫子一日而三责我，今谁责寡人哉！”

【注释】

①屏：屋门内当门的小墙，即照壁。

【译文】

等到晏子去世后，齐景公走出照壁而哭着说：“哎呀！从前随着先生游览公阜，先生一天批评我三次，如今还有谁来批评我啊！”

（注译：王方诗　审核：朱献伟）

景公游寒涂不恤死胔晏子谏第十九

【题解】

齐景公出外游览，见到路上因病饿而死已经腐烂的尸体却无动于衷。晏子进谏，对其进行了严厉批评。他先以齐国历史上的贤君爱民惠民而为民众所拥戴的史例作榜样，再以景公横征暴敛不恤人民而导致上下离心离德作对比，指出这样将会导致国家衰败、江山易主的严重后果。这体现了晏子忧国忧民的思想。

【原文】

景公出游于寒涂①，睹死胔②，默然不问。晏子谏曰：“昔吾先君桓公出游，睹饥者与之食，睹疾者与之财，使令不劳力，籍敛③不费民。先君将游，百姓皆说曰：‘君当幸游吾乡乎！’今君游于寒涂，据四十里之氓④，殚⑤财不足以奉敛，尽力不能周⑥役，民氓饥寒冻馁⑦，死胔相望⑧，而君不问，失君道矣。财屈力竭，下无以亲上；骄泰⑨奢侈，上无以亲下。上下交离，君臣无亲，此三代⑩之所以衰也。今君行之，婴惧公族⑪之危，以为异姓⑫之福也。”

公曰：“然！为上而忘下，厚籍敛而忘民，吾罪大矣。”于是敛⑬死胔，发粟于民，据四十里之氓不服政⑭其年，公三月不出游。

【注释】

①寒：古国名，位于今山东省潍坊市东北。涂：同“途”，道

路。　②胔（zì）：腐肉。这里指死人的腐尸。　③籍敛：登记征收赋税。　④氓（méng）：百姓（多指外来的）。这里指居于郊野的人。　⑤殚：竭尽。　⑥周：周全，完全。　⑦馁：饥饿。　⑧相望：面面相对。形容死人很多。　⑨泰：恣意。　⑩三代：指夏、商、周三朝。　⑪公族：公室，即诸侯的家族政权。　⑫异姓：当时齐国是姜姓诸侯，而田氏家族正收买人心，觊觎政权。这里的“异姓”，即指田氏。后来果然田氏代齐，晏子的预言得到应验。　⑬敛：通“殓”，收殓。　⑭服政：承担劳役赋税。

【译文】

齐景公出外游览到了寒地的路上，看到死人腐烂的尸体，默默无言也不过问。晏子进谏说：“从前我们的先君齐桓公出游时，看到饥饿的人就给其食物，看到有疾病的人就给其钱财，派遣差役但不使其过于劳累，登记征收赋税也不使百姓过于耗费。先君将要出游，百姓们都高兴地说：‘国君应当有希望出游到我们乡吧！’如今您出游到寒地的道路上，居住在这四十里之内的百姓，竭尽财力都不足以缴纳赋税，竭尽劳力也不能完全应付劳役，百姓饥寒交迫，尸横遍野，而国君您却不闻不问，这就有失为君之道了。如果在下的百姓财穷力尽，就不会亲近在上的国君；如果在上的国君骄奢淫逸，也就不会亲近在下的百姓。上下互相离心离德，君臣之间互不亲近，这就是夏、商、周三代之所以衰亡的原因。如今国君您的行为也是这样，我晏婴担心公室的地位危险，将会成为异姓人的福分啊。”

景公说：“对啊！作为在上的国君而忘记了在下的人民，加重赋税而忘记了百姓的承受能力，我的罪过太大了。”于是命人收敛死尸，给百姓发放粮食，居住在这四十里以内的百姓一年不承担劳役赋税，景公自己也三个月不再出外游览。

（注译：王方诗　审核：朱献伟）

景公衣狐白裘不知天寒晏子谏第二十

【题解】

齐景公在大雪天里穿着裘皮大衣觉着天不冷，晏子便告诉他“饱而知人之饥，温而知人之寒，逸而知人之劳”的为君之道。这体现了晏子的民本思想。

【原文】

景公之时，雨雪三日而不霁①。公被狐白之裘②，坐于堂侧阶。晏子入见，立有间③，公曰：“怪哉！雨雪三日而天不寒。”

晏子对曰：“天不寒乎？”公笑。

晏子曰：“婴闻古之贤君，饱而知人之饥，温而知人之寒，逸而知人之劳。今君不知也。”

公曰：“善！寡人闻命矣。”乃令出裘发粟与饥寒者。令所睹于涂④者无问其乡，所睹于里⑤者无问其家，循⑥国计数，无言其名。士既事者兼月⑦，疾者兼岁。

孔子闻之曰：“晏子能明其所欲，景公能行其所善也。”

【注释】

①雨雪：下雪。雨，此为动词。霁：本意指雨停。这里指雪停云散天晴。　②被（pī）：同“披”。这里指穿着。狐白之裘：用狐狸腋下的白色皮毛缝制成的皮衣。裘，皮衣。　③有间：一会儿。　④涂：同“途”，

道路。 ⑤里：古代行政区域单位，通常几十家为一里。 ⑥循：通"巡"，巡视。 ⑦既事者：已经有职事的人。兼：加倍，两倍。

【译文】

齐景公在位的时候，有一次雪下了三天还不停。景公穿着白色的裘皮大衣，坐在大堂前的台阶上。晏子进宫谒见，站了一会儿，景公说："奇怪啊！雪都下了三天了天却不寒冷。"

晏子回答说："天气不冷吗？"景公笑了。

晏子说："我听说古代贤德的国君，自己吃饱也能知道别人的饥饿，自己穿暖也能知道别人的寒冷，自己安逸也能知道别人的劳苦。现在国君您却不知道。"

景公说："说得好！寡人听从您的教诲了。"于是令人拿出皮衣和粮食发放给那些挨饿受冻的人。下令凡是在路上看到的不必过问是哪乡的，在里巷看到的不必过问是哪家的，巡视全国统计数字，无须记载他们的姓名。士人中已经有职事的发给两个月的粮食，有疾病的发给两年的粮食。

孔子听说这件事后说："晏子能表明他所想的愿望，景公能实行他所赞赏的德政。"

（注译：王方诗 审核：朱献伟）

景公异荧惑守虚而不去晏子谏第二十一

【题解】

齐国上空出现不祥星象，齐景公感到诧异。晏子借机批评景公政令杂乱无章、用人不当导致民不聊生等弊病，劝谏景公要采取爱民惠民的执政措施。这体现了晏子忧国忧民的思想。

【原文】

景公之时，荧惑守于虚①，期年不去②。公异之，召晏子而问曰："吾闻之，人行善者天赏之，行不善者天殃之。荧惑，天罚也，今留虚，其孰当③之？"

晏子曰："齐当之。"

公不说，曰："天下大国十二，皆曰诸侯，齐独何以当之？"

晏子曰："虚，齐野也。且天之下殃，固于富强。为善不用，出政不行④；贤人使远，谗人反昌；百姓疾怨，自为祈祥；录录强食⑤，进死何伤！是以列舍无次⑥，变星有芒。荧惑回逆⑦，孽星⑧在旁。有贤不用，安得不亡！"

公曰："可去乎？"

对曰："可致者可去，不可致者不可去。"

公曰："寡人为之若何？"

对曰："盍去冤聚之狱[⑨]，使反田矣；散百官之财，施之民矣；振[⑩]孤寡而敬老人矣。夫若是者，百恶可去，何独是孽乎！"

公曰："善。"行之三月，而荧惑迁。

【注释】

①荧惑守于虚：火星长时间停留在虚宿（xiù）的位置上。在中国古代天文学中，人们以二十八宿为背景，观测日月和五大行星（金、木、水、火、土）的运行。荧惑，五大行星中的火星。虚，是二十八宿之一。　②期（jī）年：一周年。去：离开。　③当：承当，承受。　④行（háng）：条理。　⑤录录：同"碌碌"，平庸的样子。强：勉强。　⑥列舍无次：指众星宿乱了位次。列舍，即列宿，众星宿。次，古人把想象中的太阳运行的轨道叫作"黄道"，把黄道附近的一周天分为十二等分，叫作"十二次"，每次都包含二十八宿中的若干宿。　⑦回逆：意思是火星本来应该往前直行，但现在回转逆行，所以一直停留在虚宿的位置。　⑧孽（niè）星：灾星。　⑨盍（hé）：何不，为什么不。狱：官司，案件。　⑩振：同"赈"，救济。

【译文】

齐景公在位的时候，火星长时间停留在虚宿的位置上，整整一年没有离开。景公感到很奇怪，召见晏子询问道："我听说，人做了善事上天就会奖赏他，不做善事上天就会让他遭殃。火星，是上天表示惩罚的星，如今停留在虚宿的位置上，会由谁来承受惩罚呢？"

晏子说："由齐国承受。"

景公很不高兴，说："天下的大国有十二个，都是诸侯，为什么唯独齐国来承受呢？"

晏子说："虚宿，属于齐国的分野。何况上天要降下祸殃，本来就冲着富强的国家。做善事的人不任用，发出的政令杂乱无章；贤能的人被疏远，阿谀谄媚的小人反而荣华得志；百姓憎恶怨恨，只好自己祈求吉祥；庸庸碌碌勉强求食，走进了死路是多么悲伤！因此众星宿乱了位次，变异的星宿有了光芒。火星回转逆行，灾星就在身旁。有了贤人却不任用，这样的国家怎么能不灭亡！”

景公问：“可以消除吗？”

晏子回答说：“可以招致的就可以消除，不可以招致的就不能消除。”

景公说：“那么寡人该怎么办呢？”

晏子回答说：“您何不撤除冤狱，让那些无辜的人返回田间；拿出百官的钱财，发放给民众；救济孤寡而孝敬老人。如果能这样做，再多的邪恶都可以消除，何止是这个灾星呢！”

景公说：“好的。”于是按照晏子说的实行了三个月，火星就移走了。

（注译：王方诗　审核：朱献伟）

景公将伐宋瞢二丈夫立而怒晏子谏第二十二

【题解】

齐景公出兵攻宋，路过泰山，做了一个噩梦。晏子用丰富的历史知识和生动的语言对这个梦作了巧妙的解释，劝谏景公要与邻国友好相处，不要发动不义战争。这体现了晏子睦邻友好的外交思想和反对不义之战的战争观。

【原文】

景公举兵将伐宋，师过泰山，公瞢[①]见二丈夫立而怒，其怒甚盛。公恐，觉，辟门召占瞢者[②]。

至，公曰："今夕吾瞢二丈夫立而怒，不知其所言，其怒甚盛，吾犹识[③]其状，识其声。"占瞢者曰："师过泰山而不用事[④]，故泰山之神怒也。请趣召祝史祠乎泰山则可[⑤]。"

公曰："诺。"

明日，晏子朝见，公告之如占瞢之言也。公曰："占瞢者之言曰：'师过泰山而不用事，故泰山之神怒也。'今使人召祝史祠之。"

晏子俯有间[⑥]，对曰："占瞢者不识也，此非泰山之神，是宋之先汤与伊尹也[⑦]。"

公疑，以为泰山神。晏子曰："公疑之，则婴请言汤、伊尹之状也。汤皙[8]而长，颐以髯[9]，兑[10]上丰下，倨身而扬声[11]。”

公曰：“然，是已。”

“伊尹黑而短，蓬[12]而髯，丰上兑下，偻身而下声[13]。”

公曰：“然，是已。今若何？”

晏子曰：“夫汤、太甲、武丁、祖乙[14]，天下之盛君也，不宜无后。今惟宋耳，而公伐之，故汤、伊尹怒。请散师以平[15]宋。”

景公不用，终伐宋。晏子曰：“伐无罪之国，以怒明神，不易行以续蓄[16]，进师以近过[17]，非婴所知也。师若果进，军必有殃。”

军进再舍[18]，鼓毁将殪[19]。公乃辞[20]乎晏子，散师，不果[21]伐宋。

【注释】

①瞢（mèng）：同“梦”。　②辟：开。占瞢：解释梦境，以判定吉凶征兆。　③识（zhì）：记住。　④用事：指祭祀泰山之神。　⑤趣（cù）：赶快。祝史：祝官和史官，古代祭祀活动中掌管祈祷和记事的人。　⑥俯：弯腰低头，意在思考。有间：一会儿。　⑦汤：即商汤，商朝的开国国君。周灭商后，封汤的后裔于宋，所以说汤是宋的先祖。伊尹：汤的大臣。相传他原为家奴，被汤发现其才能而任以国政，辅佐汤灭了夏桀而建立商朝。　⑧皙（xī）：皮肤白。　⑨颐：脸颊。髯（rán）：胡子。　⑩兑（ruì）：通“锐”，尖，窄。　⑪倨（jù）：直而微曲。扬声：高声。　⑫蓬：头发蓬乱。　⑬偻（lóu）：弯曲。下声：低声。　⑭太甲、武丁、祖乙：都是商朝的国君。　⑮平：和好。　⑯易：改变。蓄：通“畜”，友好。　⑰过：应为“祸”，灾祸。　⑱再：二。舍：古代以三十里为一舍。　⑲将：将领。殪（yì）：死。　⑳辞：认错，谢罪。　㉑不果：未成事实。

【译文】

齐景公发兵攻打宋国，军队经过泰山的时候，景公梦见两个男子站在他的面前发怒，怒气很大。景公很害怕，猛然醒来，开门召见解梦人。

解梦人来到后，景公说："今晚我梦见两个男人站在我面前发怒，不知道他们说的是什么，他们怒气很大，我还能够记得他们的相貌，记得他们的声音。"解梦人说："军队经过泰山却没有祭祀，所以泰山之神发怒了。请赶快召来祝官和史官在泰山上祭祀就可以了。"

景公说："好的。"

第二天，晏子朝见景公，景公告诉他解梦人的话。景公说："解梦人说：'军队经过泰山而没有祭祀，所以泰山之神发怒了。'现在我要叫来祝官和史官祭祀泰山。"

晏子低头沉思了一会儿，回答说："解梦人不知道，这不是泰山之神，是宋国的先祖商汤和伊尹。"

景公心中疑惑，认为还是泰山之神。

晏子说："您既然怀疑，那就请让我说说商汤和伊尹的相貌吧。商汤皮肤白皙而身材修长，脸颊上长着长长的胡须，脸的上部窄而下部丰满，身子微曲而声音洪亮。"

景公说："对，是这样的。"

晏子接着说："伊尹的皮肤黑个头矮，头发蓬乱长着长胡子，脸的上部丰满下部窄，弯腰弓背而声音低沉。"

景公说："对，是这样的。那现在怎么办？"

晏子说："商汤、太甲、武丁、祖乙，都是天下盛世时的国君，不应该没有后人。如今他们唯一的后人就是宋国了，可是您还要攻打他们，所以商汤和伊尹才会发怒。请您撤回军队与宋国和好。"

景公不采纳晏子的建议，终于还是进兵攻打宋国。晏子说："攻打无罪的国家，就会激怒神灵，不改变这种行为来保持两国的友好关系，进军就是靠近灾祸，这真是我所不能理解的。军队如果真的进军的话，必然会有灾祸。"

军队前进了六十里，军鼓毁坏将领死亡。景公这才向晏子认错，于是撤回军队，不再去攻打宋国了。

（注译：王方诗　审核：朱献伟）

景公从畋十八日不返国晏子谏第二十三

【题解】

齐景公醉心打猎不归，晏子前往劝谏，景公却用心脏和四肢作比方，为自己的行为辩解。晏子机智地利用这个比方的逻辑破绽，反驳景公的歪理，让他无话可说，只能乖乖回去。这体现了晏子担心国家前途命运的忧患意识。

【原文】

景公畋于署梁①，十有八日而不返。晏子自国②往见公。比至，衣冠不正，不革③衣冠，望游④而驰。

公望见晏子，下车逆劳曰："夫子何为遽⑤？国家得无有故乎？"

晏子对曰："不亦急也。虽然，婴愿有复⑥也。国人皆以君为安于野而不安于国，好兽而恶民，毋乃不可乎？"

公曰："何哉？吾为夫妇狱讼⑦之不正乎？则泰士子牛存矣⑧；为社稷宗庙之不享乎⑨？则泰祝子游存矣⑩；为诸侯宾客莫之应乎？则行人子羽存矣⑪；为田野之不辟、仓库之不实乎？则申田⑫存矣；为国家之有余不足聘⑬乎？则吾子⑭存矣。寡人之有五子，犹心之有四支⑮。心有四支，故心得佚焉⑯。今寡人有五子，故寡人得佚焉，岂不可哉？"

晏子对曰："婴闻之与君言异。若乃心之有四支而心得佚焉，则可；令四支无心十有八日，不亦久乎！"

公于是罢畋而归。

【注释】

①畋（tián）：打猎。署梁：地名。②国：国都临淄。③革：改变，更换。④游（liú）：同"旒"，旌旗后面类似飘带的装饰物。⑤遽（jù）：急，仓促。⑥复：答复，禀告。⑦狱讼：处理官司纠纷。⑧泰士：官名，掌管官司诉讼之事。子牛：人名。⑨社稷：土地神和谷神。这里指国家。享：享用，特指供奉祭品给鬼神。⑩泰祝：官名，掌管宗庙祭祀祷告之事。子游：人名。⑪行人：官名，掌管外交接待事务。子羽：人名。⑫申田：官名，掌管农业垦荒屯粮之事。⑬聘：聘问，出访。这里指国家之间交往。⑭子：先生，对对方的尊称。⑮支：同"肢"，肢体。⑯得：能。佚：安逸。

【译文】

齐景公在署梁打猎，十八天了还不回去。晏子从国都临淄前往署梁去见景公。等他赶到时，衣服帽子都乱了，他也不重新穿戴一下，只顾望着旌旗飘动的方向疾驰。

景公看见晏子，下车迎接慰劳说："先生为什么这样急？国家不会有什么变故吧？"

晏子回答说："不是很急。即使这样，我还是要禀告您。国都内的人都以为国君您安心在野外而不安心在都城，喜欢野兽而厌恶百姓，这不是很不合适吗？"

景公说："这是为什么呀？是因为我处理夫妻纠纷不公正吗？那有泰士子牛在呀；是因为社稷宗庙里没供奉祭品吗？那有泰祝子游在呀；是因为诸侯宾客来了没人照应接待吗？那有行人子羽在呀；是因为田野没有开垦、粮仓不充实吗？那有申田在呀；是因为国家的管理还有不足之处而不能和诸侯交往吗？那还有先生您在呀。寡人有这五位先生，就像心脏有四肢一样。心脏有了四肢，所以心脏就能安逸。如今寡人有你们这五位先生，所以寡人就能安逸，难道不可以吗？”

晏子回答说：“我听到的和您说的不一样。如果说心脏有四肢而心脏就能安逸，这是可以的；但如果让四肢没有心脏的主宰十八天，不是太久了吗？”

景公于是停止打猎回去了。

（注译：王方诗　审核：朱献伟）

景公欲诛骇鸟野人晏子谏第二十四

【题解】

齐景公因为要射的鸟被农夫吓跑了，就要杀了农夫。晏子批评景公这样做违背了先王的意愿，缺乏仁义之心，从而制止了景公的残暴行为。这体现了晏子的爱民思想。

【原文】

景公射鸟，野人骇之[①]。公怒，令吏诛之。

晏子曰："野人不知也。臣闻赏无功谓之乱，罪[②]不知谓之虐。两者，先王之禁也。以飞鸟犯先王之禁，不可。今君不明先王之制，而无仁义之心，是以从欲而轻诛[③]。夫鸟兽，固[④]人之养也，野人骇之，不亦宜乎？

公曰："善！自今已来[⑤]，弛[⑥]鸟兽之禁，无以苛[⑦]民也。"

【注释】

①野人：乡野之人。这里指农夫。骇（hài）：惊惧，吓。　②罪：以之为罪。这里为动词，惩罚。　③从（zòng）：同"纵"，放纵。轻：轻率，随便。　④固：本来。　⑤已：同"以"。来：往，后。　⑥弛：放宽。　⑦苛（kē）：苛刻，过分。

【译文】

齐景公射鸟，一个农夫把鸟吓跑了。景公很生气，命令官吏杀了这个农夫。

晏子对景公说："这个农夫不知道您在射鸟啊。我听说奖赏没有功劳的人叫作昏乱，惩罚不知道情况的人叫作暴虐。这两种情况，都是先王明令禁止的。因为飞鸟的缘故而违反先王的禁令，这是不可以的。现在国君您不清楚先王的制度，没有仁义之心，所以才放纵私欲而轻率地杀人。鸟兽，本来就是人养的，农夫吓跑它，不也是合乎情理的吗？"

景公说："说得好！从今以后，放宽射猎鸟兽的禁令，不要再用它来苛责百姓了。"

（注译：王方诗　审核：朱献伟）

景公所爱马死欲诛圉人晏子谏第二十五

【题解】

齐景公因为自己的爱马病死便要肢解养马的人。晏子先拿古代圣君尧、舜说事，制止了肢解行为；又正话反说，借数落养马人的“罪状”，批评景公重马轻人，并指出这种行为的严重后果，终于使景公认识了错误，放了养马人。

【原文】

景公使圉人[①]养所爱马，暴病死。公怒，令人操刀解[②]养马者。

是时晏子侍[③]前，左右执刀而进，晏子止之，而问于公曰：“古时尧、舜支解人，从何躯始？”

公惧然[④]曰：“从寡人始。”遂不支解。

公曰：“以属[⑤]狱。”

晏子曰：“此不知其罪而死，臣请为君数之，使自知其罪，然后属之狱。”

公曰：“可。”

晏子数之曰：“尔罪有三：公使汝养马而杀之，当[⑥]死罪一也；又杀公之所最善[⑦]马，当死罪二也；使公以一马之故而杀人，百姓闻之必怨吾君，诸侯闻之必轻吾国，汝一杀公马，使公怨积于百姓，兵弱于邻国，当死罪三也。今以[⑧]属狱。”

公喟然[9]叹曰："夫子释[10]之！夫子释之！勿伤吾仁也。"

【注释】

①圉（yǔ）人：养马的人。　②解：肢解。　③侍：陪侍、侍奉尊长。　④惧然：惊恐四顾的样子。　⑤属（zhǔ）：托付。这里为交付。　⑥当：判罪，即处以相当的刑罚。　⑦善：以之为善。这里为动词，喜欢。　⑧以：这里省略了它的宾语，即上述的三条罪状。　⑨喟然：叹息的样子。　⑩释：放。

【译文】

齐景公派一个养马的人饲养他所喜爱的马，结果马得了急病死了。景公大怒，命人拿刀肢解养马的人。

当时，晏子正在景公跟前陪侍，景公身边的卫士拿着刀上前，晏子制止了他们，然后问景公说："古时候尧、舜肢解人，从躯体的哪个部位开始？"

景公猛然惊恐四顾，脱口回答说："从寡人身上开始。"于是就不肢解养马的人了。

景公说："把他送进监狱里。"

晏子说："这样他不知道自己犯了什么罪就死了，请让我替国君您列举他的罪状，也让他知道自己犯了什么罪，然后再把他送进监狱里去。"

景公说："可以。"

晏子数落养马人说："你的罪行有三条：国君让你养马而你却把马养死了，这是你该当死罪的第一条；你所养死的马又是国君最喜爱的马，这是你该当死罪的第二条；你让我们的国君因为一匹马的缘故而杀人，老百姓听说了必然会怨恨我们的国君，诸侯们听说了必然会轻视我们的国家，你养死国君的一匹马，就让国君在百姓中积聚怨恨，让国家的兵力比别的国家还弱，这是你该当死罪的第三条。现在就凭这些把你送进监狱。"

景公叹息一声说："先生放了他！先生快放了他！千万不要损害了我仁德的名声啊。"

（注译：王方诗　审核：朱献伟）

【卷二　内篇谏下】

景公藉重而狱多欲托晏子晏子谏第一

【题解】

齐景公对百姓征收各种捐税，名目繁多，刑罚严酷，导致百姓怨声载道。晏子劝谏，景公不听，却让晏子来加以治理。晏子非常了解造成这种局面的原因是统治者生活奢靡，而整治这种局面只有去奢侈，明规矩，省刑罚，争取民心。

【原文】

景公藉重而狱多①，拘者满圄②，怨者③满朝。晏子谏，公不听。公谓晏子曰："夫狱，国之重官也，愿托之夫子。"

【注释】

①藉：通"籍"，征籍，各种捐税的总称。狱：官司，案件。　②圄：监狱。　③怨者：这里指因不满冤狱而来朝廷告状的人。

【译文】

齐景公对百姓征收各种各样的捐税非常繁重，因不满冤狱而来朝廷告状的人也很多，监狱中人满为患，因不满冤狱而来朝廷告状的人对景公的统治怨气冲天。晏子看到这种状况后就劝谏景公，而景公听不进这些劝言。景公对晏子说："处理百姓这些官司，是很重要的官职，我想把这重任交付给先生您来办理。"

【原文】

晏子对曰："君将使婴敕其功乎①？则婴有壹妾②能书，足以治之矣。君将使婴敕其意③乎？夫民无欲残其家室之生以奉暴上之辟者④，则君使吏比而焚之而已矣⑤。"

【注释】

①敕：整饬，治理。功：事件。 ②妾：女奴，女仆。 ③意：民心，民意。 ④奉：供奉，奉养。辟：邪僻。 ⑤比：一个一个并列。之：这里指那些不愿缴纳捐税的人。

【译文】

晏子回答说："国君您想让我来治理百姓打官司多这个事件吗？那么我用一个会写字的女仆来处理这件事，就足以能处理完毕。国君您想让我理顺民心吗？百姓没有谁情愿残害自己的家庭生活，来供养一个暴君的邪僻之心的，那么国君您只要派个官员把不愿意缴纳捐税的百姓一个一个烧死就可以了。"

【原文】

景公不说，曰："敕其功则使壹妾，敕其意则比而焚，如是，夫子无所谓能治国乎？"

晏子曰："婴闻与君异。今夫胡狢戎狄之蓄狗也①，多者十有余，寡者五六，然不相害伤。今束鸡豚妄投之②，其折骨决③皮，可立见也。且夫上正其治，下审其论④，则贵贱不相逾越。今君举千钟⑤爵禄，而妄投之左右，左右争之，甚于胡狗，而公不知也。寸之管无当⑥，天下不能足之以粟。今齐国丈夫耕、女子织，夜以接日，不足以奉上，而君侧皆雕文刻镂之观，此无当之管也，而君终不知。五尺童子，操寸之熛⑦，天下不能足以薪。今君之左右，皆操熛之徒，而君终不知。钟鼓成肆[8]，干戚[9]成舞，虽禹不能禁民之观。且夫饰[10]民之欲，而严其听，禁其心，圣人所难也，而况夺其财而饥之，劳其力而疲之，常致其苦而严听其狱、痛[11]诛其罪，非婴所知也。”

【注释】

①今：表示假设。胡狢（mò）戎狄：我国古代北方周边居住的少数民族的泛称。 ②束：捆绑。豚：小猪。妄：随意，随手。 ③决：决裂，撕裂。 ④论（lún）：通“伦”，伦理。这里指上下尊卑贵贱的等级秩序。 ⑤钟：古代的一种量器，多用以代指粮食。古代人的俸禄，多以粮食数量来折算。 ⑥当（dàng）：底。 ⑦熛（biāo）：火星。 ⑧肆：排列，列。 ⑨干戚（qī）：盾与斧。这里指古人用作舞乐的兵器。 ⑩饰：装饰，修饰。这里有培育、助长之意。 ⑪痛：严厉，严酷。

【译文】

齐景公听了很不高兴，说：“让您处理百姓打官司这件事，您就只用一个会写字的女仆来处理，让您治理百姓让他们心情顺畅，您就用把人一个个烧死来处理，如此这样，先生您就再也没有别的好办法来治理国家了吗？”

晏子说：“我听说的和国君您说的不一样。比如说那些北方边远族人养狗，多的十几只，少则五六只，但它们都不互相伤害。如果绑着一些鸡和小猪随意扔给它们，这些狗就为争食物而互相争夺而使那些鸡和小猪断骨撕皮，血腥的情景马上就能看到。再说，在上的国君发布治国的政策很严正，那么在下的臣民就规矩明确，遵守那些尊卑贵贱的伦理就不会超越界限。现如今，国君您拿着优厚的俸禄爵位，而随意扔给左右近臣，左右近臣为争夺俸禄爵位，其情形比边远族人养的狗争食物还要厉害，可是国君您不知道。一寸长的竹管没有底，天下的粮食也不能把它填满。如今齐国所有男子耕田、女人织布，夜以继日地干活，都不够用来供奉国君您，而国君您的旁边都是雕刻精美的景观，这就好比是没底的竹管，而国君您却不知道。五尺高的小孩子，手中有一丝火星，天下的柴草再多也不够燃烧。如今国君您的左右近臣，都是手中有火星的人，而国君您始终觉察不到。钟鼓成排成行奏响音乐，持盾挥斧的演员翩翩起舞，这时即使是圣人夏禹也无法禁止民众去观看表演。这样，助长了人们的欲望，却严格限制了他们的视听，禁止他们的思想，这连圣人都难以做到，更何况是剥夺了他们的财产还使他们饥饿，劳役他们的体力还使他们感到疲惫不堪，经常导致他们受苦受累还严厉对待他们的诉讼官司、残酷地惩罚他们的罪过，这种情况就不是我晏婴所能理解的了。”

（注译：朱献伟　审核：王方诗）

景公欲杀犯所爱之槐者晏子谏第二

【题解】

有一位普通百姓，因为喝醉了酒而触碰了齐景公所喜爱的一株槐树，景公便命人将他抓住要治他的罪。其女为救父亲而求见晏子，慷慨陈词。晏子为民请命，极力劝谏景公，并严肃指出其行为属于暴、逆、贼，这样下去是要祸国殃民的。在晏子的耐心规劝下，景公终于收回了成命。

【原文】

景公有所爱槐，令吏谨①守之，植木县之②，下令曰："犯槐者刑，伤槐者死。"有不闻令，醉而犯之者，公闻之曰："是先犯我令。"使吏拘之，且加罪焉。

其子③往晏子之家说曰："负廓④之民贱妾，请有道于相国，不胜其欲，愿得充数乎下陈⑤。"

晏子闻之，笑曰："婴其淫⑥于色乎？何为老而见奔⑦？虽然，是必有故。"令内⑧之。

【注释】

①谨：谨慎，小心。 ②植：树立。县（xuán）：同"悬"。这里指悬挂告示命令的牌子。 ③子：这里指女儿，古代女儿也可称为"子"。 ④负廓：意为住在城外的人家。负，背靠。廓，通"郭"。古代的城墙有两道，里面为城，外面为郭。 ⑤充数乎下陈：意为做晏子的

姬妾、侍女。下陈，后列，后宫。这里指贵族家庭中姬妾、侍女所居住的地方。　⑥淫：放任，沉迷。　⑦见奔：私奔于我。　⑧内（nà）：同“纳”，进入。

【译文】

齐景公有一株非常喜爱的槐树，就专门安排官吏小心谨慎地守护着它，还在旁边立了个木桩，悬挂上牌子，牌子上写着：“谁触碰了槐树要判刑，谁伤害了槐树要处死。”有个人不知道这个告示上的命令，喝醉酒后触碰了它，景公听说此事后说：“这个人触犯了我的禁令。”便让官吏把他拘押起来，并准备给他安上罪名来处罚他。

这个人的女儿就急忙到晏子家诉说道：“我是住在城外的普通女子，有话要对相国说，我有个很大的心愿，希望在相国的后宅姬妾中充个数。”

晏子听到这话，笑着说：“我晏婴是沉迷女色的人吗？为什么她不嫌弃我而情愿做我的侍妾呢？就算这样，其中必有缘由。”令人放她进来。

【原文】

女子入门，晏子望见之，曰：“怪哉！有深忧。”进而问焉，曰：“所忧何也？”

对曰：“君树槐县令，犯之者刑，伤之者死。妾父不仁，不闻令，醉而犯之，吏将加罪焉。妾闻之，明君莅国①立政，不损禄，不益刑，又不以私恚②害公法，不为禽兽伤人民，不为草木伤禽兽，不为野草伤禾苗。吾君欲以树木之故杀妾父，孤妾身，此令行于民而法于国矣。虽然，妾闻之，勇士不以众强凌孤独，明惠之君不拂是以行其所欲③。此譬之犹自治鱼鳖者也，去其腥臊者而已④；昧墨而与人比居，庾肆而教人危坐⑤。今君出令于民，苟可法于国，而益善于后世，则父死亦当矣，妾为之收⑥亦宜矣。甚乎！今之令不然，以树木之故，罪法妾父，妾恐其伤察吏⑦之法，而害明君之义也。邻国闻之，皆谓吾君爱树而贱人，其可乎？愿相国察妾言以裁犯禁者。”

晏子曰："甚矣！吾将为子言之于君。"使人送之归。

【注释】

①莅（lì）国：指统治国家。莅，莅临，从上监视、统治。②恚（huì）：愤恨。③拂（fú）：违背，不顺。是：正确。④"此譬之犹自治鱼鳖者也"二句：意为好比烹调鱼鳖一样，只是除去鱼鳖的腥味臊气，而不会把其他也抛弃。这里就像仁君治国，只是惩罚真正有害的人，而不会把无辜的人也加以惩罚。⑤"昧墨而与人比居"二句：大意是好比黑暗中要与他人共处实难安心，在露天的店铺中要求人家端坐也是苛求于人的。而齐景公为了一棵槐树，立此禁令，实属荒唐之举；百姓不知禁令，又因喝醉酒，触碰槐树一下，就要加罪于人，这也太苛刻了。昧墨，昏暗。比，并列。居，居处一起。庾，露天。肆，店铺。危坐，端坐。⑥收：指收尸。⑦察吏：明察秋毫的官吏。

【译文】

女子进了晏子的家门，晏子看到了她，说："好奇怪啊！她脸上阴沉，好像忧愁很深呐。"她进了屋，晏子就询问她，说："什么事情使你这么忧愁啊？"

女子回答道："国君种了株槐树，并在树旁悬挂了牌子，牌子上的禁令说，谁触碰它要判刑，谁伤害了它要处死。我的父亲无仁德，没有看到这个禁令，喝醉酒后触碰了它，官吏拘押他并将要给他定罪。我听人说，贤明的国君治国行政，不减少福禄，不增加刑罚，而且不因为一己私愤而损害国家法令，不因为禽兽而伤害百姓，不因为草木而伤害禽兽，不因为野草而伤害禾苗。现在我们国君要为了一株他喜爱的槐树而杀我的父亲，使我成为孤女，这条命令若真正实行便成了国家法令。即使这样，我可还是听说，勇士不仗着人多势强而欺凌孤单弱小的普通人，贤明仁惠的国君不会违背正理而为所欲为。这就好比亲手烹调鱼鳖，只是事先去除腥味臊气而已；又好比是黑暗中却要与他人共处，或是在露天的店铺中却要求人家端坐那儿原地不动。如今国君向百姓颁布命令，如果能成为国家法令，而且对后世更有好处，那么我父亲的死也是应该的，我为他收尸也是应该的。现在的情况糟糕了！如今国君的命令不是这样的，而是因为一株树的缘故，就要定罪处罚我的父亲，我担心这样小题大做会伤害明察秋毫的官吏手中的法令，进而损害了贤明国君的仁义之心。邻国诸侯听说了这件事，都会议论说我们的国君珍爱树木而轻贱百姓，这样做事合适吗？但愿相国您能明察体会我的话，以公正裁决触犯禁令的人。”

晏子听了后说：“这样做太过分了！我将在国君面前为你说说。”派人把她送回了家。

【原文】

明日，早朝而复①于公曰：“婴闻之，穷民财力以供嗜欲谓之暴，崇玩好、威严拟②乎君谓之逆，刑杀不称③谓之贼。此三者，守国之大殃也。今君穷民财力，以美饮食之具，繁钟鼓之乐，极宫室之观，行暴之大者；崇玩好，县爱槐之令，载④过者驰，步过者趋⑤，威严拟乎君，逆民之明者；犯槐者刑，伤槐者死，刑杀不称，贼民之深者。君享国，德行未见⑥于众，而三辟⑦著于国，婴恐其不可以莅国子民⑧也。”

公曰：“微⑨大夫教寡人，几⑩有大罪以累社稷。今子大夫教之，社稷之福，寡人受命矣。”

【注释】

①复：禀报。　②拟：比拟，相似，与之相等。　③称（chèn）：适当，恰当。　④载：乘车。　⑤趋：小步快走。　⑥见（xiàn）：同“现”，显现。　⑦辟（pì）：通“僻”，不正，邪僻。　⑧子民：以民为子，即统治人民。　⑨微：无，假如没有。　⑩几：几乎，差点儿。

【译文】

第二天，晏子上早朝时向齐景公禀报说："我听人说，穷尽百姓的财物人力以满足自己的嗜好欲望叫作暴虐，崇尚喜好的玩物、并使之具有和国君您同等的威严叫作违逆，刑罚杀戮不适当叫作残害。暴虐、违逆、残害这三样东西，是影响您保有国家的大祸殃。如今您穷尽百姓的财物人力，使自己的饮食十分精美，钟鼓音乐十分繁复，宫殿的华丽景观登峰造极，这是实行最大的暴虐；崇尚喜好的玩物，在喜爱的槐树上悬挂命令，规定乘车经过的人要打马快跑，步行经过的人要小步快走，给人的印象是，槐树的威严与国君您同等，这是明显违背民心的做法；对触碰槐树的人要处罚，对伤害槐树的人要处死，这样的法令明显不适当，这严重地残害百姓。国君您享有这个国家不珍惜，仁德善行没有在百姓面前显现，而暴虐、违逆、残害这三种邪僻行为却在国内十分显著，我担心您这样长期下去是不能治理好国家而统治民众的。"

景公说："要不是大夫您这样耐心教诲寡人，我几乎要犯下大罪而连累国家了。现在大夫您这样教诲我，让我认识到错误，这是国家的福气，寡人接受您的指教了。"

【原文】

晏子出，公令吏罢守槐之役，拔置县之木，废伤槐之法，出犯槐之囚。

【译文】

晏子出了朝廷后，齐景公马上命令官吏撤掉守护槐树的差役，拔掉悬挂告示的木桩，废除关于伤害槐树的不当法令，把触碰槐树的囚犯释放了。

（注译：朱献伟　审核：王方诗）

景公逐得斩竹者囚之晏子谏第三

【题解】

齐景公对自己种的竹子非常喜爱。有一天景公路过时，发现有人砍竹子，景公追捕了他，并要将他治罪。晏子知道此事后，以先君丁公仁爱待民之事开导教育景公，让景公释放了砍竹人。

【原文】

景公树竹，令吏谨守之。公出，过之，有斩竹者焉。公以车逐，得而拘之，将加罪焉。

【译文】

齐景公种了一片竹子，命令官吏小心看守着。景公出行，路过那片竹林，发现有人在砍伐竹子。景公乘车追赶，把砍竹人抓住并拘押了起来，准备给他定罪。

【原文】

晏子入见，曰："君亦闻吾先君丁公[①]乎？"

公曰："何如？"

晏子曰："丁公伐曲城[②]，胜之，止[③]其财，出其民。公日自莅之[④]。有舆[⑤]死人以出者，公怪之，令吏视之，则其中有金与玉焉。吏请杀其人，收其金玉。公曰：'以兵降城，以众图财，不仁。且吾闻之，人君者，宽惠慈众，不身传诛。’令舍之。”

【注释】

①丁公：齐国开国君主姜太公之子，名伋，继太公之后为齐国国君，谥“丁”，故称。　②曲城：地名，在今山东省莱州市东北。　③止：扣留，防止外流。　④日：天天。莅：莅临。这里指前往监督察看。　⑤舆：车。这里是名词用作动词，意为用车装载。

【译文】

晏子入朝进见齐景公，说：“您也听说过我们的先君丁公的事情吧？”

景公说：“怎么呢？”

晏子说：“丁公在率兵讨伐曲城胜利后，扣留了那里的财物，把城里的百姓都迁出城外。丁公天天亲自前往监督察看此事。有人用车装载死人出城，丁公觉得可疑，命令官吏前去察看，结果发现在车里藏着金和玉。官吏请求杀死这个人，没收他的金和玉。丁公说：‘用武力征服了人家的城池，凭着人多图谋了人家的财物，这已是不仁义的了。况且我听说，做国君的，应该宽厚恩惠地对民众仁慈，不亲自传发诛杀的命令。’下令把那人放了。”

【原文】

公曰：“善！”晏子退，公令出斩竹之囚。

【译文】

齐景公说：“您说得好！”晏子退出，景公下令放了砍竹子的囚犯。

（注译：朱献伟　审核：王方诗）

景公以抟治之兵未成功将杀之晏子谏第四

【题解】

齐景公命令士兵制作陶坯，但由于士兵饥饿又加上天气寒冷的原因，未能按期完成任务，景公要杀掉两名士兵。晏子巧借齐庄公之事，规劝景公不要妄杀士兵，终于让景公收回成命。

【原文】

景公令兵抟治[①]，当腊冰月[②]之间而寒，民多冻馁[③]，而功不成。公怒曰："为我杀兵二人。"晏子曰："诺。"

少为[④]间，晏子曰："昔者先君庄公[⑤]之伐于晋也，其役杀兵四人。今令而杀兵二人，是杀师[⑥]之半也。"

公曰："诺！是寡人之过也。"令止之。

【注释】

①抟（tuán）治：捏黏土做成陶器的坯子。治，通"埴"，黏土。　②腊冰月：腊月和冰月，即夏历十二月和十一月。　③馁：饥饿。　④为：当为衍文。　⑤庄公：这里指齐后庄公，名光，齐景公的异母兄、前任国君。　⑥师：军队。

【译文】

齐景公命令士兵捏黏土做陶坯，时值冬天十一、十二月之间天气寒冷，多数士兵忍着饥饿、冒着严寒干活，所以没有完成做陶坯的任务。景公发怒道："给我杀了两个士兵。"晏子说："好。"

稍微过了一会儿，晏子对景公说："当年先君齐庄公攻打晋国时，那场战役共杀了四个士兵。如今您命令杀两个士兵，这是杀了军队的一半。"

景公说："对！这是寡人的过错。"下令停止杀士兵的错误行动。

（注译：朱献伟　审核：王方诗）

景公冬起大台之役晏子谏第五

【题解】

齐景公趁晏子到鲁国出使，下令大兴土木修建高台。晏子回来后，饮酒悲歌，劝谏景公赶快停止工程；然后又故意鞭打民工，把百姓的怨恨引到自己身上，把停止工程之事完全归功于景公，以此树立和维护景公贤君的形象和威望。

【原文】

晏子使于鲁，比①其返也，景公使国人起大台之役②。岁寒不已，冻馁之者乡有焉③，国人望④晏子。

【注释】

①比：等到。 ②役：劳役。 ③冻馁之：为此挨饿受冻。之，此。这里指修建大台之劳役。乡：每个乡。 ④望：盼望。

【译文】

晏子奉齐景公之命出使到鲁国，等到他回来时，发现景公已经令国内百姓大兴土木建造大台的劳役。当时天气寒冷不止，出劳役的人为此而挨饿受冻的人每个乡都有，国人都盼望晏子早点回来。

【原文】

晏子至，已复事，公延[1]坐，饮酒乐。晏子曰："君若赐[2]臣，臣请歌之。"歌曰庶民[3]之言曰："冻水洗我，若之何！太上靡散我[4]，若之何！"歌终，喟然[5]叹而流涕。

公就止之曰："夫子曷为至此？殆[6]为大台之役夫！寡人将速罢之。"

【注释】

①延：请。　②赐：赐予机会，恩准。　③庶民：参与劳役的百姓。　④太上：对国君的尊称。靡散：倒毙散灭。这里指要置人于死地。　⑤喟然：叹息悲伤的样子。　⑥殆（dài）：大概，恐怕。

【译文】

晏子来到齐景公跟前，回复完出使鲁国的差事后，景公请他坐下，快乐地饮酒。晏子说："国君您如果能恩准下臣，下臣请求为您唱支歌。"于是就唱起了参加劳役的百姓们的号子歌："冰冻的水呀浸洗着我的身子，这可怎么办啊！这样的劳役是国君让我没法活下去啊，这可怎么办啊！"唱完了歌，晏子叹息悲伤地流下了眼泪。

景公赶忙制止他说："先生您为什么这么悲伤啊？大概是为了大台劳役的事吧！寡人将马上停止它。"

【原文】

晏子再[1]拜，出而不言。遂如[2]大台，执朴鞭其不务者[3]，曰："吾细人[4]也，皆有盖庐[5]以避燥湿，今君为一台而不速成，何以为役？"国人皆曰："晏子助天[6]为虐。"

晏子归，未至，而君出令趣[7]罢役，车驰而人趋[8]。

【注释】

①再：两次。 ②如：前往。 ③朴：棍棒。鞭：打。务：勉力，卖力。 ④细人：细小之人。这里指地位卑下的人。 ⑤盖庐：盖房屋。 ⑥天：这里指景公。 ⑦趣（cù）：赶快。 ⑧车：指传达景公命令的官吏的车子。人：指服役的百姓。趋：快步跑向。

【译文】

晏子向齐景公作了两次揖，没再说什么就出去了。于是晏子来到修建大台的工地，手持棍棒鞭打那些干活不卖力的人，还故意大声说："我们都是些地位卑下的人，也都盖有自家房屋用以避免燥热潮湿，可是如今国君要建个大台却不能快点建成，你们出劳役怎么这么不卖力啊？"那些服劳役的百姓都说："晏子这是在帮助国君施行暴虐之政啊！"

晏子从工地回来，还没走到朝堂，而景公就已经发出命令赶快停止劳役。传令官吏的车子在前面奔驰，人们也都在后面高兴地跟着奔跑。

【原文】

仲尼①闻之，喟然叹曰："古之善为人臣者，声名归之君，祸灾归之身，入则切磋②其君之不善，出则高誉③其君之德义，是以虽事惰君④，能使垂衣裳、朝诸侯⑤，不敢伐⑥其功。当⑦此道者，其⑧晏子是耶！"

【注释】

①仲尼：即孔子，字仲尼。 ②切磋（cuō）：共同商讨研究。 ③誉：赞誉。 ④事：服侍，侍奉。惰：懈怠无能。 ⑤垂衣裳（cháng）：古人穿着服装，上为衣，下为裳。衣裳下垂，即无所动作，形容无为而治。朝诸侯：使诸侯来朝拜，即称霸诸侯。 ⑥伐：自夸。 ⑦当：符合，担当得起。 ⑧其：大概。

【译文】

孔子听说了这件事，叹息着说："自古善于做臣子的，总是把好名声归于国君身上，把灾祸归于自己身上，入朝堂就和国君共同商讨研究不好的举措，出了朝堂就高度赞誉国君对百姓的美德仁义之善举，所以即使是侍奉懈怠无能的国君，也能使国君采取无为而治的政策、称霸诸侯，但不夸耀自己的功劳。能担得起这个为臣之道的善举的，大概只有晏子了吧！"

（注译：朱献伟　审核：王方诗）

景公为长庲欲美之晏子谏第六

【题解】

齐景公为了享乐想修建豪华的高台。晏子作歌悲唱民间疾苦，以此来劝谏景公，使景公打消了荒唐的想法。

【原文】

景公为长庲①，将欲美之。有风雨作，公与晏子入坐饮酒，致堂上之乐②。酒酣，晏子作歌，曰："穗兮乎不得获，秋风至兮殚③零落，风雨之拂杀④也，太上之靡弊也⑤。"歌终，顾而流涕，张躬而舞⑥。

公就⑦晏子而止之曰："今日夫子为赐⑧而诫于寡人，是寡人之罪。"遂废酒，罢役，不果⑨成长庲。

【注释】

①长庲（lái）：台名。　②堂上之乐：指乐工在堂上奏乐歌诗。　③殚（dān）：尽，竭尽。　④拂杀：摧残。拂，掠。　⑤太上：对国君的尊称。靡弊：倒毙，败坏。这里意为残害。　⑥张：舒张。躬：身体。　⑦就：靠近。　⑧为赐：指晏子作歌舞来赐教。　⑨果：结果，成为事实。

【译文】

齐景公修建长庲台，要求建得漂亮一些。有一天风雨大作，景公和晏子进屋闲坐饮酒，还招来乐工在堂上奏乐歌诗。饮酒高兴时，晏子请求作歌，唱道："禾穗啊颗粒无收，秋风吹来啊尽零落，风雨来摧残啊，国君来残害啊。"唱完了歌，晏子转过头流下了悲伤的泪水，舒张身体而作舞。

见此情景，景公站起来靠近晏子制止他说："今天先生您作歌相赐告诫寡人，这是寡人的罪过。"于是撤了酒席，停止了百姓的徭役，最终没有建成长庲台。

（注译：朱献伟　审核：王方诗）

景公为邹之长涂晏子谏第七

【题解】

齐景公为了自己享乐而接二连三地大兴土木工程，动用了众多百姓，百姓不堪其繁重的劳役之苦。晏子对此状况深表忧虑，以楚灵王的历史教训告诫景公，不能过度耗费民力民财，否则不但自己得不到好处，还可能导致百姓反抗而使自己身败名裂。

【原文】

景公筑路寝之台①，三年未息；又为长庲之役，二年未息；又为邹之长涂②。

【注释】

①路寝：古代国君处理政事的宫室，又称“正寝”。台：高台，上有宫殿楼阁，用以登临观赏朝拜、娱乐等。 ②涂：同“途”，道路。

【译文】

齐景公动用大量民力修建正寝宫殿的高台，历时三年尚未停止；又动用众多百姓兴起修建长庲台的劳役，历时两年尚未停止；（前两项工程尚未完成，）又要动用大量百姓修建通往邹国的长途道路。

【原文】

晏子谏曰："百姓之力勤矣！公不息乎？"

公曰："涂将成矣，请成而息之。"

对曰："君屈民财者，不得其利；穷民力者，不得其乐。昔者楚灵王作顷宫①，三年未息也；又为章华之台②，五年又不息也；乾溪③之役，八年，百姓之力不足而息也。灵王死于乾溪，而民不与④归。今君不遵明君之义，而循灵王之迹，婴惧君有暴民之行，而不睹长庲之乐也，不若息之。"

【注释】

①楚灵王：春秋时楚国国君，原名"围"，即位后改名"虔"，公元前541—前529年在位，是楚国历史上有名的暴君。顷宫：指巍峨壮观的宫殿。　②章华之台：即章华台，楚王离宫名，高大壮观，豪华奢侈，是古代著名的建筑物。　③乾溪：地名，春秋时楚国东境，在今安徽省亳州市东南。史载楚灵王造乾溪之台，立百仞之高，工程巨大。公元前530年，楚灵土为攻打关国，率军驻扎乾溪，但由于他暴虐无道，众叛亲离，次年（前529年），王室内部叛乱，他逃往山中，饿了三天，最后自缢而亡，即所谓"乾溪之难"。　④与：许。

【译文】

晏子劝谏道："百姓出的劳役太多了！您还不停止这些劳役吗？"

齐景公答道："通往邹国的道路即将修成，请等修完了再停止吧。"

晏子回答说："国君接二连三地大兴土木工程竭尽了民财，您自己也不能从中得到利益；穷尽了民力，您自己也不能从中获得快乐。当年楚灵王修建巍峨壮观的宫殿，历时三年尚未停止；接着又建章华台，历时五年尚未停止；最后的乾溪工程，历时八年，因为百姓实在无力完成而停止。楚灵王死在了乾溪，是百姓们不许他回去的缘故啊。如今国君您不遵循贤明国君的仁义，却跟随着楚灵王的足迹，我真害怕您有的是残害百姓的行为，而看不到长庲台上的欢乐场面，还不如趁早把劳民伤财的工程停止了吧。”

【原文】

公曰：“善！非夫子，寡人不知得罪于百姓深也。”于是令勿委坏①，余财勿收，斩板而去之②。

【注释】

①勿委坏：意为对于已经修建成的部分工程，就姑且保留，不必遗弃而毁坏。　②斩板：这里指砍断捆夹板的绳子，撤除夹板，表示停止工程。去之：意为让服役的百姓离开工地回家。

【译文】

齐景公说：“说得好！如果不是先生您开导规劝我，寡人真不知道得罪百姓竟有这么深了。”于是下令不要遗弃毁坏已经修建成的部分工程，尚未征收百姓的财物也不再征收，砍断绳索撤除夹板，让服役的百姓离开工地回家。

（注译：朱献伟　审核：王方诗）

景公春夏游猎兴役晏子谏第八

【题解】

齐景公在春夏农忙季节进行游猎和修建工程，影响了百姓的耕种时机，并以年事无多想随心所欲为理由，拒绝晏子的劝谏。晏子则从历史上的周文王和楚灵王的正反事例，教育景公，并哀心劝告景公要以国家社稷为重，让百姓过上安定的好日子。

【原文】

景公春夏游猎，又起大台[①]之役。晏子谏曰："春夏起役，且游猎，夺民农时[②]，国家空虚，不可。"

景公曰："吾闻相[③]贤者国治，臣忠者主逸。吾年无几矣，欲遂[④]吾所乐，卒吾所好，子其息矣。"

【注释】

①大台：高台，上有宫殿楼阁，用以登临观赏朝拜、娱乐等。　②夺民农时：劳役、游猎均需征用百姓劳力，这样做就会使百姓失去耕种时机，从而影响百姓生活。　③相（xiàng）：相国。　④遂：尽，终。这里意为终其一生，尽情享受游乐，不计后果。

【译文】

齐景公于春夏期间出游打猎，又大兴土木修建高台的劳役。晏子劝谏道："在春夏季节大兴劳役，再加之出游打猎，会严重影响百姓的农耕时机，从而导致国家空虚，不可以啊。"

景公说："我听说相国贤明则国家大治，臣子忠心则国君安逸。我的年岁没有多少了，想尽情享受一生欢乐爱好，您还是不要再劝说了吧。"

【原文】

晏子曰："昔文王不敢盘游于田①，故国昌而民安。楚灵王不废乾溪之役，起章华之台，而民叛之②。今君不革③，将危社稷，而为诸侯笑。臣闻忠臣不避死，谏不违④罪。君不听臣，臣将逝矣。"

景公曰："唯唯⑤，将弛⑥罢之。"未几，朝韦冏解役而归⑦。

【注释】

①文王：即周文王，名姬昌，商末周部族领袖，在位期间，招揽贤士，励精图治，国势强盛。后来，其子姬发（周武王）在姜太公辅佐下，继承其志，一举灭商。盘游：流连，游乐。田：打猎。　②"楚灵王"三句：参见前则《景公为邹之长涂晏子谏第七》注。　③革：革除，改变。　④违：避。　⑤唯唯：应答之声，表示听从。　⑥弛：抛弃。　⑦朝：召，召唤。韦冏：人名，齐景公大臣。解役：指解除大台之役以及为景公出游打猎所需的劳役。

【译文】

晏子说："从前贤明的周文王不敢流连于狩猎之乐，所以国家昌盛而百姓安定。暴虐的楚灵王不解除百姓在乾溪的劳役，建造巍峨壮观的章华高台，所以百姓们背叛了他。现在国君您如果不改变错误的做法，将危害国家，并且被各国诸侯耻笑。我听说忠臣不怕死，劝谏国君不避获罪。国君您若不听下臣的劝谏，下臣就要离开您了。"

齐景公说："好的好的，我停止这些影响百姓生产的劳役。"没过多久，景公就招来韦冏，让他解除劳役，自己也回朝了。

（注译：朱献伟　审核：王方诗）

景公猎休坐地晏子席而谏第九

【题解】

古人依礼仪需席地而坐，而齐景公在外出打猎休息时，直接坐在地上，而没有铺设席子。晏子则拔草铺地为席而坐，并以“不敢以忧侍坐”的道理，劝谏景公不可随便更改礼仪的规矩，即便是在较为随意的场合下，也要依礼仪而行，不可轻慢礼仪之要求。

【原文】

景公猎休，坐地而食，晏子后至，灭葭[①]而席。公不说，曰：“寡人不席而坐地，二三子[②]莫席，而子独搴[③]草而坐之，何也？”

晏子对曰：“臣闻介胄坐陈不席[④]，狱讼[⑤]不席，尸[⑥]坐堂上不席，三者皆忧也。故不敢以忧侍坐。”

公曰：“善。”令人下席，曰：“大夫皆席，寡人亦席矣。”

【注释】

①葭（jiā）：初生的芦苇。 ②二三子：指随行的其他侍从和官员。 ③搴（qiān）：拔取。 ④介胄：武士的铠甲和头盔。这里意为全副武装的将士。坐陈（zhèn）：守在阵地。陈，同“阵”，阵地。 ⑤狱讼：打官司。 ⑥尸：古代祭祀时代表死者受祭的人。

【译文】

齐景公外出打猎时休息，坐在地上吃东西，没有按礼仪的规矩席地而坐。晏子后到，拔了芦苇当席子而坐。景公见此不高兴，说："寡人没有垫席而坐在地上，其他侍从和官员也都没有垫席而坐，而唯独先生您拔芦苇当席铺地而坐，这是为什么呀？"

晏子回答道："下臣我听说全副武装的将士守在阵地时不坐席子，打官司时诉讼之人不坐席子，在灵堂上代死者受祭的人不坐席子，因为这三种情况下的人都是有忧愁的。所以我不敢以忧愁而陪坐在国君面前。"

景公说："先生说得好。"令人铺下席子，说："大夫们都坐席子，寡人也坐席子。"

（注译：朱献伟　审核：王方诗）

景公猎逢蛇虎以为不祥晏子谏第十

【题解】

齐景公外出打猎时看到了虎和蛇，以为是不祥之兆。晏子趁机告诉他，一个国家真正的不祥是在用人方面，只有重用贤人才是国家的吉祥之举，至于打猎时遇见虎和蛇，是再正常不过的事情。

【原文】

景公出猎，上山见虎，下泽①见蛇。归，召晏子而问之曰："今日寡人出猎，上山则见虎，下泽则见蛇，殆②所谓不祥也？"

晏子对曰："国有三不祥，是不与焉③。夫有贤而不知，一不祥；知而不用，二不祥；用而不任④，三不祥也。所谓不祥，乃若此者。今上山见虎，虎之室也；下泽见蛇，蛇之穴也。如⑤虎之室，如蛇之穴，而见之，曷⑥为不祥也！"

【注释】

①泽：沼泽，聚水的洼地。　②殆（dài）：大概，恐怕。　③是：这里指上山见虎、下泽见蛇之事。与：参与，在其中。　④任：委以重任。　⑤如：前往，去。　⑥曷（hé）：何，什么。

【译文】

齐景公外出打猎，上山时看到了虎，下到沼泽时看到了蛇。回到朝堂后，他召来晏子询问道："今天寡人外出打猎，上山时看到了虎，下到沼泽时看到了蛇，这大概就是人们所说的不祥之兆吧？"

晏子回答说："国家有三种不祥的事情关系到国家治理的好坏，而您所说的不在其中。有了贤良之人却发现不了，这是第一个不祥；发现了贤良之人却不知道任用，这是第二个不祥；用了贤良之人，却以各种理由不委以重任，这是第三个不祥。所谓不祥之兆，就像这样用人不当。如今国君您上山时看到虎，那是因为山上有虎穴；下到沼泽时看到了蛇，那是因为沼泽之地有蛇窝。国君您到有虎穴、有蛇窝的地方，于是看到了虎和蛇，这算什么不祥之兆啊！"

（注译：朱献伟　审核：王方诗）

景公为台成又欲为钟晏子谏第十一

【题解】

齐景公为了享乐修建了高台，又想要铸造大钟。晏子劝谏他，这样做要增加百姓们的赋税，百姓的生活要因此而穷困；并劝诫景公这样做，是把自己的快乐建在百姓的哀痛上，不是治国的正道。

【原文】

景公为台，台成，又欲为钟。晏子谏曰："君国者不乐民之哀。君不胜①欲，既筑台矣，今复为钟，是重敛②于民，民必哀矣。夫敛民之哀而以为乐，不祥，非所以君国者。"公乃止。

【注释】

①不胜：禁不住，形容程度太重。　②敛：收，聚集。这里指征收赋税。

【译文】

齐景公修建了高台，高台建成后，又想铸造大钟。晏子劝谏道："身为国君的人不应该以百姓的哀痛为快乐。国君您的享乐欲望太强烈了，已经动用大量百姓劳役筑成了高台，现在还要耗用财力来铸钟，这就要对百姓征收更多的赋税，百姓必然要因生活困苦而哀痛。国君您不以百姓的哀痛为忧虑，反而以此为快乐，这是不祥之兆，不是做国君的正道。"景公听后放弃了铸钟的想法。

（注译：朱献伟　审核：王方诗）

景公为泰吕成将以燕飨晏子谏第十二

【题解】

齐景公铸成了大吕钟，非常高兴，想饮酒庆贺。晏子劝谏他，要按照礼仪的要求，先祭祀先君，并晓以礼仪的重要性。

【原文】

景公为泰吕[①]成，谓晏子曰："吾欲与夫子燕[②]。"对曰："未祀先君而以燕，非礼也。"公曰："何以礼为？"对曰："夫礼者，民之纪[③]，纪乱则民失，乱纪失民，危道也。"公曰："善。"乃以祀焉。

【注释】

①泰吕：即"大吕"，钟名。 ②燕：通"宴"，宴饮。 ③纪：伦理纲常，制度规范。

【译文】

齐景公筑成了大吕钟，对晏子说："我想和先生您宴饮庆祝。"晏子回答说："还没有祭祀先君就要为此宴饮庆祝，这样做不符合礼仪的要求。"景公说："要礼仪做什么？"晏子回答说："礼仪，是百姓应遵守的伦理纲常，伦理纲常乱了就会失去百姓，乱了纲常失去百姓，这是一条危险的道路。"景公说："先生您说得好啊。"于是为此举行了祭祀先君的仪式。

（注译：朱献伟　审核：王方诗）

景公为履而饰以金玉晏子谏第十三

【题解】

齐景公请鲁国工匠做了双鞋子，他只要求豪华奢侈而轻视保暖舒适。晏子从服饰与生理的关系进行分析，又上升到治理国家的政治高度，指出了这种不当行为的三大罪状，并把制鞋的工匠驱逐出了齐国。晏子表面上是批评惩罚工匠，实际上是以此来开导教育景公。

【原文】

景公为履①，黄金之綦②，饰以银，连以珠，良玉之絇③，其长尺，冰月服之以听朝④。

【注释】

①履（lǚ）：鞋子。　②綦（qí）：鞋带。　③絇（qú）：鞋头的装饰物。　④冰月：夏历十一月。服：穿。

【译文】

齐景公请鲁国工匠做了双鞋子，用黄金做鞋带，装饰着银子，连缀着珍珠，还用上好的美玉装饰鞋头，鞋子长达一尺，在寒冷的十一月，景公穿着它上朝听政。

【原文】

晏子朝，公迎之，履重，仅能举足，问曰："天寒乎？"

晏子曰："君奚问天之寒也？古圣人制衣服也，冬轻而暖，夏轻而清①。今金玉之履，冰月服之，是重②寒也；履重不节③，是过任④也，失生之情矣。故鲁工⑤不知寒温之节、轻重之量，以害正生，其罪一也；作服不常，以笑诸侯，其罪二也；用财无功，以怨百姓，其罪三也。请拘而使吏度⑥之。"

公曰："鲁工苦，请释之。"

晏子曰："不可。婴闻之，苦身为善者，其赏厚；苦身为非者，其罪重。"公不对⑦。晏子出，令吏拘鲁工，令人送之境，使不得入。

【注释】

①清（qìng）：凉爽。 ②重（chóng）：双倍。 ③不节：指超过了常规，不适度。节，尺度，分寸。 ④任：负担。 ⑤鲁工：指为齐景公制鞋的鲁国工匠。 ⑥度（duó）：衡量，审察。这里指审察衡量鲁工的罪过以决定惩罚。 ⑦不对：意为无言以对。

【译文】

晏子上朝，齐景公迎接他，因为穿的鞋子太重，只能把脚抬起来，他问晏子："外面天气很冷吗？"

晏子说："国君您何必要问天冷不冷呢？古代圣人制作衣裳服饰，冬天的要轻而暖和，夏天的要轻而凉爽。如今国君您穿着这装饰金玉的鞋子，在寒冷的十一月穿着它，这是双倍的寒冷；因为这双鞋子的重量不适度，超过您身体的负担，这都损害了您生理的常情。所以这位鲁国的制鞋工匠忽视了应有的冷热尺度、轻重标准，因此损害了人的正常生理需要，这是他的第一项罪过；制作服饰不合常规，让天下诸侯嘲笑，这是他的第二项罪过；耗用财物却没有功效，因此让老百姓心生怨恨，这是他的第三项罪过。请把他抓起来让官吏衡量定罪以便处罚他。”

景公说：“鲁国工匠很辛苦，还是请放了他吧。”

晏子说：“这不可以的。我听说，劳苦自身做好事的，给他的奖赏要优厚；劳苦自身做坏事的，他的罪名就要加重。”景公听后无言以对。晏子出门，命官吏拘押了鲁国的制鞋工匠，派人把他押送到边境，使他再也无法进入齐国都城。

【原文】

公撤履，不复服也。

【译文】

齐景公脱了那双豪华的鞋子，再也不穿了。

（注译：朱献伟　审核：王方诗）

景公欲以圣王之居服而致诸侯晏子谏第十四

【题解】

齐景公简单地认为，只要效法圣贤君王的服饰和居室，就可以称霸诸侯。晏子则对他列举分析了历代圣贤君王的事迹，告诫景公，治理好国家就要效法他们节俭务实、仁德爱民的良好作风，不要舍本逐末，片面地追求服饰居室的豪华奢侈等表面的东西。

【原文】

景公问晏子曰："吾欲服圣王之服①，居圣王之室，如此，则诸侯其至②乎？"

晏子对曰："法其节俭则可，法其服室，无益也。三王不同服而王③，非以服致④诸侯也，诚于爱民，果⑤于行善，天下怀其德而归⑥其义，若其衣服节俭而众说⑦也。夫冠足以修敬⑧，不务其饰；衣足以掩形，不务其美。衣不务于隅差之削⑨，冠无觚羸之理⑩，身服不杂彩，首服不镂刻。且古者尝有紩衣挛领而王天下者⑪，其政好生而恶杀，节上而羡下⑫，天下不朝⑬其服，而共归其义。古者尝有处橧巢⑭窟穴而王天下者，其政而不恶⑮，予而不取⑯，天下不朝其室，而共归其仁。及三代⑰作服，为益敬也。首服足以修敬，而不重也；身服足以行洁，而不害于动作。服之轻重便于身，用财之费顺于民。

其不为橧巢者，以避风也；其不为窟穴者，以避湿也。是故明堂[18]之制，下之润湿不能及也，上之寒暑不能入也，土事不文[19]，木事不镂，示民知节也。及其衰也，衣服之侈过足以敬，宫室之美过避润湿，用力甚多，用财甚费，与民为仇[20]。今君欲法圣王之服室，不法其制，法其节俭也，则虽未成治，庶[21]其有益也。今君穷台榭之高、极洿池之深而不止[22]，务于刻镂之巧、文章之观而不厌[23]，则亦与民为仇矣。若臣之虑，恐国之危而公不平[24]也。公乃愿致诸侯，不亦难乎！公之言过矣。”

【注释】

①服：前一个“服”是动词，穿；后一个“服”是名词，服饰。　②至：来到。这里是归附之意。　③三王：指夏、商、周三个朝代的开国君王夏禹、商汤和周文王、周武王。王（wàng）：成就王业，即统治天下。　④致：招致。这里意为使其归附。　⑤果：成为事实，确实。　⑥归：归向，向往。　⑦说（yuè）：通“悦”，高兴，喜欢。　⑧修：修养。敬：庄重恭敬之貌。　⑨衣不务于隅差之削：意为古人简朴，不会为了使衣服合身美观而裁去斜边或小角布料，而是用整幅布把衣服制成。隅，边角，角落。差，斜边，小角。　⑩觚蠃（gū luó）：指帽子上的各种花纹。觚，棱角，棱形，指方形或棱形花纹。蠃，同“螺”，指螺旋形花纹。理：纹理。　⑪紩（zhì）：缝，补缀。挛（luán）领：卷领，翻领。这里意为衣服的领子形制随便、合身就可以。　⑫上：指在上的统治者。羡：盈余。下：指在下的老百姓。　⑬朝：朝拜，顺服。　⑭橧（zēng）巢：积聚薪柴而造成的巢形居住处。　⑮其政而不恶：文字当有脱误，应当作“其仁爱而不恶”。　⑯予：给予，指施惠于百姓。取：索取。　⑰三代：即指夏、商、周三个朝代。　⑱明堂：古代天子宣明政教、举行大典的地方。　⑲土事：指土石工程。文：描画花纹。　⑳仇：仇敌，仇人。　㉑庶：或许。　㉒穷：穷极，到了极限。榭（xiè）：建于高台上的敞屋。洿（wū）池：挖掘水池。　㉓文章：花纹。厌：满足。　㉔不平：不安。

【译文】

齐景公问晏子道："我想穿上古代圣贤君王的服饰，居住在圣贤君王那样的房子里，这样，各国诸侯知道后会来归附吗？"

晏子回答道："效仿古代圣贤君王的节俭美德是可以的，如果只是效法他们穿的服装和居住的房子，就没有什么好处了。夏、商、周三个朝代先王穿的服装不同样但都能统治天下，不是以服装招致诸侯，而是真诚地爱护百姓，确实施行善政，天下人感念他们的德行而向往他们的仁义，如果再加上他们的服装很节俭的话，人们也会喜欢他们。戴帽子只求足以培养人的庄重恭敬，不必努力追求它的花纹装饰；穿衣服只求足以遮盖形体，不必努力追求它的华美。衣服不必尽力去裁剪斜边小角，帽子不必尽力去装饰方圆交错的纹理，身上的服装不要有繁杂的色彩，头上的服饰也不要精雕细刻。况且古代曾有穿着补缀翻领的衣服而统治天下的君王，他们的从政原则是爱好生灵而厌恶杀戮，在上的统治者节俭而使在下的百姓生活富裕，天下人不是顺从于他们穿着的服装，而是共同归附于他们的道义。古代曾有居住在柴棚洞穴而统治天下的君王，他们的仁德是爱护人而不厌恶人，只会施惠于百姓而不向百姓索取，天下人不是顺服于他们的房屋，而是共同归附于他们的仁德。到了夏、商、周三个朝代制作服装，是为加强庄重恭敬。帽子上的服饰只是足以培养庄重恭敬，而不过于沉重；身上的服装只是足以让行为更加高洁，而不妨碍身体的动作。服装的样式轻重只是在于方便身体，制作服装的费用少之又少是在于顺应民心。夏、商、周三个朝代的圣王们之所以不再造简单的柴棚，是为了躲避风雨；之所以不造洞穴，是为了避免潮湿。所以朝堂的形制也要求简朴实用，只求地下的湿润潮气不能上来，上面的寒暑之气不能进入，而不搞雕刻花纹一类的装饰，这是为了节俭，减轻百姓们的负担。到了夏、商、周三个朝代末代君王奢侈衰败时，服装的华美超过了足以培养庄重恭敬的限度，宫殿房屋的建造超过了只求躲避潮湿的限度，而追求高大壮观，这样使用民力非常多，使用财物非常浪费，与百姓结为仇敌。如今国君您想效法古代圣王的服装宫室，不效法他们服装宫室的形制。即使这样，国君您只是效法他们的节俭品德，虽然未必能治理好国家，或许还是有益的。可是如今国君您把高台楼阁建得极高、把水池挖得很深，国君您还不满足。还想动用民力去雕刻花纹，装饰得更加美观、豪华，这种做法是与百姓结为仇敌的。如果按照我的观察，国君您这样做的结果，恐怕是国家危险，而国君您也不得安宁。国君您竟然还想让各国诸侯前来归附，这不是太难了吗！国君您的话太片面了。”

（注译：朱献伟　审核：王方诗）

景公自矜冠裳游处之贵晏子谏第十五

【题解】

齐景公动用民力民财修建了豪华的宫室池苑，又请人制作了奇装异服，穿在身上，洋洋得意，自以为霸业已成。晏子对他指出，这些都是表面的东西，根本上应重用贤人治理国家，除去身边的小人，以免受到干扰、蛊惑。

【原文】

景公为西曲潢①，其深灭轨②，高三仞③，横木龙蛇，立木鸟兽。公衣黼黻之衣、素绣之裳④，一衣而五采具焉，带球玉而冠且⑤，被⑥发乱首，南面而立，傲然。

【注释】

①西曲潢（huáng）：当为水池名。潢，积水池。　②轨：车两轮间的距离。这里指车轴与地面距离。　③高三仞：结合下文看，这里当指水池边宫室的高度。仞，古代长度单位，一仞约八尺。　④黼黻（fǔ fú）：古代礼服上所绣的花纹，黑白相间的叫作“黼”，青黑相间的叫作“黻”。裳（cháng）：古人穿衣，上为衣，下为裳。　⑤球：美玉。且：当作“组”，指丝绳。　⑥被（pī）：披。

【译文】

齐景公建成了西曲池，池深能淹没车轴，池边的宫室高达二十四尺，宫室内的立柱和横梁上雕画有龙蛇及鸟兽。景公身穿黑白图案的礼服、白底绣花的下裳，上下衣服五彩鲜艳，衣带上装饰有美玉，帽子上装饰各色丝带，头发披散，有的遮住脸面，朝南面站立着，一副高傲夸耀的神情。

【原文】

晏子见，公曰："昔仲父①之霸何如？"晏子抑首②而不对。公又曰："昔仲父之霸何如？"

晏子对曰："臣闻之，维翟人与龙蛇比③。今君横木龙蛇，立木鸟兽，亦室一就④矣，何暇在霸哉！且公伐⑤宫室之美，矜⑥衣服之丽，一衣而五采具焉，带球玉而冠且，被发乱首，亦室一容⑦矣。万乘之君⑧，而壹心于邪，君之魂魄亡矣，以谁与图霸哉？"

【注释】

①仲父：即管仲，春秋时政治家，曾任齐国宰相，辅佐齐桓公称霸诸侯，桓公尊他为"仲父"。　②抑首：低头。　③翟（dí）：同"狄"，古代北方民族名。比：并列。　④亦室一就：即"亦就一室"，意为只是成就一个宫室而已。　⑤伐：夸耀。　⑥矜：夸耀，骄傲。　⑦容：装扮。　⑧万乘（shèng）之君：拥有一万辆兵车的大国之君。古代以拥有兵车数量多少来衡量国家实力大小。乘，一车四马。

【译文】

晏子来见齐景公，景公说："从前管仲的霸业是什么样的？"晏子低着头没回答。景公又说："从前管仲的霸业是什么样的？"

晏子回答说："下臣听说，只有狄人才和龙蛇住在一块。如今国君您的宫中立柱和横梁上到处雕画着龙蛇和鸟兽，国君您现在只不过成就了一个宫室而已，哪儿有工夫用在治国成就霸业上啊！而且国君您夸耀宫室的华美，炫耀服装华丽，浑身上下衣服五彩俱备，衣带上装饰有美玉，帽子上装饰着五彩的丝带，头发披散蓬乱，只不过是在一个宫室里装扮自己，满足自己的虚荣心而已。国君您作为一个大国君王，心思不用在治理国家上，却一门心思用在歪门邪道上，国君您的正义的魂魄都丢失了，还能和谁共图国家兴盛的霸业啊？”

【原文】

公下堂就晏子曰：“梁丘据、裔款[①]以室之成告寡人，是以窃袭此服[②]，与据、款为笑，又使夫子及[③]。寡人请改室易服而敬听命，其可乎？”

晏子曰：“夫二子营君以邪[④]，公安得知道哉！且伐木不自其根，则蘖[⑤]又生也。公何不去二子者，毋使耳目淫[⑥]焉。”

【注释】

①梁丘据、裔款：人名，齐景公的两个佞臣。 ②窃：私下。袭：衣上加衣。 ③及：正赶上，遇到。 ④夫（fú）：那。营：迷惑，惑乱。 ⑤蘖（niè）：树木被砍伐后又生出的新芽。 ⑥淫：侵蚀，惑患。

【译文】

齐景公下堂走近晏子说：“梁丘据、裔款把宫室建成的事告诉寡人，所以我私下套上这五彩鲜艳的服饰，和梁丘据、裔款在开玩笑，娱乐一下而已，又让先生您正好碰上了。请让寡人改修宫室换下衣服再听您细心教诲，这样可以了吧？”

晏子说：“那两个人用歪门邪道迷惑国君您，国君您怎能知晓其中的道理啊！这就如同砍树一样，不连树根斩除，不长时间还会长出新芽的。您为什么不除掉这两个人，不使自己的耳朵眼睛受到侵蚀惑患呢。”

（注译：朱献伟　审核：王方诗）

景公为巨冠长衣以听朝晏子谏第十六

【题解】

齐景公戴着高大的帽子，穿着长长的衣服上朝听政。晏子劝谏他圣明君王穿着要合适，行为举止要得当，才能以上率下，起到引领民众的作用。

【原文】

景公为巨冠长衣以听朝，疾视矜立[①]，日晏[②]不罢。

晏子进曰："圣人之服中[③]，侻而不驵[④]，可以导众；其动作，侻顺而不逆，可以奉生，是以下皆法其服，而民争学其容[⑤]。今君之服，驵华不可以导众；疾视矜立，不可以奉[⑥]生。日晏矣，君不若脱服就燕[⑦]。"

公曰："寡人受命。"退朝，遂去衣冠，不复服。

【注释】

①疾：严厉。矜：威严。　②晏：晚。　③中：适中。　④侻（tuō）：简易，合适。驵（zǎng）：肥大，盛装。　⑤容：仪容。　⑥奉：养。　⑦燕：通"晏"，休息。

【译文】

齐景公戴着高大的帽子，穿着长长的衣服上朝听政，他目光严厉扫视群臣，态度威严傲慢地站着，天色很晚了还不退朝。

晏子进谏说："圣明君王的服装讲究适中，合适而不过分奢华，才可以引导民众；行为举止合适恰当而不与人相冲突，这样才可以修养身性，因此下级官员都效法他的穿着服饰，而底层的民众竞相模仿他的行为举止。如今国君您的服装过分富贵华丽，不利于用来引领民众；目光严厉态度傲慢地站着，不利于修养身性。天色已经很晚了，国君您不如脱掉衣服回寝殿休息吧。"

景公说："寡人接受您的教诲。"于是退朝，脱掉华丽的衣服，摘掉高大帽子，不再穿戴了。

（注译：王金智　审核：王方诗）

景公朝居严下不言晏子谏第十七

【题解】

齐景公临朝听政，表情严厉。晏子告诫他，表情过于严厉，会使得大家不敢说话，就听不到广大民众的意见和建议，进而危害国家治理。

【原文】

晏子朝，复①于景公曰："朝居严乎②？"

公曰："朝居严，则曷③害于治国家哉？"

晏子对曰："朝居严则下无言，下无言则上无闻矣。下无言则吾谓之喑④，上无闻则吾谓之聋。聋喑，非害治国家如何也！且合升鼓之微以满仓廪⑤，合疏缕之纬⑥以成帏幕。太山⑦之高，非一石也，累卑然后高。夫治天下者，非用一士之言也，固有受而不用，恶⑧有拒而不受者哉！"

【注释】

①复：回复，禀明。　②朝居：临朝听政。严：严厉。　③曷：何，有什么。　④喑（yīn）：哑。　⑤鼓：量器名，合一斛，等于十斗。仓廪（lǐn）：粮仓，储藏米谷的仓库，储谷为仓，藏米为廪。　⑥纬：纬线，指丝织品。　⑦太山：泰山。　⑧恶（wū）：何，哪有，怎么。

【译文】

晏子上朝，向齐景公回复说："国君您临朝听政的表情是否过于严厉了吧？"

景公说："临朝听政的表情过于严厉，这对治理国家有什么害处吗？"

晏子回答说："临朝听政的表情严厉就会使臣下不敢说话，臣下都不敢说话国君就听不能到下情了。臣下都不敢说话，我称它为哑，国君听不到下情，我称它为聋。上聋下哑，不是危害治理国家又是什么呢！况且聚集一升一斛的粮食也可以装满粮仓，聚集一丝一缕的丝线也能织成帷幕。巍峨的泰山之所以高大，并不是一块石头累积成的，而是从低处由无数的石头累积起来才形成它的高大。治理天下的办法，也不是只听取一个人的建议就能完成的，当然有些建议只是听取而不采纳的，哪有拒绝而不听取建议的呢！"

（注译：王金智　审核：王方诗）

景公登路寝台不终不说晏子谏第十八

【题解】

齐景公命人筑起高大的路寝台，登临的时候不能一口气到达顶部，中途坐在台阶上休息，因台高累人而不高兴。晏子趁机谏言，筑建高台宫殿要方便实用，不能一味地追求高大奢侈，劝说景公吸取夏桀商纣亡国的教训，以此为戒。

【原文】

景公登路寝之台，不能终[①]，而息乎陛[②]，忿然而作色，不说，曰："孰为高台，病[③]人之甚也？"

晏子曰："君欲节[④]于身而勿高，使人高之而勿罪也。今高，从[⑤]之以罪，卑亦从之以罪，敢问使人如此可乎？古者之为宫室也，足以便乎生，不以为奢侈也，故节于身，谓[⑥]于民。及夏之衰也，其王桀背弃德行，作为璇[⑦]室玉门。殷之衰也，其王纣作为顷宫灵台，卑狭者有罪，高大者有赏，是以身及[⑧]焉。今君高亦有罪，卑亦有罪，甚于夏殷之王；民力殚乏矣，而不免于罪，婴恐国之流失，而公不得享也！"

公曰："善！寡人自知诚[⑨]费财劳民，以为无功，又从而怨之，是寡人之罪也！非夫子之教，岂得守社稷哉！"遂下，再拜，不果[⑩]登台。

【注释】

①终：登上路寝台的顶端。②陛：帝王宫殿前的台阶。③病：劳累。④节：节省。⑤从：跟随，紧跟，随后。⑥谓：银雀山汉墓竹简作“调”，调和。⑦璇：美玉。⑧及：赶上，遭到的灾祸。⑨诚：确实。⑩果：结果，成为事实。

【译文】

齐景公登临路寝宫殿的高台，不能一下子登到顶部，就在台阶上休息，气愤地变了脸色，很不高兴，说：“是谁修建的高台，实在是太累人了？”

晏子说：“国君您要想节省体力就不要让人把高台筑得这么高，让人把高台筑得这么高就不要怪罪他人。如今高台筑高了，罪过随之而来，如果筑低了罪过也随之而来，请问这样役使人可以吗？古代的人修建宫殿，只求满足方便生活，不是为了追求奢侈享受，所以他们既能节省体力，又能调和民众。到了夏朝衰落时，他们的君王夏桀违背并抛弃了作为君王的德行，用美玉修建宫室和门户。商朝衰落的时候，他们的君王商纣修建宏伟的宫殿和精美的高台，修得低小的有罪，修得高大的有赏，因此他们自身遭受了亡国的祸殃。现在国君您是高台筑高了有罪，修低了也有罪，比夏桀、商纣还要过分。民众已经尽了全力，仍然不能免除罪责，我担心国家会有毁灭的危险，而国君您也不能再拥有齐国了!”

景公说：“您说得对! 寡人自己也知道这确实是浪费财力劳累民众，还认为他们没有功劳，又接着怪罪他们，这是寡人的过错。要不是先生您的教诲，我哪能守得住国家的基业呢!”于是走下高台来，再次拜谢晏子，没有登上台顶。

（注译：王金智　审核：王方诗）

景公登路寝台望国而叹晏子谏第十九

【题解】

齐景公登上路寝台眺望国都临淄城，感叹子孙不能世世代代拥有齐国。晏子劝谏他，如果要想世代拥有齐国，就必须实施良好的政治，让民众得到实惠和利益，而不是自己贮藏财物，还要横征暴敛，加重民众的赋税。

【原文】

景公与晏子登路寝之台而望国，公愀然①而叹曰："使后嗣②世世有此，岂不可哉？"

晏子曰："臣闻明君必务③正其治，以事利民，然后子孙享之。《诗》云：'武王岂不事④？贻厥孙谋⑤，以燕翼子⑥。'今君处佚怠，逆政害民有日矣，而犹出若⑦言，不亦甚乎？"

【注释】

①愀（qiǎo）然：忧伤的样子。　②后嗣：后代。　③务：努力，尽心尽力。　④事：作为。　⑤贻：遗留。厥：其。　⑥燕：通"宴"，安。翼：帮助。　⑦若：如此，这样。

【译文】

齐景公和晏子登上路寝台，眺望着国都临淄城，景公很忧伤地叹息说：

“假使让我的后代世世代代都能拥有这一切，难道不可以吗？”

晏子说：“下臣我听说贤明的国君一定要努力正确地治理自己的国家，做实事让民众得到实惠，然后他们的子孙才能拥有国家。《诗经》上说：‘武王难道无所作为吗？他把治国安民的谋略留给子孙，来帮助子孙享有国家。’如今国君您处在安逸懈怠中，违反德政损害民众已经很久了，可是您还说出这样的话，不是也太过分了吗？”

【原文】

公曰：“然则后世孰将把[①]齐国？”

对曰：“服牛[②]死，夫妇哭，非骨肉之亲也，为其利之大也。欲知把齐国者，则其利之者[③]邪？”

公曰：“然，何以易之？”

对曰：“移之以善政。今公之牛马老于栏牢[④]，不胜服也；车蠹[⑤]于巨户，不胜乘也；衣裘襦袴朽弊于藏[⑥]，不胜衣[⑦]也；醯醢腐[⑧]，不胜沽[⑨]也；酒醴酸酢[⑩]，不胜饮也；菽粟郁积[⑪]，不胜食也。又厚藉敛于百姓，而不以分馁[⑫]民。夫藏财而不用，凶也。财苟失守，下其报环[⑬]至。其次，昧[⑭]财之失守，委[⑮]而不以分人者，百姓必进自分也。故君人者与其请于人，不如请于己也。”

【注释】

①把：把持，掌握。　②服牛：用以驾车耕田的牛。服，使用。　③利之者：能使民众得到利益的人。　④栏牢：关养牲畜的栏圈。　⑤蠹：蛀蚀。　⑥裘（qiú）：皮袍。襦（rú）：短衣，短袄。袴（kù）：套裤。藏：储藏东西的地方。　⑦衣（yì）：穿。　⑧醯（xī）：醋。醢（hǎi）：肉酱。　⑨沽：卖。　⑩醴（lǐ）：甜酒。酢（cù）：醋。　⑪菽（shū）粟：豆子和小米，泛指粮食。郁：腐臭。　⑫馁（něi）：饥饿。　⑬环：一个接着一个。　⑭昧：暗藏。　⑮委：抛弃。

【译文】

齐景公说："如果这样那么后世谁将执掌齐国呢？"

晏子回答说："驾车耕田的牛死了，它的主人夫妻都为它哭泣，不是因为他们与牛有骨肉亲情，而是因为牛与他们有很大的利益关系。要想知道是谁将来能执掌齐国，那么大概就是能使齐国民众得到更多利益的人吧？"

景公说："对，那么怎样改变这种情况呢？"

晏子回答说："要改变这种情况只有依靠良好的政治。如今国君您的牛马多得都老死在栏圈里，不能再使用了；车子多得用不完都在车库被蠹虫蛀蚀，不能再乘坐了；衣服皮袍短袄套裤多得穿不完都在衣柜里朽坏，不能再穿了；醋和肉酱多得吃不完都腐烂变质，不能再出卖了；美酒琼浆多得喝不完都发酸变醋，不能再饮用了；粮仓里的粮食多得吃不完都发霉，不能再食用了。可是还要对民众加重税赋，而不是把这些积存的财物分发给饥饿的民众。储藏财物但不能合理使用，这是危险的事情。如果死守着财物让它变质，是很糟糕的，起码是抱怨的人会一个接着一个出现。更坏的情况是暗藏的财物变质坏掉，宁可抛弃也不愿意分给他人的时候，百姓一定会前来自己分走。所以作为国君与其请求他人帮助，还不如求助于自己。"

（注译：王金智　审核：王方诗）

景公路寝台成逢于何愿合葬晏子谏而许第二十

【题解】

齐景公筑成路寝台，有个叫作逢于何的人想把去世的母亲和早亡的父亲合葬，因为父亲的墓地被埋在路寝台的城墙下而遭到拒绝。晏子劝谏景公不侵占活人的住所，不破坏死人的墓地，才是仁德国君的作为，景公答应了逢于何的请求。

【原文】

景公成路寝之台。逢于何[①]遭丧，遇晏子于途，再拜乎马前。

晏子下车挹[②]之，曰："子何以命婴也？"

对曰："于何之母死，兆在路寝之台墉下[③]，愿请合骨[④]。"

晏子曰："嘻！难哉！虽然，婴将为子复之[⑤]。适为不得[⑥]，子将若何？"

对曰："夫君子则有以[⑦]，如我者侪[⑧]小人，吾将左手拥格[⑨]，右手梱[⑩]心，立饿枯槁而死，以告四方之士曰：'于何不能葬其母者也。'"

晏子曰："诺。"遂入见公，曰："有逢于何者，母死，兆在路寝当墉下，愿请合骨。"

公作色不说，曰："自古及今，子亦尝闻请合葬人主之宫者乎？"

【注释】

①逢于何：人名。姓逢，名于何。 ②挹（yī）：通“揖”，拱手作礼。 ③兆：墓地。墉：墙。 ④合骨：将父亲母亲合葬。 ⑤为：行事。复：禀告。 ⑥适：假如。不得：得不到允许。 ⑦有以：有办法。 ⑧侪（chái）：同辈，同类。 ⑨格：通“辂”，古代车辕上用来牵挽的横木。 ⑩梱（kǔn）：通“捆”，敲击，约束。

【译文】

齐景公筑成了路寝台。逢于何家中遭遇丧事，在路上遇到晏子，就跪在晏子的马车前再三叩拜。

晏子下了马车向他拱手作礼，说：“请问您有什么事情要吩咐我吗？”

逢于何回答说：“我的母亲去世了，我家墓地正在路寝台的墙基下面，希望您向国君请求允许将我的母亲与父亲合葬在一起。”

晏子说：“唉！这很难啊！尽管如此，我将为您向国君禀告此事。如果请求得不到国君的允许，您打算怎么办呢？”

逢于何回答说：“如果是君子就自然有办法，可是像我等这样的小民，只有用左手扶着灵车上的横木，右手敲击着胸口，站着饿成枯干瘦骨而死，用这种方式告诉四方人士说：‘我逢于何是不能安葬自己母亲的人。’”

晏子说：“好吧。”于是进宫拜见景公，说：“有个叫作逢于何的人，母亲死了，他家的墓地正在路寝台的墙基下，他请求将母亲与父亲合葬一起。”

景公改变脸色很不高兴，说：“从古到今，您可曾听说过有请求把死人合葬在国君宫殿下的吗？”

【原文】

晏子对曰：“古之人君，其宫室节[①]，不侵生人之居；其台榭[②]俭，不残死人之墓，故未尝闻请葬人主之宫者也。今君侈为宫室，夺人之居；广为台榭，残人之墓。是生者愁忧，不得安处；死者离易，不得合骨。丰乐侈游，兼傲[3]生死，非仁君之行也；遂[4]欲满求，不顾细民，非存之道也。且婴闻之，生者不得安，命之曰蓄忧；死者不得葬，命之曰蓄哀。蓄忧者怨，蓄哀者危，君不如许之。”

公曰：“诺。”

晏子出，梁丘据曰：“自古及今，未尝闻求葬公宫者也，若何许之？”

公曰：“削人之居，残人之墓，凌人之丧，而禁其葬，是于生者无施，于死者无礼也。《诗》云：‘榖[5]则异室，死则同穴[6]。’吾敢不许乎？”

逢于何遂葬其母路寝之台墉下，解衰去绖[7]，布衣縢履[8]，玄冠茈武[9]，踊[10]而不哭，躄[11]而不拜，已乃涕[12]洟而去。

【注释】

①节：节俭，俭约。 ②榭（xiè）：建筑在台上的房屋。 ③傲：轻慢。 ④遂：尽力，全部。 ⑤榖：活着。 ⑥穴：墓穴，圹。 ⑦衰（cuī）：亦作“缞”，古代丧服，用粗麻布做成，披于胸前。绖（dié）：古时丧服中系在头上和腰间的麻带。 ⑧縢（téng）履：草鞋。 ⑨玄：黑色。茈（zǐ）：紫草。武：系帽子的结带。 ⑩踊：以脚顿地。 ⑪躄（bì）：通“擗”，用手捶胸。 ⑫洟（tì）：同“涕”，眼泪鼻涕。

【译文】

晏子回答说：“古代的国君，他们的宫殿很俭约，不侵占活人的住所；他们的楼台亭榭很俭朴，不毁坏死人的坟墓，所以没有听说有请求把死人埋葬在国君宫殿下的事。如今国君您大规模修建宫殿，侵夺了活人的住所；大面积建造楼台亭榭，破坏了死人的坟墓。这样使活着的人忧愁，不能安心居住；死去的人尸骨分离，不能合葬。尽情享乐到处游玩，对活着的人和死去的人都很轻慢，这不是仁德国君的行为；尽力满足自己的欲望与需求，不顾惜民众，这不是保存国家的办法。况且我听说，活着的人不能安心居住，叫作积存忧愁；死去的人不能安葬，叫作积存悲痛。积存忧愁就会发生怨恨，积存悲痛就会带来危险，您不如答应他的请求。”

齐景公说：“好吧。”

晏子出宫后，梁丘据对景公说：“从古代到现在，从来没有听说有请求把死人埋葬在国君宫殿下的，国君您为什么要答应他呢？”

景公说：“剥夺别人的居所，破坏他人的坟墓，侵犯他人的丧事，还要禁止他人安葬，这是对活着的人没有实施恩惠，对死去的人没有礼遇。《诗经》中说：‘活着的时候不能住在同一个房间，死后要埋在同一个墓穴。’我怎么敢不答应呢？”

逢于何于是把他的母亲葬在路寝台的墙基下，脱去丧服，去掉麻带，穿着布衣草鞋，戴着黑色帽子紫草结带，用脚踩地但不哭泣，用手捶胸但不跪拜，安葬完以后才流着眼泪鼻涕离开。

（注译：王金智　审核：王方诗）

景公嬖妾死守之三日不敛晏子谏第二十一

【题解】

齐景公的宠妾婴子死了，他厮守三天还不让收殓安葬。晏子劝谏，人死不能复生，不能因为死去的人影响国君的德行，不能影响活着的人，让景公亲贤臣远小人，维护国家和民众的利益。

【原文】

景公之嬖妾婴子死，公守之，三日不食，肤着于席[①]而不去。左右以复[②]，而君无听焉。

晏子入，复曰："有术客[③]与医俱言曰：'闻婴子病死，愿请治之。'"

公喜，遽起，曰："病犹可为乎？"

晏子曰："客之道也，以为良医也，请尝试之。君请屏[④]，洁沐浴饮食，间[⑤]病者之宫，彼亦将有鬼神之事[⑥]焉。"公曰："诺。"屏而沐浴。

晏子令棺人入敛，已敛，而复曰："医不能治病，已敛矣，不敢不以闻。"

公作色不说，曰："夫子以医命寡人，而不使视；将敛，而不以闻。吾之为君，名而已矣。”

【注释】

①肤着（zhuó）于席：身体匍匐在席子上。 ②以复：把事情告诉，以提醒。 ③术客：有法术的人。 ④屏（bǐng）：回避，退避。 ⑤间（jiàn）：间隔，隔离。 ⑥鬼神之事：指向鬼神祈祷的事。

【译文】

齐景公的宠妾婴子死了，景公守着她，三天没有吃饭，身体匍匐在席子上不离开。身边的侍臣提醒他，景公根本不予理睬。

晏子进宫，禀告景公说：“有个会法术的人和医生都说：‘听说婴子病死了，愿意来为她救治。’”

景公很高兴，迅速站起身来，说：“这病还可以医治吗？”

晏子说：“从客人的道术来看，应该是技术精良的医生，请让他们试一试吧。还请国君您回避一下，去清洗沐浴饮酒吃饭，把病人的宫室隔离起来，他们将要做向鬼神祈祷的事情。”

景公说：“好吧。”于是回避去清洗沐浴。

晏子命令负责棺椁的人立即将尸体收殓入棺。收殓完毕后，晏子禀告景公说：“医生也不能医治病人，已经收殓入棺了，我不敢不把这件事告诉您知道。”

景公一听变了脸色，很不高兴，说：“先生您借口治疗病人要我离开，不让我看见；要收殓，又不让我知道。我作为一国国君，真是只有虚名罢了。”

【原文】

晏子曰：“君独不知死者之不可以生邪[1]？婴闻之，君正臣从谓之顺，君僻臣从谓之逆。今君不道顺而行僻，从邪者迩[2]，导害[3]者远，谗谀萌[4]通，而贤良废灭，是以谄谀繁于间[5]，邪行交[6]于国也。昔吾先君桓公，用管仲而霸，嬖乎竖刁而灭；今君薄于贤人之礼，而厚嬖妾之哀。且古圣王畜私不伤行[7]，敛死不失[8]爱，送死不失哀。行伤则溺己，爱失则伤生，哀失则害性，是故圣王节之也。死即毕敛，不以留生事；棺椁衣衾[9]，不以害生养；哭泣处哀，不以害生道。今朽尸以留生，广爱以伤行，修哀[10]以害性，君之失矣。故诸侯之宾客惭入吾国，本朝之臣惭守其职。崇君之行，不可以导民；从[11]君之欲，不可以持国。且婴闻之，朽而不敛，谓之僇[12]尸；臭而不收，谓之陈胔[13]。反明王之性，行百姓之诽，而内嬖妾于僇胔，此之为不可。”

【注释】

①邪（yé）：语气助词，吗。 ②迩（ěr）：近。 ③导害：当作“道善”。 ④萌：萌生，滋长。 ⑤间：侧，近旁。 ⑥交：交织，遍布。 ⑦畜：养。私：个人偏爱。这里指嬖妾。 ⑧失：过分。 ⑨椁（guǒ）：外棺，是一种套在棺材外层的套棺。衾（qīn）：被褥。 ⑩修哀：当作“循哀”，悲哀不止。 ⑪从：通“纵”，放纵。 ⑫僇：侮辱，陈尸示众。 ⑬胔（zì）：腐烂的肉。

【译文】

晏子说：“国君您难道不知道人死不可能再复生吗？我听说，国君正派臣下服从叫作顺，国君邪僻臣下服从叫作逆。如今国君您不行正道而走邪道，跟随您走邪道的人您就亲近，劝导您做善事的人您就疏远，谄媚的人滋生泛滥，而贤德善良的人废黜消亡，所以阿谀奉承的风气会在您身边盛行，歪门邪道能遍布国内。从前我们的先君齐桓公因为重用管仲而成为一代霸主，因为宠幸竖刁而身败名裂；如今国君您对贤人礼数很轻薄，而对宠妾的哀伤情感却很深厚。况且古代圣明的国君宠爱姬妾不损害自己的德行，收殓死去的人不过分爱惜，送葬死去的人不过分哀痛。德行受到损害就会使自己沉沦，过度爱惜就会伤害身体，过度悲痛就会损害性情，所以圣明的国君都能节制这些事情。人死后就要立即完成收殓，不要留下生前的事情，棺材被褥要适度，不能妨碍活着人的衣食供养，哭泣哀痛要有度，不能损伤身体影响生活。如今国君您把腐朽的尸体保留着希望死而复生，过分爱怜来伤害德行，悲哀不止损害性情，这就是国君您的过失了。所以各诸侯国的使者羞愧来到我们国家，我们国家的臣下羞愧自己在职位上。如果推崇国君您的行为，就不能引导民众；如果放纵国君您的欲望，就不能保有国家。况且我听说，尸体腐朽了还不收殓，叫作侮辱尸体；尸体腐臭了还不收殓，叫作陈列腐肉。违背圣明国君的德行，做百姓非议的事情，而将宠妾陈尸受辱，这样的事情是不能做的。”

【原文】

公曰：“寡人不识，请因①夫子而为之。”

晏子复曰：“国之士大夫、诸侯四邻宾客皆在外，君其哭而节之。”

仲尼②闻之曰：“星之昭昭③，不若月之曀曀④；小事之成，不若大事之废；君子之非，贤于小人之是也。其晏子之谓欤！”

【注释】

①因：遵循，按照。 ②仲尼：孔子，字仲尼。 ③昭昭：光明的样子。 ④曀曀：阴沉昏暗的样子。

【译文】

齐景公说：“寡人不懂得这些道理，请按照先生您的意见办理这件事情吧。”

晏子又禀告说：“我国的官员和名士、诸侯各国的来宾使者，都在外面呢，国君您哭泣的时候要有节制啊。”

孔子听说了这件事，说：“再明亮的星光，也不如昏暗的月光明亮；做小事的成功，不如做大事的失败；君子的过失，也比小人的正确好。这大概说的就是晏子吧!”

（注译：王金智 房 彬 审核：王方诗）

景公欲厚葬梁丘据晏子谏第二十二

【题解】

齐景公想要厚葬宠臣梁丘据。晏子指出，梁丘据对景公的所谓“忠”和“爱”，是阻塞群臣蒙蔽国君的祸根，故而阻止了景公厚葬梁丘据的命令，并倡导群臣陈情进谏和依法行事的良好社会风气，以此维护了国家稳定。

【原文】

梁丘据死，景公召晏子而告之，曰：“据忠且爱我，我欲丰厚其葬，高大其垄①。”

晏子曰：“敢问据之忠与爱于君者，可得闻乎？”

公曰：“吾有喜于玩好，有司未能我共也②，则据以其所有共我，是以知其忠也；每有风雨，暮夜求之必存，吾是以知其爱也。”

【注释】

①垄：坟墓。　②有司：指主管某部门的官吏。共：通“供”，供给，提供。

【译文】

梁丘据死了，齐景公召见晏子把这个事情告诉他，说：“梁丘据对我忠心耿耿而且很爱戴我，我想为他举行隆重的葬礼，并为他修筑高大的坟墓。”

晏子说："请问梁丘据的忠心耿耿与爱戴国君的情况，可以说来听听吗？"

景公说："我有些喜欢的玩物爱好，主管官吏都不能给我提供的，但是梁丘据会把他所拥有的提供给我，所以知道他对我是忠心耿耿的；每次遇到刮风下雨，即使是傍晚深夜找他来，他也一定侍奉在周围，我因此知道他是爱戴我的。"

【原文】

晏子曰："婴对，则为罪，不对，则无以事①君，敢不对乎！婴闻之，臣专②其君，谓之不忠；子专其父，谓之不孝；妻专其夫，谓之嫉妒。事君之道，导君以亲于父兄，有礼于群臣，有惠于百姓，有信于诸侯，谓之忠；为子之道，导父以钟爱其兄弟，施行于诸父③，慈惠于众子，诚信于朋友，谓之孝；为妻之道，使其众妾皆得欢忻④于其夫，谓之不嫉。今四封⑤之民，皆君之臣也，而维⑥据尽力以爱君，何爱者之少邪⑦？四封之货，皆君之有也，而维据也以其私财忠于君，何忠者之寡邪？据之防塞⑧群臣，壅蔽⑨君，无乃甚乎？"

公曰："善哉！微⑩子，寡人不知据之至于是也。"遂罢为垄之役，废厚葬之命，令有司据法而责，群臣陈过而谏。故官无废法，臣无隐忠，而百姓大说。

【注释】

①事：侍奉。②专：独占，专宠。③诸父：父亲的兄弟，"伯父叔父"的通称。④忻（xīn）：喜悦，高兴。⑤四封：四面边境。⑥维：只有。⑦邪（yé）：语气助词，吗。⑧防塞：阻碍，阻塞。⑨拥蔽：又作"壅蔽"，蒙蔽，隔绝。⑩微：如果没有，要不是。

【译文】

晏子说："我要是回答您的话，那么就要获罪，不回答您的话，就是没有很好地侍奉国君，我怎么敢不回答呢！我听说有这么个道理，臣下一个人独占国君宠爱，就叫作不忠；儿子一个人独占父亲的喜爱，就叫作不孝；妻子一个人独占丈夫的情爱，就叫作嫉妒。侍奉国君的原则，是劝导国君您亲近父兄，礼遇群臣，恩惠百姓，诚信诸侯，这叫作忠君；作为儿子的原则，是劝导父亲喜爱他的兄弟，并推广到伯父、叔父，慈爱惠顾所有的孩子，对待朋友忠诚信义，这叫作孝顺；作为妻子的原则，要使众妾都能得到丈夫的喜爱，这叫作不嫉妒。如今齐国四境之内的民众，都是国君您的臣民，可是只有梁丘据尽心竭力爱戴国君，为什么爱戴国君您的人这么少呢？齐国四境之内的财物，都归国君您所拥有，可是也只有梁丘据用他的私人财物效忠国君您，为什么效忠国君您的人也这么少呢？梁丘据这是阻塞群臣，蒙蔽隔绝国君您，不是太严重了吗？”

齐景公说：“说得太好了！要不是先生，我还不会知道梁丘据已到这种地步了。”于是停止了为梁丘据修筑坟墓的工程，废除了厚葬梁丘据的命令，责成主管部门的官吏根据法令实行处罚，群臣劝谏陈述国君的过失。因此官吏没有废止不执行的法令，臣下没有隐藏不表的忠诚，百姓们都很高兴。

（注译：王金智　王会生　审核：王方诗）

景公欲以人礼葬走狗晏子谏第二十三

【题解】

齐景公想要用人的礼仪安葬死去的猎狗，认为这是闹着玩的小事。晏子批评他，劝诫说重赋税不是用于民众，却与身边臣子闹玩取乐，孤儿老人忍饥受冻，而死狗却享有棺椁祭品，这必会招致百姓怨恨，诸侯轻视，国家危险，绝对不是一件小事。景公接受劝谏，停止了荒唐行为。

【原文】

景公走狗①死，公令外共②之棺，内给③之祭。晏子闻之，谏。公曰："亦细物也④，特⑤以与左右为笑耳。"

晏子曰："君过矣！夫厚藉敛不以反民⑥，弃⑦货财而笑左右。傲⑧细民之忧，而崇⑨左右之笑，则国亦无望已。且夫孤老冻馁⑩，而死狗有祭；鳏寡不恤，死狗有棺。行辟若此，百姓闻之，必怨吾君；诸侯闻之，必轻吾国。怨聚于百姓，而权轻于诸侯，而乃以为细物，君其图之。"

公曰："善。"趣庖治狗⑪，以会朝属⑫。

【注释】

①走狗：猎犬。　②共（gōng）：通"供"，提供，供应。　③给（jǐ）：供给。　④亦：不过，只是。细物：小事。　⑤特：只。　⑥厚：

重。藉敛：征收赋税。反：通“返”，返回。⑦弃：抛弃，浪费。⑧傲：傲慢，轻视。⑨崇：看重，重视。⑩馁：饥饿。⑪趣（cù）：催促。庖：厨师。治：处理。这里指烹饪。⑫朝属：朝廷的臣属。

【译文】

齐景公的猎狗死了，景公命令外府为它提供棺材，内府为它供给祭品。晏子听到这件事，直言劝谏。景公说：“不过是件小事情，只是和左右臣属玩乐取笑罢了。”

晏子说：“国君您错了！加征那么重的赋税不是用于民众，却浪费财物来和左右臣属玩笑取乐。轻视民众的忧愁，而重视左右臣属的玩笑，那么国家也就没有希望了。况且孤儿老人受冻挨饿，而死去的猎狗却有祭品；鳏夫寡妇得不到抚恤，而死去的猎狗却有棺椁。行为恶劣到如此地步，百姓听到这件事情，一定会怨恨我们的国君您；诸侯听到这件事情，一定会轻视我们的国家。怨恨聚集在百姓中，诸侯轻视我们国家的权威，而国君您却认为是小事情，国君您好好想想吧。”

景公说：“说得好。”于是催促厨师烹治死去的猎狗，用它来宴会朝廷臣属。

（注译：王金智　审核：王方诗）

景公养勇士三人无君臣之义晏子谏第二十四

【题解】

齐景公豢养着三名勇士，勇武却不知礼仪。晏子认为，这种人对上没有君臣礼仪，对下没有长幼伦理道德，对内不能依靠他们平息暴乱，对外不能依靠他们威慑敌军，这对国家是有危害的，应该除掉他们。于是，晏子便让景公给他们两枚仙桃，论功行赏，结果好强自负的三勇士争功抢桃，先后自刎而死。这就是“二桃杀三士”的典故。

【原文】

公孙接、田开疆、古冶子事景公[①]，以勇力搏[②]虎闻。晏子过而趋[③]，三子者不起[④]。晏子入见公曰：“臣闻明君之蓄[⑤]勇力之士也，上有君臣之义，下有长率之伦[⑥]，内可以禁暴，外可以威敌，上利其功，下服其勇，故尊其位，重其禄。今君之蓄勇力之士也，上无君臣之义，下无长率之伦，内不可以禁暴，外不可以威敌，此危国之器也[⑦]，不若去之。”公曰：“三子者，搏之恐不得，刺之恐不中也。”晏子曰：“此皆力攻勍[⑧]敌之人也，无长幼之礼。”因请公使人少馈[⑨]之二桃，曰：“三子何不计功而食桃？”

【注释】

①公孙接：名子车，齐顷公之孙。田开疆：姓田，名开疆，陈氏之族。古冶子：姓古，名冶。 ②搏：徒手搏击。 ③趋：小步快走。按古代礼法，在尊者面前而过，要小步快走，以示尊敬。 ④起：起身，站立，表示回敬对方。 ⑤蓄：豢养。 ⑥长率：指长幼。伦：伦理，道德。 ⑦器：这里指人才。 ⑧勍（qíng）：强，有力。 ⑨馈：赠给，赏赐。

【译文】

公孙接、田开疆、古冶子三人效力于齐景公，凭借勇猛有力能够徒手搏杀猛虎而远近闻名。晏子从他们面前经过，谦逊地小步快走表示敬意，他们三个人都不起身回礼。晏子进宫拜见景公说：“臣下我听说贤明国君豢养的勇猛武士，对上要有君臣礼仪，对下要有长幼伦理道德，对内可以平息暴乱，对外可以威慑敌军，他们的功绩上对国君有利，臣下也都佩服他们的勇猛，所以使他们拥有尊贵的地位，让他们享有丰厚的俸禄。如今国君您豢养的三位勇力武士，对上没有君臣礼仪，对下没有长幼伦理道德，对内不能依靠他们平息暴乱，对外不能依靠他们威慑敌军，这是危害国家的人，不如除掉他们。”景公说：“这三个人勇力无比，搏杀他们恐怕不能成功，刺杀他们恐怕不能击中。”晏子说：“他们都是依靠强壮勇力进攻强劲敌军的人，根本不懂得长幼之间的礼让。”于是请景公派人只赏赐给他们两枚仙桃，说：“你们三人为什么不按照功劳大小来吃仙桃呢？”

【原文】

公孙接仰天而叹曰：“晏子，智人也！夫使公之计吾功者，不受桃，是无勇也。士众而桃寡，何不计功而食桃矣？接一搏特猏①，再搏乳虎②，若接之功，可以食桃而无与人同矣。”援③桃而起。田开疆曰：“吾仗兵而却三军者再④，若开疆之功，亦可以食桃，而无与人同矣。”援桃而起。古冶子曰：“吾尝从君济于河⑤，鼋衔左骖以入砥柱之流[⑥]。当是时也，冶少不能游，潜行逆流百步，顺流九里，得鼋而杀之，左操骖尾，右挈鼋头，鹤跃而出。津人[⑦]皆曰：‘河伯也！’视之，则大鼋之首也。若冶之功，亦可以食桃而无与人同矣。二子何不反[⑧]桃！”抽剑而起。

【注释】

①特：公兽。猏（jiān）：泛指大野猪。　②乳虎：育子的母虎，特别凶猛的老虎。　③援：拿，取。　④仗：执，持。兵：兵器。却：打退。三军：左军、中军、右军。这里泛指全军。　⑤济：渡过。河：黄河。　⑥鼋：大鳖。左骖（cān）：四马拉一车，左边的马称为左骖。砥柱：砥柱山，在黄河之中。　⑦津人：渡船的船夫。　⑧反：通“返”，放回。

【译文】

公孙接仰头看天感叹说：“晏子，是智慧的人啊！他让国君给我们评论功劳，谁不能得到仙桃，谁就是没有勇猛武力的人。勇士多而仙桃少，为什么不按照功劳大小来吃仙桃呢？我公孙接一次徒手打死一只大野猪，两次打死母虎，像我公孙接的功劳，可以吃一枚仙桃而不用与他人共同享用了。”公孙接拿了一枚仙桃站起来。田开疆说：“我手执兵器两次打退敌人的三军，像我田开疆的功劳，也可以吃一枚仙桃而不用与他人共同享用了。”田开疆也拿起一枚仙桃站起来。古冶子说：“我曾经跟随国君一起渡黄河，大鼋咬住着车左面的马而潜入砥柱山的激流中。那时候，我不怎么会游泳，就潜入水底行走，逆流行走百步，又顺流行走九里，捉住大鼋并杀了它，我左手抓着马尾，右手提着大鼋的头，像仙鹤一样飞跃出水面。渡口的人们都说：‘这是河神啊！’仔细一看，原来是大鼋的头。像我古冶子的功劳，也可以吃一枚仙桃而不用与他人共同享用。你们两个为什么不把桃子放回去！”说着拔剑而起。

【原文】

公孙接、田开疆曰：“吾勇不子若[①]，功不子逮[②]，取桃不让，是贪也；然而不死，无勇也。”皆反其桃，挈领[③]而死。古冶子曰：“二子死之，冶独生之，不仁；耻人以言，而夸其声[④]，不义；恨[⑤]乎所行，不死，无勇。虽然，二子同桃而节[⑥]，冶专桃而宜。”亦反其桃，挈领而死。使者复曰：“已死矣。”公殓之以服，葬之以士[⑦]礼焉。

【注释】

①不子若：不如你。子，你。 ②逮：及。 ③挈领：割脖子，自刎。 ④其：自己的。声：名声。 ⑤恨：悔恨，遗憾。 ⑥节：分寸，节度。 ⑦士：先秦时期最低级的贵族，春秋时多为卿大夫的家臣。

【译文】

公孙接、田开疆说：“我们勇力不如你，功劳也比不上你，拿取仙桃不谦让，这是贪心；如果不去死，就是没有勇气。”二人都放回拿取的仙桃，自刎死了。古冶子说：“他们两个都因这件事死了，我如果还独自活着，就是不仁德；用言语羞辱别人，还夸耀自己的名声，就是不义气；悔恨自己的行为，却不去死，就是没有勇气。虽然这样，他们二人同吃一枚仙桃是可以的，我独自吃一枚仙桃也是合适的。”古冶子也放回仙桃，自刎死了。派去的人回来禀告说：“他们三个都已经死了。”齐景公用相应的服饰收殓了三人的尸体，用士人的礼仪安葬了他们。

（注译：王金智 审核：王方诗）

景公登射思得勇力士与之图国晏子谏第二十五

【题解】

齐景公登台举行射礼，想要得到勇士共同谋划治理国家。晏子指出，勇力武士必须依靠礼仪来约束，就像车马要用缰绳来驾驭；如果没有礼仪，就不能治理国家。

【原文】

景公登射①，晏子修礼而侍②。公曰："选射之礼③，寡人厌之矣！吾欲得天下勇士，与之图④国。"晏子对曰："君子无礼，是庶人⑤也；庶人无礼，是禽兽也。夫臣勇多则弑其君，子力多则杀其长，然而不敢者，维礼之谓也。礼者所以御⑥民也，辔⑦者所以御马也。无礼而能治国家者，婴⑧未之闻也。"景公曰："善。"乃饰⑨射更席，以为上客，终日问礼。

【注释】

①射：古代诸侯大射的礼仪。　②修礼而侍：按照射礼的规定侍奉左右。　③选射之礼：即大射之礼。　④图：谋划，商议。　⑤庶人：平民，普通百姓。　⑥御：驾驭，统治，管理。　⑦辔（pèi）：缰绳。　⑧

晏：当作“婴”字。 ⑨饰：通“饬”，整治。

【译文】

齐景公登台举行大射的礼仪，晏子按照射礼的规定侍奉着。景公说：“选拔人才的射礼，我已经厌烦了！我想得到天下的勇士，和他们共同谋划治理国家的大事。”晏子回答说：“君子不讲究礼仪，就是普通百姓；普通百姓没有礼仪，就是禽兽了。如果臣下勇气多了就会杀害他们的国君，儿子力量大了就会杀害他们的父亲，然而人们不敢这样做的原因，就是因为有礼仪的约束。礼仪是用来约束民众的，缰绳是用来驾驭马匹的。没有礼仪而能够治理国家的事情，我还没有听说过。”景公说：“说得太好了。”于是就整治射礼更换座席，把晏子尊为上宾，整天向他请教礼仪规范。

（注译：王金智 审核：王方诗）

【卷三　内篇问上】

庄公问威当世服天下时耶晏子对以行也第一

【题解】

齐庄公询问能否依靠时势威震当今世界以让天下人信服，晏子回答说要依靠德行。晏子认为，要爱护民众，重视人才，听取建议，为民众谋求福利，施行仁政，才能让天下人信服。但庄公没有采纳晏子的劝谏，好勇斗狠，长期用兵，最终招致杀身之祸。

【原文】

庄公问晏子曰："威当世而服天下，时耶？"晏子对曰："行也。"公曰："何行？"对曰："能爱邦内之民者，能服境外之不善；重士民之死力①者，能禁暴国②之邪逆；中听③任贤者，能威诸侯；安仁义而乐利世者，能服天下。不能爱邦内之民者，不能服境外之不善；轻士民之死力者，不能禁暴国之邪逆；愎④谏傲贤者，不能威诸侯；倍仁义而贪名实者⑤，不能服天下。威当世而服天下者，此其道也已。"而公不用，晏子退而穷处⑥。公任勇力之士，而轻臣仆之死，用兵无休，国罢⑦民害。期年⑧，百姓大乱，而身及崔氏⑨祸。君子曰："尽忠不豫⑩交，不用不怀禄，晏子可谓廉矣！"

【注释】

①死力：全力，拼死努力，为了国家奋不顾身。　②暴国：用暴力侵害国家。　③中听：能够听取中肯的劝谏。　④愎（bì）：固执，任性，不听劝谏。　⑤倍：通“背”，背离，违背。名实：名声和功利。　⑥穷处：困顿的处境，引申为隐居。　⑦罢：通“疲”，疲惫积弱。　⑧期（jī）年：一整年，满一年。　⑨崔氏：指崔杼。　⑩豫：通“预”，事先有所准备。

【译文】

齐庄公问晏子说：“能威震当今世界来让天下人信服，要依靠时势吗？”晏子回答说：“要依靠德行。”庄公问：“什么样的德行呢？”晏子回答说：“能够爱护国内民众的，就能使国外不友好的人信服；能够重视士人和民众为国家献身精神的，就能禁止暴力侵害国家的邪恶叛逆行为；能够听取中肯建议并任用贤才的，就能威震诸侯；能够安心施行仁政并高兴为世人谋福利的，就能使天下人信服。不能爱护国内百姓，就不能使国外不友好的人信服；轻视士人和民众为国家献身精神的，就不能禁止暴力侵害国家的邪恶叛逆行为；刚愎自用不能够听取中肯建议并傲视贤才的，就不能威震诸侯；违背仁义并贪求名声功利的，就不能使天下的人信服。想要威震当今世界使天下人信服的话，就要实行这种办法。”可是庄公没有采纳晏子建议，晏子辞官隐居到穷僻的地方。庄公任用勇猛有力的武士，而不顾臣下随从的死亡，不断出兵打仗，致使国家疲弱民众受害。一年后，百姓大乱，庄公自己也遭遇被崔杼杀死的灾祸。君子说：“竭尽忠君而不预先结交，不被任用也不贪恋俸禄，晏子真算是廉正了！”

（注译：王金智　审核：姚素娟）

庄公问伐晋 晏子对以不可若不济国之福第二

【题解】

齐庄公咨询晏子攻打晋国的事情，晏子回答说不可以，并强调如果不成功才是齐国的福分。晏子劝谏庄公，要实行德政，不能欲望太多，不能趾高气扬，那样是很危险的。庄公没有采纳晏子的谏言，一意孤行，晏子辞官隐居，最终庄公招致杀身之祸。

【原文】

庄公将伐晋①，问于晏子。晏子对曰：“不可。君得合②而欲多，养③欲而意骄。得合而欲多者危，养欲而意骄者困。今君任勇力之士，以伐明主④，若不济⑤，国之福也，不德而有功，忧必及君。”公作色不说。晏子辞不为臣，退而穷处⑥，堂下生蓼藿⑦，门外生荆棘。庄公终任勇力之士，西伐晋，取朝歌⑧，及太行、孟门⑨，兹于兑⑩。期而民散，身灭于崔氏。崔氏之乱，逐群公子，及庆氏亡……

【注释】

①晋：晋国，姬姓，西周分封的诸侯国。　②合：通“给”，满足。　③养：滋长。　④明主：当作“盟主”。当时晋国被诸侯奉为“盟主”。　⑤济：成功。　⑥穷处：处在穷困的地方，引申为隐居。　⑦蓼

藿（liǎo huò）：统称杂草。蓼，植物名，草本。藿，草名，即藿香。⑧朝歌：古都名，在今河南淇县。商代帝乙、帝辛的别都。⑨太行：太行山。孟门：晋国关隘，在今河南辉县。⑩兹于：通“且（jū）于”，地名，春秋时期属于莒国，在今山东莒县。兑：通“隧”，狭窄通道，城门。

【译文】

齐庄公将要攻打晋国，向晏子咨询。晏子回答说：“不可以。国君您得到满足但还是欲望太多，欲望滋长并且意气骄纵。得到满足但还是欲望太多就会有危险，滋长欲望并且意气骄纵就会陷入困境。如今国君您任用勇猛力大的武士，去攻打诸侯的盟主，如果不能成功，那是国家的福气，不施行德政反而拥有军功，忧患一定会殃及君上。”庄公脸色大变很不高兴。晏子辞去官职不做庄公的臣下，退隐到偏僻的地方，堂前长出野草，门外生出荆棘。庄公最终还是任用勇猛力大的武士，向西攻打晋国，夺取了朝歌，一直打到太行山和孟门关，回来的时候又攻打莒国的且于城门。一年之后百姓散离，庄公被大臣崔杼杀害。崔杼作乱的时期，驱逐了齐国公室的公子们，直到庆封逃亡。

（注译：王金智　审核：姚素娟）

景公问伐鲁
晏子对以不若修政待其乱第三

【题解】

齐景公咨询晏子是否可以征伐鲁国的事情。晏子回答说，不如修整好齐国自己的内政，等待鲁国发生祸乱，再去攻打。晏子认为鲁国从始祖伯禽开始就是施行仁义的国家，社会安定，君民亲和，反而是齐国赋税沉重，社会不安，君臣离心，如果这时去征伐鲁国，是不可以的。景公听从了晏子的建议，最终没有攻伐鲁国。

【原文】

景公举兵欲伐鲁[①]，以问晏子。晏子对曰："不可。鲁好义而民戴之，好义者安，见[②]戴者和，伯禽[③]之治存焉，故不可攻。攻义者不祥，危安者必困。且婴闻之，伐人者，德足以安其国，政足以和其民，国安民和，然后可以举兵而征暴。今君好酒而辟[④]，德无以安国，厚藉敛而急使令[⑤]，政无以和民。德无以安之则危，政无以和之则乱。未免乎危乱之理[⑥]，而欲伐安和之国，不可，不若修政而待其君之乱也。民离其君，上怨其下，然后伐之，则义厚而利多，义厚则敌寡，利多则民欢。"公曰："善。"遂不果[⑦]伐鲁。

【注释】

①鲁：鲁国，姬姓，西周分封的诸侯国，都城曲阜。　②见：被。　③伯禽：周公姬旦的长子，周成王封伯禽于鲁地。　④辟：邪僻。　⑤厚：沉重。藉敛：征收赋税。　⑥理：治理，管理。　⑦果：结果，成为事实。

【译文】

齐景公兴兵想要攻打鲁国，向晏子咨询。晏子回答说："不可以。鲁国国君爱好仁义又得到民众拥戴，国君爱好仁义国家就安定，被拥戴的国君就与上下和睦，当年鲁国的始祖伯禽以礼治国的传统还在鲁国留存着，所以不可以攻打。攻打有仁义国家的人不吉祥，危害安定国家的人一定会陷入困境。并且我听说，征伐其他国家的人，他的德行一定要足以安定自己的国家，他的政治一定要足以使民众亲和，国家安定民众亲和，这样以后才可以兴兵讨伐暴乱的国家。如今国君您喜好饮酒并且行为邪僻，德行不能安定国家，税赋沉重而且随意颁布法令，没有办法使民众亲和。德行不能使国家安定就会有危险，政治上不能使民众亲和就会出现祸乱。自己都不能避免危险祸乱，却要攻打安定亲和的国家，是不可以的，国君您不如修整我们本国的政治，等待他们的国君发生乱政的时候。鲁国民众叛离他的国君，国君怨恨臣下，这样以后再去攻打鲁国，那时道义充分并且获取的利益也会更多。道义深厚敌对的人就会少，获取更多的利益民众就会高兴。"景公说："说得好。"于是放弃了攻打鲁国的计划。

（注译：王金智　审核：姚素娟）

景公伐藙胜之问所当赏晏子对以谋胜禄臣第四

【题解】

齐景公征伐莱国取得胜利后询问晏子如何赏赐更加得当。晏子回答说，不仅要增加谋臣的俸禄，也要增加民众的利益，以此激励群臣和民众更好地为国效力。

【原文】

公伐藙①，胜之，问晏子曰："吾欲赏于藙，何如？"对曰："臣闻之，以谋胜国者，益臣之禄；以民力胜国者，益民之利。故上有羡获②，下有加利，君上享其名，臣下利其实。故用智者不偷业③，用力者④不伤苦，此古之善伐者也。"公曰："善。"于是破藙之臣、东邑⑤之卒，皆有加利。是上独擅名⑥，利下流⑦也。

【注释】

①藙（lí）：即"莱"，莱国，东夷古国。　②羡获：多余的收获。羡，盈余，多余。　③用智者：出谋划策的臣子。偷：苟且，马虎。　④用力者：出力的士兵和民众。　⑤东邑：即莱国，因为在齐国东面，所以称之为"东邑"。　⑥擅名：拥有名声。　⑦下流：底层民众。

【译文】

齐景公征伐莱国，取得胜利，问晏子说："我想奖赏那些在征伐莱国战斗中有功的人，怎么样？"晏子回答说："臣下我听说，运用臣下谋略战胜敌国的，应该增加谋臣的俸禄；依靠民众的力量战胜敌国的，应该增加民众的利益。所以国君您拥有了更多的收获，臣下就要增加利益，国君您享有了名声，臣下就要获得实惠。因此运用智谋的臣下不敢马虎从事，使用劳力的民众也不辞劳苦，这就是古时候善于征伐的人所做的事。"景公说："说得好。"于是战胜莱国的臣下，攻打莱国城邑的士兵，都获得了很多的利益。这就是国君拥有名声，臣下民众获得利益。

（注译：王金智　审核：姚素娟）

景公问圣王其行若何
晏子对以衰世而讽第五

【题解】

齐景公治国不力，导致对外诸国不悦，对内百姓不亲。景公请教晏子解决办法。晏子趁机劝谏他，提出了行事公正无私，节俭力行，厚待百姓，不威压欺凌别国的处事之道。景公听从晏子的建议行事，赢得了别国的尊崇。

【原文】

景公外傲诸侯，内轻百姓，好勇力，崇乐以从[①]嗜欲，诸侯不说，百姓不亲。公患之，问于晏子曰："古之圣王，其行若何？"

晏子对曰："其行公正而无邪，故谗人不得入；不阿党[②]，不私色[③]，故群徒之卒[④]不得容；薄[⑤]身厚民，故聚敛之人不得行；不侵大国之地，不秏[⑥]小国之民，故诸侯皆欲其尊；不劫人以兵甲[⑦]，不威人以众强，故天下皆欲其强；德行教训加于诸侯，慈爱利泽[⑧]加于百姓，故海内归之若流水。今衰世君人者，辟邪阿党，故谗谄群徒之卒繁；厚身养，薄视民，故聚敛之人行；侵大国之地，秏小国之民，故诸侯不欲其尊；劫人以兵甲，威人以众强，故天下不欲其强；灾害加于诸侯，劳苦施于百姓，故仇敌进伐，天下不救，贵戚离散，百姓不与[⑨]。"

【注释】

①从（zòng）：同“纵”，放任。 ②阿（ē）：曲从，迎合，偏袒。党：私党。 ③私：偏爱。色：女色。 ④群徒之卒：指为谋私利而拉帮结派的小人。 ⑤薄：微薄，节俭。 ⑥秏（hào）：同“耗”，消耗，耗损。 ⑦兵甲：士兵。这里指军队。 ⑧泽：恩泽，恩德。 ⑨与：交往，亲附。

【译文】

齐景公对外傲慢诸侯，对内轻视百姓，喜欢勇猛有力的人，推崇享乐以致放纵嗜好欲望，诸侯不悦，百姓不亲。景公很担心这种处境，问晏子：“古代的圣明君王，是怎样做的？”

晏子回答说：“他行事公平正直而没有邪僻，所以谄谀的人不能接近；不偏袒私党，不偏爱女色，所以拉帮结派的人不被容忍；自身节俭而厚待百姓，所以贪婪敛财的人不能胡作非为；不侵占大国的土地，不耗损小国的人口，所以诸侯都希望他受到尊崇；不用武力掠夺别人，不以人多势强威胁别人，所以天下的人都希望他强大；以美德言行教诲诸侯，用慈爱恩惠对待百姓，所以四海之内的人就像流水一样归附他。现在衰败之世的国君，行为邪僻而偏袒私党，所以谗毁阿谀和拉帮结派的人很多；丰厚自身供养，鄙薄轻视百姓，所以贪婪敛财之人横行；侵占大国的土地，耗损小国的人口，所以诸侯不希望他受到尊崇；用武力抢夺别人，凭人多势强威胁别人，所以天下的人都不希望他强大；灾害加给诸侯，劳苦施予百姓，所以仇敌攻伐他，天下的人都不来救援，王族贵戚逃离分散，百姓也不亲附。”

【原文】

公曰：“然则何若？”

对曰：“请卑辞重币[①]，以说[②]于诸侯；轻罪省功[③]，以谢[④]于百姓。其可乎？”

公曰：“诺。”于是卑辞重币，而诸侯附；轻罪省功，而百姓亲。故小国入朝，燕、鲁共[5]贡。

墨子闻之曰："晏子知道，道在为人，而失在为己。为人者重，自为者轻。景公自为，而百姓不与；为人，而诸侯为役。则道在为人，而行在反己[6]矣。故晏子知道矣。"

【注释】

①币：本义为用来送人的丝织品。引申为作为赠礼的车马玉帛等一切值钱的财物。　②说（shuì）：劝说。　③功：事，指劳役。　④谢：谢罪。　⑤共：通"供"，供给，供奉。　⑥反己：回过头来要求自己，即"反躬自省"的意思。

【译文】

齐景公问："如果这样的话，那该怎么办呢？"

晏子回答说："请以谦逊的言辞和厚重的财物，用来游说诸侯；减轻刑罚减少劳役，用来谢罪于百姓。这样可以吗？"

景公说："好的。"于是齐国用谦逊的言辞和厚重的财物游说诸侯，诸侯归附；减轻刑罚减少劳役，百姓亲附。小国前来朝拜，燕国、鲁国前来供奉贡品。

墨翟听说这件事后说："晏子懂得道理，得道在于为别人，失道在于为自己。为别人着想的人就受到尊重，为自己着想的人就被轻视。景公为自己着想，而百姓不亲附；为别人着想，而诸侯都愿为他效力。这道理就在于能为别人着想，而在行为上能反躬自省。所以晏子懂得道理啊。"

（注译：王　静　审核：姚素娟）

景公问欲善齐国之政以干霸王晏子对以官未具第六

【题解】

齐景公向晏子请教改善齐国政治以谋求霸业的办法。晏子用孔子和齐桓公量才适用、任用贤能的例子作对比，指出景公缺乏贤臣辅佐、自身过失太多而无人劝谏弥补的状况；并提出要想改善国政，必须选贤任能，官吏配备齐全。

【原文】

景公问晏子曰：“吾欲善治齐国之政，以干①霸王之诸侯。”

晏子对曰：“官未具②也。臣数以闻，而君不肯听也。臣闻仲尼居处惰倦③，廉隅④不正，则季次、原宪侍⑤；气郁⑥而疾，志意⑦不通，则仲由、卜商侍⑧；德不盛，行不厚，则颜回、骞、雍侍⑨。今君之朝臣万人，兵车千乘⑩，不善政之所失于下、陨坠⑪于民者众矣，未有能士敢以闻者。臣故曰：官未具也。”

公曰：“寡人今欲从夫子而善齐国之政，可乎？”

对曰：“婴闻国有具官，然后其政可善。”

【注释】

①干：谋求。 ②具：齐备，配备好。 ③仲尼：即孔子，字仲尼。居处：指平日的仪容举止。惰：懈怠，疲乏。 ④廉隅：棱角，比喻端方、

不苟（不苟且）的行为、品性。 ⑤季次：人名，即公皙哀，字季次。原宪：人名，字子思。二人均为孔子的弟子。 ⑥气郁：气积郁闷。 ⑦志意：志向和意愿。 ⑧仲由：字子路。卜商：字子夏。二人均为孔子的弟子。 ⑨颜回：字子渊，又名颜渊。骞（qiān）：即闵损，字子骞。雍：即冉雍，字仲弓。三人均为孔子的弟子。 ⑩乘（shèng）：古代称四匹马拉的兵车，一辆为一乘。古代以兵车数量多少来衡量国家的实力。 ⑪陨坠：坠落，比喻丧失。

【译文】

齐景公问晏子说："我想把齐国的政事治理好，以求称霸于诸侯。"

晏子回答说："官吏没有配备好。我多次把这种情况告诉国君您，但是国君您不肯听。我听说孔子日常的仪容举止懈怠疲乏，行为品性略有不正时，就有季次、原宪陪侍；气积郁闷而生病，志向和意愿不通达的时候，就有仲由、卜商陪侍；道德不够盛大，品行不够淳厚的时候，就有颜回、闵子骞、仲弓陪侍。现在国君您的臣子有万人，兵车有千辆，因为不好的政治措施而失去民心的事太多了，却没有贤能之士敢于把这种情况向国君您禀报。所以我说：官吏没有配备好。"

景公说："我现在想听从先生您的教诲改善齐国的政治，可以吗？"

晏子回答说："我听说国家有了齐备的官吏，然后国政才能改善。"

【原文】

公作色不说，曰："齐国虽小，则何谓官不具？"

对曰："此非臣之所复也。昔吾先君桓公身体惰懈，辞令不给[①]，则隰朋昵侍[②]；左右多过，狱谳不中[③]，则弦宁昵侍；田野不修[④]，民氓[⑤]不安，则宁戚昵侍；军吏怠，戎士偷[⑥]，则王子成甫昵侍；居处佚怠[⑦]，左右慑畏，繁乎乐，省乎治，则东郭牙昵侍；德义不中，信行衰微，则管子昵侍。先君能以人之长续其短，以人之厚补其薄，是以辞令穷远而不逆[⑧]，兵加于有罪而不顿[⑨]，是故诸侯朝其德，而天子致其胙[⑩]。今君之过失多矣，未有一士以闻者也。故曰官不具。"

公曰："善。"

【注释】

①给（jǐ）：敏捷。 ②隰（xí）朋：人名，与下文中出现的弦宁、宁戚、王子成甫、东郭牙、管子都是齐桓公的臣子。昵：亲近，亲密。 ③狱谳（yàn）：刑狱议罪，审判定案。中：公正。 ④不修：不整治。 ⑤氓（méng）：古代称百姓。 ⑥戎士：将士，兵士。偷：苟且，敷衍。 ⑦佚怠（yì dài）：指贪图安乐而不勤于修身治国。 ⑧穷远：极远，荒远。逆：抵触，不顺从。 ⑨顿：困顿，受挫。 ⑩胙（zuò）：古代祭祀时所用的肉。古人在祭祀后，会将供奉用的肉分赠给人，以示重视荣宠。

【译文】

齐景公变了脸色不高兴地说："齐国虽然小，但怎么能说官吏没有配备好呢？"

晏子回答说："这不是我所能答复的。过去我们的先君齐桓公，当他的身体懒惰懈怠，言辞不敏捷顺畅的时候，就有隰朋亲近地陪伴辅佐；当身边的人过失很多，审判定案不公正的时候，就有弦宁亲近地陪伴辅佐；当田野不能开垦整治，百姓不能得到安宁的时候，就有宁戚亲近地陪伴辅佐；当军官懈怠，兵士敷衍散漫的时候，就有王子成甫亲近地陪伴辅佐；当他日常贪图安乐而不勤于修身治国，身边的臣子畏惧，享乐繁多，理政很少的时候，就有东郭牙亲近地陪伴辅佐；当他品德不正，信誉行为败坏的时候，就有管仲亲近地陪伴辅佐。先君能够用别人的长处来接续自己的短处，用别人的丰厚来弥补自己的浅薄，所以他的命令可以传达到极远的地方而不会有人抵触，派兵攻伐有罪的国家而不会受挫，所以诸侯推崇他的德行，而周天子赏赐他祭祀用的肉。现在国君您的过失太多了，却没有一个人能把这些事告诉您。所以说官吏没有配备好。"

景公说："说得对。"

（注译：王　静　审核：姚素娟）

景公问欲如桓公用管仲以成霸业晏子对以不能第七

【题解】

齐景公想效仿齐桓公任用管仲的例子，将国政托付晏子，以发扬先辈之功勋业绩，成就霸业。但晏子分析景公与桓公在用人、治民、内政、外交等方面的巨大差距，直言齐国已到危亡之时，更无望成就霸业。

【原文】

景公问晏子曰："昔吾先君桓公，有管仲夷吾保乂①齐国，能遂武功而立文德②，纠合兄弟③，抚存翼州④，吴、越受令，荆楚惛忧⑤，莫不宾服⑥，勤⑦于周室，天子加德⑧。先君昭功，管子之力也。今寡人亦欲存⑨齐国之政于夫子，夫子以佐佑寡人，彰先君之功烈⑩，而继管子之业。"

【注释】

①保乂（yì）：治理使之安定太平。　②遂：成功。武功：指用武力征战取得的功劳。文德：指用礼乐教化取得的功劳。　③纠合：集合，聚集，联合。兄弟：指同盟的国家。　④翼州：指中原一带地区。　⑤荆楚：楚国。荆，楚国的别名。惛（mèn）：通"闷"，郁闷，烦闷。　⑥宾服：入贡朝见，表示服从，归附。　⑦勤：做事尽力，辛劳。　⑧加

德：表彰，嘉奖。 ⑨存：寄存，托付。 ⑩彰：表明，显扬。功烈：功勋业绩。

【译文】

齐景公问晏子说："从前我的先君齐桓公，有管仲辅佐治理安定齐国，能够通过武力征战取得功劳又能用礼乐教化建立功业，联合同盟各国，安抚保存中原地区，使吴国、越国服从命令，使楚国烦闷担忧，诸侯各国没有不归附的，尽力效力于周朝王室，周天子给予表彰嘉奖。先君桓公的显赫功业，靠的是管仲发挥作用啊。现在我也想把齐国的国政托付给先生您，您辅佐我，显扬先君的功勋业绩，继承管仲的事业。"

【原文】

晏子对曰："昔吾先君桓公，能任用贤，国有什伍①，治遍细民②；贵不凌贱，富不傲贫，功不遗罢③，佞不吐愚④，举事不私，听狱不阿⑤；内妾无羡⑥食，外臣无羡禄，鳏寡⑦无饥色；不以饮食之辟⑧害民之财，不以宫室之侈劳人之力；节取于民，而普施之；府⑨无藏，仓无粟；上无骄行，下无谄德。是以管子能以齐国免于难，而以吾先君参乎天子⑩。今君欲彰先君之功烈，而继管子之业，则无以多辟伤百姓，无以嗜欲怨诸侯，臣孰敢不承善尽力，以顺君意？今君疏远贤人，而任谗谀；使民若不胜⑪，藉敛⑫若不得；厚取于民而薄其施，多求于诸侯而轻其礼；府藏朽蠹而礼悖于诸侯⑬，菽粟⑭藏深而怨积于百姓；君臣交恶，而政刑无常；臣恐国之危失，而公不得享也。又恶⑮能彰先君之功烈而继管子之业乎？"

【注释】

①什（shí）伍：古代户籍与军队的基层编制。户籍以五家为"伍"，十户为"什"，相联相保；军队以五人为"伍"，十人为"什"。 ②细民：小民，老百姓。 ③遗：应为"遣"字之误。遣，通"谴"，谴责。

罢（pí）：弱而不能任事，无能。④佞（nìng）：有才智，善辩。吐：唾弃，鄙弃。⑤听狱：听理讼狱，指处理官司诉讼。阿：偏袒，徇私情。⑥羡：多余，剩余，超过适当的限度。⑦鳏寡：老而无妻或无夫的人。这里泛指老弱孤苦者。⑧辟：通“癖”，癖好。⑨府：旧时官方收藏文书或财物的地方。⑩参乎天子：指与天子并立，地位相近。参：并立。⑪胜：尽。⑫藉敛：征收税赋。⑬朽蠹（dù）：腐朽虫蚀。蠹，蛀虫，蛀蚀器物的虫子。悖：违反，违背。⑭菽（shū）粟：指豆和小米。这里泛指粮食。⑮恶（wū）：怎么。

【译文】

晏子回答说：“从前我们先君齐桓公，善于选贤任能，国家设有什伍的户籍编制，对小民百姓治理周全；地位尊贵的人不欺凌地位低下的人，富有的人不傲视贫困的人，有功的人不谴责无能的人，有才能的人不唾弃愚笨的人，办事不徇私情，处理官司不偏袒；内宫的妻妾没有超过限度的食物，外廷的大臣没有超过限度的俸禄，老弱孤苦者没有饥饿的面色；不因为饮食的癖好而损耗百姓的财物，不因为宫室的豪华而劳动百姓的人力；有节制地向百姓获取，而又普遍地施予百姓；府库中没有收藏，粮仓里没有粮食；国君没有骄纵的行为，臣下没有谄谀的品性。所以管仲能使齐国免于危难，而使我们的先君可以有接近于周天子的地位。现在国君您想发扬先君的功勋业绩，而传承管仲的事业，就不要因为过多的癖好损害百姓，就不要因为嗜好欲望结怨诸侯，谁敢不接受善意而尽心竭力，以顺应国君您的心愿呢？现在国君您疏远贤能的人，而任用好进献谗言的阿谀之人；役使百姓就像没有尽头，征收税赋就像没有得到；向百姓获取的很多而施予的很少，求取于诸侯各国的很多而轻视他们的礼节；府库里的收藏腐朽虫蚀而违背了对待诸侯的礼仪，粮食深深地储藏起来而在百姓心中积怨很深；君臣之间关系很差，而政令刑罚反复无常；我担心国家的危亡，而国君您不能再享有了。又怎么能发扬先君的功勋业绩而继承管仲的事业呢？”

（注译：王　静　审核：姚素娟）

景公问莒鲁孰先亡
晏子对以鲁后莒先第八

【题解】

齐景公问晏子莒国和鲁国谁先灭亡及后世谁将拥有齐国的问题。晏子分析了两国国情后判断莒国先亡，鲁国虽然能存续长久一些，但也有政治弊端会导致亡国。他还推断齐国君位将会被田氏后代所取代。

【原文】

景公问晏子：“莒①与鲁孰先亡？”

对曰：“以臣观之也，莒之细人，变而不化②，贪而好假，高勇而贱仁，士武以疾忿③，急以速竭④，是以上不能养⑤其下，下不能事其上，上下不能相收⑥，则政之大体⑦失矣。故以臣观之也，莒其先亡。”

【注释】

①莒：国名。西周分封的诸侯国，在今山东莒县一带。　②变而不化：善变而又愚昧且不接受教化。　③武以疾忿：好武而行为轻率易怒。　④竭：尽。　⑤养：教养，熏陶。　⑥收：接受，容纳。　⑦大体：根本。

【译文】

齐景公问晏子：“莒国与鲁国哪一个先灭亡？”

晏子回答说："根据我的观察，莒国的百姓，善变而又愚昧且不接受教化，贪婪而虚伪，重视勇力而轻贱仁义，士人好武而行为轻率易怒，急躁而很快就精疲力竭，所以国君不能教养下民，下民不能侍奉国君，上下不能相容，国家大政的根本就丧失了。所以依我看来，莒国先灭亡。"

【原文】

公曰："鲁何如？"

对曰："鲁之君臣，犹好为义，下之妥妥①也，奄然②寡闻。是以上能养其下，下能事其上，上下相收，政之大体存矣。故鲁犹可长守，然其亦有一焉。彼邹、滕③，雉④奔而能出其地，犹称公侯，小之事大、弱之事强久矣。彼晋者，周之树国也，鲁近齐而亲晋，以变⑤小国，而不服于邻⑥，以远望晋，灭国之道也。齐其有鲁与莒乎！"

【注释】

①妥妥：稳当，妥善，安定。　②奄（yǎn）然：不明。奄，通"暗"。　③邹、滕：都是春秋末期的小诸侯国。邹在今山东邹城一带，滕在今山东滕州一带。　④雉：野鸡。　⑤变：通"褊"，狭小。　⑥邻：邻国。这里是指齐国。

【译文】

齐景公说："鲁国怎么样？"

晏子回答说："鲁国的君臣，特别喜爱施行仁义，下民安定稳妥，见识少。所以国君能够教养下民，下民能够侍奉国君，君民相容，国家大政的根本能够存续。因此鲁国还可以长期保持，然而它也有一个问题。那邹国和滕国，小到野鸡奔走就能跑出国境，也能称为公侯，这是因为长久以来能够以小国依附大国、弱国侍奉强国。那晋国是周朝封立的国家，鲁国靠近齐国却亲附晋国，凭借狭小的国家而不服从邻近的齐国，却指望遥远的晋国，这是灭国的做法。齐国或许会占有鲁国与莒国吧！"

【原文】

公曰："鲁与莒之事，寡人既得而闻之矣。寡人之德亦薄，然后世孰践①有齐国者？"

对曰："田无宇之后为几②。"

公曰："何故也？"

对曰："公量③小，私量④大，以施于民；其与士交也，用财无筐箧⑤之藏。国人负携其子而归之，若水之流下也。夫先与人利，而后辞其难，不亦寡乎？若苟⑥勿辞也，从而抚之，不亦几乎？"

【注释】

①践：登上，承袭。这里指即位为国君。 ②田无宇：即陈桓子、田桓子，字无宇，齐国大夫。几（jī）：将近，差不多。 ③公量：指官方所用量器。量，量器。 ④私量：指田氏私家的量器。 ⑤箧（qiè）：小箱子。 ⑥苟：姑且，暂且。

【译文】

齐景公说："鲁国与莒国的事情，我已经听说了。我的品德也很浅薄，那么后世谁会成为齐国国君呢？"

晏子回答说："大概是田无宇的后代吧。"

景公说："为什么呢？"

晏子回答说："公家的量器小，田氏私家的量器大，用（大的量器放出，而用小的量器收进）这样的办法施惠于人民；他与士人交往，用尽钱财以至于没有一筐一箱的积藏。举国之人带着子女投奔他，就像水向低处流一样。这样先给予人利益，然后在他有难时推辞不帮忙的，不是很少的吗？如果暂且没有推辞，接着再加以安抚，不就差不多成功了吗？"

（注译：王　静　审核：姚素娟）

景公问治国何患晏子对以社鼠猛狗第九

【题解】

齐景公问晏子治理国家的忧患是什么。晏子用社鼠和猛狗比喻国君身边谄谀的亲信和专权的大臣，指明因为有国君的庇护，这些人混淆善恶、阻塞言路、专权弄势，使国君受到蒙蔽，国家面临祸患。

【原文】

景公问于晏子曰："治国何患？"

晏子对曰："患夫社[①]鼠。"

公曰："何谓也？"

对曰："夫社，束木而涂之[②]，鼠因往托焉，熏之则恐烧其木，灌之则恐败其涂，此鼠所以不可得杀者，以社故也。夫国亦有社鼠，人主左右是也。内则蔽善恶于君上，外则卖权重[③]于百姓，不诛之，则为乱；诛之，则为人主所案据[④]，腹而有之[⑤]。此亦国之社鼠也。宋人有酤[⑥]酒者，为器甚洁清，置表[⑦]甚长，而酒酸不售，问之里人其故，里人曰：'公之狗猛，人挈[⑧]器而入，且酤公酒，狗迎而噬[⑨]之，此酒所以酸而不售也。'夫国亦有猛狗，用事[⑩]者是也。有道术[⑪]之士，欲干万乘之主[⑫]，而用事者迎而龁[⑬]之，此亦国之猛狗也。左右为社鼠，用事者为猛狗，主安得无壅[⑭]，国安得无患乎？"

【注释】

①社：古代祭祀土地神的场所。　②束木：把木条捆扎成排。涂：用泥巴涂抹。　③重：权。　④案据：安定，庇护。　⑤腹：厚。有：通“宥”，宽宥，宽恕。　⑥酤（gū）：卖酒。　⑦表：标识。这里指卖酒的招牌酒幌。　⑧挈（qiè）：提起，提着。　⑨噬（shì）：咬。　⑩用事：掌权管事。　⑪道术：本事，才能。　⑫干：进谏以求得重用。万乘（shèng）之主：指大国之君。万乘，古时一车四马为一乘，万乘即指万辆兵车。　⑬龁（hé）：咬。　⑭壅（yōng）：遮盖，蒙蔽。

【译文】

齐景公问晏子说：“治理国家怕的是什么？”

晏子回答说：“怕的是社庙里的老鼠。”

景公说：“为什么这么说呢？”

晏子回答说：“说到社庙，是把木条捆扎成排再涂抹上泥巴，老鼠因此前去藏身，用火熏它恐怕烧毁了木头，用水灌它恐怕冲毁了墙泥，所以这些老鼠不能被杀死，是因为社庙的缘故。国家也有社鼠，就是国君身边的亲信。在朝廷内蒙蔽国君不分善恶，在朝廷外向百姓卖弄权势，不诛杀他们，他们就会作乱；诛杀他们，就会被国君庇护，厚待宽恕他们。这些人就是国家的社鼠啊。宋国有个卖酒的人，使用的器皿很洁净，树立的招牌很长，但是酒放酸了也卖不出去，问乡里人这是什么原因，乡里人说：‘你的狗太凶猛了，人们提着酒器进来，要买你的酒，狗迎面扑上去咬人，这就是酒酸了也卖不出去的原因。’国家也有这样的猛狗，就是掌权管事的人。有才能的人，想要进谏以获得拥有万辆兵车的大国之君的重用，但是掌权的人迎面扑上去咬人，这些人就是国家的猛狗。身边的近臣是社鼠，掌权的人是猛狗，国君怎么能够不被蒙蔽，国家怎么能够没有祸患呢？”

（注译：王　静　审核：姚素娟）

景公问欲令祝史求福
晏子对以当辞罪而无求第十

【题解】

齐景公感觉身体病弱，想通过祭祀神灵求得福佑，并征求晏子意见。晏子用先君上承天意、下顺民心，节制嗜欲、保护自然资源的做法，与景公的与之相反的所为作对比，说明要想求福，必须改善自身政令行为。景公受教作出改变，国政随之有所改善。

【原文】

景公问晏子曰："寡人意气①衰，身病甚。今吾欲具圭璧牺牲②，令祝宗③荐之乎上帝宗庙，意者祀可以干福乎④？"

晏子对曰："婴闻之，古者先君之干福也，政必合乎民，行必顺乎神；节宫室，不敢大斩伐，以无逼⑤山林；节饮食，无多畋⑥渔，以无逼川泽；祝宗用事⑦，辞罪而不敢有所求也。是以神民俱顺，而山川纳禄⑧。今君政反乎民，而行悖乎神；大宫室，多斩伐，以逼山林；羡饮食，多畋渔，以逼川泽。是以民神俱怨，而山川收禄，司过荐罪⑨，而祝宗祈福，意者逆乎？"

【注释】

①意气：神志和精气。　②圭（guī）璧：古时王侯朝聘、祭祀时用

的玉器。牺牲：祭祀所用的牲畜。 ③祝宗：祝和宗都是掌管祭祀祝祷的官。 ④意者：料想。干：求。 ⑤逼：逼迫，侵害。 ⑥畋（tián）：打猎。 ⑦用事：办理事务。这里指进行祭祀祝祷活动。 ⑧纳禄：致福，献福。这里指取之不尽的财富。 ⑨司过：古代掌纠察群臣过失的官吏。荐：举。

【译文】

齐景公问晏子说："我的神志和精气衰弱，身体的疾病也很严重。现在我想准备祭祀用的玉器和牲畜等祭品，让祝宗为天地和祖宗神灵献祭，我料想通过祭祀祝祷可以求得福佑吧？"

晏子回答说："我听说，古代的先君要求得福佑，政令必须符合民意，行为必须顺应神灵的旨意；修建宫室有所节制，不敢大肆砍伐，以便不侵害山林；饮食有所节制，没有过多的渔猎，以便不侵害山川湖泽；祝宗进行祭祀祝祷时，只请求免除罪责而不敢有索求。所以神灵和人民都顺从，而山川都贡献财富造福。现在您的政令违背人民的意愿，行为背离了神灵的旨意；宫室庞大，大量砍伐，于是侵害了山林；过度的饮食，大肆渔猎，于是侵害了山川湖泽。所以神灵和人民都怨恨，而山川收回了财富。司过官员列举罪过，而祝宗祈祷福佑，这样不是自相矛盾吗？"

【原文】

公曰："寡人非夫子无所闻此，请革心易行。"于是废公阜①之游，止海食之献；斩伐者以时②，畋渔者有数；居处饮食，节之勿羡；祝宗用事，辞罪而不敢有所求也。故邻国忌③之。百姓亲之，晏子没④而后衰。

【注释】

①公阜（fù）：地名。 ②以时：按照一定的时间。 ③忌：忌惮，惧怕。 ④没（mò）：同"殁"，死。

【译文】

齐景公说："如果没有先生您，我不会听到这些道理，请让我改变想法和行为。"于是废弃了出游公阜的计划，阻止进献海味；适时砍伐树木，有限度地渔猎；日常住房和饮食，都有所节制而不过度；祝宗祭祀祝祷的时候，只向神灵告罪而不敢有所要求。所以邻国忌惮齐国，百姓亲附。晏子死后而齐国才衰败下去。

（注译：王　静　审核：姚素娟）

景公问古之盛君其行如何晏子对以问道者更正第十一

【题解】

齐景公向晏子请教古代有盛德的君王是怎样行事的。晏子一一列举了圣明君王的所作所为，并趁机指出了景公治理下的齐国重赋税、民心怨、纵嗜欲、市场乱等问题，警醒景公改正。

【原文】

景公问晏子曰："古之盛君，其行如何？"

晏子对曰："薄于身而厚于民，约于身而广于世[1]。其处上也，足以明政行教，不以威天下；其取财也，权[2]有无，均贫富，不以养嗜欲；诛不避贵，赏不遗贱；不淫[3]于乐，不遁[4]于哀；尽智导民而不伐[5]焉，劳力事民而不责焉[6]。政尚相利，故下不以相害为行；教尚相爱，故民不以相恶为名。刑罚中于法，废置顺于民。是以贤者处上而不华[7]，不肖[8]者处下而不怨。四海之内，社稷之中，粒食之民[9]，一意同欲，若夫私家之政，生有厚利，死有遗教[10]，此盛君之行也。臣闻问道者更正[11]，闻道者更容[12]。今君税敛重，故民心离；市买悖[13]，故商旅[14]绝；玩好充，故家货殚[15]。积邪在于上，蓄怨藏于民，嗜欲备于侧，毁非[16]满于国，而公不图[17]。"

【注释】

①约：约束。广：胸怀宽广，对人宽容。　②权：权衡。　③淫：过多，过甚，放纵。　④遁（xún）于哀：沉溺于哀伤。遁，通“循”，徘徊，沉溺。　⑤伐：自夸。　⑥事：治理。责：求。　⑦华：通“哗”，喧哗。这里意指张扬炫耀。　⑧不肖：不贤。　⑨粒食之民：以谷米为食的人。这里指庶民百姓。　⑩遗教：遗留下美德教化后人。　⑪更正：改变不正的想法。　⑫更容：改变原来的面貌。　⑬悖（bèi）：乱。　⑭商旅：行商，指来往各地做买卖的商人。　⑮殚（dān）：尽，竭尽。　⑯非：通“诽”，诽谤。　⑰图：听取。

【译文】

齐景公问晏子说：“古代具有盛德的君王，他们的德行是怎样的呢？”

晏子回答说：“他们对自身奉养微薄而厚待百姓，约束自身的行为而对世人宽容。他们身居上位，足可以昌明政事推行教化，不凭借威势号令天下；他们获取财富，权衡有无，均匀贫富，不是用来供养自己的嗜好欲望；处罚不回避尊贵的人，赏赐不遗漏卑贱的人；不放纵于享乐，不沉溺于哀伤；殚精竭虑教导人民而不自我夸耀，辛苦努力治理民事而没有苛求。政治上崇尚互惠互利，所以下面的人没有互相伤害的行为；教化上崇尚互相爱护，所以百姓间没有相互厌恶的名义。刑律处罚符合法度，废弃和设立都顺应民意。所以贤能的人身处高位而不张扬炫耀，无能的人地位低下而不埋怨。四海之内，全国之中，庶民百姓都一致同心，就像是私人的家政，活着有丰厚的利益，死去遗留下美德教化后人，这就是具有盛德的君王的行为。我听说请教道理的人是要改正自己的想法，听到道理的人会改变自己的面貌。现在国君您收取的赋税繁重，所以民心离散；市场买卖混乱，所以商人绝迹；嗜好的玩物充足，所以百姓家中的财物竭尽。上层积聚了邪僻之事，民间储藏了怨愤之气，身边充斥着嗜好之物，指责非议充满了全国，但是您不听取。”

【原文】

公曰：“善。”于是令玩好不御①，公市不豫②，宫室不饰，业土[3]不成，止役轻税。上下行之，而百姓相亲。

【注释】

①御：进献。 ②公市：市场交易，市场买卖。豫：欺诳，欺诈。 ③业土：已经动工但尚未完成的建筑工程。业，已经。

【译文】

齐景公说："说得好。"于是下令不再进献嗜好的玩物，市场买卖不得欺诈，宫室不再装饰，已经开工的建筑工程不再继续完成，停止徭役减轻赋税。从上到下照此执行，而百姓都来亲附。

（注译：王 静 审核：姚素娟）

景公问谋必得事必成何术
晏子对以度义因民第十二

【题解】

齐景公请教晏子“谋必得，事必成”的办法。晏子答复，办法就是谋划必须符合道义，办事必须顺应民意，这是获得成功的法宝。同时，晏子直言，景公时有犯错，虽然危险，但因其能求教于人，尚且能保全自身。

【原文】

景公问晏子曰：“谋必得①，事必成，有术②乎？”

晏子对曰：“有。”

公曰：“其术如何？”

晏子曰：“谋度③于义者必得，事因④于民者必成。”

【注释】

①得：实现，成功。　②术：办法，策略。　③度：测量，衡量。　④因：随顺，顺应。

【译文】

齐景公问晏子说：“谋划一定实现，做事一定成功，有什么办法吗？”

晏子回答说：“有。”

景公问："这种办法是什么呢？"

晏子说："谋划衡量时符合道义就必定能实现，做事情顺应民意就一定能成功。"

【原文】

公曰："奚[①]谓也？"

对曰："其谋也，左右无所系，上下无所縻[②]；其声不悖，其实不逆；谋于上不违天，谋于下不违民。以此谋者必得矣；事大则利厚，事小则利薄，称[③]事之大小，权利之轻重，国有义劳[④]，民有加利。以此举[⑤]事者必成矣。夫逃[⑥]义而谋，虽成不安；傲[⑦]民举事，虽成不荣[⑧]。故臣闻：义，谋之法也；民，事之本也。故及义而谋，信[⑨]民而动，未闻存者也。昔三代[⑩]之兴也，谋必度于义，事必因于民。及其衰也，建谋反义，兴事伤民。故度义因民，谋事之术也。"

【注释】

①奚（xī）：何，什么。 ②縻（mí）：拴，捆，牵系，束缚。 ③称：测量，权衡。 ④义劳：当作"美荣"，余荣。 ⑤举：发起，兴办。 ⑥逃：背离。 ⑦傲：傲视，漠视。 ⑧荣：兴盛，昌盛。 ⑨信：当作"倍"，违背。 ⑩三代：指夏、商、周三个朝代。

【译文】

齐景公说："这说的是什么呢？"

晏子回答说："谋划的时候，不受身边人的影响，不受上下人的束缚；名义上不违背，实际上也不反对；上不违抗天意，下不违背民意。这样谋划的事一定能够实现；事情大就利益多，事情小就利益少，衡量事情的大小，权衡利益的轻重，国家拥有余荣，人民获得余利。用这样的办法来办事一定能够成功。如果背离道义而谋划，即使实现了也不能安定；漠视人民而办事，即使成功了也不能兴盛。所以我听说：道义，是谋划的法则；人民，是做事的根本。所以违反道义而谋划，违背民心而行动，没有听说能存在的。以前夏、商、周三个朝代兴盛时，谋划一定衡量道义，办事一定顺应民意。等到他们衰亡的时候，谋划违背道义，办事伤害人民。所以说衡量是否符合道义、顺应民意是谋划和做事的办法。”

【原文】

公曰：“寡人不敏①，闻善不行，其危如何？”

对曰：“上君②全善，其次出入③焉，其次结④邪而羞问。全善之君能制；出入之君时问，虽日⑤危，尚可以没身；羞问之君，不能保其身。今君虽危，尚可没其身⑥也。”

【注释】

①敏：聪敏，聪明。　②上君：德行最好的国君。　③出入：指在“善”中出入，即有时善有时不善。　④结：结交，沾染。　⑤日：一天天，日渐。或说当作“曰”。　⑥没（mò）身：指保全自身。

【译文】

齐景公说：“我不聪敏，听到了好的道理却不能实行，它的危害是怎样的呢？”

晏子回答说：“德行最好的国君尽善尽美，次一点的国君有时善有时不善，再次一点的国君沾染了邪恶而耻于求教。尽善尽美的国君能控制时善时不善；有时能求教的国君，虽然日渐危险，还能保全自身；耻于求教的国君，不能保全自身。现在国君您虽然危险，尚且能够保全自身。”

（注译：王　静　审核：姚素娟）

景公问善为国家者何如晏子对以举贤官能第十三

【题解】

齐景公请教晏子治国良方。晏子的答复是选贤任能。景公继续询问选贤之法，晏子分别举例分辨评判是否贤能之才的办法。

【原文】

景公问晏子曰："莅国①治民，善为国家者，何如？"

晏子对曰："举贤以临国②，官能以敕③民，则其道也。举贤官能，则民与④君矣。"

公曰："虽有贤能，吾庸⑤知乎？"

晏子对曰："贤而隐⑥，庸为贤乎？吾君亦不务乎是⑦，故不知也。"

【注释】

①莅（lì）国：当国，治国。 ②临国：治理国家。 ③敕：通"饬"，治理，整治，整饬。 ④与：这里有顺从、追随、亲附的意思。 ⑤庸：岂，怎么。 ⑥隐：隐藏。这里指不被发现。 ⑦务：从事，致力。是：这件事。这里指发现贤能的人。

【译文】

齐景公问晏子说："治理国家管理百姓，善于把国家治理好的人，是怎么做的呢？"

晏子回答说："选拔贤能的人来治理国家，任用有才干的人来治理百姓，这就是他们的办法。选拔任用贤能，那么百姓就会亲附国君。"

景公说："虽然有贤能的人，但是我怎么知道呢？"

晏子回答说："有贤能却不被发现，怎么算是贤人呢？国君您也不是致力于这件事的，所以不知道。"

【原文】

公曰："请问求贤。"

对曰："观之以其游①，说②之以其行，无以靡曼③辩辞定其行，无以毁誉非议定其身④，如此，则不为行以扬声⑤，不掩欲以荣君⑥。故通⑦则视其所举，穷⑧则视其所不为，富则视其所分，贫则视其所不取。夫上士，难进而易退也⑨；其次，易进而易退也；其下，易进而难退也。以此数物⑩者取人，其可乎！"

【注释】

①游：交游。　②说：评价，评说。　③靡（mí）曼：华美，华丽。　④身：身份，地位。　⑤为：通"伪"，伪装。扬声：传播名声。　⑥荣君：求荣于国君，意为在国君面前求得尊荣的地位。　⑦通：通达，显贵。　⑧穷：穷困，不得志。　⑨难：不肯轻易。进：指进身为官。退：指辞官退隐。　⑩物：事。

【译文】

齐景公说："请问求得贤能之人的办法。"

晏子回答说："通过他的交游观察他，通过他的行为评判他，不要用华丽的言辞判定他的品行，不要用旁人的毁谤和称赞认定他的身份，像这样，他就不会伪装行为以求得传播名声，不会掩饰欲望以求得尊荣的地位。所以对通达显贵的人就观察他所举荐的人，对不得志的人就观察他所不做的事，对富有的人就观察他把财物分给什么人，对贫困的人就观察他有所不取的是什么。上等的士人，不肯轻易进身为官而容易辞官退隐；次一点的士人，轻易进身为官也轻易辞官退隐；最下等的士人，轻易进身为官而不会轻易辞官退隐。根据这些事情去选取人才，应该可以吧！”

（注译：王　静　审核：姚素娟）

景公问君臣身尊而荣难乎晏子对以易第十四

【题解】

齐景公问晏子为君做臣的道理和应注意的危险不当的行为。晏子回答景公正确的做法——做国君的要自身节俭，惠顾百姓；为臣子的要忠诚守信，不越权行事。同时，晏子也列举出为君做臣的危险不当的行为会招致祸患。

【原文】

景公问晏子曰：“为君身尊民安，为臣事治身荣①，难乎，易乎？”

晏子对曰：“易。”

公曰：“何若？”

对曰：“为君，节养，其余以顾民，则身尊而民安；为臣，忠信而无逾②职业，则事治而身荣。”

【注释】

①治：事情办得好。荣：荣耀。　②逾：超越。

【译文】

齐景公问晏子说：“当国君的自身尊贵百姓安定，做臣子的政事办得好自身荣耀，是困难的，还是容易的？”

晏子回答说：“容易。”

景公说：“怎么样做呢？”

晏子回答说：“当国君的，节制自身的奉养，将剩余的财物照顾百姓，那么国君自身尊贵而百姓安定；做臣子的，忠于职守，不做超越职权的事，那么政事办得好而自身获得荣耀。”

【原文】

公又问：“为君何行则危？为臣何行则废①？”

晏子对曰：“为君，厚藉敛而托之为民②，进谗谀而托之用贤，远公正而托之不顺。君行此三者则危。为臣，比周③以求进；逾职业，防下隐利而求多；从君，不陈过而求亲。人臣行此三者则废。故明君不以邪观④民，守则而不亏⑤，立法仪⑥而不犯，苟有所求于民，不以身害之，是故刑政安⑦于下，民心固⑧于上。故察士⑨不比周而进，不为苟⑩而求，言无阴阳⑪，行无内外⑫，顺⑬则进，否则退，不与上行邪，是以进不失廉，退不失行也。”

【注释】

①废：罢免。 ②藉敛：征收税赋。托：借口，托词。 ③比周：指结党营私。 ④观：昭示，显示。 ⑤则：法则，常规。亏：损害。 ⑥仪：准则，规则。 ⑦安：安稳。这里指顺利实施。 ⑧固：坚定，稳固。 ⑨察士：明辨是非的人。 ⑩苟：苟且，不正当。 ⑪言无阴阳：说话不阳奉阴违。 ⑫内外：表里不一。 ⑬顺：指顺心顺理，意为既顺应自己的心愿，又符合道义公理。

【译文】

齐景公又问：“当国君的什么样的行为会危险？做臣子的什么样的行为会被罢免？”

晏子回答说："当国君的，加重征收赋税而借口说是为了百姓，重用谗谀小人而借口说是重用贤良，疏远公道正派的人而借口说他们不顺服。国君做了这三件事就危险了。做臣子的，结党营私以求得到提拔晋升；做事超出职权，防备下属隐藏私利而欲求很多；侍奉国君，不直言过失以求得亲近。做臣子的做了这三件事就罢免他。所以圣明的国君不向百姓显示自己的邪僻，严守法则而不损害它，制定准则而不违犯它，如果有求于百姓，不因自身的需要而损害他们，所以刑律政令能在下民中安稳施行，民心稳固归附于国君。所以明辨是非的人不结党营私以求得提拔，不为不正当的私欲而索求，说话不阳奉阴违，行为不表里不一，符合自己的意愿和道义就进身为官，不符合自己的意愿和道义就辞官隐退，不与国君一起做邪僻的事，所以为官时不丧失自己的廉洁，隐退时不丧失自己的品德。"

（注译：王　静　审核：姚素娟）

景公问天下之所以存亡晏子对以六说第十五

【题解】

齐景公向晏子请教国家存亡的道理。晏子从做事、用人、交游、修道立义等多个方面作出分析。

【原文】

景公问晏子曰："寡人持不仁①，其无义②耳也。不然，北面③与夫子而义。"

晏子对曰："婴，人臣也，公曷④为出若言？"

【注释】

①持不仁：没有仁德。持，有。 ②义：理应。与"宜"同义。 ③北面：古时国君南面，臣子北面。这里齐景公说"北面"的意思是与晏子换位，把国君之位让给晏子。 ④曷：何，为什么。

【译文】

齐景公问晏子说："我没有仁德，本来不应在这里。要不然，让我面北与先生您交换位置谈论。"

晏子回答说："晏婴，是臣子，国君您为什么说出这样的话？"

【原文】

公曰："请终问[①]天下之所以存亡。"

晏子曰："缦密[②]不能，蔍苴学者诎[③]，身无以用人，而又不为人用者卑。善人不能戚[④]，恶人不能疏者危。交游朋友，无以说于人，又不能说人者穷[⑤]。事君要[⑥]利，大者不得，小者不为者馁[⑦]。修道立义，大不能专[⑧]，小不能附[⑨]者灭。此足以观存亡矣。"

【注释】

①终问：询问事情的究竟，刨根问底地问。　②缦（màn）密：绵密，精微。　③蔍苴（lù jū）：粗疏。诎（qū）：屈，受挫。　④戚：亲近。　⑤穷：困窘。　⑥要（yāo）：求，取。　⑦馁（něi）：饥饿。　⑧专：专有，完全具有，独自担负。　⑨附：附带，兼有。

【译文】

齐景公说："我想刨根问底地向您询问天下之所以存亡的原因。"

晏子说："精微的事情不能做，粗疏的事情又使不愿意学的人会受挫，自身没有用人的本事，又不愿被人所用的人必定卑贱。不能亲近好人，不能疏远坏人的人会遇到危险。与朋友交往，没有被人喜欢之处，又不能喜欢别人的人会困窘。侍奉国君求取利益，大的利益得不到，小的利益又不愿要的人会受饥饿。修养道德树立仁义，大的事情不能独自担负，小的事情又不能附带的人会灭亡。这些足以用来观察国家的存亡了。"

（注译：王　静　审核：姚素娟）

景公问君子常行曷若晏子对以三者第十六

【题解】

齐景公请教晏子君子的日常品行是怎样的。晏子提出了着装、言辞、行为治事三个方面的做法。

【原文】

景公问晏子曰：“君子常行①曷若？”

晏子对曰：“衣冠不中②，不敢以入朝；所言不义，不敢以要③君；身行不顺④，治事不公，不敢以莅众⑤。衣冠无不中，故朝无奇僻⑥之服；所言无不义，故下无伪上之报；身行顺，治事公，故国无阿党之义⑦。三者，君子之常行也。”

【注释】

①常行：平素的品行。 ②中：符合规定，适当。 ③要（yāo）：要挟。这里意为迫使对方听从。 ④顺：指行为适当。 ⑤莅众：治理、统治百姓。 ⑥奇僻：奇特，怪异，怪诞。 ⑦义：情义。这里指私情私交。

【译文】

齐景公问晏子说：“君子的日常品行是怎样的？”

晏子回答说："衣冠如果穿戴得不适当，就不敢入朝；所说的话如果不符合道义，就不敢进谏要求国君听从；自己的行为不适当，处理政事不公正，就不敢以此治理百姓。衣冠没有不适当的情况，所以朝廷中就没有奇特怪异的服饰；所说的话没有不符合道义的，所以臣下就没有欺骗国君的虚假报告；自己的行为适当，办事公正，所以国中没有偏私结党的私义。这三点，就是君子的日常品行。"

（注译：王　静　审核：姚素娟）

景公问贤君治国若何
晏子对以任贤爱民第十七

【题解】

齐景公询问晏子贤明的国君治国的方法。晏子列举了任贤、爱民、节俭、赏罚分明、不偏私骄纵等方法。

【原文】

景公问晏子曰："贤君之治国若何？"

晏子对曰："其政任贤，其行爱民，其取下节，其自养俭；在上不犯下，在治①不傲穷；从②邪害民者有罪，进善举过者有赏。其政，刻上而饶下③，赦过而救穷；不因喜以加赏，不因怒以加罚；不从欲以劳民，不修怒④而危国；上无骄行，下无谄德；上无私义，下无窃权⑤；上无朽蠹之藏，下无冻馁⑥之民；不事骄行而尚同，其民安乐而尚亲。贤君之治国若此。"

【注释】

①治：安定。　②从（zòng）：同"纵"，放纵。　③刻上：对上严苛。饶下：对下宽容。　④修怒：结怨。怒，当作"怨"。　⑤窃权：私自弄权。　⑥冻馁：受冻挨饿。

【译文】

齐景公问晏子说："贤明的国君是怎样治理国家的呢？"

晏子回答说："他们在政事上任用贤人，他们的行为爱护人民，他们向下民的索取有所节制，他们对自己的奉养节俭；身居上位不侵害下民，国家安定时不傲视处境艰难的；放纵邪恶势力侵害百姓的人获罪，进献良言指出过失的人加以奖赏。他们的政令，对上严苛而对下宽容，赦免有过错的而救助贫困的；不因为自己喜爱而加以封赏，不因为自己的愤怒而施加惩罚；不放纵私欲来劳苦百姓，不结怨而使国家陷入危难；国君没有骄横的行为，臣下没有谄谀的品德；国君没有私情私义，臣下没有私自弄权；朝廷上没有腐朽虫蛀的积藏，民间没有受冻挨饿的百姓；不从事骄纵的行为而崇尚同心一致，百姓安居乐业崇尚相亲相爱。贤明的国君治理国家就像这样。"

（注译：王　静　审核：姚素娟）

景公问明王之教民何若晏子对以先行义第十八

【题解】

齐景公问晏子圣明君王教化人民的方法。晏子答复说要明确君王的教令而施行仁义，令行禁止，率先垂范。

【原文】

景公问晏子曰：“明王之教民何若？”

晏子对曰：“明其教令，而先之以行义；养①民不苛，而防之以刑辟②。所求于下者，必务③于上；所禁于民者，不行于身。守④于民财，无亏之以利⑤，立于仪⑥法，不犯之以邪，苟⑦所求于民，不以身害之，故下从其教也；称事以任民⑧，中听以禁邪⑨，不穷之以劳，不害之以罚，苟所禁于民，不以事逆之，故下不敢犯其上也。古者百里而异习，千里而殊俗，故明王修道，一民同俗⑩，上以爱民为法，下以相亲为义，是以天下不相违。此明王之教民也。”

【注释】

①养：教养，教育。　②刑辟：刑法。辟，法律。　③务：努力。　④守：守护，保护。　⑤亏：损害。利：指统治者的私利。　⑥仪：准则。　⑦苟：如果。　⑧称：权衡。任：任用，役使。　⑨中：公

正，不偏不倚。听：听诉，判案。　⑩一民同俗：即“一同民俗”。

【译文】

齐景公问晏子说：“圣明君王是怎样教化人民的呢？”

晏子回答说：“明确他的教令，自己率先施行仁义；教育百姓不苛刻，用刑法来防范犯罪。要求百姓做到的事情，居于上位者一定努力做到；禁止百姓做的事情，自己不做。守护百姓的财物，不因为自己的私利而损害它，制定法规准则，不用邪僻的行为去违犯，如果有所求于百姓，不因为自身的需求侵害他们，所以百姓服从他们的教化；权衡事情大小来役使百姓，公正地判案来禁止邪恶之行，不用过分的劳役使百姓穷困，不用不公的刑罚来迫害百姓。禁止百姓做的事情，不能因为其他事情而违反它，所以百姓不敢冒犯国君。古时候相距百里而习惯就不一样，相距千里而风俗就不一样，所以圣明君王制定治国之道，使百姓风俗一致。君王以爱护百姓为准则，百姓以相亲相爱为道义，所以天下的人不互相违背。这就是圣明君王教化百姓的方法。”

（注译：王　静　审核：姚素娟）

景公问忠臣之事君何若晏子对以不与君陷于难第十九

【题解】

晏子向齐景公阐述了忠臣对国君尽忠的两种表现：国君有难，忠臣不会为其殉死；国君逃亡，忠臣不会前去送别。晏子认为，忠臣平时应积极向国君进谏，积极帮其谋划国事，这样，国家就兴旺，社会就安定，国君就平安无事，也就不会出现国君被弑、逃亡国外的情况。

【原文】

景公问于晏子曰："忠臣之事君①，何若②？"晏子对曰："有难不死③，出亡不送④。"公不说⑤，曰："君裂地而封之，疏爵而贵之⑥，君有难不死，出亡不送。可谓忠乎？"对曰："言而见用，终身无难，臣奚死焉？谋而见从，终身不出，臣奚送焉⑦？若言不见用，有难而死之，是妄死⑧也；谋而不见从，出亡而送之，是诈伪⑨也。故忠臣也者，能纳善于君⑩，不能与君陷于难。"

【注释】

①事君：侍奉国君，对待国君。　②何若：如何，怎么样。　③难（nàn）：指国君有了灾祸、危难。死：殉死。　④出亡：国君逃亡别国。送：送行。　⑤说（yuè）：同"悦"，喜悦，高兴。　⑥疏爵：把爵位分

发给忠臣。贵：使忠臣显贵。　⑦奚：哪会，哪能。　⑧妄死：盲目地牺牲。　⑨诈伪：欺骗国君。　⑩纳：提供。善：好的意见或建议。

【译文】

齐景公问晏子说：“忠臣是怎么侍奉国君的呢？”晏子回答说：“国君有死难而忠臣不会为其殉死，国君逃往国外而忠臣不会为其送行。”景公很不高兴，说：“国君给忠臣分封土地，分发爵位让他们显贵，现在国君被杀而忠臣却不为其殉死，国君逃亡别国而忠臣却不去送行。这能算是忠诚吗？”晏子回答说：“如果忠臣积极向国君进谏，好的意见被国君采纳，国君一生平安就不会有死难情况发生，忠臣又怎么会为其殉死呢？如果忠臣积极为国谋划且良谋常常被国君采用，国君一生都不会流亡国外，忠臣又送什么行呢？如果忠臣的谏言不被国君采纳，国君被杀而忠臣去殉死，这是无谓的牺牲；如果忠臣的良谋不被国君采用，国君逃亡别国时忠臣却去相送，这是在欺骗国君。所以作为忠臣，可以向国君提好的意见或建议，不会让国君陷于祸患。”

（注译：姜　健　审核：姚素娟）

景公问忠臣之行何如
晏子对以不与君行邪第二十

【题解】

晏子列举了七种忠臣的行为：劝谏国君又注意维护其名望、选拔人才时大公无私、权能相符、让贤轻禄、不苟且不夸耀、不掩贤不刻下、忠君爱国等。本篇结尾着重指出，忠臣不会和国君一起干坏事。

【原文】

景公问晏子曰："忠臣之行何如？"对曰："不掩君过，谏乎前，不华①乎外；选贤进能，不私②乎内；称身就位，计能定禄③；睹贤不居其上，受禄④不过其量；不权居以为行⑤，不称位⑥以为忠；不揜⑦贤以隐长，不刻下以谀上；君在不事⑧太子，国危不交诸侯；顺则进⑨，否则退⑩，不与君行邪⑪也。"

【注释】

①华，通"哗"，喧哗，乱议论。 ②私：偏私。 ③定禄：确定俸禄的多少。 ④受禄：接受俸禄。 ⑤权居：得过且过，安于现状。行：好的品行。 ⑥称位：称职。 ⑦揜（yǎn）：同"掩"，掩盖。 ⑧事：侍奉。 ⑨顺：指国君接受自己正确的意见。进：指继续在朝廷为官。 ⑩否：指国君不接受自己正确的意见。退：指离开朝廷。 ⑪行邪：做坏事。

【译文】

齐景公问晏子说："忠臣的品行是什么样的呢？"晏子回答说："不掩盖国君的过错，对国君当面进谏，不在朝廷外面乱议论；推荐选拔人才做官，不对自己的家人或朋友有所偏私；估量自己的实际水平去获得官位，根据自己的实际才能来接受俸禄；看见比自己水平高的人而职务不高居其上，接受俸禄而不超过贤者的水平；不把得过且过、安于现状当作好的品行，不把称职夸耀为忠诚；不去遮掩贤能的人而让他们的长处得不到显现，不去苛刻地对待属下以讨好上级；国君还健在就不去侍奉太子，以免有不忠诚如一之嫌，国家处于危难之际而自己不去结交诸侯，以免有给自己找好退路或者里通外国之嫌；国君接受自己正确的意见就继续在朝廷为官，国君不接受自己正确的意见就离开朝廷，（忠臣）是不和国君一起做坏事的。"

（注译：姜　健　审核：姚素娟）

景公问佞人之事君何如晏子对以愚君所信也第二十一

【题解】

晏子向齐景公历数了谄媚之臣的十余种表现，劝谏景公不要听信这些小人。

【原文】

景公问："佞[1]人之事君如何？"晏子对曰："意难[2]，难不至也。明言行之以饰身，伪言无欲以说[3]人，严其交以见其爱[4]；观上之所欲，而微为之偶[5]；求君逼迩[6]，而阴为之与[7]；内重爵禄，而外轻之以诬行[8]，下事左右，而面示正公以伪廉；求上采听，而幸[9]以求进；傲禄以求多[10]，辞任[11]以求重；工乎取[12]，鄙[13]乎予；欢乎新，慢[14]乎故；吝[15]乎财，薄乎施；睹贫穷若不识[16]，趋利若不及[17]；外交以自扬[18]，背亲以自厚[19]；积丰羡[20]之养，而声矜恤之义[21]；非誉乎情，而言不行身，涉时[22]所议，而好论贤不肖；有之己，不难非之人，无之己，不难求之人；其言彊梁[23]而信，其进敏逊而顺；此佞人之行也。明君之所诛，愚君之所信也。"

【注释】

①佞（nìng）：谄媚。　②意难：觉得国君有困难、有灾难，对己不利。　③说（yuè）：同"悦"，喜悦，高兴。　④严：严密，掩

盖，掩饰。交：通“缴”，求取。见（xiàn）：同“现”，显现，显示。⑤微：暗地里。偶：同伴。⑥逼迩：国君身边亲近的人。⑦与：结党营私。⑧轻：轻视名利。诬行：心口不一，表里不一。⑨幸：侥幸。⑩傲禄：轻视俸禄。求多：获取更多俸禄。⑪辞任：辞去官职。⑫工：擅长。取：捞取私利。⑬鄙：轻视，不喜欢。⑭慢：慢待，轻视。⑮吝：吝啬。⑯若不识：就像见了陌生人似的。⑰若不及：唯恐赶不上、得不到。⑱外交：在外边交际。自扬：宣扬自己，抬高自己。⑲背亲：背叛亲人。自厚：谋取厚利。⑳丰美：丰厚。㉑声：声称。矜（jīn）恤：怜悯抚恤。㉒涉时：事前不说，事后乱说。㉓彊梁：强横。彊，同“强”。

【译文】

齐景公问晏子：“谄媚小人是怎么侍奉国君的呢？”晏子回答说：“这些小人如果觉得国君有困难、有灾难，对己不利，就不会前来。他们表面上的言行只是为了装饰自己，假称自己没有私欲来取悦别人，掩盖自己贪求私利的目的而刻意显现自己的仁爱；观察国君的喜好，暗地里与国君结为同伴；寻找国君身边亲近的人，暗地里与其结党营私；明明内心追名逐利，却心口不一地外在表现出轻视名利，对国君左右的人奴颜婢膝，却表面上假装公平正义、假装廉洁；希望国君采纳他们的意见，以侥幸求取升官；他们轻视俸禄目的是获取更多俸禄，他们辞去官职目的是取得国君重视以获得权力更重的官位；他们擅长捞取私利，不喜欢给予民众实惠；他们喜新厌旧，欢迎新朋、慢待旧友，喜欢所谓的创新，轻视传统；他们对自己的钱财非常吝啬，不喜欢给别人、给民众利益；看到贫苦朋友、穷人非常冷漠，就像从来都不认识似的，看到利益非常积极，唯恐赶不上、得不到；他们在外边交际，主要目的是宣扬自己、抬高自己，背叛亲人，主要目的是为了谋取厚利；自己巧取豪夺，积累了大量财富，却到处声称自己很同情百姓、给了百姓很多利益；如果不是关系到自身声誉，就只是说说而并不去真做，事前不说，事后乱说，时过境迁，喜欢不负责地议论别人的好坏；只要对自己有好处，从来不管别人是否批评；对自己没好处的事，却怂恿别人去干；他们说话强横而自负，在国君、上级面前却表现得积极、恭敬、顺从；这些都是谄媚之臣的表现。（这些人）英明的国君往往诛杀，而愚蠢的国君却往往听信他们。”

（注译：姜　健　审核：姚素娟）

景公问圣人之不得意何如晏子对以不与世陷乎邪第二十二

【题解】

晏子向齐景公讲述了圣人“不得意”和“得意”的情形。晏子指出，当国君横征暴敛、忠奸不分时，圣人就“不得意”。圣人只能隐居不仕、洁身守道，地位低下不丢弃道义，至死保持廉洁风范，以“独善其身”。而当国君顺天爱民、政治清明时，圣人就“得意”。

【原文】

景公问晏子曰：“圣人之不得意[①]何如？”晏子对曰：“上作事反天时，从政逆鬼神，藉敛殚百姓[②]；四时易序，神祇[③]并怨；道忠者不听，荐善者不行，谀过者有赉[④]，救失者有罪。故圣人伏匿隐处，不干[⑤]长上，洁身守道，不与世陷乎邪[⑥]。是以卑而不失义[⑦]，瘁[⑧]而不失廉。此圣人之不得意也。”

公曰：“圣人之得意何如？”对曰：“世治政平，举事调乎天，藉敛和乎民，百姓乐其政[⑨]，远者怀其德；四时不失序，风雨不降虐[⑩]；天明象而致赞[⑪]，地长育而具物[⑫]；神降福而不靡[⑬]，民服教而不伪；治无怨业[⑭]，居无废民[⑮]。此圣人之得意也。”

【注释】

①得意：得志，意思是社会理想、政治抱负得以实现。　②藉敛：征收赋税。殚（dān）：用尽，竭尽。　③祇：读qí，古代称地神。　④谀（yú）：谄媚奉承。赉（lài）：赐予，给予。　⑤干（gān）：求官。　⑥陷乎邪：一起做坏事。　⑦卑：地位低下。义：道义。　⑧瘁（cuì）：疾病，劳累。这里指死亡。　⑨乐其政：百姓对统治者的施政高兴、满意、拥护。　⑩不降虐：指无自然灾害。　⑪明象：显示吉祥的景象。赞：称赞贤明的国君。　⑫具物：物资充裕。　⑬靡（mí）：停止。　⑭怨业：长期推脱、积压不办的政务。　⑮废民：游手好闲的无业游民。

【译文】

齐景公问晏子："当圣人的社会理想、政治抱负无法实现时会怎么样呢？"晏子回答说："国君做事违反自然规律，政令违背神灵意愿，对百姓横征暴敛、搜刮殆尽；推行政务不按照季节来安排，致使天地共愤；对忠臣的话不听从，对好的建议不执行，奖赏谄媚小人，惩罚批评自己的人。因此圣人隐居起来，不出去做官，洁身守道，不与世人一起做坏事。所以地位低下却不丢弃道义，至死不失去廉洁。这是圣人理想、抱负无法实现时所做的事。"

景公又问："那么，圣人理想、抱负得以实现后会怎样的呢？"晏子回答说："国君施政平和，做事顺应天理，征收赋税合乎百姓实际；百姓拥护统治者的施政，远方的部族感怀国君的仁德；按照时令推行政务，没有自然灾害；上天显现吉祥景象来赞美国君，大地丰收、物资丰裕；神灵不断降福给国家，民众信服国君的教导而不互相欺骗；治理国家没有积压不办的政务，社会上没有游手好闲的无业游民。这是圣人理想、抱负得以实现后所希望看到的。"

（注译：姜　健　审核：姚素娟）

景公问古者君民用国不危弱晏子对以文王第二十三

【题解】

晏子向齐景公解释了古代贤明君王居高不危、用国财而国不弱的原因。晏子以周文王为例，告诫景公要善待百姓，不求私利，以赢得诸侯和民众的拥护。

【原文】

景公问晏子曰："古者君民而不危①，用国②而不弱，恶乎③失之？"晏子对曰："婴闻之，以邪莅国、以暴和④民者危；修道以要⑤利、得求而返邪者弱。古者文王，修德不以要利，灭暴不以顺纣，干崇侯之暴⑥，而礼梅伯之醢⑦，是以诸侯明乎其行，百姓通乎其德，故君民而不危，用国而不弱也。"

【注释】

①危：危险。 ②用国：使用国家资财。 ③恶乎：疑问代词，何所，什么地方。 ④和：应作"加"。 ⑤要：通"邀"，谋求。 ⑥干（gān）：触犯。崇侯：指崇虎，商纣王的臣子。因崇虎自身暴虐，仇视周文王爱民，故向纣王密告文王（因纣王残杀九侯、九侯女儿）叹息，致使纣王将文王囚禁在羑里。 ⑦醢

(hǎi)：古代的一种酷刑，把人杀死后剁成肉酱。

【译文】

齐景公问晏子："古代有的国君身居高位却很安全，使用国家资财却没有使国家陷于贫弱，这恐怕记载有误吧？"晏子回答说："我听说，用邪术来治理国家、残暴对待民众的国君才危险；想尽千方百计来谋取私利后、继续谋求私利的国君才使国家陷于贫弱。古时候周文王修养仁德，不谋求私利，铲除那些暴虐的人，不让他们助纣为虐，反对崇侯虎的残暴，而同情被商纣王剁成肉酱的梅伯，因此诸侯们明白了文王的善行，百姓们也了解了文王的美德，所以文王这样的贤君身居高位却很安全，使用国家资财却不会使国家陷于贫弱。"

（注译：姜　健　审核：姚素娟）

景公问古之莅国者任人如何晏子对以人不同能第二十四

【题解】

晏子向齐景公讲述了古代贤明国君使用人才的策略。他先以“土地”为例，点明“不同土地特性不同，不能要求土地种所有植物”的道理，然后用“土地”类比“人才”，指出国君使用人才时，要用人才的优点、长处，不应求全责备。

【原文】

景公问晏子曰：“古之莅国①治民者，其任人何如？”晏子对曰：“地不同生②，而任之以一种，责其俱生不可得；人不同能，而任之以一事，不可责遍成③。责焉无已④，智者有不能给⑤；求焉无餍⑥，天地有不能赡⑦也。故明王之任人，谄谀不迩乎左右⑧，阿党不治乎本朝⑨。任人之长，不强⑩其短；任人之工，不强其拙。此任人之大略也。”

【注释】

①莅（lì）国：执掌国政。莅，到，临。　②生：同“性”，特

性。 ③不可责遍成：不能要求一类人才做什么事都能成功。 ④无已：不停。 ⑤给（jǐ）：提供智慧。 ⑥餍（yàn）：饱，满足。 ⑦赡（shàn）：供给人财物。 ⑧谄谀（chǎn yú）：谄媚阿谀。迩：近。 ⑨阿（ē）：阿谀奉承。治：为官做事。 ⑩强（qiǎng）：勉强。

【译文】

齐景公问晏子说："古代的国君执掌国政，是怎样使用人才的呢？"晏子回答说："不同的土地有不同的特性，却要求每块土地都适合所有植物生长，这显然是不可能的；不同的人有不同的才能，却要求人才什么都做好，即使是智慧绝伦的人也无法做到。要求没有止境，再有智慧的人也有不能满足要求的时候；求取没有满足，天地自然也有不能充足供应的时候。所以贤明的国君使用人才，不亲近身边的谄媚小人，不让那些结党营私之徒在朝廷上为官做事。使用人才尽量用其长处，从不勉强用其短处；使用人才尽量用其擅长的方面，从不勉强用其不擅长的方面。这就是使用人才上的大概情况。"

（注译：姜　健　审核：姚素娟）

景公问古者离散其民如何晏子对以今闻公令如寇仇第二十五

【题解】

晏子向齐景公列举了亡国之君的很多通常行为，如喜欢讲排场、不听劝谏、亲小人远贤臣、只罚不赏、情感与民众背离等。最后，晏子直言不讳，着重指出“今民闻公令如寇仇”这一严重现象，认为这就是“亡国之行”，提醒景公爱民、恤民、惠民，否则齐国不保。

【原文】

景公问晏子曰：“古者离散其民，而陨①失其国者，其常行何如？”晏子对曰：“国贫而好②大，智薄而好专；贵贱无亲焉，大臣无礼焉；尚谗谀而贱贤人，乐简慢而玩百姓③；国无常法，民无经纪④；好辩以为忠，流湎⑤而忘国，好兵而忘民；肃于罪诛，而慢于庆赏；乐人之哀，利人之难；德不足以怀人，政不足以惠民；赏不足以劝善，刑不足以防非。此亡国之行也。今民闻公令如寇仇⑥。此古离散其民、陨失其国所常行者也。”

【注释】

①陨（yǔn）：同“殒”，灭亡，死亡。　②好（hào）：喜好，喜欢。　③乐：贪图享乐。简慢：怠慢，放纵无度。玩：轻视。　④民无经

纪：民众做事没有秩序，社会混乱。⑤湎（miǎn）：沉迷。⑥寇仇：敌人，仇人。

【译文】

齐景公问晏子："古代让百姓流离失所，而亡国之君，他通常的行为是怎样的呢？"晏子回答道："国家明明贫困而其却喜欢奢侈、乱讲排场，自己明明智商不够还事事喜欢独断专行；社会各阶层之间很冷漠，大臣不讲礼义；尊崇谄媚小人而轻视贤能之人，贪图享乐放纵无度而轻视百姓；国家法令朝令夕改，社会混乱不堪；自己喜欢强词夺理却认为自己忠于国家，沉迷享乐而忘却国家大事，穷兵黩武、到处打仗而不顾及民众生活；只知严刑峻法、苛待百姓，不知奖励赏赐臣属民众；老百姓哭他笑，老百姓遭难他趁机敛财；自己的德行不够不能让百姓从内心感激怀念他，自己的执政能力不足不能给民众带来实惠；赏赐臣下不能激励民众向善，实施刑罚不能防止人们作恶。这些都是亡国之君的行为。现在齐国民众听到您的命令犹如听到仇敌讲话。这和古代那些让百姓流离失所、亡国之君的通常行为是一样的啊。"

（注译：姜　健　审核：姚素娟）

景公问欲和臣亲下晏子对以信顺俭节第二十六

【题解】

晏子向齐景公提出了国君与百姓、大臣搞好关系的具体举措。晏子认为：国君讲诚信、宽容失误、不亲近诬陷他人者、重视物质赏赐、重实绩，就能和大臣们的关系达到和谐；国君节俭、不搜刮百姓、爱惜民力、免税、开放森林湖泊、对穷人做好救助，就能赢得百姓的亲近。

【原文】

景公问晏子曰："吾欲和臣亲下奈何？"晏子对曰："君得臣而任使之，与言信，必顺其令；赦其过，任大臣无多责焉。使迩臣无求嬖焉①，无以嗜②欲贫其家，无亲谗③人伤其心。家不外求而足，事君不因人而进，则臣和矣。俭于藉敛，节于货财，作工不历时，使民不尽力；百官节适，关市省征；山林陂④泽，不专其利；领民治民，勿使烦乱；知其贫富，勿使冻馁⑤，则民亲矣。"公曰："善！寡人闻命矣。"故令诸子无外亲谒，辟⑥梁丘据无使受报，百官节适，关市省征，陂泽不禁，冤报者过，留狱者请⑦焉。

【注释】

①迩：近。嬖（bì）：宠信。 ②嗜（shì）：喜好，爱好。 ③谗

（chán）：在别人面前说陷害某人的坏话。 ④陂（bēi）：池塘，水边。 ⑤馁（něi）：饥饿。 ⑥辟（pì）：排除。 ⑦请：通“情”，按照实情予以释放。

【译文】

齐景公问晏子：“我想和百姓、大臣如何搞好关系呢？”晏子回答道：“国君您任命并使用大臣，说话要讲诚信，这样他们就一定会顺从国君您的命令；宽恕那些大臣的失误，不要对担当大任的人求全责备。国君您要让近臣不为了求取宠信而胡作非为，不要因为个人爱好和私欲让臣下家庭贫困，不要亲近喜欢暗地里说人坏话的人以免伤害他们的忠心。要让大臣们不法外求取私利而仅凭正当收入就可养家，要让大臣们不靠着依附权贵而仅凭个人能力和工作成绩就可以得到提拔升职，国君您和大臣们的关系就和谐了。减免各种赋税，不搜刮百姓，让百姓兴建工程不误农时，爱惜民力；百官施政节制适当，关隘、市场免税；森林湖泊，不控制起来而损害民众利益；领导治理民众，不让他们成天心烦意乱；调查清楚贫富状况，不让穷人冻饿而死，您就能赢得百姓的亲近。”景公听后说：“太好了！我按照您说的话去做。”于是，景公命令儿子们不准私自拜见、结交外国的亲属，罢黜梁丘据不让他管理民众的举报，督促百官施政要节制适当，在关隘、市场不收税，森林湖泊向民众开放，对恶意诬陷他人的人进行惩治，对蒙冤入狱的人查明实情予以释放。

（注译：姜　健　审核：姚素娟）

景公问得贤之道
晏子对以举之以语考之以事第二十七

【题解】

晏子向齐景公阐明了选拔任用好人才的方法。晏子向景公建议，要通过人才的交谈了解其水平，通过考察人才的做事来了解其实际能力。晏子强调，国君对待人才要始终以礼相待，注重其实干、守法。

【原文】

景公问晏子曰："取人得贤之道何如？"晏子对曰："举之以语，考之以事，能谕①，则尚②而亲之。近而勿辱以取人，则得贤之道也。是以明君居上，寡其官而多③其行，拙于文④而工于事，言不中不言，行不法不为也。"

【注释】

①能谕：人才如果能通晓事理。 ②尚：任用。 ③多：夸奖，奖励。 ④文：修饰。

【译文】

齐景公问晏子："选拔任用好贤能之人的方法是什么呢？"晏子回答说："通过与人才的交谈来了解其水平，通过考察人才的做事来了解其实际能力，如果这个人通晓事理，就任用并亲近他。人才做官以后，国君要保持礼貌不要随意侮辱，这就是选拔任用好贤能的方法。所以英明的国君居于上位，减少官员数量而奖励臣下实干，教育臣下不要修饰而要努力工作，要求自己和臣子不符合正道的话不说，不符合法律的事情不做。”

（注译：姜　健　审核：姚素娟）

景公问臣之报君何以晏子对报以德第二十八

【题解】

晏子主张做臣子的要以美德来报答国君。在君臣关系上，与传统的君尊臣卑、君叫臣死臣不得不死的愚忠观念不同，晏子提倡君臣平等、君臣双向选择，臣子要有独立精神、从道不从君。这点，与后来孟子的“民贵君轻”“君施臣报”思想一脉相承。

【原文】

景公问晏子曰：“臣之报君何以？”晏子对曰：“臣虽不知①，必务报君以德。士逢有道之君，则顺其令；逢无道之君，则争②其不义。故君者择臣而使之，臣虽贱，亦得择君而事之。”

【注释】

①知（zhì）：通“智”，聪明，智慧。 ②争：抗争，进谏。

【译文】

齐景公问晏子：“做臣子的如何来报答国君的恩情呢？”晏子回答说：“我虽然不聪明，但我一定努力用美德来报答国君。做臣子的如果遇到有道之君，就顺从他的命令；如果遇到无道之君，就奋起谏诤。所以国君选择臣子来使用他，而臣子虽然卑贱，也得选择国君来侍奉。”

（注译：姜　健　审核：姚素娟）

景公问临国莅民所患何也晏子对以患者三第二十九

【题解】

晏子向齐景公列举了治国三大担心之事：忠臣不被国君信任、国君信任的臣子却不忠诚、国君和臣子不同心同德。晏子强调国君要信任忠臣，君臣之间不要猜忌，要精诚团结。

【原文】

景公问晏子曰："临国莅①民，所患②何也？"晏子对曰："所患者三：忠臣不信③，一患也；信臣不忠，二患也；君臣异心，三患也。是以明君居上，无忠而不信，无信而不忠者。是故君臣同欲，而百姓无怨也。"

【注释】

①莅（lì）：治理，管理。　②患：担心，忧愁。　③信：信任。

【译文】

齐景公问晏子："作为国君治理百姓，担心的是什么？"晏子回答说："担心的事有三件：忠臣不被国君信任，这是第一件担心的事；国君信任的臣子却不忠诚，这是第二件担心的事；国君和臣子不同心同德，这是第三件担心的事。所以贤明的国君居于上位，没有忠臣不被信任，没有信任的臣子不忠诚。因此君臣同心，精诚团结，而百姓就没有了怨恨。"

（注译：姜　健　审核：姚素娟）

景公问为政何患
晏子对以善恶不分第三十

【题解】

晏子向齐景公强调了国君要审察好、选择好身边近臣的重要性。晏子指出，如果国君身边的近臣都很善良，那么百官就各得其所，都在适宜的职位上老老实实工作；否则，善恶不分，朝政大乱。孔子对晏子的这一说法非常赞同。

【原文】

景公问于晏子曰："为政何患①？"晏子对曰："患善恶之不分。"公曰："何以察之？"对曰："审②择左右。左右善，则百僚③各得其所宜，而善恶分。"孔子闻之曰："此言也信④矣！善进，则不善无由入矣；不善进，则善无由入矣。"

【注释】

①患：害怕。 ②审：审察。 ③百僚：百官。 ④信：确切，真实。

【译文】

齐景公问晏子："国君治国理政害怕的是什么？"晏子回答说："害怕善恶不分。"景公又问："那用什么办法来辨别善恶呢？"晏子回答道：

“国君只要审察并选择好身边的近臣就可以了。如果国君身边的近臣都很善良，那么百官就各得其所，都在适宜的职位上老老实实工作，这样，善恶就分辨出来了。”孔子听闻而感慨地说：“晏子的这句话说得太确切了！如果善良的人在国君身边，那么不善良的人就无法靠近国君；如果不善良的人在国君身边，那么善良的人就无法到国君面前。”

（注译：姜　健　审核：姚素娟）

【卷四 内篇问下】

景公问何修则夫先王之游晏子对以省耕实第一

【题解】

针对齐景公要出游海边，晏子给他讲了古代诸侯国君一年视察两次，春天游、秋天豫，视察农业生产，救济贫苦百姓的旧例。晏子劝谏景公出游时不要增加民众负担，不要扰民，不要“流”“连”“荒”“亡”。景公接受了晏子的劝谏，他给贫民发放救济粮，赈济老人，并很快返回国都临淄。

【原文】

景公出游，问于晏子曰：“吾欲观于转附、朝舞[①]，遵海而南，至于琅琊[②]。寡人何修[③]，则[④]夫先王之游？”晏子再拜曰：“善哉！君之问也。闻天子之[⑤]诸侯为巡狩，诸侯之天子为述职。故春省耕而补不足者谓之游，秋省实而助不给者谓之豫[⑥]。夏谚[⑦]曰：‘吾君不游，我曷以休[⑧]？吾君不豫，我曷以助？一游一豫，为诸侯度[⑨]。’今君之游不然，师行而粮食，贫苦不补，劳者不息[⑩]。夫从南历时而不反[⑪]谓之流，从下而不反谓之连，从兽而不归谓之荒，从乐[⑫]而不归谓之亡。古者圣王无流连之游、荒亡之行。”公曰：“善。”命吏计公掌之粟[⑬]，藉长幼贫氓之数[⑭]。吏所委发廪出粟[⑮]，以予贫民者三千钟[⑯]。公所身见癃[⑰]老者七十人，振赡[⑱]之，然后归也。

【注释】

①转附：即芝罘山，在今山东烟台市芝罘岛。朝（zhāo）舞：即成山头、成山角，在今山东威海荣成市成山镇。　②琅琊（láng yá）：今山东青岛市黄岛区琅琊镇琅琊台。　③修：修养品德。　④则：效仿。　⑤之：到。　⑥省（xǐng）：检查，视察。不给：供给不足，生活用品匮乏。豫：巡游，视察。　⑦夏谚：夏朝的谚语。　⑧休：休息。　⑨度：常规，制度，法度。　⑩劳者不息：让民众得不到休息。　⑪反：同“返”，返回。　⑫乐（yuè）：音乐舞蹈。　⑬计：计算。公掌：国家掌握。　⑭藉（jí）：登记，记录。氓（méng）：民。　⑮委：委托。廪（lǐn）：政府的粮仓。　⑯钟：齐国量制单位。　⑰癃（lóng）：年老体弱多病。　⑱振赡：赈济，赡养。振，通“赈”，救济。

【译文】

齐景公要出游，问晏子说：“我想到转附山、朝舞山一带游玩，然后沿着海边往南，再到琅琊一带。我该如何修养自己的品德，效仿先王的游历？”晏子向景公拜了两次，郑重地说：“太好了！您提的问题。我听说天子到诸侯国去视察叫作‘巡狩’，诸侯到天子的朝廷去报告工作称为‘述职’。所以国君春天视察农民的耕种情况而补助贫困者叫作‘游’，秋天视察农民的收获情况而补助贫困者叫作‘豫’。夏朝的谚语说：‘我的国君不出游，我怎么能得到休息呢？我的国君不巡察，我怎么能得到补助呢？春天游秋天豫，是诸侯国君的常规。’现在您的出游不是这样，随同您出行的大量卫队、随从都让百姓沿途供应饭食，不去补助贫苦百姓，民众也得不到休息。要知道，国君在南边游玩超过规定时间不返回国都叫作‘流’，国君在河流的下游游玩不返回国都叫作‘连’，国君沉迷于打猎不返回国都叫作‘荒’，国君沉迷于歌舞不返回国都叫作‘亡’。古代圣明的国君没有‘流’‘连’这样的出游，没有‘荒’‘亡’这样的行为。”景公听后说：“您说得好呀。”于是命令官吏计算国家掌握的粮食，登记老人、小孩、贫民的人数。官吏受景公委托，发放政府粮仓的粮食，给贫民们发放了三千钟。景公亲自会见七十位年老体弱多病的老人，予以赈济，然后返回国都临淄。

（注译：姜　健　审核：王金智）

景公问桓公何以致霸
晏子对以下贤以身第二

【题解】

晏子向齐景公点明了齐桓公称霸的主要原因——礼贤下士、重用人才。晏子指出，桓公尽管好酒、好吃、好色，在生活上有错误，但大的方面是好的，桓公能坚持尊贤尚功、任人唯贤的治国原则，不计一箭之仇，任用仇敌管仲为相；听歌识宁戚，任其为大司田，从而创立了春秋首霸的赫赫伟业。晏子建议景公学习先君大方面的优点，努力有所作为。

【原文】

景公问于晏子曰："昔吾先君桓公，善饮酒穷乐①，食味方丈，好色无别，辟②若此，何以能率诸侯以朝天子乎？"晏子对曰："昔吾先君桓公，变俗以政③，下贤以身④。管仲，君之贼⑤者也，知其能足以安国济功⑥，故迎之于鲁郊，自御⑦，礼之于庙。异日，君过于康庄⑧，闻宁戚歌，止车而听之，则贤人之风也，举以为大田⑨。先君见贤不留⑩，使能不怠⑪，是以内政则民怀之，征伐则诸侯畏之。今君闻先君之过⑫，而不能明其大节⑬。桓公之霸也，君奚疑焉？"

【注释】

①穷乐：尽情享乐。 ②辟（pì）：邪僻，品行不端。 ③变俗以

政：用政治教化来改变民俗。④下贤以身：亲自带头礼贤下士。⑤贼：仇敌。这里指管仲曾射过齐桓公一箭，对桓公有“一箭之仇”。⑥济功：成就功业。⑦自御：亲自为管仲驾车。⑧康庄：指齐国国都临淄城内的康道、庄道，约今山东淄博临淄区齐都镇阚家寨、傅家庙一带。⑨大田：大司田，掌管齐国农业的职官。⑩留：淹没，停留。⑪怠：懈怠。⑫过：错误。⑬大节：治国的原则。

【译文】

齐景公问晏子说：“过去我的先君齐桓公，喜欢喝酒尽情享乐，美食佳肴能摆满一丈见方的几案，沉迷女色而不分亲疏，他的品行这么不端，凭什么能率领诸侯而朝拜周天子呢？”晏子回答说：“过去我们的先君桓公，用政治教化来改变民俗，亲自带头礼贤下士。管仲，是先君的仇敌，桓公了解到他的才能足以安定齐国、成就霸业，于是到鲁国边境迎接他，亲自为管仲驾车，在祖庙里举行了隆重的仪式来欢迎他。过了些时候，先君经过齐都临淄城内的康道、庄道，听见宁戚唱歌，就停下车来认真听，听出宁戚歌声里有贤人之风，于是提拔他担任大司田的职务。先君看见贤人绝不任其埋没，使用人才丝毫不懈怠，因此在齐国国内施政而民众就心怀感激，出去征伐而诸侯就畏惧害怕。现在国君您只是听到一些先君的小错误，而不能了解他治国的原则。桓公的霸业，国君您怎么可以随便怀疑呢？”

（注译：姜　健　审核：王金智）

景公问欲逮桓公之后晏子对以任非其人第三

【题解】

齐景公追慕祖上齐桓公的功业，认为自己有兵车千乘，完全可像桓公那样称霸诸侯。晏子则指出，桓公之所以能成就霸业，是因为重用鲍叔牙、管仲那样的贤才，而景公则沉迷歌舞，听信谗言，不重用人才，因而霸业不可成。晏子在此强调了国君尊重人才的重要性，启发景公亲贤臣，远小人，继承祖业，光宗耀祖。

【原文】

景公问晏子曰："昔吾先君桓公，从车三百乘①，九合诸侯，一匡天下。今吾从车千乘，可以逮②先君桓公之后乎？"晏子对曰："桓公从车三百乘，九合诸侯，一匡天下者，左有鲍叔③，右有仲父④。今君左为倡⑤，右为优⑥，谗人⑦在前，谀人⑧在后，又焉可逮桓公之后者乎？"

【注释】

①从车：跟随的车辆。乘：四匹马拉一辆车，称为一乘。 ②逮（dài）：及，到。 ③鲍叔：指鲍叔牙。 ④仲父：指管仲，齐桓公尊管仲为"仲父"。 ⑤倡：指以演奏、歌舞为业的人。 ⑥优：旧时称演戏

的人。 ⑦谗人：爱说别人坏话的人。 ⑧谀人：喜欢阿谀谄媚的人。

【译文】

齐景公问晏子说："过去我的先君齐桓公，率领着兵车三百乘，多次会合诸侯，将天下混乱的局面匡正于一体。现在我有兵车千乘，大概能继承先君桓公的霸业吧？"晏子回答说："桓公虽然只有兵车三百乘，多次会合诸侯，将天下混乱的局面匡正于一体，靠的是身边的人才鲍叔牙、管仲。现在国君您左边是歌舞的，右边是演戏的，前边是说人坏话的人，后边是阿谀谄媚的人，又怎么能继承桓公的霸业呢？"

（注译：姜　健　审核：王金智）

景公问廉政而长久晏子对以其行水也第四

【题解】

晏子借回答齐景公两个问题："廉洁正直而能长久执政的人是怎样的？""廉洁公正却很快灭亡的人行为如何？"强调执政者要像水一样包容，宽容地对待人、事、物，千万不要像石头一样，只有原则性而没有灵活性。

【原文】

景公问晏子曰："廉政而长久[①]，其行何也？"晏子对曰："其行水也。美哉水乎清清，其浊无不雩途[②]，其清无不洒除[③]，是以长久也。"公曰："廉政而速亡[④]，其行何也？"对曰："其行石也。坚哉石乎落落[⑤]，视之则坚，循[⑥]之则坚，内外皆坚，无以为久，是以速亡也。"

【注释】

①廉政：廉洁正直。政，通"正"。长久：执政长久。　②雩（yú）途：通"污涂"，涂抹，弄脏，堵塞。　③洒除：清除。　④速亡：很快招来杀身之祸。　⑤落落：孤立，孤独，不与人相合。　⑥循：抚摸。

【译文】

齐景公问晏子："廉洁正直而能长久执政的人，他们的行为是怎样的？"晏子回答说："他们的行为就像水一样包容。清清的流水多么美好，浑浊时没有什么东西不被它污染，清澈时没有什么东西不被它清洗，所以能长久。"景公又问："有些人廉洁公正却很快灭亡，他们的行为又是怎样的呢？"晏子回答说："他们的行为就像石头。坚硬的石头多么孤立，看它表面是坚硬的，抚摸它是坚硬的，内外都是坚硬的，不能长久，所以很快就灭亡了。"

（注译：姜　健　审核：王金智）

景公问为臣之道晏子对以九节第五

【题解】

齐景公询问晏子作为臣下的基本道理。晏子向景公讲了做臣子应该遵循的九条原则，并重点强调了做臣子应该具有大公无私、举贤任能、淡泊名利的优秀品格。

【原文】

景公问晏子曰："请问为臣之道？"晏子对曰："见善必通①，不私其利；荐善而不有其名；称②身居位，不为苟③进；称事授禄，不为苟得；体贵侧贱④，不逆其伦；居贤不肖⑤，不乱其序；肥利之地，不为私邑；贤质之士，不为私臣；君用其所言，民得其所利，而不伐⑥其功。此臣之道也。"

【注释】

①通：推广。　②称：衡量。　③苟：苟且，不正当。　④体：身份。侧贱：卑贱。　⑤贤：地位高贵。不肖：不贤。这里指地位卑贱。　⑥伐：夸耀。

【译文】

齐景公问晏子："请问做臣子的应该遵循哪些原则？"晏子回答说："见到好的行为和事物一定大力推广，不从中为自己谋取私利；举荐优秀人才而不贪求举荐的美名；衡量自身的实际水平来担任某个职务，不通过不正当的手段升职；根据自身的工作实绩来接受俸禄，不通过不正当的手段来牟取私利；无论身处高贵还是卑贱的地位，都不违背基本的人际关系准则；处于贤人与不肖之人之中，不打乱秩序；肥沃的土地，不拿来做自己的封邑；贤能、朴实的人才，不用做自己的家臣；国君接受他提出的良好建议，老百姓能得到实实在在的利益，而且从不夸耀自己的功绩。这是做臣子的所遵循的基本原则。”

（注译：姜　健　审核：王金智）

景公问贤不肖可学乎晏子对以强勉为上第六

【题解】

晏子回答了齐景公“怎么样学习贤人”的问题。晏子认为，要学习贤人的“善”，还要努力向贤人那样实践善行，坚持不懈。

【原文】

景公问晏子曰：“人性有贤不肖①，可学乎？”晏子对曰：“《诗》云：‘高山仰止，景行行止②。’之者其人也。故诸侯并立，善而不怠者为长；列士并学，终善者为师③。”

【注释】

①贤：品行高尚，才能优异。不肖：品行卑劣，才能低下。 ②景行（háng）：光明大道。行（xíng）止：走上它。 ③终善者为师：始终坚持善行的人可以当老师。

【译文】

齐景公问晏子：“人的品行有高尚的有卑劣的，可以学习吗？”晏子回答说：“《诗经》说：‘高山一样让人仰望，光明大道一样让人向往走上它。所以诸侯们在一起，内心善良且实践不懈的人可以当首领；士人们在一起学习，始终坚持善行的人可以当老师。”

（注译：姜　健　审核：王金智）

景公问富民安众
晏子对以节欲中听第七

【题解】

齐景公询问晏子富民安众的治国策略。晏子指出，国君只要节制自己的欲望，不横征暴敛，不加重百姓经济负担，人民就会富裕；只要判案公正，民众就没有意见，民心就会安定。

【原文】

景公问晏子曰："富民安众①，难乎？"晏子对曰："易。节欲②则民富，中听③则民安。行此两者而已矣。"

【注释】

①富民：让百姓生活富裕。安众：民心安定。　②节欲：国君要节制自己的欲望。　③中听：断案公正。

【译文】

齐景公问晏子："使百姓生活富裕、民心安定，很困难吗？"晏子回答说："很容易呀。国君只要节制自己的欲望而百姓就会富裕，国君只要断案公正而百姓就会民心安定。国君只要做好这两件事就足够了。"

（注译：姜　健　审核：王金智）

景公问国如何则谓安
晏子对以内安政外归义第八

【题解】

齐景公询问晏子国家如何治理才算安定。晏子向景公讲述了如何使国家安定的办法。晏子强调，国君只要海纳百川、依法办事、礼贤下士、利民惠民，坚持和平外交路线，就能使国家保持安定。

【原文】

景公问晏子曰：“国如何则可谓安矣？”晏子对曰：“下无讳言①，官无怨②治；通人③不华，穷民不怨；喜乐无羡赏，忿怒无羡④刑；上有礼于士，下有恩于民；地博不兼⑤小，兵强不劫弱；百姓内安其政，外⑥归其义。可谓安矣。”

【注释】

①讳言：有意见不能说。 ②怨（yùn）：通“蕴”，堆积，郁积。 ③通人：命运通达的人。 ④羡：多余的，额外的。 ⑤兼：兼并。 ⑥外：其他诸侯国的百姓。

【译文】

齐景公问晏子：“国家要怎么治理才算是安定呢？”晏子回答说：“臣

下没有隐讳的意见，官吏没有积压的政事；命运通达的人不追求奢华，贫穷百姓没有怨恨；国君不因一时高兴就额外赏赐，也不因为愤怒就法外施刑；国君礼待贤士，对下层民众广施恩惠；国土广大也不兼并小国土地，军力强盛也不欺侮弱小；国内的百姓在国君的治理下生活安定，其他诸侯国的百姓因为他的仁义而纷纷前来归附。这就是所说的国家安定了。”

（注译：姜 健 审核：王金智）

景公问诸侯孰危
晏子对以莒其先亡第九

【题解】

齐景公询问晏子哪一个诸侯国最先有亡国的危险。晏子回答了莒国首先亡国及其原因。

【原文】

景公问晏子曰："当今之时，诸侯孰危？"晏子对曰："莒[1]其先亡乎！"公曰："何故？"对曰："地侵于齐，货竭于晋，是以亡也。"

【注释】

①莒（jǔ）：周代诸侯国，在今天山东莒县一带。

【译文】

齐景公问晏子说："现在这个时代，哪一个诸侯国最先有亡国的危险呢？"晏子回答说："应该是莒国首先灭亡吧！"景公说："什么原因呢？"晏子回答说："因为它的国土被齐国侵占，财物被晋国抢掠一空，所以它首先亡国。"

（注译：姚素娟　审核：王金智）

晏子使吴吴王问可处可去晏子对以视国治乱第十

【题解】

吴王问正在出使吴国的晏子，什么样的国家才是值得人们居留或应该离去的。晏子回答说，遵守正道、太平安定的国家值得居留；治理混乱、政治不清明的国家则应该离开。

【原文】

晏子聘①于吴。吴王曰："子大夫以君命辱在敝邑之地②，施贶③寡人，寡人受贶矣，愿有私问焉。"

【注释】

①聘：古代国家之间互派使者访问。 ②子大夫：古代对大夫当面时的尊称。辱：谦辞，屈尊。敝邑：对他国人谦称自己的国家。 ③贶（kuàng）：赐予，赠予。

【译文】

晏子到吴国聘问。吴王说："承蒙大夫您遵照齐国国君的命令屈尊来到敝国，赠予我，我很高兴地接受大夫您的赠予了，我希望还能请教一个私人问题。"

【原文】

晏子逡遁[①]而对曰："婴，北方之贱臣也，得奉君命，以趋于末朝[②]，恐辞令不审[③]，讥于下吏[④]，惧不知所以对者。"

【注释】

①逡遁：与"逡巡"同义，形容欲进又止的样子。这里是形容晏子说话有所保留的谦恭神态。遁，通"循"或"巡"。 ②趋：小步疾走。古时，人们以此表示对他人恭敬的一种走姿。末朝：指对方的朝堂。这是一种谦恭的表达方式，意思是自己只能在朝堂的边角末位，不配在对方的朝堂之上。 ③辞令：用来应酬对答的言辞。审：准确无误。 ④讥于下吏：被小官吏讥笑。这是一种自谦的说法，意思是自己水平不高，只配让对方的小官吏讥笑。下吏，级别较低的官吏，小官吏。

【译文】

晏子恭敬小心地回答说："晏婴，只是一个北方的微贱之臣，得以奉国君之命，来到贵国朝堂的末位，我担心我的言辞不够准确无误，被贵国的小官吏讥笑，我不知道该怎样回答您的问题。"

【原文】

吴王曰："寡人闻夫子久矣，今乃得见，愿终其问。"晏子避席[①]对曰："敬受命矣。"

【注释】

①避席：古人席地而坐，离座起立表示敬意。避，离开。席，用草或芦苇编成的东西。

【译文】

吴王说："我听说夫子您的大名已经很长时间了，现在才得以见到您，希望没有保留地回答我想问的问题。"晏子离席起立回答说："敬请垂问。"

【原文】

吴王曰："国如何则可处，如何则可去也？"晏子对曰："婴闻之，亲疏得处其伦，大臣得尽其忠，民无怨[①]治，国无虐刑，则可处矣。是以君子怀不逆之君，居治国之位[②]。亲疏不得居其伦，大臣不得尽其忠，民多怨治，国有虐刑，则可去矣。是以君子不怀暴君之禄，不处乱国之位。"

【注释】

①怨（yùn）：通"蕴"，纠结，郁闷。　②位：官位，职位。

【译文】

吴王说："什么样的国家才能让人们居留，什么样的国家才能让人们离去？"晏子回答说："我听说，不论是国君亲近的人还是疏远的人都能够得以各处其位而不违背正常的伦理关系，作为大臣能够对国君尽忠，百姓中没有冤假错案以及纠结难以处理的事务，国家没有残酷暴虐的刑罚而政治清明，就能够让人们长期居留。因此，君子选择归附不违背道义的国君，在政治清明、安定团结的国家中任职。国君亲近的人与疏远的人不能各处其位以及没有保持应有的伦理关系，大臣不能尽其之力对国君尽忠，百姓的冤假错案很多，国家有残暴的刑罚，就会使人们离开这个国家。因此，君子不选择也不留恋残暴之君的爵禄，不在黑暗混乱的国家任职居官。"

（注译：姚素娟　审核：王金智）

吴王问保威强不失之道晏子对以先民后身第十一

【题解】

吴王询问晏子，怎样才能保持国家的威严强大。晏子回答，首先国家要考虑百姓的利益，然后才是自身的利益，要先给予恩惠，然后再索取；国家也不要以强欺弱，以贵凌贱，以富傲贫，为百姓避免祸患，减少疾苦，才是保持国家威严强大的治国之道。

【原文】

晏子聘①于吴。吴王曰："敢问长保威强勿失之道若何？"晏子对曰："先民而后身，先施而后诛；强不暴弱，贵不凌贱，富不傲贫；百姓②并进，有司③不侵，民和政平；不以威强退④人之君，不以众强兼人之地；其用法，为时⑤禁暴，故世不逆其志；其用兵，为众屏⑥患，故民不疾其劳⑦。此长保威强勿失之道也。失此者危矣！"

【注释】

①聘：古代国家之间互派遣使者访问。 ②百姓：指全部姓氏家族。 ③有司：指主管某一事务的部门或官吏。 ④退：贬抑、压制对方，意思是让他人退到自己之下。 ⑤时：当今，时世。 ⑥屏（bǐng）：摒弃，去除。 ⑦劳：通指劳役，如徭役、兵役等。

【译文】

晏子出访到吴国。吴王问："请问怎样做到国家长期保持威武强大而不衰败呢？"晏子回答说："把百姓的利益放在自身的前面，先给予恩惠而后责罚；不依靠自己的强大而欺凌弱小，尊贵的人不欺凌贫贱的人，富有的人不蔑视穷苦的人；不同姓氏的家族团结发展共同富裕，官吏不欺压百姓，百姓和乐政治清明；不凭借自己的威武强大压制他国之君，不凭恃人多势众兼并别国的土地；国君施行刑罚，目的是为百姓禁除暴虐之事，人们就不会违背他们的意志；国家发动战争，目的是为百姓摒除灾患，人们不会痛恨让他们服劳役。这就是国家能够长期保持威武强大而不衰败的办法。如果不这样做就危险了！"

【原文】

吴王忿然作色，不说。晏子曰："寡君①之事毕矣，婴无斧锧②之罪，请辞而行。"遂不复见。

【注释】

①寡君：对他国人谦称自己的国君。　②斧锧（zhì）：古代处死犯人的刑具，用斧子砍杀。锧，砧板或铡刀座。

【译文】

吴王听后生气地变了脸色，很不高兴。晏子说："我们国君交代的任务我已经完成了，很庆幸在贵国期间我没有犯下死罪，请准许我现在就告辞回到齐国吧。"从此以后晏子再也不去拜见吴王。

（注译：姚素娟　审核：王金智）

晏子使鲁鲁君问何事回曲之君晏子对以庇族第十二

【题解】

晏子出使鲁国期间，鲁国国君问晏子，为什么有的人非得要侍奉邪曲不正的国君呢？晏子回答说，有人这样做的目的是为了庇护自己的家族。

【原文】

晏子使鲁，见昭公①。昭公说曰：“天下以子大夫语寡人者众矣②，今得见而羡③乎所闻，请私而无为罪。寡人闻大国之君④，盖回曲之君也⑤，曷为以子大夫之行，事回曲之君乎？”

【注释】

①昭公：鲁国国君，春秋时期鲁国第二十四位国君，公元前542—前510年在位。姬姓，鲁襄公之子。 ②子大夫：尊称，当面对大夫的称呼。语（yù）：动词，对其他人说。 ③羡（xiàn）：多出，有所盈余。 ④大国之君：这里指齐国国君。 ⑤盖：文言虚词，表示不能确信，大概如此等。曲：跟“直”相反，不公正，不合理。

【译文】

晏子出使鲁国，拜见了鲁昭公。昭公高兴地说：“已经有很多人在我面前谈到有关大夫您的事情了，今天能见到您，这超出了我的知识水平，我想私下里问一个问题请您不要怪罪我。我听说齐国国君，是个邪曲的国君，为什么以大夫您的能力，而去侍奉这种邪曲的国君呢？”

【原文】

晏子逡循[1]对曰：“婴不肖，婴之族又不若婴，待婴而祀先者五百家，故婴不敢择君。”

【注释】

①逡（qūn）循：与“逡巡”“逡循”等同义，表示想说又不敢说的样子。这里形容晏子作为使节官员的谦恭之态。

【译文】

晏子谦恭地回答说：“我没有大的才能，我们的族人又不如我，已经有五百家族人依赖我维系祭祀祖先，因此我没有选择国君的权利。”

【原文】

晏子出，昭公语人曰：“晏子，仁人也。反亡君[1]，安危国，而不私利焉[2]；戮崔杼之尸[3]，灭贼乱之徒，不获名焉；使齐外无诸侯之忧，内无国家之患，不伐[4]功焉；鍖然[5]不满，退[6]托于族。晏子可谓仁人矣！”

【注释】

①反亡君：从字面上解释为“帮助逃亡在外的国君返回自己的国家”，但纵观现有有关齐国的历史文献，没有此事的记载。有可能为：晏子伏在被大臣崔杼谋杀的齐庄公身上痛哭，以尽人臣之礼。晏子认为，如果国君为国家而死，自己就该以死相陪，但国君是为私利而亡就没有必要了。如果是按这件事情解释，本句应解释为：违背为国君而死的俗礼。但

这样解释仍然非常牵强。有人认为，原文有可能有误，但缺少版本依据。这一观点，仅为参考。 ②不私利焉：不为自己争取、索取私利。按照上句思路，此话意思应为：齐庄公死后，崔杼拥立齐景公，并出任右相，大夫庆封任左相。后来，庆封利用崔杼家族内乱的机会攻打崔氏，崔杼被迫自杀。此后，庆封专权，三年后被齐国另外几家大夫联合攻打，庆封失败出逃。平定这次内乱后，景公欲封给晏子六十个城邑做封地，晏子没有接受。 ③戮（lù）崔杼之尸：将崔杼的尸体当众展示，古时是对死者的一种惩罚。 ④伐：夸耀，显摆。 ⑤錞（chěn）然：谦虚不自满的样子。 ⑥退：后退，表示谦虚。

【译文】

晏子离去，鲁昭公对人说："晏子，真是个仁德的人啊。他帮助失位的国君恢复君位，挽救国家于危亡之际，但从不以此来谋求个人的利益；他把被杀戮的崔杼陈尸示众，消灭叛乱的人，从来也不为自己猎取虚名；他让齐国外没有诸侯进攻的忧虑，内没有国家动乱的忧患，但从不夸耀自己的功劳；他谦虚不自满，把自己的功劳谦虚地托词是家族的原因。晏子可以称得上仁德之人啊！"

（注译：姚素娟 审核：王金智）

鲁昭公问鲁一国迷何也
晏子对以化为一心第十三

【题解】

晏子出使鲁国，鲁昭公请教他在治理国家中存在问题的原因。晏子认为，国君应该多方听取意见与建议，而不能只听取身边亲信的意见，因为亲信大多是附和国君的，其实还是国君一个人的意见，这样堵塞了言路，自然就不利于治理国家，国家混乱也就在所难免了。

【原文】

晏子聘于鲁，鲁昭公问焉曰："吾闻之，莫三人而迷①，今吾以鲁一国迷虑之，不免于乱，何也？"

【注释】

①莫三人而迷：遇到事情多与他人商量，就会有正确的意见而不至于迷失了方向。这里为古时谚语。

【译文】

晏子出使鲁国，鲁昭公问他说："我听说，遇到事情要多与他人商量而不至于迷失了方向，现在我与整个鲁国的人商量，但不能免于迷乱，什么原因呢？"

【原文】

晏子对曰："君之所尊举而富贵，入所以与图身，出所与图国，及左右逼迩[①]，皆同于君之心者也。挢[②]鲁国化而为一心，曾[③]无与二，其何暇有三？夫逼迩于君之侧者，距[④]本朝之势，国之所以殆也；左右谗谀，相与塞善，行之所以衰也；士者持禄，游者养交，身之所以危也。《诗》曰：'芃芃棫朴，薪之槱之；济济辟王，左右趋之。'[⑤]此言古者圣王明君之使以善也。故外知事之情，而内得心之诚，是以不迷也。"

【注释】

①迩（ěr）：近。　②挢（jiǎo）：所有，全部。　③曾：竟然，乃。　④距：通"拒"，相当，差不多，抗衡。　⑤芃芃：形容草木茂密的样子。棫（yù）：树木名称。朴：丛生。薪：木柴，柴火。槱（yǒu）：把砍伐的木柴聚集起来利于燃烧。济济：庄重美好的样子。辟（bì）：君王。这里指周文王。趋：快步疾走。这句话出自《诗经·大雅·棫朴》。这里引用的意思是：以茂密丛生的棫木比喻贤人，不仅人数众多而且德行昌盛，用伐木积薪比喻国君贤明，有志之士纷纷前来效力。

【译文】

晏子回答说："国君您推崇任用并使他们富贵的人，他们内迎合君意，外奉君意行事，以及您身边亲近的大臣们，他们的思想都与国君您的想法完全相同。从来没有过第二种意见，又怎会有第三种意见呢？那些亲近在国君您身边的人，势力能与朝堂抗衡，国家因此陷入危乱中；身边的人阿谀奉承，相互勾结，控制言路，导致德行败坏；做官的只为保住自己的利益，不做官的则豢养私党，这就使是国君陷入自危的险境。《诗经》云：'茂盛丛生的树木，聚集起来利于点燃；有德行的国君（周文王），众人争相归附追随。'所以说古代的圣王明君善于任用贤德的人。因此外能了解事情的真相，内能得臣子的真诚辅佐，所以国君不会迷乱，国家不会混乱。"

（注译：姚素娟　审核：王金智）

鲁昭公问安国众民
晏子对以事大养小谨听节敛第十四

【题解】

晏子告诉鲁昭公保持国家安定、百姓众多的办法是外交上尊敬结交大国，经常资助小国；治理国内时，要清明案讼，减少赋税，减轻人民负担。

【原文】

晏子聘于鲁，鲁昭公问曰："子大夫俨然辱临敝邑①，窃甚嘉之②，寡人受贶③，请问安国众民如何？"

【注释】

①俨（yǎn）然：庄重的样子。辱：谦辞，屈尊。敝邑：对他国人谦称自己的国家。　②窃：谦辞，私下里的意思。嘉：美好。这里表示荣幸的意思。　③贶：赏赐，赐予。

【译文】

晏子出使到鲁国，鲁昭公问道："大夫您庄重地屈尊来到敝国，我私下里深感荣幸，我还得到了您的赏赐，请问国家怎么治理才能安定有序而百姓众多呢？"

【原文】

晏子对曰："婴闻傲大贱小则国危，慢听厚敛则民散[①]。事大养小，安国之器[②]也；谨听节敛，众民之术也。"

【注释】

①慢：怠慢，懈怠。听：听取百姓意见。 ②器：手段，方式，方法。

【译文】

晏子回答说："我听说，对大国傲慢对小国轻视而国家就处于危险的境地，怠慢听取百姓意见、赋敛沉重而百姓就会离散。尊奉大国，资助小国，这是使国家安定的方法；谨慎听取百姓意见，减少苛捐杂税，这是使百姓众多的方法。"

（注译：姚素娟　审核：王金智）

晏子使晋晋平公问先君得众若何晏子对以如美渊泽第十五

【题解】

晏子告诉晋平公，齐桓公得到民众的爱戴与拥护的原因是善于包容，并以深渊大泽为喻，形象且易懂。

【原文】

晏子使晋，晋平公飨之文室①。既静矣，以晏。平公问焉，曰："昔吾子先君②得众若何？"晏子对曰："君飨寡君，施③及使臣，御在君侧，恐惧不知所以对。"

【注释】

①晋平公：晋国国君，姬姓。飨（xiǎng）：古代国君宴请来宾的礼节。国君飨宾，亲自敬酒献食物；吃完之后再举行宴会，宾客请行君臣之礼，然后才开始会谈。文室：用花纹彩绘装饰的宫室。这里指装饰豪华的宫室。　②吾子先君：您的先君，指齐桓公，曾经多次会盟诸侯。吾子，尊称，您。　③施（yì）：蔓延，扩展。

【译文】

晏子出使到晋国，晋平公在装饰豪华的宫室中宴请他。飨礼结束酒宴完毕后。平公问晏子，说：“从前您的先君齐桓公是如何取得百姓的拥戴呢？”晏子回答说：“您把宴请我们国君的礼节，延展到我这个使臣的身上，我陪侍在您身边，诚惶诚恐不知该怎样回答您才好。”

【原文】

平公曰：“闻子大夫数[1]矣，今乃得见，愿终闻之。”晏子对曰：“臣闻君子如美，渊泽容之；众人归之，如鱼有依，极其游泳之乐；若渊泽决竭，其鱼动流，夫往者维雨乎，不可复已。”

【注释】

①数（shuò）：屡次，经常。

【译文】

晋平公说：“我经常听说大夫您的大名，今天才得以相见，希望您能告诉我您的见解。”晏子回答说：“我听说国君受人拥戴，如同落下的雨水有深渊大泽，包容他们；众人争相归附于他，就像鱼儿在水中有了依托，极尽游泳的乐趣；假如渊泽枯竭，那里的鱼就会顺水漂流到其他地方，它们向往的只是充沛流量的雨水啊，没有了水它们就不会再回来了。”

【原文】

公又问曰：“请问庄公与今君孰贤[1]？”晏子曰：“两君之行不同，臣不敢不知也。”

【注释】

①庄公：指齐庄公。今君：指齐景公，齐庄公的异母弟弟。

【译文】

晋平公又问：“请问齐庄公与当今国君齐景公相比哪一个更贤明呢？”

晏子说："两位国君行事方式不一样，我不敢评价。"

【原文】

公曰："王室之正也，诸侯之专制也①，是以欲闻子大夫之言也。"对曰："先君庄公不安静处，乐节饮食，不好钟鼓②，好兵作武，士与同饥渴寒暑。君之强，过人之量，有一过③不能已焉，是以不免于难。今君大宫室，美台榭④，以辟⑤饥渴寒暑，畏祸敬鬼神，君之善，足以没身⑥，不足以及子孙矣。"

【注释】

①王室之正也，诸侯之专制也：这里指春秋时期，诸侯称霸、礼崩乐坏、周天子名存实亡的实际情况。　②钟鼓：音乐。　③过：过错。这里特指齐庄公好女色之事。　④台：高台，上面建有宫殿楼阁，用于观赏阅兵朝拜娱乐等。榭：建在高台上的敞屋。　⑤辟：躲避。　⑥没（mò）身：终其一生。

【译文】

晋平公说："如今周王室不正，诸侯称霸，因此很想听听大夫您的高见。"晏子回答说："先君齐庄公不安于平淡的生活，喜欢饮食节俭，不喜好礼乐，崇尚武力，喜欢兴兵作战，能与士兵同甘共苦。庄公强力过人，但有一过错不能更改，因此遭到杀身之祸。现在的国君喜欢广建宫室，美饰楼台馆榭，以此躲避饥渴寒暑，害怕灾祸而敬飨鬼神，国君这样的善行，只能保全自身的君位，但不能恩及子孙后世。"

（注译：姚素娟　审核：王金智）

晋平公问齐君德行高下晏子对以小善第十六

【题解】

晋平公要晏子对齐国国君的德行作一下评价，起初晏子用外交之礼应答。平公不死心地继续追问，晏子回复了“君无称焉”的评价。

【原文】

晏子使于晋。晋平公问曰：“吾子[①]之君，德行高下如何？”晏子对以“小善”。公曰：“否，吾非问小善，问子之君德行高下也。”

【注释】

①吾子：尊称。

【译文】

晏子到晋国出使。晋平公问道：“您的国君德行高低怎样？”晏子回以“小有善行”。平公说：“不，我不是问小的善行，而是问您的国君德行高低。”

【原文】

晏子蹴然①曰："诸侯之交，绍而相见②，辞之有所隐也。君之命质，臣无所隐，婴之君无称焉。"平公蹴然而辞送，再拜而反曰："殆③哉吾过！谁曰齐君不肖④！直称⑤之士，正在本朝也。"

【注释】

①蹴（cù）然：局促不安的样子。　②绍而相见：通过介绍认识、见面。这里的意思是：双方不是私交，而是通过国与国之间的外交关系来往。　③殆（dài）：危险。　④肖：与"贤"相对。　⑤称：进谏。

【译文】

晏子局促不安地回答说："我们各自代表我们的国家（诸侯国）相互交往，通过外交途径相见，言辞都应有所避讳。国君您问得很直接，我也不避讳什么了，其实我的国君没有什么可以值得称赞的地方。"

晋平公局促不安地与晏子辞别，拜了两拜，返回来说："危险啊，我的过错就要被人指出来了！谁说齐国国君不贤！直言进谏之人，就在他的朝堂之上。"

（注译：姚素娟　审核：王金智）

晋叔向问齐国若何
晏子对以齐德衰民归田氏第十七

【题解】

晏子与晋国大夫叔向交流齐国与晋国都存在的问题——公室制约力下降，必将有新兴力量取而代之。晏子在此表达了对齐国国情深深的忧虑。

【原文】

晏子使于晋，叔向①从之宴，相与语。叔向曰："齐其何如？"晏子对曰："此季世②也，吾弗知，齐其为田氏③乎！"

【注释】

①叔向：人名，复姓羊舌，名肸（xī），字叔向。晋国大夫。 ②季世：末世。古人以孟（伯）、仲、叔、季为序，"季"为最后。 ③田氏：指田无宇，又称"陈桓子""田桓子"，齐国大夫。其先祖陈完，原为陈国公子。因内乱投奔齐国做官，改为"田"姓。后家族势力不断强大，最终夺取齐国姜氏政权，史称"田氏代齐"。

【译文】

晏子出使到晋国，大夫叔向陪同宴饮，相互交谈。叔向问："齐国情况怎么样？"晏子回答说："齐国处于末世了，我不知道结果会怎么样，或许齐国将被田氏取代吧！”

【原文】

叔向曰：“何谓也？”晏子曰：“公弃其民，而归于田氏。齐旧四量：豆、区、釜、钟[①]，四升为豆，各自其四，以登于釜，釜十则钟[②]。田氏三量，皆登[③]一焉，钟乃巨矣。以家量贷，以公量收之。山木如[④]市，弗加[⑤]于山；鱼盐蜃蛤[⑥]，弗加于海。民参[⑦]其力，二入于公，而衣食其一；公积朽蠹[⑧]，而老少冻馁[⑨]；国都[⑩]之市，屦贱而踊贵[⑪]；民人痛疾，或燠休之[⑫]。昔者殷人诛杀不当[⑬]，戮[⑭]民无时；文王慈惠殷众，收恤无主，是故天下归之，无私与[⑮]，维德之授。今公室骄暴，而田氏慈惠，其爱之如父母，而归之如流水，欲无获民，将焉避之？箕伯、直柄、虞遂、伯戏[⑯]，其相胡公太姬[⑰]，已在齐矣。”

【注释】

①豆、区（ōu）、釜、钟：同为量器。　②各自其四，以登于釜，釜十则钟：“豆、区、釜”之间是四进位，即四豆为一区，四区为一釜。“釜、钟”之间是十进位，即十釜为一钟，一钟等于六百四十升。　③登：上，递升。　④如：到。　⑤加：指价格高出，贵出。　⑥蜃蛤（gé）：大蛤蜊，一种贝壳类海产品。　⑦参（sān）：同“三”。　⑧蠹（dù）：蚀蛀器物的虫子。　⑨馁（něi）：饥饿。　⑩国都：国都临淄。　⑪屦（jù）：古时们用麻、葛等材料编成的鞋子。踊：古代人用来连接脚的装置，一般为受过刖刑（断足）的人使用，类似现在的假腿。　⑫或：有的人，特指田氏。燠休（yù xǔ）：抚慰病人的声音。　⑬殷人：商代的人，特指商纣王。　⑭戮（lù）：杀戮。　⑮私：不公正。与：亲近。　⑯箕伯、直柄、虞遂、伯戏：人名，相传这四个人为舜的后代，田氏的远祖。　⑰相：应作“祖”。胡公：人名，舜的后代，被周武王封于陈国，称为“胡公”。太姬：胡公妃。

【译文】

叔向说："这么说是什么原因呢？"晏子说："我国国君抛弃他的百姓，百姓就归附了田氏。齐国长期使用四种量具：豆、区、釜、钟，四升为一豆，四豆为一区，四区为一釜，十釜为一钟。但田氏的前三种量具，都增加一倍递升，钟便更大了。他用自家的大量具向外贷粮，用国家的量具标准回收。山上的木头运到集市，价格却不高于山上；鱼、盐、蜃蛤，价格不比在海边高。百姓的力量分成三份，二份贡献给国家，一份供自身的衣食；国家贮藏的财物都腐朽生虫，而百姓们却挨饿受冻；国都临淄的集市，鞋子便宜但是假脚很贵（指齐景公滥用刖刑，断足的人很多）；百姓的生活痛苦不堪，只有田氏来抚恤慰问。从前殷人（指商纣王）诛杀不当，随意杀戮百姓；周文王以仁慈恩慈善待殷商民众，收留那些无家可归的人，所以天下人都争相归附他，百姓不会私下里结党，只归顺仁德的人。现在齐国公室骄奢暴虐，而田氏恩慈施惠，百姓爱他像爱自己的父母一样，像流水一样归附他，想让田氏不得民心，将怎样避免民心所归呢？箕伯、直柄、虞遂、伯戏，胡公、太姬，这些田氏家族的远祖以及开国始祖的神灵都已经在齐国了。"

【原文】

叔向曰："虽吾公室，亦季世也。戎马不驾，卿无军行[①]，公乘无人[②]，卒[③]列无长；庶民罢[④]弊，宫室滋侈，道殣相望[⑤]，而女富溢尤[⑥]；民闻公命，如逃寇仇[⑦]；栾、郤、胥、原、孤、续、庆、伯[⑧]，降在皁隶；政在家门[⑨]，民无所依，而君日不悛[⑩]，以乐慆[⑪]忧；公室之卑，其何日之有！谗[⑫]鼎之铭曰：'昧旦丕显[⑬]，后世犹怠。'况日不悛，其竜[⑭]久乎？"

【注释】

①卿无军行（háng）：军队缺少统帅。卿，诸侯所属军队的高级军

官。　②公乘：诸侯使用的兵车。人：护卫兵车的士兵。　③卒：古代军队的编制，一百人为一卒。　④罢（pí）：疲惫，困乏。　⑤殣（jìn）：饿死。相望：形容饿死的人很多。　⑥女：指受国君宠爱的美女爱妾。尤：特别，更加。　⑦寇仇：仇敌，贼寇。　⑧栾、郤、胥、原、孤、续、庆、伯：晋国的八家老贵族，长期把持晋国朝政。　⑨家门：指大夫。古时大夫的领地称为“家”。　⑩悛（quān）：改正错误，悔改。　⑪慆（tāo）：隐瞒，掩盖。　⑫谗（chán）：鼎的名称。　⑬昧旦：朦胧之时，天空处于亮与不亮之时。丕显：明亮。　⑭竜（néng）：能。

【译文】

叔向说：“虽然我们晋国仍是公室，也到了衰败的时候。战马不用于驾车，军队缺少统帅，诸侯的战车上没有士兵，士兵的列队中没有长官；百姓疲劳困敝，而宫室却更加豪华，道路上饿死的人随处可见，而宠姬的家里人却愈加富有；百姓听到国君的命令，就像逃避仇敌贼寇一样；栾、郤、胥、原、孤、续、庆、伯这八家旧贵族没落到了贱役的地步；国家大权掌握在了大夫手中，百姓们无所依靠；但国君以逸乐逃避忧烦，不思悔改；公室如此衰落，还能存在多长时间！谗鼎上的铭文说：‘早年英明，后世还有懈怠之时。’况且不知悔改，这样下去还能长久吗？”

【原文】

晏子曰：“然则子将若何？”叔向曰：“人事毕矣，待天而已矣！晋之公族①尽矣。肸②闻之，公室将卑，其宗族枝叶先落，则公从之。肸之宗十一族，维羊舌氏③在而已，肸又无子，公室无度，幸而得死，岂其获祀焉。”

【注释】

①公族：晋国中姬姓家族。晋国属于姬姓诸侯。　②肸（xī）：叔向的名。　③羊舌氏：出自姬姓，以邑名为氏（在今山西省洪洞、沁县一带），称“羊舌氏”。羊舌族中有四人皆高门大户，世代为晋国大夫，世

称“羊舌大夫”。

【译文】

晏子说：“那么您计划怎么办？”叔向说：“人所能及的事已全做了，现在只能等待天命了！晋国中姬姓家族已走到尽头了。我听说，公室将要衰落，他的宗族子嗣将会像枝叶一样零落，紧跟着就是国君了。我的宗族共有十一个家族，现在只有我们羊舌氏家族还在，我又没有儿子，公室荒淫无度，我能善终就算万幸了，难道我还奢望能得到后人的祭祀吗？”

（注译：姚素娟　审核：王金智）

叔向问齐德衰子若何
晏子对以进不失忠退不失行第十八

【题解】

叔向与晏子交流面对齐国衰败的局面，个人将何去何从的问题。晏子认为，在君臣交往中个人德行是至关重要的，臣子忠心侍奉，不能只为保全私利而随波逐流，国君昏庸即使辞官隐退也要保全自身廉洁品德。

【原文】

叔向问晏子曰："齐国之德衰矣，今子何若？"晏子对曰："婴闻事明君者，竭心力以没其身，行不逮则退，不以诬持禄；事惰君者，优游①其身以没其世，力不能则去，不以谀持危。且婴闻君子之事君也，进不失忠，退不失行。不苟合以隐忠，可谓不失忠；不持利以伤廉，可谓不失行。"叔向曰："善哉！《诗》有之曰：'进退维谷。'②其此之谓欤③！"

【注释】

①优游：悠然自得，有独善其身之意。　②进退维谷：引用《诗经·大雅·桑柔》中诗句。谷，山谷。这里喻为困境。　③欤（yú）：文言助词，表示疑问。

【译文】

叔向问晏子说："齐国的德行已经衰败了，现在您打算怎么办呢？"晏子回答说："我听说侍奉圣明国君的人，竭尽心力直到身死，做事达不到理想的效果就退隐，也不能以欺骗来沽名钓誉；侍奉昏君的人，独善其身而终其一生，能力不够就辞去官职，也不能用阿谀谄媚来维持危险的局面。况且我听说君子侍奉国君，进身做官不失忠诚，辞官退隐不失德行。不苟且不随波逐流来隐藏自己的忠诚，可称为不失忠心；不为贪求私利而失去廉洁品德，可称为不失德行。"叔向说："好啊!《诗》有句话说：'进退维谷。'大概说的就是这个吧!"

（注译：姚素娟　审核：王金智）

叔向问正士邪人之行如何晏子对以使下顺逆第十九

【题解】

叔向向晏子询问正直的人与邪僻的人各自的行为表现。晏子从得志与潦倒、事君与交友、在朝为官与辞官隐退等几个方面谈了自己的见解。

【原文】

叔向问晏子曰："正士之义、邪人之行，何如？"晏子对曰："正士处势临众而不阿私[1]，行国[2]足养而不忘故；通[3]则事上使恤其下，穷则教下使顺其上。事君尽礼行忠，不为苟[4]禄，不用则去而不议；其交友也，谕身义行[5]，不为苟戚[6]，不同则疏而不悱；不毁进于君，不以刻民尊于国。故用于上则民安，行于下则君尊；故得众上不疑其身，用于君不悖于行。是以进不丧亡，退不危身。此正士之行也。邪人则不然，用于上则虐民，行于下则逆上；事君苟进不道忠，交友苟合不道行[7]；持谀巧以正禄，比奸邪以厚养[8]；矜[9]爵禄以临人，夸体貌以华[10]世；不任于上则轻议，不笃[11]于友则好诽。故用于上则民忧，行于下则君危，是以其事君近于罪，其交友近于患，其得上辟[12]于辱，其为生偾于刑[13]，故用于上则诛，行于下则弑。是故交通[14]则辱，生患[15]则危。此邪人之行也。"

【注释】

①处势：得势。临众：位居高位。阿（ē）：偏私，偏袒。 ②行国：在国内漫游荡，形容人不得志时的样子。 ③通：这里指仕途通达顺利。 ④苟：苟且，来路不明，不是正当的。 ⑤谕：告诉，通知。身：通“信”，诚信。 ⑥戚：亲近，亲密。 ⑦行：应作“义”字。 ⑧养：给养，供养。 ⑨矜：自夸，自负，自尊自大。 ⑩华：炫耀。 ⑪笃：忠实，全心全意。 ⑫辟：通“僻”，偏爱。 ⑬为生：掌管人的生杀大权。偾（fèn）：破坏，败坏。 ⑭交通：交往。 ⑮生患：共同生活或患难。

【译文】

叔向问晏子说：“正直之人的德义、邪僻之人的品行，是什么样呢？”晏子回答说：“正直之人居于高位领导众人而不偏袒徇私情，不得志时周游国家自养而不忘自己坚守的原则；显达时尽心侍奉在上的人而使其体恤下面的民众，不得志时教化百姓而使他们顺从上级。侍奉国君竭尽礼义做事忠诚，不索取不正当或来路不明的俸禄，不被重用就辞官离开而不妄自非议；结交朋友注重信义看重人品，不去追求不正当的亲密关系，做不到志同道合就默默疏远而不去非议别人；不以进谏谗言作为近君侧的方式，不以苛待百姓来取得尊显的地位。所以被国君重用时会让百姓安定，处在社会底层时也会使国君尊贵；因此受到百姓拥护时国君也不会猜疑他，被国君重用时百姓也不会与他作对。所以做官时不会忘乎所以，辞官退隐时也不会危及自身。这就是正直之人的行为。邪僻之人则不这样，他被国君重用时就虐待百姓，做百姓时就违逆犯上；侍奉国君苟且求进而不遵守忠诚之道，交朋友苟同而不行仁义之节；凭借花言巧语求得俸禄，勾结奸邪之人谋取财富；以高官厚禄自负而慢待他人，以身份外表自夸来哗众取宠；不被国君重用就轻率不负责任地乱说，与朋友志趣不同就有意诽谤其人。所以他们被国君重用而民众就会遭殃，身处百姓中而国君就面临危险。因此，他们侍奉国君时就有成为罪人的风险，同他们交朋友就有面临灾祸的隐患，一旦得到高位就行邪僻之事，一旦掌握生杀大权就会滥施刑罚。因此，受国君重用时就会妄杀无辜，不重用就会有弑杀国君的风险。所以，结交来往时就会受到羞辱，一起生活共患难时就会有危险。这就是邪僻之人的品行。”

（注译：姚素娟　审核：王金智）

叔向问事君徒处之义奚如晏子对以大贤无择第二十

【题解】

叔向向晏子请教在朝做官或无官闲居时应该坚守什么样原则的问题。晏子回答说，在朝做官的人应该分为上、次、下三个等级，无官闲居的人分为“君子”“狂僻之民”“处封之民”三种；而真正贤良的人，不论做官还是隐居，都坚守自身信念没有变，而“傲上”“乱贼”“乱国”为三种有罪的人。

【原文】

叔向问晏子曰：“事君之伦[①]，徒处[②]之义奚如？”晏子对曰：“事君之伦，知[③]虑足以安国，誉厚足以导民[④]，和柔足以怀众，不廉上以为名，不倍[⑤]民以为行，上也；洁于治己，不饰过以求先，不谗谀以求进，不阿[⑥]以私，不诬[⑦]所能，次也；尽力守职不怠，奉官从上不敢隋，畏上故不苟，忌罪故不辟[⑧]，下也。三者，事君之伦也。及夫大贤，则徒处与有事[⑨]无择也，随时宜者也。有所谓君子者，能不足以补上，退处不顺上，治唐[⑩]园，考菲履[⑪]，共恤上令[⑫]，弟长乡里[⑬]，不夸言，不愧[⑭]行，君子也。不以上为本，不以民为忧，内不恤其家，外不顾其游[⑮]，夸言愧行，自勤[⑯]于饥寒，不及丑侪[⑰]，命之曰狂僻之民，明上之所禁也。进也不能及上，退也不能徒处，作穷[18]于富利之门，毕志于畎亩[19]之业，穷通行无常处之虑[20]，佚[21]于心，利通不能，穷业不成，命之曰处封之民[22]，明上之所诛也。有智不足以补君，有能不足以劳民，俞[23]身徒处，谓之傲上；苟进不择所道，苟得不知所恶，谓之乱贼。身无以与君，能无以劳民，饰徒处之义，扬轻上之名，谓之乱国。明君在上，三者不免罪。”叔向曰：“贤不肖[24]，性夫！吾每有问，而未尝自得也。”

【注释】

①事君：侍奉国君。伦：与下文的“义”，通指道理、法则。 ②徒处：闲居，不做官。 ③知（zhì）：通“智”，智慧。 ④誉：名誉，名望。厚：重，有分量。 ⑤倍：通“背”，违背，背弃。 ⑥阿（ē）：偏私。 ⑦诬：无中生有，诬陷。 ⑧辟（bì）：刑，法。 ⑨有事：做官，有具体的职位。 ⑩唐：通“塘”，园地。 ⑪考：敲打。菲履：草鞋。 ⑫共（gōng）：通“恭”。恤：安。 ⑬弟（tì）：同“悌”，尊敬。长：以兄为长。 ⑭愧：怪异。 ⑮游：交游。这里指志同道合的人。 ⑯勤：忧虑，操心。 ⑰丑侪（chái）：同类，同辈。 ⑱作穷：生活不如意，困窘。 ⑲畎（quǎn）亩：田园。 ⑳穷：困窘不得志。通：仕途顺达。 ㉑佚（yì）：浮躁，不务实。 ㉒处封：处于边疆，有固守自封的意思。封，边疆。 ㉓俞：安。 ㉔不肖：不贤。

【译文】

叔向问晏子说：“在朝做官与无官闲居的人，应该坚守什么样的原则呢？”晏子回答说：“在朝做官侍奉国君的原则为，自己的才智谋略足以安定国家，德行高尚足以引导百姓，宽和仁慈足以容纳众人，不借自身廉洁侍奉国君来牟取名声，不侵害百姓的利益，这是最上等的表现；能洁身自好，不以掩盖错误来求得尊崇，不以阿谀奉承求得提拔重用，不以偏袒私党，不胡乱吹嘘自己的能力，是中等的表现；竭尽全力恪守职责不松懈，敬畏上司与国君不懈怠，因为害怕刑罚、忌惮获罪工作尽心，不去做违法的邪僻之事，是最下等的表现。这就是侍奉国君的三种不同道义。至于大贤之人，无官闲居与在朝做官没有区别，不过因时制宜罢了。人们常说的被称为君子的人，才能不足以补益国君，就退隐居家，耕种田地，编结草鞋，遵守国家法令，友爱同辈，尊敬乡里，说话实在不浮夸，行为正常不哗众取宠，这就是君子。不以国家大事为根本，不把百姓之事放心上，在家不体恤家人，在外不顾念朋友，行为浮夸怪异，自私自利，这就是狂妄邪僻之人，是贤明的国君所禁忌的。在朝做官不被国君任用，无官闲居不能安心闲居，想致富发财却困窘无方，最终只能从事耕种劳作。这种人不论穷困与还是显达在心中都没有长久的规划，心思不稳放荡浮躁，富贵显达时不能利于人，困窘时不能成于业，是固守自封、浅陋闭塞之人，他们将受到贤明国君的责罚。有智谋而不用来辅助国君，有能力而不用来为民众效力，安心闲居，这叫作傲视国君；苟且求进而舍弃该遵循的道义，苟且获取而不择手段，这叫作乱。自身既没有能力辅佐国君，又不能俯身为百姓做事，反而以无官闲居美化自己的德行，以轻视国君抬升自己的名望，这叫作祸乱国家。贤明的国君在上，这三种人都不能免于罪责。”叔向说：“贤与不贤，是人的天性吧！我经常反问自己，自己却从未得到答案。”

（注译：姚素娟　审核：王金智）

叔向问处乱世其行正曲晏子对以民为本第二十一

【题解】

晏子认为，身处乱世时，贤人最为重要的是坚守以民为本的理念，顾及百姓，保住了百姓们也就不会失去人格道义。

【原文】

叔向问晏子曰："世乱不遵道，上辟①不用义；正行则民遗，曲行则道废。正行而遗民乎？与持民而遗道乎？此二者之于行，何如？"晏子对曰："婴闻之，卑而不失尊，曲而不失正者，以民为本也。苟持民矣，安有遗道？苟遗民矣，安有正行焉？"

【注释】

①辟：邪僻。

【译文】

叔向问晏子说："世道混乱不堪而丧失了道义，国君邪僻不施行仁义；如果行为正直则百姓就会被抛弃遗殃，行为邪僻就会抛弃了道义。是坚持行为正直而失去民心呢？是为得民心而抛弃道义呢？面对这两种情况，应该怎么做呢？"晏子回答说："我听说，地位卑微而不失去尊贵的德行，委曲求全而不失去正直的品格，就要以民为本。如果爱护百姓，怎么会抛弃道义呢？如果舍弃了民心，怎么能有正直的行为呢？"

（注译：姚素娟　审核：王金智）

叔向问意孰为高行孰为厚晏子对以爱民乐民第二十二

【题解】

晏子回复叔向请教的关于思想和行为的问题，并作了这样的阐释——最高尚的思想行为是爱护百姓，最淳厚的行为是使百姓安乐。

【原文】

叔向问晏子曰："意①孰为高？行孰为厚？"对曰："意莫高于爱民，行莫厚于乐民。"又问曰："意孰为下？行孰为贱？"对曰："意莫下于刻民，行莫贱于害身②也。"

【注释】

①意：指思想、观念等。　②害身：因为待民苛刻，最后殃及自身。

【译文】

叔向问晏子说："哪种思想最为高尚？哪种行为最为淳厚？"晏子回答说："最为高尚的思想是爱护百姓，最为淳厚的行为是使百姓安乐。"叔向又问道："哪种思想最为卑下？哪种行为最为卑贱？"晏子回答说："待民苛刻是最为卑下的思想，作恶多端而祸及自身是最为卑贱的行为。"

（注译：姚素娟　审核：王金智）

叔向问啬吝爱之于行何如
晏子对以啬者君子之道第二十三

【题解】

晏子对叔向请教的关于“啬、吝、爱”的行为问题作了这样的阐释——“啬”是君子之道，“吝”和“爱”是小人的做派。

【原文】

叔向问晏子曰：“啬、吝、爱之于行何如？”晏子对曰：“啬者，君子之道；吝、爱者，小人之行也。”叔向曰：“何谓也？”

【译文】

叔向问晏子说：“啬、吝、爱在行为上是怎么表现呢？”晏子回答说：“啬，是君子的行为；吝、爱，是小人的行为。”叔向说：“怎么解释呢？”

【原文】

晏子曰：“称财多寡而节用之，富无金藏，贫不假贷，谓之啬；积多不能分人，而厚自养，谓之吝；不能分人，又不能自养，谓之爱。故夫啬者，君子之道；吝、爱者，小人之行也。”

【译文】

晏子说："根据钱财的多少有节制有计划地节约使用，富裕时不藏财物，贫穷时不向他人借贷，叫作啬；积蓄多不愿分给别人，但自己的生活十分富足，叫作吝；有财物既不愿意分给别人，自己也舍不得用，叫作爱。所以啬，是君子之道；吝、爱，是小人的行为。"

（注译：姚素娟　审核：王金智）

叔向问君子之大义何若
晏子对以尊贤退不肖第二十四

【题解】

晏子言简意赅地回答了叔向关于君子大义的问题，就是要尊敬贤能的人，排斥平庸的人。

【原文】

叔向问晏子曰："君子之大义何若？"晏子对曰："君子之大义，和调而不缘①，溪盎②而不苛，庄敬而不狡③，和柔而不铨④，刻廉而不刿⑤，行精而不以明污，齐尚而不以遗罢⑥，富贵不傲物⑦，贫穷不易行，尊贤而不退不肖⑧。此君子之大义也。"

【注释】

①缘：遵循，顺从。 ②溪盎：此处应为传写有误。当作"徯（xī）醯（xī）"，齐国方言，"大"的意思。 ③狡：急躁。 ④铨（quán）：通"跧"，卑微，低三下四。 ⑤刻：端正。廉：灵活有度，棱角分明。刿（guì）：伤害。 ⑥齐尚：尊尚平等统一。罢（pí）：软弱无能的人。 ⑦物：人。 ⑧不肖：不贤良。

【译文】

叔向问晏子说："作为君子应该奉行什么样的大义呢？"晏子回答说："君子应该奉行的大义为，与人相处和谐而不盲目顺从，对他人宽宏大量而不过分苛求，做事稳重恭敬而不急躁，宽顺柔和而不低三下四，说话灵活严正而不伤人，品行高洁而不随意挑明他人的污点，崇尚平等而不遗弃弱小无能的人，富贵时不高傲，贫穷时坚守自己的操守，尊敬贤能的人而不排斥平庸的人。这就是君子的大义。"

（注译：姚素娟　审核：王金智）

叔向问傲世乐业能行道乎晏子对以狂惑也第二十五

【题解】

叔向请教晏子说：有这么一种人，大不能治理国家，小不能维护好自己的家庭，却自以为是。以傲视现实为乐，自甘贫穷，这样的人生信条是否可取？晏子认为，以傲视贫困为荣的人，是没有受过道德礼仪教化的糊涂人，因为道是用来治理天下、匡正世道的。

【原文】

叔向问晏子曰："进不能事上，退不能为家，傲世乐业，枯槁[①]为名，不疑其所守者，可谓能行其道乎？"晏子对曰："婴闻古之能行道者，世可以正则正，不可以正则曲。其正也，不失上下之伦[②]；其曲也，不失仁义之理。道用，与世乐业；不用，有所依归[③]。不以傲上华[④]世，不以枯槁为名。故道者，世之所以治，而身之所以安也。今以不事上为道，以不顾家为行，以枯槁为名，世行之则乱，身行之则危。且天之与地，而上下有衰[⑤]矣；明王始立，而居国为制矣；政教错[⑥]，而民行有伦矣。今以不事上为道，反天地之衰矣；以不顾家为行，倍先圣之道矣；以枯槁为名，则世塞政教之途矣。有明上，不可以为下；遭乱世，不可以治乱。说若道，谓之惑，行若道，谓之狂。惑者狂者，木石之朴[⑦]也，而道义未戴[⑧]焉。"

【注释】

①枯槁（gǎo）：生活潦倒而形容憔悴的样子。　②上下之伦：上下尊卑的秩序，如君臣父子等。　③有所依归：以独善其身为人生信条。　④华：通“哗”，喧哗，哗众取宠。　⑤衰（cuī）：等级差别。　⑥错：通“措”，设置。　⑦木石之朴：没有经过雕琢打磨的木头石块，比喻没有经过礼仪教化的纯朴之人。　⑧戴：通“载”，蒙受，施加。

【译文】

叔向问晏子说：“进身为官没能力侍奉好国君，退身不能维护好家庭，傲视时世，安于现状贫困憔悴，从不怀疑自己的人生理想，这样的为人之道值得奉行推崇吗？”晏子回答说：“我听说古代能奉行为人之道的人，条件合适就去匡正世道，条件不行就委曲求全。他们匡正世道时，不丧失上下尊卑的伦理秩序；他们委曲求全时，不丧失仁义道德的原则信念。道义能施行时，与世人一起共事为乐；道义不能施行时，也以独善其身为人生信条。不以轻视国君来哗众取宠，不以安贫弃世来博取名声。所以，道义既能治理国家，也能让个人安身立命。现在以不治理天下，不顾念家庭为个人品行，反而以弃世安贫为人生追求的信念，那么天下就会大乱，自己也会陷入危险的境地。只要有天和地，就会有上下等级差别；圣明的国君开始建立国家，就应该颁布法令制度治理国家；道德教化开始设置，百姓的行为就有了秩序。现在不以侍奉国君为正道，就违反天与地的上下等级差别；以不顾念家庭为道德品行，就违背圣人流传下的道德法则；以弃世安贫为人生的信条，就堵塞了施行道德教化的途径。有圣明的国君在位，却不能做好臣子；逢遇乱世，却不能够治理好混乱。有这样观点的人，叫作糊涂；坚守这种观点的人，叫作狂乱。糊涂与狂乱的人，都像未经雕琢的木材石块，是没有受过道德礼仪教化的人。”

（注译：姚素娟　审核：王金智）

叔向问人何若则荣
晏子对以事君亲忠孝第二十六

【题解】

叔向请教晏子一个人怎样才称作荣耀。晏子认为，坚守忠、孝、和、信等品行的人可以称作荣耀。

【原文】

叔向问晏子曰："何若则可谓荣矣？"晏子对曰："事亲孝，无悔往行，事君忠，无悔往辞；和于兄弟，信于朋友，不謟[①]过，不责[②]得；言不相坐[③]，行不相反；在上治民，足以尊君，在下莅修[④]，足以变人，身无所咎[⑤]，行无所创[⑥]。可谓荣矣。"

【注释】

①謟（tāo）：隐蔽，掩藏。这里指隐瞒过失。 ②责：贪求。 ③坐：对质，争讼。这里指前后矛盾、不统一。 ④莅（lì）：监督，监管。修：治理，教化。 ⑤咎：罪责，过错。 ⑥创：伤，缺失。

【译文】

叔向问晏子说："人要怎样才能称作荣耀？"晏子回答说："孝顺双亲，没有做后悔的事，忠诚国君，没有后悔的言辞；友爱兄弟，诚信结交朋友，不掩饰过错，不贪求财物；说话不自相矛盾，行为不前后相反；做高官治理百姓，足以使国君得到尊崇，身居卑位修养自身，足以让人改变，为人处世没有过失，行为没有过错。这样就可以称作荣耀了。"

（注译：姚素娟　审核：王金智）

叔向问人何以则可保身晏子对以不要幸第二十七

【题解】

晏子答复叔向关于保全自身之道的问题，认为人要想收获必须先要付出相应的努力，而不能抱有非分之想和侥幸心理。

【原文】

叔向问晏子曰："人何以则可谓保其身？"晏子对曰："《诗》曰：'既明且哲，以保其身；夙夜匪懈，以事一人。'①不庶几②，不要幸③，先其难乎而后幸，得之时④其所也，失之非其罪也，可谓保其身矣。"

【注释】

①"既明且哲"一句：见《诗经·大雅·烝民》。明：明白事理。哲：洞悉世事。夙：早。懈：松懈。一人：特指周天子。　②庶几：希望。这里指非分之想。　③要（yāo）幸：侥幸。要，求，取得。幸，荣幸。　④时：通"是"，此。

【译文】

叔向问晏子说："人要怎么样才能称作保全自身？"晏子回答说："《诗

经》里说：‘明白事理又洞悉世事，就能够保全自身；从早到晚不懈怠，来为周天子做事。’心里没有非分之想，不心怀侥幸，开始时比较艰难而福运就会来到，得到的都是努力的结果，即使得不到也不是什么过错，这也算是保全自身了。”

（注译：姚素娟　审核：王金智）

曾子问不谏上不顾民以成行义者晏子对以何以成也第二十八

【题解】

晏子答复曾子的问题，他认为上不谏国君，下不顾及百姓，退隐山林，修行得道的人是没有品行道义的，是无能矫情的人。

【原文】

曾子问晏子曰："古者尝有上不谏上，下不顾民，退处山谷，以成行义者也？"晏子对曰："察其身无能也，而托乎不欲谏上，谓之诞意也。上惛①乱，德义不行，而邪辟朋党，贤人不用，士亦不易其行，而从邪以求进，故有隐有不隐②。其行法士也？乃夫议上，则不取也。夫上不谏上，下不顾民，退处山谷，婴不识其何以为成行义者也。"

【注释】

①惛（hūn）：糊涂，不明智。　②有隐有不隐："隐"或"不隐"都是为了自身利益，求进不成就隐退，成功了就不隐退，本身不是因为行道义。

【译文】

曾子问晏子说："古时候曾经有过对上不进谏国君，对下不顾念百姓疾苦，退隐山谷成就了自己品行道义的人吗？”晏子回答说：“仔细察看这种人自身能力低下，却以不想劝谏国君为托词，这叫作诞妄矫情。国君糊涂昏庸，德义得不到施行，邪僻的人结成朋党，贤人得不到任重，贤良的人也不会改变他们的品行，而这种人却跟随邪僻的人以求进身做官，所以有人退隐，有人不退隐。他们的行为难道是士人应该效仿的吗？非议国君的人，是不可取的。对上不进谏国君，对下不顾念百姓，退隐山谷之中，我不知道他们是怎样成为有品行道义的人的。”

（注译：姚素娟　审核：王金智）

梁丘据问子事三君不同心晏子对以一心可以事百君第二十九

【题解】

齐景公的宠臣梁丘据讥笑晏子多心，因为晏子辅佐过齐灵公、齐庄公与景公三位国君。晏子说，一心一意，百位国君也能侍奉；三心二意，一位国君也侍奉不了。

【原文】

梁丘据问晏子曰：“子事三君，君不同心，而子俱顺焉，仁人固多心乎？”晏子对曰：“婴闻之，顺爱①不懈，可以使百姓；强暴不忠，不可以使一人。一心可以事百君，三心不可以事一君。”仲尼闻之曰：“小子识之②！晏子以一心事百君者也。”

【注释】

①爱：爱惜，珍惜。　②小子：孔子对弟子的爱称。识（zhì）：记住。

【译文】

梁丘据问晏子说：“您侍奉过三位国君，国君的心思各不相同的，而您都能很好地顺从辅佐他们，是您仁爱的人有很多心吗？”晏子回答说：“我听说，温顺仁爱不懈怠，就能够役使众多民众；暴虐不忠心，一个人也役使不了。一颗忠心能够侍奉百位国君，三心二意一位国君也侍奉不了。”孔子听说这件事说：“弟子们记住了！晏子是用一心一意来侍奉百位国君的人。”

（注译：姚素娟　审核：王金智）

柏常骞问道无灭身无废晏子对以养世君子第三十

【题解】

晏子告诉周王朝的史官柏常骞，侍奉国君时，只有做到不固执傲慢，不轻易进退，不草率无忌，不急功近利等，才能坚持道义又能保存自身。

【原文】

柏常骞去周[1]之齐，见晏子曰："骞，周室之贱史也，不量其不肖[2]，愿事君子。敢问正道直行则不容于世，隐道危行则不忍[3]，道亦无灭，身亦无废者，何若？"

【注释】

①周：东周都城洛邑（今河南洛阳）。 ②不肖：与"贤"相对。 ③隐道：隐没正道，偏离正道。危：通"诡"，欺诈，邪曲。

【译文】

柏常骞离开东周都城洛邑来到齐国，见到晏子说："我是周室的一个地位低下的小史官，我担心能力不高，不能把您服侍好。斗胆请问一个人如果遵循正道、品行正直而不被世俗所容，如果不顾道义、行事诡诈就会良心不安，既想不放弃道义，又保全自身，应该怎么做呢？"

【原文】

晏子对曰："善哉！问事君乎。婴闻之，执一浩倨①，则不取也；轻进苟合，则不信也；直易无讳，则速伤也；新始②好利，则无敝也。且婴闻养世之君子，从重不为进，从轻不为退，省行而不伐③，让利而不夸，陈物④而勿专，见象⑤而勿强，道不灭，身不废矣。"

【注释】

①执一：刚愎自用。浩倨（jū）：傲慢清高。　②新始：追求新奇。　③省（xǐng）：自我反省。伐：自夸，炫耀。　④陈物：客观对待实际情况。陈，陈列。物，事物。　⑤象：法象，事物的现象。

【译文】

晏子回答说："问得好！您问的是如何侍奉国君吧。我听说，刚愎自用傲慢清高，则不被人接受；轻易进身为官随意苟同他人，则不被人信任；耿直草率不知避讳，则容易受到伤害；追求新奇爱好财物，则容易失败。而且我听说君子安身处世，不因为容易就上进，不因为艰难困苦就退隐，经常反省自身品行而不夸耀，谦让利益而不到处宣扬，实事求是而不主观臆断，对各种社会现象顺其自然而不勉强，这样就能既不丧失道义，也能保全自身。"

（注释：姚素娟　审核：王金智）

晏子春秋通译

下

临淄区齐文化研究中心 编

齐鲁书社

【卷五　内篇杂上】

庄公不说晏子晏子坐地讼公而归第一

【题解】

面对齐庄公表达不喜欢自己时，晏子直接坐在地上，以无礼之行谏无礼，声称不仅要与庄公打官司，还批评了庄公的无义、无理、尚武，并预言有灾祸降临到他身上。

【原文】

晏子臣于庄公，公不说，饮酒，令召晏子。晏子至，入门，公令乐人奏歌曰："已哉已哉！寡人不能说也，尔何来为？"

【译文】

晏子做齐庄公的臣子，但庄公不喜欢他，饮酒时，他派人把晏子叫来。晏子到来，进入大门，庄公命令乐人歌唱道："算了吧，算了吧！我不喜欢你，你还来做什么呢？"

【原文】

晏子入坐，乐人三奏，然后知其谓己也。遂起，北面坐地。公曰："夫子从席，曷为坐地？"晏子对曰："婴闻讼夫坐地，今婴将与君讼，敢毋坐地乎？婴闻之，众而无义，强而无礼，好勇而恶贤者，祸必及其身，若公者之谓矣。且婴言不用，愿请身①去。"遂趋而归，管籥其家者②纳之公，财在外者斥③之市。曰："君子有力于民，则进爵禄，不辞富贵；无力于民而旅食④，不恶贫贱。”遂徒行而东，耕于海滨。居数年，果有崔杼之难⑤。

【注释】

①请身：辞去官职。古人的观念为，做官就是把自身交给国君，所以辞官就是请求归还自身。 ②管籥（yuè）其家者：指家里库房中的资财。管籥，钥匙。 ③斥：排斥，散尽。 ④旅食：原指庶人做官后，没有相应的俸禄，众食于公家。这里指没有官职也没有俸禄，和庶人过着一样的日子。旅，众。 ⑤崔杼之难：齐庄公因与近臣崔杼之妻私通，被崔杼与人合谋杀死。

【译文】

晏子进来坐下后，乐人又奏了三遍乐，晏子这时才回味过来乐人的歌中所唱指的是自己。于是他站起身，向着北面坐在地上。齐庄公说：“先生您跟我一同坐在席间，为什么要坐到地上呢？”晏子回答说：“我听说打官司的人就是坐在地上的，现在我要同国君您打官司了，敢不坐在地上吗？我听说，拥有调遣众人的权利却不讲道义，势力强大却不讲礼仪，崇尚武力而厌恶贤良的人，灾祸一定会降临到这样的人身上，好像说的就是像国君您这样的人。既然我的谏言不被国君您采用，希望国君您能让我辞官离去。”于是晏子快步回到家里，把家中库房的财物都送交给庄公，在外面的财物都遣散在集市上。晏子说：“君子有能力为百姓做事，就加官晋爵，不用推辞富贵；没有能力为百姓做事，就与百姓同甘共苦，不嫌弃贫贱。”继而徒步向东而行，在海滨耕作为生。过了几年，果然发生了庄公被崔杼杀死的祸乱。

（注译：姚素娟　审核：孙长征）

庄公不用晏子
晏子致邑而退后有崔氏之祸第二

【题解】

齐庄公被崔杼所杀。晏子认为庄公不是为国家牺牲，而是因为私事而死，所以晏子既不陪死也不逃亡，更不回家，而是按照礼节吊唁了庄公而去。本篇阐述晏子处事原则是以社稷为重。

【原文】

晏子为庄公臣，言大用，每朝，赐爵益邑；俄而不用，每朝，致邑与爵。爵邑尽，退朝而乘，喟然[①]而叹，终而笑。其仆曰："何叹笑相从数[②]也？"晏子曰："吾叹也，哀吾君不免于难；吾笑也，喜吾自得也，吾亦无死矣。"

【注释】

①喟（kuì）然：喟然，叹气的样子。喟，同"喟"。　②数（cù）：密，紧。

【译文】

晏子做齐庄公的臣子，他被重用时，每次朝见，庄公都加赏爵位与食邑；不久不被重用了，每次朝见，庄公都收回晏子的食邑与爵位。爵位与食邑都收光了，晏子退朝乘车回家，喟然长叹，叹息之后又大笑起来。他的仆人不解地问："您为什么叹息后又紧接着笑呢？"晏子说："我叹息，是因为我们的国君不能免于灾难而哀伤；我欢笑，是为我能够保全自己而高兴，我不会因此而死。"

【原文】

崔杼[1]果弑庄公。晏子立崔杼之门，从者曰："死乎？"晏子曰："独吾君也乎哉？吾死也？"曰："行乎？"曰："独吾罪也乎哉？吾亡也？"曰："归乎？"曰："吾君死，安归？君民者，岂以陵民，社稷是主；臣君者，岂为其口实，社稷是养。故君为社稷死，则死之；为社稷亡，则亡之；若君为己死而为己亡，非其私昵，孰能任之。且人有君而弑之，吾焉得死之？而焉得亡之？将庸[2]何归？"

【注释】

①崔杼，齐国大夫。齐庄公与崔杼之妻私通，并羞辱崔杼，崔杼与他人合谋杀死了庄公。 ②庸：岂，难道。这里有加强反问语气的作用。

【译文】

崔杼果然弑杀了齐庄公。晏子站在崔杼的门前，随从的人问他："您要以死跟随吗？"晏子回答说："他只是我一个人的国君吗？我为什么要死呢？"随从又问："您想逃亡吗？"晏子说："他只是我一个人的国君吗？我为什么要出逃呢？"随从又问："您要回去吗？"晏子说："我们的国君死了，我能回到哪里去？国君是百姓的国君，怎么能以地位而凌驾于百姓之上，社稷是他的主业；作为国君的臣子，岂能只为了自己的俸禄，他应该造福国家。所以国君如果是为社稷而死，臣子就应当为他死；国君为社稷而出逃，臣子就应当为他出逃；如果国君是因为自己的私事而死，或者是为自己的私人原因而出逃，除非是他私下宠爱的人，其他人谁又有责任跟随他死亡或逃亡呢？况且人家是有宠于国君却杀死国君，我为何要为此而死？又为何要逃亡呢？我还能回到哪里去呢？”

【原文】

门启而入，崔子曰：“子何不死？子何不死？”晏子曰：“祸始，吾不在也；祸终，吾不知也。吾何为死？且吾闻之，以亡为行者，不足以存君；以死为义者，不足以立功。婴岂其婢子也哉？其缢而从之也？”遂袒免①，坐，枕君尸而哭，兴，三踊②而出。人谓崔子必杀之，崔子曰：“民之望也，舍之，得民。”

【注释】

①袒免：古时有代表哀悼的习俗。袒，露出左臂。免，摘掉帽子。　②踊：跳跃。这里指用力跺脚跳跃的样子。

【译文】

大门打开了，晏子走进去，崔杼说：“您为什么不去死？您为什么不去死？”晏子说：“祸乱开始时，我不在场；祸乱结束了，我不知情。我为何要去死呢？况且我听说，以为国君而逃亡奉为高尚行为的人，是不能够保全国君的；以死奉为道义的人，不会为国家建立功勋。我难道是他的婢女吗？难道非要跟着国君去死吗？”晏子于是袒露左臂摘下帽子，跪坐，伏在齐庄公的尸身上大哭，站起身，狠狠地跺了三下脚就走出门去。有人劝崔杼一定要杀了晏子，崔杼说：“晏子是百姓爱戴的人，放了他，可以得民心。”

（注译：姚素娟　审核：孙长征）

崔庆劫齐将军大夫盟晏子不与第三

【题解】

崔杼和庆封劫持齐国的将军大夫盟誓，晏子不参加。面对崔杼的强横凶暴，晏子宁死也不屈服。如果屈服的话，晏子就会成为崔杼、庆封的帮凶，因为崔杼的行为不符合天道仁义，虽然暂时成功，但遭到大多数人的反对，最终一定会失败。

【原文】

崔杼既弑庄公而立景公，杼与庆封相之，劫诸将军大夫及显士庶人于太宫之坎上①，令无得不盟者。为坛三仞②，坎其下，以甲千列环其内外，盟者皆脱剑而入。维③晏子不肯，崔杼许之。有敢不盟者，戟钩其颈，剑承其心，令自盟曰："不与④崔、庆而与公室者，受其不祥！"言不疾、指不至血者死，所杀七人。次及晏子，晏子奉杯血，仰天叹曰："呜呼！崔子为无道，而弑其君，不与公室而与崔、庆者，受此不祥！"俛⑤而饮血。

【注释】

①太宫：齐国开国国君姜太公的祠庙。坎：坑穴，祭坑。　②仞：古代长度单位，周制八尺，汉制七尺。　③维：通"惟"，只有，唯独。　④与（yǔ）：参与。　⑤俛（fǔ）：同"俯"，低头。

【译文】

崔杼杀死齐庄公后而拥立齐景公，他与庆封为丞相辅佐景公，把齐国的将军、大夫、名士及民众都劫持到姜太公祠庙的祭坑上，命令不准任何人不参与盟誓。他们筑起三仞高的祭坛，在坛下设立祭坑，安排一千多人的武装士兵包围在人群外面，参加盟誓的人都要解下佩剑才能进入。唯独晏子不肯解除佩剑，崔杼答应了他。有胆敢不盟誓的人，就用戟勾住他的脖子，用宝剑抵住他的心脏，命令各自盟誓说：“不和崔杼、庆封结盟而参与公室的人，都要遭受灾祸！”凡是盟誓不积极的、手指没有蘸到鲜血的立刻杀死，先后被杀死的已经有七个人。轮到晏子，晏子捧着歃血的杯子，仰天叹息说：“苍天啊！崔杼做了无道的事情，杀死他的国君，不参与公室并且和崔杼、庆封盟誓的人，就要遭受这样的灾祸！”（说完）低头喝下杯中的祭血。

【原文】

崔子谓晏子曰：“子变子言，则齐国吾与子共之；子不变子言，戟既在脰①，剑既在心，维子图之也。”晏子曰：“劫吾以刃，而失其志，非勇也；回吾以利，而倍②其君，非义也。崔子！子独不为夫《诗》乎！《诗》云：‘莫莫葛藟③，施于条枚④。恺悌⑤君子，求福不回⑥。’今婴且可以回而求福乎？曲刃钩之，直兵推之，婴不革⑦矣。”

【注释】

①脰（dòu）：脖子，颈。　②倍（bèi）：通“背”，背弃，背叛。　③莫（mù）：扩大。葛（gé）：植物名，豆科多年生草本植物。藟（lěi）：植物名，藤、葛类蔓草。　④施（yì）：蔓延。条枚：枝条和树干。　⑤恺（kǎi）悌：今作“岂弟”，和蔼平易。恺，和乐，和善。悌，敬重兄长。　⑥回：违背常理。　⑦革（gé）：变革，更改。

【译文】

崔杼对晏子说："您要是改变您说的话，那么我就与您共同享有齐国；如果您要是不改变您说的话，戟就在脖子上，剑就在心口上，您自己好好思量吧。"晏子说："用利刃劫持我，让我失去志向，这不是勇敢；用利益回报我，让我背叛国君，这不是仁义。崔子！您难道没有读过《诗经》吗？《诗经》上说：'茂盛的葛藟根，可以蔓延到枝头。和蔼可亲的君子，不会违背天道来谋求福祉。'如今我难道能通过违背天道来谋求福祉吗？弯曲的戟刃钩住脖子，径直的剑刃抵着心口，我不会更改了。"

【原文】

崔杼将杀之，或曰："不可！子以子之君无道而杀之，今其臣有道之士也，又从而杀之，不可以为教矣。"崔子遂舍之。晏子曰："若大夫为大不仁①，而为小仁②，焉有中乎？"趋出，援绥③而乘。其仆将驰，晏子抚其手曰："徐之！疾不必生，徐不必死。鹿生于野，命县④于厨，婴命有系矣。"按之成节而后去。《诗》云："彼己之子，舍命不渝⑤。"晏子之谓也。

【注释】

①大不仁：这里指杀死国君。　②小仁：这里指放了晏子。　③绥：上车的扶手。　④县（xuán）：通"悬"，挂，牵系。　⑤渝（yú）：改变，变更。

【译文】

崔杼想要杀掉晏子，有人说："不可以杀！您是因为您的国君无道才杀死他，如今他的臣子是有道义人士，您又紧接着要杀死他，这样就没有办法教化他人了。"崔杼于是放了晏子。晏子说："如果大夫做了一件大不仁的事，又去做一件小仁的事，怎么会有折中呢？"于是快步走出，拉着车扶手上了车。他的仆人想要驾车奔跑，晏子按着仆人的手说："慢慢走！跑快了不一定就能逃生，慢慢走不一定会死去。鹿生长在郊野，性命却攥在厨师的手中，我的性命也掌握在别人的手中。"于是车子按照固有的节奏离开。《诗经》上说："那个君子啊，宁可丢了性命也不改变志向。"这说的就是晏子吧。

（注译：王金智　审核：孙长征）

晏子再治阿而见信景公任以国政第四

【题解】

晏子通过两次治理东阿，得到了齐景公的信任，被委任治国理政的大权，齐国得以中兴。晏子施展智慧，通过对东阿截然不同的两种治理方式，取得诋毁和赞扬两种不同的结果，让景公明白了耳听为虚的现实，不能听从谄谀小人的谎言，从而使齐国得到治理，人民安居乐业。

【原文】

景公使晏子为东阿宰①，三年，毁②闻于国。景公不说，召而免之。晏子谢曰："婴知婴之过矣，请复治阿，三年而誉③必闻于国。"景公不忍，复使治阿，三年而誉闻于国。景公说，召而赏之，辞而不受。

【注释】

①宰（zǎi）：古代官吏的通称。这里指主宰一邑事务的长官。 ②毁：诋毁，说一个人的坏话。 ③誉：赞扬，说一个人的好话。

【译文】

齐景公派晏子担任东阿宰，三年的时间，诋毁晏子的话传遍齐国。景公很不高兴，召回晏子并且免去他的官职。晏子拜谢说："我知道我的过错了，请求再让我去治理东阿，三年内赞扬我的话一定传遍齐国。"景公不忍心，就让晏子再去治理东阿，三年的时间赞扬晏子的话传遍齐国。景公很高兴，召晏子入朝赏赐他，晏子推辞而不接受封赏。

【原文】

景公问其故。对曰："昔者婴之治阿也，筑蹊①径，急门闾②之政，而淫③民恶之；举俭力孝弟④，罚偷窳⑤，而惰民恶之；决狱不避，而贵强恶之；左右所求，法则予，非法则否，而左右恶之；事贵人体不过礼，而贵人恶之。是以三邪毁乎外，二谗毁于内，三年而毁闻乎君也。今臣谨更之，不筑蹊径，而缓门闾之政，而淫民说；不举俭力孝弟，不罚偷窳，而惰民说；决狱阿⑥贵强，而贵强说；左右所求言诺，而左右说；事贵人体过礼，而贵人说。是以三邪誉乎外，二谗誉乎内，三年而誉闻于君也。昔者婴之所以当诛者宜赏，今所以当赏者宜诛，是故不敢受。"景公知晏子贤，乃任以国政，三年，而齐大兴。

【注释】

①蹊（xī）：小路。　②闾：里巷的大门。这里指乡间里巷。　③淫（yín）：邪恶，奸邪。　④弟（tì）：通"悌"，尊敬兄长。　⑤偷窳（yǔ）：苟且偷懒，败坏腐败。　⑥阿（ē）：曲从，迎合。

【译文】

齐景公问这是什么原因。晏子回答说："当初我治理东阿，修建道路，加强乡间里巷的治安管理，于是奸邪的人就憎恶我；举荐节俭勤劳孝敬友爱的人，惩罚行为苟且做事懒惰的人，于是游手好闲的人就憎恶我；判决狱讼不回避权贵豪强，于是权贵豪强就憎恶我；身边的人有所请求，符合法规就给予，不符合法规就拒绝，于是身边的人就憎恶我；侍奉达官贵人的规格不超越礼制规范，于是达官贵人就憎恶我。这样三种奸邪的人在外面诋毁我，二种谄谀的人在内部诋毁我，三年来各种诋毁的话就传闻到国君您这里了。

如今我小心翼翼地改变过去的做法，不修建道路，放松乡间里巷的治安管理，于是奸邪的人高兴了；不举荐节俭勤劳孝敬友爱的人，也不惩罚行为苟且做事懒惰的人，于是游手好闲的人就高兴了；判决狱讼偏袒权贵豪强，于是权贵豪强就高兴了；身边的人有所请求全部答应承诺，于是身边的人高兴了；侍奉达官贵人的规格超越礼制规范，于是达官贵人高兴了。这样三种邪恶的人在外面赞扬我，二种谄谀的人在内部赞扬我，三年来赞扬我的话就传闻到国君您这里了。当初我要受惩罚的事恰恰是应当赏赐，如今我要受到赏赐的事恰恰是应当受惩罚，因此我不敢接受赏赐。”景公知道晏子是贤能的，于是就把治理齐国大权交给晏子，三年后，齐国大为兴盛。

（注译：王金智　审核：孙长征）

景公恶故人晏子退国乱复召晏子第五

【题解】

齐景公厌恶故交，晏子辞职，急流勇退。晏子离开后，景公自己治理国家，国君的权力被氏族集团削弱，社会出现混乱，迫不得已又召回晏子主理朝政。至此，景公这才知道自己缺乏独立治理国家的能力。

【原文】

景公与晏子立于曲潢①之上，晏子称②曰："衣莫若新，人莫若故。"公曰："衣之新也，信善矣；人之故，相知情。"晏子归，负载③，使人辞于公曰："婴故老耄④无能也，请毋服壮者之事。"公自治国，身弱于高、国⑤，百姓大乱。公恐，复召晏子。诸侯忌其威，而高、国服其政，田畴垦辟，蚕桑豢⑥收之处不足，丝蚕于燕，牧马于鲁，共贡入朝。墨子闻之曰："晏子知道，景公知穷⑦矣。"

【注释】

①曲潢（huáng）：水池名，形状曲折。潢，积水池。 ②称：称引，援引。 ③负载：把行李装上车，准备离开。 ④耄（mào）：年老昏乱。古人指八九十岁的年纪，泛指老年。 ⑤高、国：高氏、国氏，齐国的两大家族，齐国公卿，周王委任监国，位高权重。 ⑥豢（huàn）：以谷类饲养的家畜，如猪、狗。以别于吃草的牛、羊。 ⑦穷（qióng）：很少，匮乏。

【译文】

齐景公和晏子站立在曲池旁边，晏子援引古语说：“衣服都是新的好，人都是故交好。”景公说：“衣服是新的，确实是好；人是故交的，就太知根知底了。”晏子回家，装载了行李准备离开，派人向景公辞行说：“晏婴因为年老昏乱没有能力了，请不要让我再承担壮年人所做的事情。”于是景公就亲自治理国家，但势力被高氏、国氏集团削弱，百姓大乱。景公害怕了，又召回晏子。各国诸侯都敬畏晏子的威望，并且高氏、国氏集团也信服晏子的行政，齐国的田地得到开垦耕种，养蚕种桑饲养牲畜的地方都不够了，都到燕国缫丝养蚕，到鲁国放牧马群，燕、鲁一起向齐国进贡朝拜。墨子听到这件事后说：“晏子懂得治国的道理，景公明白自己缺乏能力了。”

（注译：王金智　审核：孙长征）

齐饥晏子因路寝之役以振民第六

【题解】

齐国发生饥荒，齐景公不愿意发粮救灾，晏子通过修筑路寝台之事，增加灾民报酬，延缓竣工日期，使更多灾民得到救济。

【原文】

景公之时饥，晏子请为民发粟，公不许，当为路寝之台，晏子令吏重其赁①，远其兆②，徐③其日，而不趋④。三年，台成而民振⑤，故上说乎游，民足乎食。君子曰："政则晏子欲发粟与民而已，若使不可得，则依物而偶于政⑥。"

【注释】

①赁（lìn）：工钱，给受雇人的报酬。 ②兆（zhào）：地域，范围。 ③徐（xú）：延缓。 ④趋（qū）：通"促"，催促。 ⑤振：通"赈"，赈济，救济。 ⑥物：事情。偶：配合，符合。

【译文】

齐景公时遇到饥荒，晏子请求为灾民发放救济粮，景公不允许。当时正在修建路寝台，晏子命令官吏增加修台灾民报酬，拉长施工间隔，延缓竣工日期，并且不催促。三年后，高台修成且民众得到赈济，国君既能高兴地游览路寝台，民众也有了充足的粮食。君子说："晏子本来就是想发放粮食救济灾民罢了，如果不能实现，就通过其他事情达到目的并且符合政令。"

（注译：王金智 审核：孙长征）

景公欲堕东门之堤晏子谓不可变古第七

【题解】

晏子向齐景公解释了齐桓公、管仲在临淄城东门外加高六尺堤防的原因。原因就是淄河曾发大水，从东门入城，水深六尺。晏子借此事例告诫景公，做事情要讲求实际，创新要建立在实践的基础之上。

【原文】

景公登东门防①，民单服②然后上，公曰："此大伤牛马蹄③矣，夫何不下六尺哉？"晏子对曰："昔者吾先君桓公，明君也；而管仲，贤相也。夫以贤相佐明君，而东门防全也。古者不为④，殆有为也。蚤岁⑤淄水至，入广门⑥，即下六尺耳。乡者⑦防下六尺，则无齐矣。夫古之重变古常⑧，此之谓也。"

【注释】

①东门防：齐都临淄城东门外的大堤。 ②单服：似为"卑服"，意思是匍匐、费力地攀登。 ③大伤牛马蹄：这里指大堤太高太陡，会严重损伤牛马的蹄子。 ④古者不为：应作"古者不下"。这里指齐桓公、管仲不降低大堤的高度。 ⑤蚤岁：早年间，过去。蚤，通"早"。 ⑥广门：齐都临淄城东边的一个城门。 ⑦乡者：向者，过去。乡，通

“向”。　⑧常：方法。

【译文】

齐景公来到齐都临淄城东门外的大堤上巡视，看见百姓费力地爬上爬下，景公说：“这大堤修筑得也太高太陡，会严重损伤牛马的蹄子，为什么不削去六尺？”晏子回答说：“过去我们的先君齐桓公，是明君；而管仲，是贤相。贤相辅佐明君，但东门外的大堤也完全没有改变。桓公、管仲不降低大堤高度，大概是有原因的。早年间淄水涌来，冲入广门，水位就是在大堤的六尺位置。过去大堤如果降低六尺，齐国就淹没了。古人重视改变古法常理，说的就是这个事情吧。”

（注译：姜　健　审核：孙长征）

景公怜饥者
晏子称治国之本以长其意第八

【题解】

晏子抓住齐景公同情老者的善举，对其进行了赞扬，并因势利导，劝景公在全国范围内开展救济扶助，得到了景公的积极响应。我们可以看出景公有怜悯之心，也可以看出晏子引导、鼓励景公向善行善的行为智慧。

【原文】

景公游于寿宫①，睹长年负薪者②，而有饥色。公悲之，喟然③叹曰："令吏养之！"晏子曰："臣闻之，乐贤而哀不肖，守国之本也。今君爱老，而恩无所不逮④，治国之本也。"公笑，有喜色。晏子曰："圣王见贤以乐贤，见不肖以哀不肖。今请求老弱之不养、鳏寡之无室者，论而共秩焉⑤。"公曰："诺！"于是老弱有养，鳏寡有室。

【注释】

①寿宫：齐国地名，大概在今山东寿光一带。②长年：老年人。负薪：背柴火。③喟然：叹气的样子。④逮：及，到。⑤共：通"供"。秩：本义是官吏的工资。这里指钱粮。

【译文】

齐景公到寿宫游玩，看见一个老年人背着柴，脸上有长期挨饿的面色。景公很同情他的境遇，叹息地说："让当地的官员赡养他！"晏子说："我听人说，喜爱贤良的人而怜悯不幸的人，这是执掌国家的根本啊。现在国君怜惜老者，恩惠遍及百姓，这是治理国家的根本。"景公笑了，面露喜悦。晏子说："圣明的国君遇到贤良就喜爱，遇到不幸的人就深表同情。现在我请求在齐国范围内对那些老弱而没有人养活、丧妻丧夫没有家庭的人，评定之后供给衣食。"景公说："好！"于是，老弱的人得到了赡养，丧妻丧夫者也重新建立了新的家庭。

（注译：姜　健　审核：孙长征）

景公探雀鷇鷇弱反之晏子称长幼以贺第九

【题解】

齐景公掏鸟窝逮了一只幼鸟，看它弱小可怜，又把它重新放回了窝里。晏子听到这件事后，非常高兴，赞扬景公有圣明君王的德行，并鼓励景公对鸟兽仁爱推及对民众仁爱。

【原文】

景公探雀鷇①，鷇弱，反②之。晏子闻之，不待时③而入见景公，公汗出惕然。晏子曰："君何为者也？" 公曰："吾探雀鷇，鷇弱，故反之。" 晏子逡巡④，北面再拜而贺曰："吾君有圣王之道矣！" 公曰："寡人探雀鷇，鷇弱，故反之。其当⑤圣王之道者何也？" 晏子对曰："君探雀鷇，鷇弱，反之，是长幼⑥也。吾君仁爱，曾禽兽之加焉⑦，而况于人乎！此圣王之道也。"

【注释】

①探：探取。这里指掏鸟窝。鷇（kòu）：雏鸟。 ②反：放回鸟窝。 ③不待时：不等到上朝时间。 ④逡（qūn）巡：倒退着走，表示恭敬。 ⑤当：相称，相配。 ⑥长（zhǎng）幼：使幼小的生命长大。

长，使……长大。　⑦曾（zēng）：同“增”，增加。加：施加。

【译文】

齐景公掏鸟窝逮了一只幼鸟，看它弱小可怜，又把它重新放回了窝里。晏子听到这件事后，立即入宫拜见景公，景公恐慌地汗流满面。晏子说：“国君最近做什么事了？”景公说：“我逮了一只幼鸟，看它弱小可怜，又把它重新放回了窝里。”晏子往后退了几步，向北拜了两拜，向景公祝贺说：“我们的国君有圣明君王的德行啊！”景公说：“我不过逮了一只幼鸟，看它弱小可怜，又把它重新放回了窝里。这能体现圣明君王的德行吗？”晏子回答说：“国君您逮幼鸟，看它弱小可怜，知道把它重新放回窝里，使幼小的生命长大。我们的国君仁慈友爱，对禽兽都这么好，更何况是对百姓呢！这就是圣明君王的德行。”

（注译：姜　健　审核：孙长征）

景公睹乞儿于涂晏子讽公使养第十

【题解】

晏子抓住齐景公同情乞讨孤儿的时机，劝景公救助孤儿。这表现了景公、晏子对孤儿的同情，也体现出晏子善于抓住时机、因势利导的劝谏智慧。

【原文】

景公睹婴儿有乞于涂者①，公曰："是无归②矣！"晏子对曰："君存，何为无归？使吏养之，可立而以闻。"

【注释】

①婴儿：儿童。乞：要饭。涂：同"途"，路上。　②无归：无家可归。

【译文】

齐景公看见有在路上乞讨的儿童，说："这些孩子无家可归啊！"晏子回答说："有国君您在，怎么能说无家可归呢？请您派官吏抚养这些儿童，马上就可以办到。"

（注译：姜　健　审核：孙长征）

景公惭刖跪之辱不朝晏子称直请赏之第十一

【题解】

齐景公因为大白天披散着头发，驾着六匹马拉的高车，带着妃嫔出宫，被受过刖刑砍了脚的看门人拦住，不许出宫，被迫返回。景公为此十分郁闷，几天不上朝。晏子却入宫表示祝贺，指出：明君在上，臣下才敢直言劝谏；国君善良包容，百姓才不敢于说话。现在看门人能直言敢谏，这恰恰是国君的福气，因此特来庆贺。晏子还请景公重赏了看门人，使朝廷保持了安宁。由此，我们可以看出晏子主张国君要包容大度、积极纳谏的思想，也可以看出晏子善于顺势而为、善于正面引导的劝谏艺术。

【原文】

景公正昼，被[①]发，乘六马[②]，御妇人以出正闺。刖跪击其马而反之[③]，曰："尔非吾君也。"公惭[④]而不朝。晏子睹裔款[⑤]而问曰："君何故不朝？"对曰："昔者君正昼，被发，乘六马，御妇人以出正闺。刖跪击其马而反之，曰：'尔非吾君也。'公惭而反，不果出[⑥]，是以不朝。"晏子入见，景公曰："昔者寡人有罪，被发，乘六马，以出正闺。刖跪击马而反之，曰：'尔非吾君也。'寡人以子大夫之赐，得率百姓以守宗庙，今见戮[⑦]于刖跪，以辱社稷，吾犹可以齐于诸侯乎？"晏子对曰："君勿恶焉！臣闻下无直辞，上有隐君；民多讳言，君有骄行。古者明君在上，下多直辞；君上好善，民无讳言。今君有失行[8]，刖跪直辞禁之，是君之福也，故臣来庆。请赏之，以明君之好善；礼之，以明君之受谏。”公笑曰：“可乎？”晏子曰：“可。”于是令刖跪倍资无征，时朝无事也。

【注释】

①被（pī）：同“披”，指头发散乱。 ②乘六马：驾着六匹马拉的高车。 ③刖跪：被砍了脚的后宫看门人。反：同“返”，返回。 ④惭：羞愧。 ⑤裔款：当时的齐国大臣。 ⑥不果出：指齐景公没能按照自己的心愿出宫游玩。 ⑦戮：羞辱。 ⑧失行：做了错事。

【译文】

齐景公在大白天，披散着头发，驾着六匹马拉的高车，带着宫中妃嫔从后宫出去。被砍了脚的看门人就击打景公的马让其返回宫，说：“你不是我的国君！”景公内心羞愧而不肯上朝。晏子看到齐国大夫裔款，问道：“国君为什么不上朝呢？”裔款说：“前几天，国君大白天，披散着头发，乘坐六匹马拉的高车，载着妃嫔出宫门。被砍了脚的看门人击打国君的马让国君回去，说：‘你不是我的国君。’国君羞愧地回宫，没有如愿外出，因此不上朝。”晏子入宫拜见景公，景公说：“几天前寡人做了错事，披散着头发，驾着六匹马拉的高车出宫门。被砍了脚的看门人击打我的马让我回去，还说：‘你不是我的国君。’寡人受夫子您和众大夫的辅佐，得以做齐国百姓的国君而守护宗庙社稷，今天我被守门人羞辱，并且有辱于国家，我还能与诸侯们并列吗？”晏子回答说：“国君不要记恨这件事！我听说臣下不直言敢谏，上面一定是有喜欢掩盖自己错误的国君；百姓不敢说话，国君一定有骄横的行为。古代只有明君在上，臣下才敢直言劝谏；国君善良包容，百姓才不避讳，敢于说话。现在国君有失德的行为，而被砍了脚的看门人直言敢谏，这是国君的福气啊，因此我特来庆贺。请国君赏赐被砍了脚的看门人，以表明国君您喜欢采纳好的意见；礼遇被砍了脚的看门人，以表明国君您接受了进谏。”景公笑着说：“这样做好吗？”晏子说：“好呀。”于是景公下令加倍赏赐了被砍了脚的看门人并免除了他的劳役，一时朝中平安无事。

（注译：姜　健　审核：孙长征）

景公夜从晏子饮晏子称不敢与第十二

【题解】

齐景公出宫夜宴，遭到晏子、穰苴的拒绝，却受到梁丘据的欢迎，体现了晏子、穰苴遵守礼制、恪尽职守的美德，也表现出景公贤人、小人并用，仅使齐国不亡的用人特点。

【原文】

景公饮酒，夜移于晏子，前驱款[①]门曰：“君至！”晏子被元端[②]，立于门曰：“诸侯得微[③]有故乎？国家得微有事乎？君何为非时而夜辱？”公曰：“酒醴之味、金石之声[④]，愿与夫子乐之。”晏子对曰：“夫布荐席、陈簠簋者[⑤]，有人，臣不敢与焉。”

【注释】

①款：敲。②被（pī）：同“披”，穿上。元：即“玄”，黑色。③得微：莫非，该不是。④金：指青铜制作的编钟。石：指美石制成的编磬。⑤布荐席：铺设座席。荐，草席，垫子。簠（fǔ）：古代盛放稻、粱等饭食的器具。簋（guǐ）：古代食器。

【译文】

齐景公在宫内喝酒，晚上又跑到晏子家里继续喝，景公的随从敲门说：“国君到了！”晏子身披上朝穿的黑礼服，站在门口说：“诸侯莫非有什么变故吗？国家莫非出事了吗？国君您为什么晚上屈尊到我家来了？”景公说：“美酒、美妙的音乐，我想跟夫子您一起享受。”晏子回答说：“铺设座席、摆放餐具，有专门的人负责，我不是做这个的。”

【原文】

公曰：“移于司马穰苴之家[①]。”前驱款门，曰：“君至！”穰苴介胄操戟立于门曰[②]：“诸侯得微有兵乎？大臣得微有叛者乎？君何为非时而夜辱？”公曰：“酒醴之味、金石之声，愿与将军乐之。”穰苴对曰：“夫布荐席、陈簠簋者，有人，臣不敢与焉。”

【注释】

①移：指齐景公夜宴，由宫内转移到宫外。穰苴（jū）：指田穰苴，齐国著名军事家，时任大司马（掌管全国军事），又称司马穰苴。②介：甲衣。胄（zhòu）：头盔。操戟（jǐ）：手持长戟。戟，古代长兵器。

【译文】

齐景公说：“那就改到司马穰苴家吧。”随从敲司马穰苴家的门，说：“国君到了！”司马穰苴顶盔贯甲手持兵器站在门口说：“诸侯莫非要侵略我们齐国吗？大臣莫非有叛乱的吗？国君您为什么晚上屈尊到我家来了？”景公说：“美酒、美妙的音乐，我想跟将军您一起享受。”穰苴回答说：“布置宴席、摆放餐具，有专门的人负责，我不是做这个的。”

【原文】

公曰：“移于梁丘据之家。”前驱款门，曰：“君至！”梁丘据左操瑟，右挈[①]竽，行歌而出。公曰：“乐哉！今夕吾饮也。微[②]此二子者，何以治吾国？微此一臣者，何以乐吾身？”

君子曰：“圣贤之君，皆有益友，无偷乐[③]之臣。景公弗能及[④]，故两用之[⑤]，仅得不亡。”

【注释】

①挈（qiè）：用手提着。　②微：没有。　③偷乐：偷懒取乐。　④弗能及：不能达到。　⑤两用之：齐景公既用晏子、穰苴这样的贤臣，又用梁丘据这样的小人。

【译文】

齐景公说："改去梁丘据家。"侍卫敲梁丘据的家门，说："国君到了！"梁丘据左手拿着瑟，右手提着竽，唱着歌出来迎接。景公说："高兴啊！今晚我可以好好喝酒了。没有晏子、穰苴二人，怎么能治理好国家？没有梁丘据，我怎么能享受快乐？"

君子说："贤明的国君，都有良师益友，没有偷懒取乐的臣子。景公比贤明的国君要差一些，两种大臣都任用，所以仅能勉强不至于亡国而已。"

（注译：姜　健　审核：孙长征）

景公使进食与裘晏子对以社稷臣第十三

【题解】

齐景公命晏子拿热饭、拿皮衣，遭到晏子拒绝。晏子认为，自己是社稷之臣，负责国家大事，不是负责饮食、衣物的臣子，没有给景公拿衣食的职责。这表现了晏子“国大于君”“为国大于为君”的思想，也体现出晏子以礼事君、不卑不亢、职责自明的良臣风范。

【原文】

晏子侍①于景公。朝寒，公曰：“请进暖食②。”晏子对曰：“婴非君奉馈③之臣也，敢辞。”公曰：“请进服裘④。”对曰：“婴非君茵⑤席之臣也，敢辞。”公曰：“然夫子之于寡人何为者也？”对曰：“婴，社稷之臣⑥也。”公曰：“何谓社稷之臣？”对曰：“夫社稷之臣，能立社稷，别上下之义，使当其理；制百官之序，使得其宜；作为⑦辞令，可分布于四方。”自是之后，君不以礼，不见晏子。

【注释】

①侍：陪侍。 ②暖食：热汤热饭。 ③奉馈：打理饭食。 ④服裘：皮衣。 ⑤茵：褥子，垫子。 ⑥社稷之臣：治国大臣，指辅佐国君治理国家、管理民众的大臣。 ⑦作为：撰写，制定。

【译文】

晏子陪侍在齐景公身边。早晨天冷，景公说："请您给我拿点热汤热饭来。"晏子回答说："我晏婴不是负责国君您饮食的臣子，我斗胆拒绝您的命令。"过了一会儿，景公又说："那请您给我拿件皮衣吧。"晏子回答说："我晏婴不是给您管理服饰的臣子，所以我斗胆拒绝您的命令。"景公说："那先生对我而言是干什么的呢？"晏子回答说："我晏婴，是治国大臣。"景公问道："什么叫治国大臣？"晏子回答说："所谓治国大臣，就是能够建立国家大政，分别上下级的界限，使大家的行为都符合常理；制定百官的秩序，使各级官员各守本职；制定法令条款，可以在全国各地发布。"从此以后，景公不按照礼制处事时，就不会见晏子。

（注译：姜　健　审核：孙长征）

晏子饮景公止家老敛欲与民共乐第十四

【题解】

快乐是需要和别人分享的。没有和别人分享的快乐，叫作独自快乐，最终是不会快乐的。执政管理者要做到与民同乐，不可以因为自己的快乐，去损害别人的利益。晏子用“天子与天下”“诸侯与境内”“大夫以下各与其僚”的例子说明了执政管理者要与民同乐这一重要论点。

【原文】

晏子饮景公酒，令器必新。家老①曰：“财不足，请敛于氓②。”晏子曰：“止！夫③乐者，上下同之。故天子与天下，诸侯与境内，大夫以下各与其僚④，无有独乐。今上乐其乐，下伤其费⑤，是独乐者也，不可！”

【注释】

①家老：先秦时期卿大夫家臣中的长者。 ②敛（liǎn）：收集，征集。氓（méng）：古代用来称呼平民百姓。 ③夫（fú）：文言发语词。 ④僚：下属官吏。 ⑤伤：损害。费：钱财。

【译文】

晏子和齐景公喝酒，要求盛酒的器皿必须是新的。家臣中的长者说：“（如果制作新的酒器）钱财不够用，请求从平民百姓身上收取。”晏子说："不可以！所谓乐，是要上下一起的。因此天子和天下（百姓同乐），诸侯与封地内（百姓同乐），大夫以下各自和他们的下属（同乐），没有独乐的。现在作为上层管理者的我们得到快乐，而下层百姓的财产却受到损害，这是独乐，不可以！"

（注译：傅　东　审核：孙长征）

晏子饮景公酒公呼具火晏子称《诗》以辞第十五

【题解】

做任何事都要把握一个尺度，如果过度了，就会损害自己和别人的利益、道德、形象，进行人际交往的过程中更要注意这一点。要正确对待自己所处的位置和扮演的角色，既要赢得别人的尊重，又要让别人充分享受到应有的尊重。

【原文】

晏子饮景公酒，日暮，公呼具[①]火，晏子辞曰：“《诗》云：‘侧弁之俄’，言失德也。‘屡舞傞傞’，言失容也。[②]‘既醉而出，并受其福’，宾主之礼也。‘醉而不出，是谓伐德’，宾主之罪也。婴已卜其日，未卜其夜。”公曰：“善。”举酒祭之，再拜而出。曰：“岂过我哉？吾托国于晏子也。以其家货[③]养寡人，不欲其淫[④]侈也，而况与寡人谋国乎！”

【注释】

①具：准备。　②“侧弁之俄”“屡舞傞傞”：出自《诗经·小雅·宾之初筵》。本义是讽刺统治者饮酒无度失礼败德。侧弁（biàn）：歪戴着帽子。弁，古代一种尊贵的冠帽，男子穿礼服时所戴。俄：歪斜的样

子。屡舞：接连多次歌舞，亦谓歌舞无度。傞（suō）傞：醉后舞蹈失态的样子。　③家货：指先秦时代大夫的资财。　④淫：过度。

【译文】

晏子请齐景公喝酒，天黑了，景公招呼准备灯具，晏子推辞说："《诗经》中说：'歪戴着帽子'，说的是酒后失德。'疯癫地舞蹈'，说的是酒后失态。'已经喝醉了酒，已经满足了道德的需求，已经喝醉了就回去，大家都感觉到舒服'，这是宾客和主人的礼数啊。'喝醉了还不离开，这叫损害道德'，是客人的罪过。我已经选择了在白天请您，却没有选择晚上伺候您喝酒。"景公说："好吧。"于是举起酒杯祭了天地，拜了两拜就出去了。景公说："哪里是我的过错呢？我已经把国家托付给了晏子。晏子用他的资财来伺候我，我不想让他过度浪费，何况他还要为我治理国家呢！"

（注译：傅　东　审核：孙长征）

晋欲攻齐使人往观
晏子以礼侍而折其谋第十六

【题解】

《孙子兵法·谋攻篇》云："上兵伐谋。"说的是用兵的上策是不动用武力而以谋略就能挫败敌人的战争图谋而获得胜利。凡在敌人开始对我进行战争图谋的时候，要及时运用谋略戳穿它，使其阴谋无法得逞而不得不屈服。本篇从细节入手，强调注意道德、仪礼和社会行为规范，是十分重要的。

【原文】

晋平公欲伐齐，使范昭[①]往观焉。景公觞[②]之，饮酒酣，范昭曰："请君之弃樽[③]。"公曰："酌[④]寡人之樽，进之于客。"范昭已饮，晏子曰："彻樽，更之。"樽觯具矣[⑤]，范昭佯醉，不说[⑥]而起舞，谓太师[⑦]曰："能为我调成周之乐[⑧]乎？吾为子舞之。"太师曰："冥[⑨]臣不习。"范昭趋[⑩]而出。景公谓晏子曰："晋，大国也，使人来将观吾政，今子[⑪]怒大国之使者，将奈何？"晏子曰："夫范昭之为人也，非陋而不知礼也，且欲试吾君臣，故绝之也。"景公谓太师曰："子何以不为客调成周之乐乎？"太师对曰："夫成周之乐，天子之乐也，调之，必人主[⑫]舞之。今范昭人臣，欲舞天子之乐，臣故不为也。"范昭归以报平公曰："齐未可伐也。臣欲试其君，而晏子识之；臣欲犯其礼，而太师知之。”仲尼闻之曰：“夫不出于尊俎⑬之间，而知千里之外，其晏子之谓也。可谓折冲矣⑭！而太师其与⑮焉。”

【注释】

①范昭：又称范昭子，祁姓，范氏，名吉射，谥昭。因范氏出自士族，故又称士吉射。　②觞（shāng）：原指古代盛酒的一种器皿。这里指用酒招待客人。　③樽（zūn）：古代盛酒或温酒的器皿。　④酌（zhuó）：斟酒。　⑤觯（zhì）：古代酒器。具：具备，准备好。　⑥说：通“悦”。　⑦太师：原意为古时三公之首，周代设置，为辅弼国君之官。这里指古代掌管音乐的官吏之长。　⑧成周之乐：周天子所享用的乐曲。　⑨冥：通“瞑”，浑噩迷离。　⑩趋：快走。　⑪子：古代对老师或有道德、有学问的人的尊称。　⑫人主：国君，文中指周天子。　⑬尊俎（zǔ）：盛酒肉的器具。樽以盛酒，俎以置肉。这里代指筵席。　⑭折：折断。冲：冲车，古代兵车，用来冲城攻坚。　⑮与：参与，协助。

【译文】

晋平公想攻打齐国，派范昭前往打探情况。齐景公请他饮酒，喝到兴头上，范昭说：“请让我用国君（指景公）用过的杯盏（这在古代是以下犯上的越制之举，是不合礼法的）。”景公说：“把我的酒杯斟上酒，递给客人。”可是等范昭喝完了自己杯中的酒，刚要换用景公的酒杯时，晏子吩咐道：“撤下（景公用过的）酒杯，（给范昭）换上另一个。”杯盏都齐了，范昭假意喝醉了酒，不高兴地跳起舞来，对太师说：“能够给我演奏成周的乐曲吗？我给你们跳舞。”太师说：“浑噩迷离的人（乐官长的自谦之词）没有学过。”范昭快步走了出去。景公对晏子说：“晋，是大国，派人来察看我国的政务，现在您惹怒了大国的使者，怎么办？”晏子说：“范昭的为人，并非是粗俗不懂礼数的，况且只是想试探一下我们君臣的虚实，所以我拒绝了他。”景公问太师道：“您为什么不给客人演奏成周的乐曲呢？”太师回答说：“成周的乐曲，是天子的乐曲，演奏它，一定是天子舞蹈。现在，范昭身为一名臣子，却想要用天子的乐曲来为自己伴舞，所以我不能演奏。”范昭回到晋国后，向平公报告说：“齐国不可以攻打呀。我想试探羞辱他们的国君，被晏子识破了；我想冒犯他们的礼法，被太师看穿了。”孔子听说这件事后，说：“不离开筵席，却可以知道千里之外的事，说的就是晏子这种人啊。可以说是不战而屈人之兵啦！而太师也协助了这件事情。”

（注译：傅　东　审核：孙长征）

景公问东门无泽年谷而对以冰晏子请罢伐鲁第十七

【题解】

晏子因为东门无泽以君子之礼回答齐景公的问话，了解到鲁国风调雨顺、生产丰足，政治清平、上下齐心，劝诫景公放弃了攻打鲁国的计划。晏子认为对有礼明德的国家，是不能攻击的，否则不但达不到目的，反而会丧失自己在天下诸侯和百姓中的威信。这个道理对于现在人际交往仍然具有十分重要的借鉴意义。

【原文】

景公伐鲁，傅许①，得东门无泽。公问焉："鲁之年谷②何如？"对曰："阴水厥③，阳冰厚五寸。"不知，以告晏子。晏子对曰："君子也。问年谷而对以冰，礼也。阴水厥，阳冰厚五寸者，寒温节，节则刑政平，平则上下和，和则年谷熟，年充众和而伐之，臣恐罢④民弊兵，不成君之意，请礼鲁以息吾怨，遣其执以明吾德⑤。"公曰："善。"乃不伐鲁。

【注释】

①傅：靠近。许：周代分封的姜姓诸侯国。　②年谷：一年中种植的谷物。这里指庄稼一年的收成。　③阴水：不见太阳的水。这里指冰。

厥：冻。 ④罢（pí）：通“疲”。 ⑤遣：遣送，释放。执：抓捕。这里指被抓的人，俘虏。

【译文】

齐景公攻打鲁国，靠近许国，抓获了一个叫东门无泽的人。景公问他：“鲁国的年成怎么样啊？”东门无泽回答说：“不见阳光的地方全冻着，见阳光的地方冰厚有五寸。”景公不明白他的话，就告诉了晏子。晏子回答说：“他是君子啊。问他年成而以冰回答，是礼啊。不见阳光的地方全冻着，见阳光的地方冰厚五寸，说的是冷暖合适，冷暖合适则刑法政令平稳，刑法政令平稳则上下和睦，上下和睦则农业生产好，年成好、众心齐而去攻打它，我担心百姓疲倦士兵疲惫，不能完成国君的想法，请您以礼对待鲁国而平息我们的怨气，放了抓获的俘虏以显示我们的德行。”景公说：“好。”于是不再攻打鲁国了。

（注译：傅　东　审核：孙长征）

景公使晏子予鲁地而鲁使不尽受第十八

【题解】

齐景公代表齐国，诚心想送给鲁国一些土地。鲁国使者代表国君没有全部接受。这说明对自己要谦卑，避免贪婪；对别人要尊重，拒绝逞强。对于别人给予的好处，不要全部占为己有；对于别人给予的心意，不能毫无节制地享用。这样，既能很好地尊重别人，又能赢得对方的尊重，双方的关系才能长久友好。在人际交往中处理与各种对象之间关系的方式方法，这是一个普遍道理。

【原文】

景公予①鲁君地，山阴数百社②，使晏子致③之，鲁使子叔昭伯④受地，不尽受也。晏子曰："寡君献地，忠廉⑤也，曷⑥为不尽受？"子叔昭伯曰："臣受命于君曰：'诸侯相见，交让⑦，争处其卑，礼之文也；交委⑧多，争受少，行之实也。礼成文于前，行成章⑨于后，交之所以长久也。'且吾闻君子不尽人之欢，不竭⑩人之忠，吾是以不尽受也。"晏子归报公，公喜笑曰："鲁君犹若是乎。"晏子曰："臣闻大国贪于名，小国贪于实，此诸侯之公患⑪也。今鲁处卑而不贪乎尊，辞实而不贪乎多，行廉不为苟得，道义不为苟合，不尽人之欢，不竭人之忠，以全其交，君之道义，殊于世俗，国免于公患。"公曰："寡人说鲁君，故予之地，今行果若此，吾将使人贺之。”晏子曰：“不！君以欢予之地，而贺其辞，则交不亲，而地不为德矣。”公曰：“善。”于是重鲁之币，毋比诸侯；厚其礼，毋比宾客。君子于鲁，而后明行廉辞地之可为重名也。

【注释】

①予：赠予，赠送。 ②山阴：泰山北面。社：古代指祭祀土地神的地方。春秋战国时期，每个村庄都供奉有一个土地神庙，数百社即指数百个村庄。 ③致：交接，给予。 ④子叔昭伯：鲁国大臣。 ⑤忠廉：诚心无私。 ⑥曷（hé）：代词，何，什么，表示疑问。 ⑦交让：相互谦让。 ⑧委：委托。 ⑨章：古通“彰”，彰显。 ⑩竭：穷尽。 ⑪公患：共有的毛病。

【译文】

齐景公要将泰山北面数百个村庄的土地送给鲁国，派晏子前去交接，鲁国派子叔昭伯接受土地，但没有全部收下。晏子说：“我的国君送给你们土地是诚心的，为什么不全部收下呢？”子叔昭伯说：“我接到我们国君的命令说：‘诸侯见面的时候，相互谦让，争相少接受，这是礼节的形式；交往的时候得到的馈赠多，却争着少接受，这是礼节的实践。礼节上先有了形式，后有了实践，交往才能够长久。’况且我听说君子不会用尽别人的好意，不会尽享别人的诚心，因此我不能全部收下。”晏子回去报告了景公。景公笑着说：“鲁国国君还是这个样子啊。”晏子说：“我听说大国贪图名声，小国贪图实惠，这是诸侯的通病啊。现在鲁国在诸侯国中处于劣势却不贪图尊贵，辞掉能够得到的好处而不去贪图更多的获取，行事廉洁而不做苟且的事，讲究道义而不做苟合的事，不竭力占有别人对他的好，不尽享别人对他的诚心，来保全自己与别的国家之间的交情，鲁国国君的道义，和一般国家不同，鲁国能够免掉其他国家贪图名利的通病。”景公说：“我喜欢和鲁国国君交往，所以送给他土地，现在的情况看来鲁国国君真是值得交往的，我要派人去鲁国祝贺。”晏婴说：“不！国君因为高兴送给他土地，这种行为本来是诚心的，现在鲁国没有全部接受，您派人去庆贺他的推辞之举，就显得您赠送土地的心不像刚开始那样诚实了，赠送土地的本来意义也失去了。”景公说：“好。”于是增加赠送给鲁国的钱财，不比照其他诸侯；交往的礼节隆重，不比照其他宾客的规格。君子对照鲁国，然后才明白行为廉洁、辞让赠地可以使国家的威望越来越高。

（注译：傅　东　审核：孙长征）

景公游纪得金壶中书晏子因以讽之第十九

【题解】

本篇表面上说明的是座右铭作用的问题。不论古代还是现代，很多人喜欢并拥有自己的座右铭，或是记录在书本上，或是悬挂在房间里，或是张贴在目及处，从而达到时时对照、不断警醒、激励前进的目的。但是，如果把这些座右铭藏在一个自己轻易看不到甚至很容易就忘记的隐秘处，它就起不到什么提醒的作用了。晏子通过对金壶铭文的阐释，劝诫齐景公不要耗尽民力，不要重用不肖的人，否则就会遭到灭亡。

【原文】

景公游于纪①，得金壶，乃发②视之，中有丹书③，曰："食鱼无反④，勿乘驽马⑤。"公曰："善哉，知若言！食鱼无反，则恶其鱢⑥也；勿乘驽马，恶其取道不远也。"晏子对曰："不然。食鱼无反，毋尽民力乎！勿乘驽马，则无置不肖于侧乎⑦！"公曰："纪有书，何以亡也？"晏子对曰："有以亡也。婴闻之，君子有道，悬之间⑧。纪有此言，注⑨之壶，不亡何待乎？"

【注释】

①纪：古国名，姜姓，在齐国东北部（故城在今山东寿光东

南）。　②发：打开，揭露。　③丹书：朱笔书写或者铸刻后涂以朱砂的文字。　④反：古通“翻”。　⑤驽（nú）马：劣马。　⑥鳈（sāo）：鱼腥味。　⑦置：安排，放置。不肖：没有才能、品行不端的人。侧：指身边。　⑧闾：古代以二十五家为一闾。这里指里巷的大门。　⑨注：本义是灌进去、注入。这里是记载的意思。

【译文】

齐景公到纪国游玩，得到一个金壶，于是打开来看，里面有丹书，说：“吃鱼不要翻过来，不要骑乘劣马。”景公说：“好呀，我知道这句话的意思！吃鱼不要翻过来，是不喜欢它的鱼腥味；不要骑劣马，是嫌弃它走不了远路。”晏子回答道：“不是这样的。吃鱼不要翻过来，是说不要用尽民力啊！不要骑劣马，则是不要将不肖的人安排在身边！”景公说：“纪国有这样的丹书，为什么会亡国呢？”晏子回答道：“有亡国的原因啊。我听说，君子有治国的谋略，要高悬在里巷，让家家户户都知道。纪国有这样的丹书，却记载在壶里，不灭亡还等待什么呢？”

（注译：傅　东　审核：孙长征）

景公贤鲁昭公去国而自悔晏子谓无及已第二十

【题解】

鲁昭公跑到齐国求助，齐景公认为昭公的后悔言辞很有道理，想要帮助他回到鲁国，这样昭公就会成为贤明的国君。而晏子认为昭公因为一意孤行而失权，责任主要在他自己。昭公在事前不注意防范，到了事后就后悔，还想赚取一个贤明的名声，这种人没有信用，不值得帮助。本篇说明要具有忧患意识，未雨绸缪，不要临渴掘井。

【原文】

鲁昭公弃国走齐，齐公问焉，曰："君何年之少，而弃国之蚤[①]，奚道至于此乎？"昭公对曰："吾少之时，人多爱我者，吾体不能亲；人多谏我者，吾志不能用；好则内无拂而外无辅[②]，辅拂无一人，谄谀[③]我者甚众。譬之犹秋蓬也[④]，孤其根而美枝叶，秋风一至，根且拔[⑤]矣。"景公辩其言，以语晏子，曰："使是人反[⑥]其国，岂不为古之贤君乎？"晏子对曰："不然。夫愚者多悔，不肖者自贤，溺者不问坠[⑦]，迷者不问路。溺而后问坠，迷而后问路，譬之犹临难而遽[⑧]铸兵，噎[⑨]而遽掘井，虽速亦无及[⑩]已。"

【注释】

①蚤（zǎo）：早。　②好（hào）：喜好，喜爱。拂（bì）：辅佐，帮助。辅：佐助。　③谄谀：谄媚阿谀。　④譬之：就好像。蓬：草名，蓬蒿。　⑤拔：动摇。　⑥反：通“返”。　⑦坠：深浅。一说为“队”。　⑧遽（jù）：立刻，马上。　⑨噎（yē）：食物堵住喉咙。　⑩无及：来不及。

【译文】

鲁昭公抛弃鲁国出逃到齐国，齐景公问他，说：“国君您年纪这么轻，而抛弃国家这么早，为什么会走到这个地步呢？”昭公回答说：“我年少之时，人们都很喜欢我，我却不能和他们亲近；劝谏我的人很多，我却一意孤行不采用；朝廷内外没有一个可以辅佐我的人，辅佐帮助我的没有一个人，谄媚阿谀我的人却有很多。就像秋天的蓬蒿一样，根很孤单而枝叶却很美，秋风一来，根就动摇了。”景公认为他讲得很有道理，就告诉了晏子，说：“如果让此人返回国家，他岂不是成了贤明的国君了吗？”晏子回答说：“不是这样的。愚昧的人总是喜欢后悔，不贤明的人总是认为贤能，溺水的人不询问水的深浅，迷路的人不问路。等到溺水以后才问水的深浅，迷路了以后才去问路，就好像面临战争危难之后才急急忙忙地去铸造兵器，吃东西噎住了之后才急急忙忙地去挖水井，即使速度很快也来不及了。”

（注译：傅　东　审核：孙长征）

晏子使鲁有事已仲尼以为知礼第二十一

【题解】

孔子一直认为晏子是通晓礼节的人。晏子出使鲁国，孔子安排弟子察看，发现晏子没有按照固定礼节，孔子难以向弟子解释。等到晏子面见完国君后来见孔子，说明了没有按照固定礼节操作的原因，孔子心里才豁然开朗，知道晏子是懂得善用礼节的人。原来晏子没有拘泥于固定的礼节，去呆板教条地运用，而是能够根据当时的实际情况来妥善应对，大处不违背，小处灵活掌握。

【原文】

晏子使鲁，仲尼命门弟子往观，子贡反，报曰："孰谓晏子习[①]于礼乎？夫《礼》曰：'登阶不历[②]，堂上不趋[③]，授玉不跪。'今晏子皆反此，孰谓晏子习于礼者？"晏子既已有事于鲁君，退见仲尼，仲尼曰："夫礼，登阶不历，堂上不趋，授玉不跪。夫子反此乎？"晏子曰："婴闻两楹[④]之间，君臣有位焉，君行其一，臣行其二。君之来速，是以登阶历，堂上趋，以及位也。君授玉卑，故跪以下之。且吾闻之，大者不逾闲[⑤]，小者出入可也。"晏子出，仲尼送之以宾客之礼。反，命门弟子曰："不法之礼，维晏子为能行之。"

【注释】

①习：熟悉。 ②历：超越，超过。 ③趋：小步快走。 ④槛（kǎn）：门下的横木，亦作“门坎”。 ⑤逾：超过，胜过。闲：法度，规范。

【译文】

晏子出使鲁国，孔子安排门下的弟子前去察看，子贡返回，汇报说：“谁说晏子熟悉礼仪？《礼经》说：‘上台阶的时候不能越级走，在大堂上的时候不能小步快走，接受玉器的时候不需要跪拜。’现在晏子都和这些要求相反，谁说晏子通晓礼仪？”晏子完成了和鲁国国君之间的事情后，退出宫廷去会见孔子，孔子说：“礼节，上台阶的时候不能越级走，在大堂上的时候不能小步快走，接受玉器的时候不需要跪拜。先生您违反了这些礼节吗？”晏子说：“我听说两个门槛之间，君臣都有自己的位置，国君走一步，做臣子的就要走两步。国君来得很急，因此我登上台阶的时候要超过一级、大堂上要小步快走，这样才能及时到位。国君送给我玉器而我应该谦卑地接受，所以才下跪。况且我听说，大的方面不能超越规范，小的方面可以有所出入。”晏子走后，孔子用宾客的礼节相送。回去，教育门下的弟子说：“应对没有按照固定形式出现的情况，礼节的掌握只有晏子能够做到。”

（注译：傅　东　审核：孙长征）

晏子之鲁进食有豚亡二肩不求其人第二十二

【题解】

晏子一贯节俭，早上吃饭的时候让人把乳猪的前腿端走，结果到晚上想吃的时候没有了。侍从想去抓小偷，晏子阻止了他，并告诉他，是自己没有交代清楚，可能小偷认为晏子不喜欢吃前腿，所以偷吃了。这件事的过错在自己身上。同时，要体谅别人的劳动，懂得和别人分享，不要刻意怪罪别人。

【原文】

晏子之鲁，朝食进馈膳①，有豚②焉。晏子曰："去其二肩。"昼者进膳，则豚肩不具。侍者曰："膳豚肩亡③。"晏子曰："释之④矣。"侍者曰："我能得其人。"晏子曰："止。吾闻之，量⑤功而不量力，则民尽；藏余不分，则民盗。子⑥教我所以改之，无教我求其人也。"

【注释】

①朝（zhāo）食：早饭。馈膳（shàn）：馈赠的膳食。　②豚（tún）：乳猪。　③亡：古同"无"，没有。　④释之：放弃，算了。　⑤量：衡量。　⑥子：你。

【译文】

晏子到鲁国去，早上吃别人送来的食物，有乳猪。晏子说："把两个前腿拿走。"到晚上吃饭的时候，乳猪的前腿没有了。侍从说："饭菜中乳猪的前腿不见了。"晏子说："算了吧。"侍从说："我能抓住这个小偷。"晏子说："不用。我听说，对人只衡量功劳大小而不去衡量所付出的劳动，那么民心就会丧失；把多余的东西藏起来而不分给别人，那么百姓就会偷盗。你应该教我因为这件事改正，而不要教我抓小偷。"

（注译：傅　东　审核：孙长征）

曾子将行晏子送之而赠以善言第二十三

【题解】

晏子对曾子的临别赠言，巧妙地运用制作车轮和雕琢和氏璧这两个形象的比喻，真诚劝诫曾子，要谨慎对待能改变自己本性之事，注意加强对自身的修养，对外部环境的选择要慎重。晏子的话，语重心长，具有深意。

【原文】

曾子①将行，晏子送之曰："君子赠人以轩②，不若以言。吾请以言乎，以轩乎？"曾子曰："请以言。"晏子曰："今夫车轮，山之直木也，良匠揉③之，其圆中规④，虽有槁暴⑤，不复嬴⑥矣，故君子慎隐揉⑦。和氏之璧⑧，井里之困也，良工修之，则为存国之宝，故君子慎所修。今夫兰本⑨，三年而成，湛⑩之苦酒，则君子不近，庶人不佩；湛之麋醢⑪，而贾⑫匹马矣。非兰本美也，所湛然也。愿子之必求所湛。婴闻之，君子居必择邻，游必就士，择居所以求士，求士所以避患也。婴闻汩⑬常移质，习俗移性，不可不慎也。"

【注释】

①曾子（公元前505—前435年）：名参（shēn），字子舆，孔子的弟子，儒家学派的重要代表人物。晏子生于公元前578年，卒于公元前500年，比曾子年长七十余岁，二人相交的可能性不大，本篇或为编者

附会。　②轩：车子。　③揉：用火烤。　④其圆中规：符合圆形的准则、要求。　⑤有：同“又”，再。槁暴（gǎo pù）：指风吹日晒而干枯。暴，同“曝”，晒。　⑥嬴：坚挺。　⑦隐揉：矫正车轮等弯曲的工具。　⑧和氏之璧：即和氏璧，中国历史上著名的美玉。　⑨兰本：兰草的根。　⑩湛（zhàn）：浸泡。　⑪麋（mí）醢（hǎi）：麋鹿肉制作的肉酱。　⑫贾：通“价”，价值。　⑬汩（gǔ）：本义是水流的样子。这里指日常生活。

【译文】

曾子将要离开齐国（笔者注：《说苑》记载曾子从孔子于齐，齐景公以下卿礼聘曾子，曾子固辞，将行），晏子送他说：“君子送别以车子，不如送人以话语。我是送给您话语呢，还是送给您车子呢？”曾子说：“请送给我话语。”晏子说：“现在的车轮，是用山上很直的木头做的，好的工匠用火烘烤它，使它符合圆形的要求，虽然经过风吹日晒而干枯，不再挺直了，所以君子在矫正弯曲的时候很慎重。和氏璧，本来就是山野中的一块石头，经过好的工匠雕琢，就成为传国之宝了，所以君子一定要对自己的修养抱着谨慎的态度。现在所说的兰草的根，三年才长成，如果把它浸泡在苦酒里，那么君子不愿意接近它，连一般人也不愿意佩带它；如果把它浸泡在麋鹿肉制作的肉酱里，它的价值就抵得上一匹马了。这并不是兰草的根变好了，是浸泡产生的作用。希望您一定注意寻找好的熏陶环境。我听说，君子居住一定要选择好邻居，出游一定要结交贤士，选择住处是为了寻求贤士，寻求贤士是为了躲避祸患。我听说日常的生活能够改变一个人的品质，风俗习惯能够改变一个人的性情，不能不慎重啊。”

（注译：傅　东　审核：孙长征）

晏子之晋睹齐累越石父解左骖赎之与归第二十四

【题解】

晏子在出使晋国途中，遇见作为奴隶的越石父，认为他是君子，于是用自己马车上驾辕的左马为他赎身，并用马车拉着他回到齐国家中。晏子认为自己的行为已经可以了，可是并不了解越石父的内心思想。越石父对晏子在乘马车和进家门时两次没有尊重自己感到受辱，要求马上离去。通过越石父的话语，晏子为他赎身，应该是了解他、尊重他的，但如果为他赎身而不尊重他，那么晏子就和那些役使越石父的人一样了，还不如不为他赎身。晏子终于明白了这个道理，以上宾之礼对待。通过这个事情可以看出，不懂你的人，如何贬低你都不要紧，关键是懂你的人，要知道尊重你，如果自认为是知己而不去尊重，那么就和不懂你的人一样了，这就是所谓的“气节”。

【原文】

晏子之晋，至中牟[①]，睹敝冠反裘负刍[②]，息于涂侧者，以为君子也。使人问焉，曰：“子何为者也？”对曰：“我越石父者也。”晏子曰：“何为至此？”曰：“吾为人臣[③]，仆于中牟，见使[④]将归。”晏子曰：“何为为仆？”对曰：“不免冻饿之切吾身，是以为仆也。”晏子曰：“为仆几何？”对曰：“三年矣。”晏子曰：“可得赎乎？”对曰：“可。”遂解左骖[⑤]以赠之，因载而与之俱归。至舍，不辞而入，越石父怒而请绝。晏子使人应之曰："吾未尝得交夫子也，子为仆三年，吾乃今日睹而赎之，吾于子尚未可乎？子何绝我之暴也？"越石父对之曰："臣闻之，士者诎[⑥]乎不知己，而申乎知己，故君子不以功轻人之身，不为彼功诎身之理。吾三年为人臣仆，而莫吾知也。今子赎我，吾以子为知我矣；向者子乘，不我辞也，吾以子为忘；今又不辞而入，是与臣我者同矣。我犹且为臣，请鬻[⑦]于世。"晏子出，请见曰："向者见客之容，而今也见客之意。婴闻之，省行者不引其过，察实者不讥其辞，婴可以辞而无弃乎？婴诚革之。"乃令粪[⑧]洒改席，尊醮[⑨]而礼之。越石父曰："吾闻之，至恭不修途，尊礼不受摈[⑩]。夫子礼之，仆不敢当也。"晏子遂以为上客。君子曰："俗人之有功则德，德则骄，晏子有功，免人于厄，而反诎下之，其去俗亦远矣。此全功之道也。"

【注释】

①中牟：根据唐代司马贞《史记索隐》："此赵中牟在河北，非郑之中牟。"认为中牟在黄河以北。唐代张守节《史记正义》注："荡阴县西五十八里有牟山，盖中牟邑在此山侧也。"　②敝（bì）：破旧。裘：皮衣。刍（chú）：喂牲畜的草料。　③臣：男子谦称。这里指男性奴隶。　④见使：被差遣。　⑤左骖（cān）：古代驾车三马中左边的马。后用四马，亦指四马中左边的马。　⑥诎（qū）：委屈。　⑦鬻（yù）：这里用为卖，出售之意。　⑧粪（fèn）：扫除。　⑨醮（jiào）：古代礼节，尊者为卑者斟酒，卑者接受敬酒后饮尽，不需回敬。　⑩摈（bìn）：接引宾客。

【译文】

晏子到晋国去，走到中牟邑，看见一个头戴着破帽子、反穿着皮衣、身背喂牲畜草料，在路边休息的人，认为他是君子。晏子就派人去问，说：

“您是干什么的？”回答说：“我是越石父啊。”晏子说：“怎么会到了这里呢？”回答说：“我是别人的奴隶，在中牟当仆人，被差遣出来将要回去。”晏子说：“为什么要当奴仆呢？”回答说：“没有办法免除寒冷和饥饿侵蚀我的身体（指生活无着落），所以给人当了奴仆。”晏子说：“当奴仆几年了？”回答说：“三年了。”晏子说：“可以为您赎身吗？”回答说：“可以。”晏子于是解下驾辕的左马送给他作为他赎身的费用，用车载着越石父和自己一起回到齐国。来到家门，晏子没有打招呼就走进家门，越石父生气了，请求与晏子绝交。晏子派人对越石父说：“我和先生您一向没有交情，您当了三年奴仆，我今天才看见并且为您赎了身，我对先生您还不可以吗？先生您为什么这么快就和我绝交呢？”越石父对他说：“我听说，士人可以在不了解自己的人那里受委屈，而在了解自己的人那里施展才能，所以君子不要以为自己有什么功绩而轻慢别人，也不会因为别人的功绩而委屈自己。我给别人当了三年的奴仆，是因为没有人了解我。现在先生您为我赎身，我以为先生您了解我；先前先生您乘车没有对我礼让，我以为先生您忘记了；如今先生您又没有对我礼让就进家，是和把我当奴仆看待的人一样了。我还是像奴隶一样，那就请把我卖了吧。”晏子出来，见越石父说：“先前我只看到贵客的外表，而今我看到了贵客的思想境界。我听说，能够检点自己行为的人就不会被抓住不放，详察实情的人就不会再去讥讽他说的话，我可以向您道歉而不被您拒绝吗？我诚心改过。”于是下令洒扫门庭更换筵席，用醮礼对待越石父。越石父说：“我听说，最恭敬的礼节不需要打扫道路，最尊贵的礼节不用接受傧相导引。先生礼待我，奴仆不敢承当。”晏子于是把越石父尊为座上宾。君子说：“世俗的人有了功绩就自以为自己高尚有德行，自以为高尚有德行就会骄傲，晏子有功绩，使别人从困境中脱离出来，而又能使自己在别人面前谦逊，他脱离世俗之气很远了。这是使自己保全功绩的道路。”

（注译：傅　东　审核：孙长征）

晏子之御感妻言而自抑损晏子荐以为大夫第二十五

【题解】

晏子虽然个子不高，但身为高官、名声显赫，可贵的是还能保持谦虚谨慎的态度，这是多么高尚的德行啊！相比之下，一些碌碌无为、一事无成的人总是自以为了不起。这个事例告诉我们，人不论处于什么样的位置，关键是要能做到为人谦和，思虑长远。我们要向晏子这样的人学习，切不可自我满足，得意忘形，失去了上进心。

【原文】

晏子为齐相，出，其御①之妻从门间而窥，其夫为相御，拥大盖，策驷②马，意气扬扬，甚自得也。既而归，其妻请去③。夫问其故，妻曰：“晏子长不满六尺，相齐国，名显诸侯。今者妾观其出，志念④深矣，常有以自下⑤者。今子长八尺，乃为人仆御⑥；然子之意，自以为足，妾是以求去也。”其后，夫自抑损⑦，晏子怪而问之，御以实对⑧，晏子荐以为大夫。

【注释】

①御：原意是驾驭。这里指驾驭马车的人。　②驷：四匹马拉的车。　③去：离开。　④志念：思想。　⑤自下：谦让。　⑥仆御：为人

驾车的仆人。 ⑦抑损：谦卑，谦逊。 ⑧对：回答。

【译文】

晏婴担任齐相，出门的时候，他车夫的妻子从门缝里窥视，她的丈夫为晏子赶车，在高大车盖簇拥下，驱赶着四匹马，意气扬扬，十分得意。回到家后，车夫的妻子请求离开他。丈夫询问原因，妻子说："晏子身高不到六尺，做了齐相，闻名于天下诸侯。今天我看他出门，思想深远，总是保持谦卑的态度。现在你身高八尺，却为别人驾车；可是你的心里，自以为满足了，所以我要求离开你。"从此以后，车夫自己保持着谦逊的态度，晏子感到奇怪就问他，车夫如实回答，晏子推荐他做了大夫。

（注译：傅 东 审核：孙长征）

泯子午见晏子晏子恨不尽其意第二十六

【题解】

泯子午拜见晏子，晏子以泯子午不能尽言，引起自己的反思。泯子午是一名游说之士，见到晏子还不能畅所欲言，更何况一般人，即使有才，也不一定能够见到晏子，或者一生未能得以施展，就抱憾离世了。本篇说明何者为人才和如何找到人才、机遇以及能否抓住机遇的问题，尤其作为上层管理者，要时刻反思自身，明白人才难得，要能做到虚心求士，轻财重士，礼贤下士。

【原文】

燕之游士①，有泯子午者，南见晏子于齐，言有文章，术有条理，巨可以补国②，细可以益晏子者三百篇。睹③晏子，恐慎④而不能言。晏子假之以悲色⑤，开之以礼颜，然后能尽其复⑥也。客退，晏子直⑦席而坐，废朝移时⑧。在侧者⑨曰："向者⑩燕客侍，夫子胡为忧也⑪？"晏子曰："燕，万乘⑫之国也；齐，千里之涂⑬也。泯子午以万乘之国为不足说⑭，以千里之涂为不足远，则是千万人之上也。且犹不能殚⑮其言于我，况乎齐人之怀善而死者乎！吾所以不得睹者，岂不多矣？然吾失此，何之有也？"

【注释】

①游士：春秋战国时期指从事游说活动的人。　②补国：对治理国

家有好处。③睹：看见，见到。④恐慎：恐惧，害怕。⑤假：用。悲色：温和的态度。⑥复：答复。⑦直：端端正正。⑧废朝移时：废，废弃，这里指耽误。移，移动，这里指过了时辰。⑨在侧者：身边的人。⑩向者：从前，刚才。⑪夫子：指对年长而学问好的人的尊称。胡：文言疑问代词，为什么。⑫乘（shèng）：古代称兵车，四马一车为一乘。⑬涂：通“途”，道路。⑭说（shuì）：通过言语让别人听从自己的意见。⑮殚（dān）：竭尽。

【译文】

燕国从事游说的人，有一个叫泯子午的，往南到齐国去见晏子，说话很有文采，理论很有条理，从大处说可以治理国家，从小处讲对晏子有益处的有三百篇。见到晏子，他吓得说不出话来。晏子用温和的态度对待他，用礼貌的方式开导他，这样之后泯子午才能回答完晏子的问话。客人（指泯子午）走后，晏子端端正正地坐在椅子上，连上朝的时间都耽误了。身边人（仆佣）说：“刚才燕国的客人陪伴着，您为什么忧愁呢？”晏子说：“燕国，是拥有一万辆兵车的大国；齐国，距离燕国有千里之远。泯子午放弃拥有万乘的燕国不去游说，而不远千里来到齐国，他已经是千万人之上的人了。他尚且不能把他的话全部对我说出来，何况齐国人里面那些有好的意见却死了的人呢！我没有见到的人，难道不是很多吗？可是我失去了这些人，还有什么可言的呢？”

（注译：傅　东　审核：孙长征）

晏子乞北郭骚米以养母骚杀身以明晏子之贤第二十七

【题解】

晏子曾经接济北郭骚以养其母，后来晏子受到齐景公怀疑，将要出逃，去向北郭骚辞行时，北郭骚没有帮助他，晏子很失落，认为他看错了人，不了解义士。后来北郭骚为了证明晏子的清白而自杀，北郭骚的朋友又为了北郭骚而自杀，唤醒了景公，劝回了晏子。晏子得知这些事后，认为自己更加不了解义士了。朋友在日常交往中，自认为互相信赖，却往往走不进彼此的内心，事情往往并不像自己想象的那样。所以，不能用自己片面的理解看待自己周围的人。

【原文】

齐有北郭骚者，结罘罔①，捆蒲苇②，织萉履③，以养其母，犹不足，踵④门见晏子曰："窃说先生之义，愿乞所以养母者。"晏子使人分仓粟府金而遗之，辞金受粟。有间⑤，晏子见疑⑥于景公，出奔，过北郭骚之门而辞。北郭骚沐浴⑦而见晏子曰："夫子将焉适⑧？"晏子曰："见疑于齐君，将出奔。"北郭骚曰："夫子勉之⑨矣！"晏子上车太息⑩而叹曰："婴之亡岂不宜哉！亦不知士甚矣。"晏子行，北郭子召其友而告之曰："吾说晏子之义，而尝乞所以养母者焉。吾闻之，养其亲者身伉⑪其难。今晏子见疑，吾将以身死白[12]之。”著[13]衣冠，令其友操剑，奉笥[14]而从，造[15]于君庭，求复者曰：“晏子，天下之贤者也，今去齐国，齐必侵[16]矣。方见国之必侵，不若死，请以头托白晏子也。”因谓其友曰：“盛吾头于笥中，奉以托。”退而自刎。其友因奉托而谓复者曰：“此北郭子为国故[17]死，吾将为北郭子死。”又退而自刎。景公闻之，大骇，乘驲[18]而自追晏子，及之国郊，请而反[19]之。晏子不得已而反，闻北郭子之以死白己也，太息而叹曰：“婴之亡[20]，岂不宜哉！亦愈不知士甚矣。”

【注释】

①罘（fú）罔（wǎng）：罘网。罘，捕兔网。这里泛指狩猎和打渔用的网。 ②蒲苇：蒲草和芦苇。这里指柴薪。 ③葩（fèi）履：古代的一种鞋。 ④踵：本义是脚后跟。这里指走到。 ⑤有间：不久。 ⑥见疑：受到怀疑。见，表被动。 ⑦沐浴：洗发洗身。北郭骚沐浴而出，以示恭敬有礼。 ⑧焉适：到哪里去。适，到……去。 ⑨勉之：尽力。 ⑩太息：叹息。 ⑪伉：当，承担。 ⑫白：表白。这里指洗清冤屈。 ⑬著（zhuó）：“着”的本字，穿着。 ⑭奉笥（sì）：捧着笥。奉，通“捧”。笥，苇或竹制的方形盛器。 ⑮造：本义指到某地去。 ⑯侵：这里是被动用法。 ⑰国故：等于说“国难”。这里指国家遭受的凶丧、战争等重大变故。 ⑱驲（rì）：古代驿站专用的车。 ⑲反：通“返”。 ⑳亡：逃。

【译文】

齐国有个叫作北郭骚的人，靠着捕鱼打猎，贩卖柴薪草鞋，来供养母亲，但还不足以奉养母亲，走到晏子家门前，见晏子说：“私下听说先生您很讲义气，希望讨要一些用来奉养母亲。”晏子派人从家里拿出钱财和粮食赠送给他，北郭骚拒绝了钱财，接受了粮食。不久，晏子被齐景公怀疑，将要出逃，经过北郭骚家而向他辞行。北郭骚沐浴后拜见晏子说：“先生您将要到哪里去呢？”晏子说：“被齐国国君怀疑，将要逃到外国去。”北郭骚说：“先生自己尽力吧！”晏子上车后叹息道：“我逃亡难道不是应该的嘛！我也太认不清义士的真面目啦。”晏子走后，北郭骚召集他的朋友告诉说：“我欣赏晏子的义气，而曾经向他讨要奉养母亲的东西。我听说，奉养我亲人的人而我应当为他承担灾难。现在晏子被怀疑，我将要用自己的死来为他表白。”穿好衣服，戴好帽子，让他的朋友拿着剑，端着笥跟随他，来到国君的宫廷，请求回复国君说：“晏子，天下贤能的人，现在离开齐国，齐国一定会遭到侵略。眼看着国家就要被侵略，不如死去，请用我的头来相托，为晏子表白。”因此告诉他的朋友说：“把我的头盛在笥里，端着呈送给国君。”向后退了退，自杀了。他的朋友因此端着笥告诉通报的人说：“这是北郭骚先生为国家的原因而死，我将要为北郭骚先生而死。”又后退而自杀。景公听了，十分惊慌，坐着驿站的车亲自去追赶晏子，一直到国家边境，请求晏子返回。晏子不得已而返回，听说北郭骚为了表白自己而牺牲性命，叹息说：“我出逃，难道不应该嘛！越来越看不清义士的真面目啦。”

（注译：傅　东　审核：孙长征）

景公欲见高纠 晏子辞以禄仕之臣第二十八

【题解】

齐景公想要任用高纠，晏子以高纠只是为了俸禄而为官为由拒绝引荐。这说明作为一个部下，要有事业心、使命感，要懂得珍惜岗位，如果只是为了得到俸禄而工作，却不能帮助自己的管理者处理事情，提出有效的意见建议，这样的人对于事业发展、对于管理者来讲是没有什么帮助的。

【原文】

景公谓晏子曰："吾闻高纠与夫子游①，寡人请见之。"晏子对曰："臣闻之，为地战者，不能成其王；为禄仕者，不能正其君。高纠与婴为兄弟久矣，未尝干②婴之行，特③禄之臣也，何足以补君乎？"

【注释】

①游：交往。 ②干：干扰，扰乱。 ③特：单独，单单。

【译文】

齐景公对晏子说："我听说高纠和先生您有交往，我想召见他。"晏子回答说："我听说，为扩张土地而发动战争的人，不能够成就他的王业；为了俸禄而为官的人，不能匡正他的国君。高纠和我像兄弟一样交往，时间已经很久了，却从来没有干涉过我的行为（指提出意见和建议），他只是单纯为了俸禄而为官的臣子，有什么可以帮助国君的呢？"

（注译：傅　东　审核：孙长征）

高纠治晏子家不得其俗乃逐之第二十九

【题解】

晏子认为，能够在一起交往的：一是在闲暇的时候可以从容地谈论大事，为别人开阔思路；二是要互相帮助，对外宣扬别人的美德，对内能够规劝别人的过错，做到谦虚谨慎；三是既能了解又能评论国家大事，不能慢待读书人、看不起知识，不能单纯做一个为了生活而工作的人。只有这样才能算是真正的朋友，否则，就要和他分开。

【原文】

高纠事晏子而见逐[①]，高纠曰："臣事夫子三年，无得，而卒[②]见逐，其说何也？"晏子曰："婴之家俗有三，而子无一焉。"纠曰："可得闻乎？"晏子曰："婴之家俗，间处从容不谈议，则疏[③]；出不相扬美，入不相削行[④]，则不与[⑤]；通国事无论，骄士慢知者，则不朝[⑥]也。此三者，婴之家俗，今子是无一焉。故婴非特食馈[⑦]之长也，是以辞。"

【注释】

①见逐：被辞退。见，表示被动。 ②卒：终于，表示最终结果。 ③疏：疏远，分开。 ④削行（xuē xíng）：规劝过错。 ⑤与：交往，交好。 ⑥朝：会聚。 ⑦馈：赠送，供给。

【译文】

高纠侍奉晏子却被辞退了，高纠说：“我侍奉先生您三年，没有得到什么，最后却被辞退了，有什么解释的吗？”晏子说：“我家里的规矩有三条，可您却一条都没有做到。”高纠说：“可以让我听听吗？”晏子说：“我家的规矩，闲暇的时候不能像朋友一样从容地谈论大事，为我治理国家开阔思路，就疏远他；在外边的时候不能够互相宣扬美德，在家里的时候不能够互相规劝过错，使之做到谦虚谨慎，就不和他交往；了解国家大事而不去评论，慢待读书人、看不起知识的人，不能和他聚会。这三条，是我家的规矩，现在您一条也没有做到。所以我不能让您做一个白吃饭的人，因此辞退您。”

（注译：傅　东　审核：孙长征）

晏子居丧逊答家老仲尼善之第三十

【题解】

晏子在家为父亲守孝，以谦逊的语言回答家臣的问题，暗中斥责时人的不懂礼节。孔子称赞晏子能够不用自己的正确来反驳别人的错误，以谦逊的态度避开是非祸患，是有义的人。

【原文】

晏子居晏桓子①之丧，粗衰②，斩③，苴绖④带，杖⑤，菅屦⑥，食粥，居倚庐⑦，寝苫⑧，枕草⑨。其家老曰："非大夫丧父之礼也。"晏子曰："唯卿为大夫。"曾子以闻孔子，孔子曰："晏子可谓能远害矣。不以己之是驳人之非，逊辞以避咎⑩，义也夫！"

【注释】

①晏桓子：即晏弱，晏子的父亲。　②粗衰（cuī）：用粗麻布制作的丧服。衰，亦作"缞"（cuī），是粗麻布织成的丧服上衣，裳为下衣。　③斩：不缝衣服的边角。　④苴绖（jū dié）：指用已结籽的麻纤维织成的粗麻布带子。　⑤杖：日常俗语中说的哭丧棒。　⑥菅屦（jiān jù）：用菅草编成的草鞋，粗陋而不作修饰。　⑦倚庐：靠着门外东墙临时搭建的简陋棚屋。　⑧苫（shān）：草垫。　⑨枕草：古代孝子讲究"居倚庐，寝苫枕块"，块指土块，与文中所述不一致。　⑩避咎（jiù）：避免罪过或过失。

【译文】

晏子在家为父亲晏桓子守孝，穿着粗麻布制作的丧服，没有缝边，头上、腰上扎着粗麻布带子，手里拿着孝棒，穿着粗陋的草鞋，吃稀饭，住在临时搭建的守孝棚中，床上铺的是草垫子，枕的是草。他家臣中的长者说："这并不是像您这样的大夫丧父的礼节啊！"晏子说："只有正卿才能行大夫丧父之礼（暗中驳斥）。"曾子把这件事告诉了孔子，孔子说："晏子可以称得上能够远离祸患的人啊。不用自己的正确来反驳别人的错误，以谦逊的态度避开是非祸患，这就是义！"

（注译：傅　东　审核：孙长征）

【卷六　内篇杂下】

灵公禁妇人为丈夫饰不止晏子请先内勿服第一

【题解】

齐灵公喜欢在宫中让宫女、妃嫔们女扮男装，而在宫外却严令禁止。晏子劝谏灵公应该宫内宫外一律禁止，杜绝了齐国女扮男装现象。

【原文】

灵公好妇人而丈夫饰①者，国人尽服之②，公使吏禁之，曰："女子而男子饰者，裂其衣，断其带。"裂衣断带相望③，而不止。晏子见，公问曰："寡人使④吏禁女子而男子饰，裂断其衣带，相望而不止者，何也？"晏子对曰："君使服之于内，而禁之于外，犹悬牛首于门，而卖马肉于内也⑤。公何以不使内勿服，则外莫敢为也。"公曰："善。"使内勿服，逾⑥月，而国莫之服。

【注释】

①妇人而丈夫饰：女子穿着男子的服饰。这里指女扮男装。　②尽：全，都。之：代词，代指女扮男装的行为。　③相望：相互都能看到。这里指被撕裂衣服、扯断衣带的人很多，到处可见。　④使：命令，派遣，安排。　⑤"悬牛首于门，而卖马肉于内也"句：犹言"挂羊头卖狗肉"，指表里不一。　⑥逾：超过。

【译文】

齐灵公喜欢女子穿着男子的服饰打扮（指女扮男装），全国的人民都这样去做，灵公派官吏禁止这件事，说："女子穿着男子服饰的，撕裂她的衣服，扯断她的衣带。"齐国国内到处都可以看到女子被撕裂衣服和扯断衣带的，可是女扮男装的问题还是没有得到解决。晏子觐见，灵公问道："我派官吏禁止女扮男装，撕裂她们的衣服和扯断她们的衣带，到处都可以看到被撕裂衣服和扯断衣带的女子，可是女扮男装的问题还是没有得到解决，这是什么原因呢？"晏子回答道："您让宫里的女子穿着男装，却在宫外禁止，这就像在门口挂着牛头而里面卖的是马肉一样。您何不先从宫里开始禁止女扮男装，这样宫廷外边的人就不敢这样做了。"灵公说："好。"下令宫里女子不能穿着男装，超过一个月，全国就没有女扮男装的了。

（注译：傅　东　审核：姜　健）

齐人好毂击晏子绐以不祥而禁之第二

【题解】

国君发布禁令，不准齐人毂击，但是没有制止住。晏子以自己的言行，实现了禁止齐人毂击的做法。

【原文】

齐人甚好毂击①，相犯②以为乐，禁之不止。晏子患③之，乃为新车良马，出与人相犯也。曰："毂击者不祥，臣其祭祀不顺、居处不敬乎？"下车而弃去之，然后国人乃不为。故曰："禁之以制④，而身不先行，民不能止。故化其心，莫若教也。"

【注释】

①毂（gǔ）击：战国时期，齐人驾车交驰，以毂相击为乐的一种活动。毂，本意是指车轮中心的圆木，周围与车辐的一端相接，中有圆孔，可以插轴，借指车轮或车。 ②相犯：这里指互相撞击。 ③患：担忧。 ④制：制度，法令。

【译文】

齐人喜欢毂击，用车毂相互撞击并以此取乐，虽禁而不止。晏子为此感到十分烦恼，于是乘坐一辆新车出门，故意与其他车辆相撞。晏子说："与人撞车是不吉祥的凶兆，难道是我祭拜神明时心意不够诚敬、平日居家待人不够谦和的缘故吗？”于是弃车离去，从此国人皆不再以撞车毂为乐。所以说：“用制度来禁止，而自身不先执行，民众就不能禁止。所以教化民众的心性，不如身教。”

（注译：傅　东　审核：姜　健）

景公瞢五丈夫称无辜晏子知其冤第三

【题解】

齐景公埋葬白骨，本来是为父亲齐灵公赎罪，却意外地得到民心。这说明只要国君想要去做善事，平民百姓的意愿是很容易得到满足的。

【原文】

景公畋于梧丘①，夜犹早，公姑②坐睡，而瞢有五丈夫北面韦庐③，称无罪焉。公觉④，召晏子而告其所瞢。公曰："我其尝杀不辜、诛无罪耶？"晏子对曰："昔者先君灵公畋，五丈夫罟⑤而骇兽，故杀之，断其头而葬之。命曰：'五丈夫之丘'，此其地邪？"公令人掘而求⑥之，则五头同穴而存焉。公曰："嘻！"令吏葬之。国人不知其瞢也，曰："君悯白骨，而况于生者乎？不遗余力矣，不释余知矣⑦。"故曰："君子之为善易矣。"

【注释】

①畋（tián）：畋猎，打猎。梧丘：指齐国宫殿梧台附近的高丘。　②姑：姑且，暂且。　③北：名词作状语，向北面对。韦庐：国君的行宫帐殿。　④觉（jué）：醒来。　⑤罟（gǔ）：名词作动词，用网捕捉。　⑥求：寻找，设法得到。　⑦释：舍弃。知（zhì）：古通"智"。

【译文】

齐景公在梧丘打猎，天色还很早，景公姑且坐着打起了瞌睡，梦见五个男子面向北面朝着景公的大帐，说自己没有罪。景公惊醒了，召见晏子并告诉他自己所做的梦。景公说：“我大概是曾经杀过没有罪的、无辜之人吗？”晏子回答道：“从前先君齐灵公打猎，有五个男子想要用网捕捉野兽却吓跑了野兽，于是灵公杀了他们，砍了他们的头埋葬了。起名叫‘五丈夫之丘’，这就是那个地方吧？”景公命令人掘土进行寻找，五颗人头在一个坑中找到了。景公说：“唉！”命令官吏埋了。齐国百姓不知道景公做的梦，说：“国君连死人的白骨都能够怜悯，何况是对活着的人呢？肯定会用上所有的力量，竭尽所有的才智了。”所以说：“君子（指国君）做好事是很简单的。”

（注译：傅　东　审核：姜　健）

柏常骞禳枭死将为景公请寿晏子识其妄第四

【题解】

齐景公的宠臣柏常骞用祭祀活动为景公除去猫头鹰叫的烦恼，还说能让景公增加寿命。晏子运用自己的聪明才智揭穿了柏常骞的骗局。

【原文】

景公为路寝之台①，成，而不踊②焉。柏常骞曰："君为台甚急，台成，君何为而不踊焉？"公曰："然③！有枭昔者鸣④，声无不为也⑤，吾恶⑥之甚，是以不踊焉。"柏常骞曰："臣请禳⑦而去之。"公曰："何具⑧？"对曰："筑新室，为置白茅⑨。"公使为室，成，置白茅焉。柏常骞夜用事⑩。

【注释】

①为（wéi）：做。路寝：古代国君处理政务的宫室。台：高台，上有宫殿楼阁，用于登高望远。　②踊（yǒng）：往上跳，往上走。　③然：指示代词，这样。　④枭（xiāo）：指猫头鹰。昔：古同"夕"，夜。　⑤声无不为也：意思是什么声音都叫得出来。　⑥恶：厌恶。　⑦禳（ráng）：祈祷消除灾殃、去邪除恶之祭。　⑧具：具备，准备。　⑨

白茅：草名，古代常用以包裹充祭祀的礼物。 ⑩用事：指举行祭祀。

【译文】

齐景公修建路寝宫的高台，建成后，却不上去。柏常骞说："国君您很着急地修建这个高台，高台建成，您为什么不上去呢？"景公说："是这样的！有只猫头鹰夜晚一直在叫，什么声音都叫得出来，我非常厌恶它，所以没有上去高台。"柏常骞说："请让我祭祀祷告来除掉它。"景公说："需要准备什么东西？"柏常骞说："建筑一座新房子，里面放上白茅。"景公派人建造房子，修好后，里面放上白茅。常柏骞晚上举行祭祀活动。

【原文】

明日，问公曰："今昔闻鸮[①]声乎？"公曰："一鸣而不复闻。"使人往视之，鸮当陛[②]，布翌[③]，伏地而死。公曰："子之道若此其明，亦能益寡人之寿乎？"对曰："能。"公曰："能益几何[④]？"对曰："天子九，诸侯七，大夫五。"公曰："子亦有征兆之见[⑤]乎？"对曰："得寿，地且动。"公喜，令百官趣[⑥]具骞之所求。

【注释】

①鸮（xiāo）：中国古代对猫头鹰一类鸟的总称。 ②陛：台阶。 ③翌：通"翼"。 ④益：增加。几何：多少。 ⑤见：通"现"，显现。 ⑥趣（cù）：古同"促"，催促，急促。

【译文】

第二天，柏常骞问齐景公："今天晚上国君您听到猫头鹰的叫声了吗？"景公说："一声也没听到。"景公派人到高台那里看什么情况，只见那只猫头鹰正在台阶上，翅膀张开着，倒在地上死了。景公说："你的道术如此高明，也能增加我的寿命吗？"柏常骞说：'能。'景公问："能增多少岁？”柏常骞说：“天子增九岁，诸侯增七岁，大夫增五岁。”景公问：“你能让增寿时出现征兆吗？”柏常骞说：“增寿时，地面会有震动。”景公很高兴，让大家赶快准备柏常骞要用的东西。

【原文】

柏常骞出，遭晏子于涂①，拜马前，辞②。骞曰：“为君禳鸮而杀之，君谓骞曰：‘子之道若此其明也，亦能益寡人寿乎？’骞曰：‘能。’今且大祭，为君请寿，故将往以闻。”晏子曰：“嘻！亦善能为君请寿也。虽然③，吾闻之，维④以政与德而顺乎神，为可以益寿，今徒⑤祭，可以益寿乎？然则福兆有见乎？”对曰：“得寿，地将动。”晏子曰：“骞！昔吾见维星绝⑥，枢星⑦散，地其动，汝以是乎？”柏常骞俯有间⑧，仰而对曰：“然。”晏子曰：“为之无益，不为无损也。汝薄敛⑨，毋费民⑩，且无令君知之。”

【注释】

①涂：同“途”，道路。　②辞：答谢。　③虽然：用在上半句，下半句多用“但是”等呼应，表示承认前面的为事实，但后面的并不因此而不成立。　④维：只有。　⑤徒：只，仅仅。　⑥维星：星宿名，即北斗星中为“斗柄”的三颗星。绝：意为三颗星不相连。　⑦枢星：星名，又名“天枢”，北斗星的第一星。　⑧俯有间：低头想了一会儿。　⑨薄敛：少征收赋税。　⑩费民：耗费民财。

【译文】

柏常骞出门在外，在路上遇上了晏子，他在晏子马前作揖下拜，晏子答谢。柏常骞说：“我为国君祭祀除去了猫头鹰，国君对我说：‘你的道术如此高明，也能为我增加寿命吗？’我说：‘能。’今天将举行盛大的祭祀活动，为国君请求增寿，所以将要前去把这事告诉您。”晏子说：“好！能为国君请求增加寿命，这太好了。虽然这样，但是，我听说，只有以政治和道德顺应神意，才可以增加寿命，现在你只用祭祀活动，就可以增加寿命吗？这样就会有福兆显现吗？”柏常骞说：“增加寿命，地就会震动。”晏子说：“柏常骞啊！昨晚上我见维星不相连，枢星也散开了，地震将会发生，你就是根据这个认为的吧？”柏常骞低头想了一会儿，抬起头来对晏子说：“是这样。”晏子说：“做这些无用的祭祀活动，不做也没有什么害处啊。你要少向百姓征收赋税，不要耗费民财，而且不要让国君知道这件事。”

（注译：贾　健　审核：姜　健）

景公成柏寝而师开言室夕晏子辨其所以然第五

【题解】

齐景公新建成一座宫殿，乐师开根据音调的高低判断房子方位偏西，工匠和司空都从技术的角度回答是根据房子和城墙的方位来定的，只有晏子回答是周王朝的都城在我们的西方，所以我们建造的房子偏西，以此来尊重周王朝，包含了尊崇周天子的政治倾向。

【原文】

景公新成柏寝之台①，使师开②鼓琴，师开左抚宫③，右弹商，曰："室夕④。"公曰："何以知之？"师开对曰："东方之声薄，西方之声扬。"公召大匠曰："立室何为夕？"大匠曰："立室以宫矩⑤为之。"于是召司空⑥曰："立宫何为夕？"司空曰："立宫以城矩为之。"

【注释】

①柏寝之台：台名。　②师开：乐师，名开。　③宫：我国古代音乐五声音阶（宫、商、角、徵、羽）之宫调。　④夕：同"西"。　⑤矩：规矩。　⑥司空：古代官名，掌握工程营造事务。

【译文】

齐景公新建成了柏寝台，让名字叫开的乐师在这里弹琴助兴，乐师开左手弹宫调，右手弹商调，说："这座房子偏西了。"景公问："你怎么知道的？"乐师开对景公说："琴弦东边的音调低，西边的音调高。"景公召来建造房子的工匠问道："这座房子为什么偏西？"工匠说："建造这座房子是以宫殿为标准定方位来建造的。"景公于是召来司空问道："这座房子为什么偏西？"司空说："建造这座房子是以城墙为标准定方位来建造的。"

【原文】

明日，晏子朝公，公曰："先君太公以营丘之封立城①，曷为夕？"晏子对曰："古之立国者，南望南斗，北戴枢星②，彼安有朝③夕哉！然而以今之夕者，周之建国，国之西方，以尊周也。"公蹴然④曰："古之臣乎！"

【注释】

①太公：指齐国的开国君主姜太公。营丘：地名，姜太公初封齐地，建都于营丘。后来，齐献公改名为临淄。封：边界，疆界。 ②戴：顶，正上方。枢星：北斗星中的第一颗星。 ③朝：与"夕"相对，朝阳东升，这里意思是偏东。 ④蹴（cù）然：恭敬的样子。

【译文】

第二天，晏子上朝拜见齐景公，景公问他："我们的先君齐太公以营丘的边界建立国都的城墙，为什么要偏西呢？"晏子回答说："古时候修建都城，南边正对着南斗星，北边头顶着北斗星，那怎么会有偏东偏西呢！但是现在房子偏西，是因为周天子建都城在我们的西方，我们以此来尊崇周王朝啊。"齐景公恭敬地赞叹道："太公真是古代的贤臣啊！"

（注译：贾　健　审核：姜　健）

景公病水瞢与日斗
晏子教占瞢者以对第六

【题解】

齐景公得了水肿病一直不好。一天，景公做梦自己和两个太阳打斗没取胜，他认为自己快要死了。晏子知道景公信任解梦人而不信任自己，所以把自己的话告诉解梦人，让解梦人再说给景公。景公的病很快就好了。景公知道事情的真相后，对解梦人和晏子两人都进行了赏赐。

【原文】

景公病水①，卧十数日，夜瞢与二日斗，不胜。晏子朝，公曰："夕②者瞢与二日斗，而寡人不胜，我其死乎？"晏子对曰："请召占瞢者③。"出于闺④，使人以车迎占瞢者。

【注释】

①病水：得了水肿病。　②夕：夜晚。　③占瞢者：解梦人。　④闺：宫中的小门。

【译文】

齐景公得了水肿病，躺床上十几天了，一天晚上梦见他和两个太阳相斗，败了。晏子上朝时，景公对他说："我昨晚上梦见和两个太阳相斗，而我却被打败了，我是不是要死了？”晏子对他说：“请让我把解梦人召来吧。”晏子出了宫门，派人用车把解梦人接来。

【原文】

至，曰：“曷为见召[①]？”晏子曰：“夜者，公瞢二日与公斗，不胜。公曰：‘寡人死乎？’故请君占瞢，是所为也[②]。”占瞢者曰：“请反具书[③]。”晏子曰：“毋反书。公所病者，阴也；日者，阳也。一阴不胜二阳，故病将已。以是对。”占瞢者入，公曰：“寡人瞢与二日斗而不胜，寡人死乎？”占瞢者对曰：“公之所病，阴也；日者，阳也。一阴不胜二阳，公病将已。”

【注释】

①曷：通“何”。见：被。 ②是所为也：这就是请你来的原因。 ③反：通“返”，回去。具：准备。

【译文】

解梦人到了，问晏子：“为了什么事召见我呢？”晏子说：“昨夜，国君梦见两个太阳和他争斗，他没获胜。国君说：‘我是不是要死了？’所以我请您来解梦，就是为这事。”解梦人说：“请让我回去拿解梦的书。”晏子说：“不用回去拿了。国君的病，属阴性；太阳，属阳性。一个阴性斗不过两个阳性，所以这预示着国君的病快好了。您就这样回答他。”解梦人进了齐景公的宫殿，景公说：“我梦见和两个太阳争斗却被打败了，我是不是要死了？”解梦人对景公说：“国君您的病，属阴性；太阳，属阳性。一个阴性斗不过两个阳性，这说明国君您的病快好了。”

【原文】

居三日，公病大愈，公且[①]赐占瞢者。占瞢者曰：“此非臣之力，晏子教臣也。”公召晏子，且赐之。晏子曰：“占瞢者以占之言对，故有益也。使臣言之，则不信矣。此占瞢之力也，臣无功焉。”公两赐之，曰：“以晏子不夺人之功，以占瞢者不蔽[2]人之能。”

【注释】

①且：将。　②蔽：遮蔽，隐藏。

【译文】

过了三天，齐景公的病全好了，景公将要赏赐解梦人。解梦人说：“这不是我一个人的功劳，是晏子教我这么说的。”景公又召见晏子，将要赏赐他。晏子说：“解梦人用我的话回答您，所以才有效。让我对您说这些话您就不会信了。所以这还是解梦人的功劳，我没有任何功劳。”景公对他们两人都进行了赏赐，说：“因为晏子不抢夺别人的功劳，因为解梦人不隐瞒别人的才能。”

（注译：贾　健　审核：姜　健）

景公病疡
晏子抚而对之乃知群臣之野第七

【题解】

齐景公背上长了个毒疮，高子、国子在回答景公关于毒疮的有关问题时，他们比喻得很一般，而同一个问题晏子的比喻描述得非常高雅贴切，赢得景公的赞誉。

【原文】

景公病疽①，在背，高子、国子请②。公曰："职当抚疡③。"高子进而抚疡④，公曰："热乎？"曰："热。""热何如⑤？"曰："如火。""其色何如？"曰："如未熟李。""大小何如？"曰："如豆⑥。""堕⑦者何如？"曰："如屦辨⑧。"

【注释】

①疽（jū）：痈疽，一种毒疮。 ②高子、国子：齐国两大贵族，世代为卿。高子、国子为两个人名。请：拜见，看望。 ③职：职责。抚：抚摸。 ④疡（yáng）：疮、痈、疽、疖等的通称，创伤。 ⑤何如：像什么。 ⑥豆：高脚盘。 ⑦堕（duò）：掉下来，坠落；古同"隳"，毁坏。这里指毒疮溃裂。 ⑧屦：鞋子。辨：裂开，分裂。

【译文】

齐景公背上长了一个毒疮，高子、国子去看望景公。景公说："按职责来抚摸毒疮。"高子走近前来给景公抚摸毒疮，景公问："毒疮热吗？"高子说："热。""热得像什么？"高子说："像火一样。"景公又问："它的颜色像什么？"高子说："像没熟透的李子。""大小像什么？"高子说："像个高脚盘。"景公又问："溃裂像什么？"高子说："像鞋面上的皮子裂开了。"

【原文】

二子者出，晏子请见。公曰："寡人有病，不能胜①衣冠以出见夫子，夫子其辱视寡人乎②？"晏子入，呼宰人③具盥，御者④具巾，刷手温之，发席傅荐⑤，跪请抚疡。公曰："其热何如？"曰："如日。""其色何如？"曰："如苍玉。""大小何如？"曰："如璧。""其堕者何如？"曰："如珪。"晏子出，公曰："吾不见君子，不知野人之拙⑥也。"

【注释】

①胜：胜任，禁得起。 ②辱：屈尊。视：探望。 ③宰人：厨师，掌管国君膳食的人。 ④御者：侍从。 ⑤发席傅荐：打开席子铺上褥子。发，打开。傅，附着。荐，垫席，褥子。 ⑥拙：笨拙。

【译文】

高子、国子二人出来后，晏子请求拜见。齐景公说："我有病，不能穿衣戴帽出来见夫子您，夫子您怎么能屈尊来看望我吗？"晏子进门，叫厨师准备好盥洗的热水，侍从准备好毛巾，晏子洗手泡热，打开席子铺上褥子，跪下请求给景公抚摸毒疮。景公问："毒疮热得像什么？"晏子说："像太阳。""它的颜色像什么？"晏子说："像青玉。""大小像什么？"晏子说："像玉璧。""溃裂了像什么？"晏子说："像玉板。"晏子出去后，景公说："我没见到君子，就不知道粗俗人的笨拙。"

（注译：贾 健 审核：姜 健）

晏子使吴吴王命傧者称天子晏子详惑第八

【题解】

晏子出使吴国，吴王想借此羞辱他一番，让晏子以天子之礼觐见他。晏子将错就错，说我要出使的是吴国，不是天子都城。最后，吴王的阴谋没有得逞。

【原文】

晏子使吴，吴王谓行人①曰："吾闻晏婴，盖北方辩于辞、习于礼②者也。命傧者③曰：'客见则称天子请见。'"

【注释】

①行人：官名，掌朝觐聘问事务（类似今天的外交官）。 ②辩于辞、习于礼：善于言辞辩论、熟悉礼仪外交。 ③傧（bīn）者：负责迎送宾客的人。

【译文】

晏子出使吴国，吴王对行人说："我听说晏婴，是北方善于言辞辩论、熟悉礼仪外交的人。你交代负责迎接宾客的人说：'客人拜见时，就称是天子有请会见。'"

【原文】

明日，晏子有事，行人曰："天子请见。"晏子蹴然①。行人又曰："天子请见。"晏子蹴然。又曰："天子请见。"晏子蹴然者三，曰："臣受命弊邑②之君，将使于吴王之所，以不敏③而迷惑，入于天子之朝，敢问吴王恶④乎存？"然后，吴王曰："夫差请见。"见之以诸侯之礼。

【注释】

①蹴（cù）然：恭敬的样子。　②弊邑：对自己国家的谦称。弊，同"敝"。　③敏：聪明。　④恶（wū）：通"乌"，疑问词，哪，何，怎么。

【译文】

第二天，晏子有事来见，行人说："天子有请会见。"晏子显出恭敬的神态。行人又说："天子有请会见。"晏子第二次显出恭敬的神态。行人又说："天子有请会见。"晏子第三次显出恭敬的神态，说："我受我国君之命，将要出使到吴王那里去，我因为愚笨而摸不着头脑，竟然来到了天子的朝堂。请问吴王在哪里？"之后，吴王只好说："夫差请您入见。"晏子按照拜见诸侯之礼与吴王相见。

（注译：贾　健　审核：姜　健）

晏子使楚楚为小门
晏子称使狗国者入狗门第九

【题解】

晏子出使到楚国，楚国人无礼，想羞辱晏子，故意设个小门让晏子进入：一是嘲弄晏子个子矮，二是影射晏子是个小人。晏子运用自己的聪明智慧机智应对，反击了对方，维护了自己和齐国的尊严。

【原文】

晏子使楚，以晏子短①，楚人为小门于大门之侧而延②晏子。晏子不入，曰："使③狗国者，从狗门入；今臣使楚，不当从此门入。"傧者更道④，从大门入。

【注释】

①短：身材矮小。 ②延：引进。 ③使：出使。 ④傧者：负责迎送宾客的人。更：更改。

【译文】

晏子出使楚国，楚国以晏子个子矮为由，在大门旁边开了个小门让晏子进入，晏子不进，说："出使到狗国，才从狗门入；现在我出使楚国，不应当从这个门进入吧。”负责迎宾的人只好改道，让他从大门进入。

【原文】

见楚王，王曰：“齐无人耶？”晏子对曰：“临淄三百闾[1]，张袂成阴[2]，挥汗成雨[3]，比肩继踵[4]而在，何为无人？”王曰：“然则子何为使乎？”晏子对曰：“齐命使，各有所主，其贤者使使贤王，不肖者使使不肖王。婴最不肖，故直[5]使楚矣。”

【注释】

①闾：古代以二十五家为一闾。　②张袂成阴：张开衣袖可以遮住太阳。袂，袖子。　③挥汗成雨：挥动汗水就像下雨一样。这里比喻当时的临淄人口众多。　④比肩继踵：人们走路肩并着肩，脚连着脚。比，并。踵，脚后跟。　⑤直：通“只”，只好。

【译文】

晏子拜见楚王，楚王说：“齐国没有人了吗？”晏子回答道：“我们齐国临淄城内有几千户人家，大家张开衣袖可以遮住太阳，挥动汗水就像下雨一样，人们走路肩并着肩，脚连着脚，齐国怎么会没有人呢？”楚王说：“既然这样，为什么派你出使楚国？”晏子回答说：“齐国所派的使者，各有各的适宜拜访的国君，贤良的人被派遣出访贤良的国君，不贤良的人被派遣出使不贤良的国君。晏婴我最不贤良，所以只能出使楚国。”

（注译：贾　健　审核：姜　健）

楚王欲辱晏子指盗者为齐人晏子对以橘第十

【题解】

晏子出使楚国，楚王想借此羞辱一下他，佯称捉到一个在楚国盗窃的齐国小偷。晏子将计就计，借用橘子生于淮南和淮北的不同，指出正是由于楚国社会环境不好，导致齐人到了楚国后变坏了。

【原文】

晏子将至楚，楚闻之，谓左右曰："晏婴，齐之习辞者①也，今方②来，吾欲辱之，何以也？"左右对曰："为其来也，臣请缚一人，过王而行，王曰：'何为者也？'对曰：'齐人也。'王曰：'何坐？'曰：'坐③盗。'"

【注释】

①习辞者：善于言辞的人。 ②方：将要。 ③坐：犯……罪。

【译文】

晏子将要出使到楚国，楚王听说后，对身边的人说："晏婴，是齐国善长言辞的人，现在他将要来我们楚国，我想羞辱他一番，用什么办法呢？"身边的人回答说："等他来的时候，请让我绑着一个人，从大王身边经过，大王您问：‘这是什么人啊？’我回答您：‘齐国人。’大王您又问：‘犯了什么罪？’我说：‘犯了盗窃罪。’”

【原文】

晏子至，楚王赐晏子酒。酒酣，吏二缚一人诣①王，王曰：“缚者曷为者也？”对曰：“齐人也，坐盗。”王视晏子曰：“齐人固②善盗乎？”晏子避席③，对曰：“婴闻之，橘生淮南则为橘，生于淮北则为枳④，叶徒⑤相似，其实味不同。所以然者何⑥？水土异也。今民生长于齐不盗，入楚则盗，得无⑦楚之水土使民善盗耶？”

王笑曰：“圣人非所与熙⑧也，寡人反取病⑨焉。”

【注释】

①诣（yì）：动词，有“到、来到”的意思。　②固：难道。　③避席：离开席子。古人席地而坐，离座起立，表示敬意。　④枳（zhǐ）：落叶灌木或小乔木，小枝多刺，果实黄绿色，味酸不可食，可入药。　⑤徒：只是。　⑥所以然者何：为什么会这样呢？　⑦得无：难道。　⑧熙：同“嬉”，嬉戏，开玩笑。　⑨病：诟病，羞辱。

【译文】

晏子到了，楚王招待晏子喝酒。正喝得尽兴时，两个小吏绑着一个人来到楚王面前，楚王问：“被绑的是什么人啊？”小吏回答道：“是个齐国人，犯了盗窃罪。”楚王看着晏子说：“难道齐国人善于偷盗吗？”晏子起身离席，回答说：“我听说，橘子生长在淮南就是橘子，生长在淮北就是枳。它们的叶子很像，它们的果实味道却不一样。为什么会这样呢？因为水土不同。如今这个人生长在齐国不偷盗，到了楚国却偷盗，难道不是楚国的水土导致人们善于偷盗吗？”

楚王笑着说：“圣明的人是不能和他开玩笑的，我这不是自取其辱吗？”

（注译：贾　健　审核：姜　健）

楚王飨晏子进橘置削
晏子不剖而食第十一

【题解】

楚王招待晏子吃橘子，晏子连皮一起吃，并对此说出了合理的解释。

【原文】

景公使晏子于楚，楚王进橘，置削①，晏子不剖而并②食之。楚王曰："当去剖。"晏子对曰："臣闻之，赐人主前者，瓜桃不削，橘柚不剖。今者万乘无教令③，臣故不敢剖；不然，臣非不知也。"

【注释】

①置削：准备了削皮的刀子，削，一种长刃有柄的小刀。　②并：指晏子连皮把橘子整个吃了下去。　③教令：命令。

【译文】

齐景公派晏子出使楚国，楚王让人送上些橘子，放了削皮的刀子，晏子不削皮而是连皮一起吃。楚王说："吃橘子应当去掉皮剥开吃。"晏子回答说："我听说在国君面前接受赏赐的人，瓜类、桃子不削皮，橘子柚子不剖开。如今大国之君没有命令，所以我不敢剖开；否则就是我失礼，我不是不知道要剥开皮吃的。"

（注译：贾　健　审核：姜　健）

晏子布衣栈车而朝
田桓子侍景公饮酒请浮之第十二

【题解】

晏子衣着朴素、生活节俭。田桓子向齐景公进言，说晏子这是隐藏国君对他的恩赐，要求景公治罪晏子。晏子作了义正词严的解释，得到景公的赞誉，并惩罚田桓子喝酒。

【原文】

景公饮酒，田桓子侍。望见晏子，而复①于公曰："请浮②晏子。"公曰："何故也？"无宇③对曰："晏子衣缁布之衣④，麋鹿之裘⑤，栈轸之车⑥，而驾驽马⑦以朝，是隐君之赐也。"公曰："诺。"

【注释】

①复：回复，复命。　②浮：罚酒。　③无宇：即田桓子。　④一个衣四声，动词，穿。衣缁布之衣：穿黑布衣服。衣，第一个"衣"，动词，穿。淄布，黑色的布。　⑤麋鹿之裘：用麋鹿的皮做成的衣服。这里指粗糙的兽皮做成的衣服。　⑥栈轸（zhěn）之车：用竹木做成的带棚车。　⑦驽马：劣马。

【译文】

齐景公正在饮酒，田桓子在一边服侍。田桓子看到晏子来了，就禀告景公说："请罚晏子酒。"景公问："为什么？"田桓子回答说："晏子整天穿着黑布衣服，粗糙皮衣，坐着竹子做的车，驾着劣马来上朝，这是隐藏国君您的恩赐啊。"景公说："好吧。"

【原文】

晏子坐，酌者奉觞进之[①]，曰："君命浮子。"晏子曰："何故也？"田桓子曰："君赐之卿位以尊其身，宠之百万以富其家，群臣其爵莫尊于子，禄莫重于子。今子衣缁布之衣，麋鹿之裘，栈轸之车，而驾驽马以朝，是则隐君之赐也。故浮子。"

【注释】

①酌者：斟酒的人。觞（shāng）：古代盛酒器。

【译文】

晏子落座后，倒酒的人捧着酒杯近到晏子面前，说："国君下命要罚您酒。"晏子问："为什么呢？"田桓子说："国君赏赐你卿位让你显贵，送你百万财富让你富裕，大家没有谁的爵位比你的更高贵的了，俸禄没有谁比你的多。现在你天天穿着黑布衣服，粗糙皮衣，坐着竹子做的车，驾着劣马来上朝，这是隐藏国君的恩赐。所以要罚你酒。"

【原文】

晏子避席[①]，曰："请饮而后辞[②]乎，其辞而后饮乎？"公曰："辞然后饮。"晏子曰："君之赐卿位以尊其身，婴非敢为显受也，为行君令也；宠以百万以富其家，婴非敢为富受也，为通[③]君赐也。臣闻古之贤君，臣有受厚赐而不顾其困族，则过之；临事守职，不胜其任，则过之。君之内隶[④]，臣之父兄，若有离散，在于野鄙[⑤]，此臣之罪也。君之外隶，臣之所职，若有播亡[6]，在于四方，此臣之罪也。兵革[7]之不完，战车之不修，此臣之罪也。若夫弊车驽马以朝，意者非臣之罪乎？且臣以君之赐，父之党[8]无不乘车者，母之党无不足于衣食者，妻之党无冻馁[9]者，国之闲士待臣而后举火者数百家[10]。如此者，为彰君赐乎，为隐君赐乎？”公曰：“善！为我浮无宇也。”

【注释】

①席：离席而立。古人席地而坐，离席起立表示敬意。 ②辞：说话。这里指解释。 ③通：传达给别人。 ④隶：隶属。这里指国君直属的臣子。 ⑤野鄙：荒野边远之地。鄙，边陲。 ⑥播亡：迁徙流亡。 ⑦兵革：兵器，皮甲、战车。 ⑧父之党：父亲一辈的亲属。党，亲族。 ⑨冻馁：受冻挨饿。 ⑩闲士：处士，未仕的士人，无业而贫困的寒士。举火：生火做饭。

【译文】

晏子离开座席，问：“请让我先喝酒再解释呢，还是先解释再喝酒呢？”齐景公说：“先解释再喝酒。”晏子说：“国君赏赐我卿位让我显贵，我不敢为显贵而接受，而是为了执行国君的命令；送我百万财富让我富裕，我不敢为了富裕而接受，而是为了传达国君的恩赐。我听说古时的贤君，臣子有的受到丰厚的赏赐而不照顾自己的贫困族人，人们就责备他；受理国事身居要职，不能胜任的，人们就责备他。国君的内臣，我的父兄之辈，如果有流离失散的，处在穷乡僻壤的，这是我的罪过。国君的外臣，我所管辖的官吏，如果有迁徙流亡的，散在四面八方的，这是我的罪过。国家兵器不完备，战车不修理，这是我的罪过。至于我乘坐着简陋的车子，驾驭着劣马来上朝，我想这不是我的罪过吧？况且我因为有了国君给我的赏赐，父系的亲族外出没有不坐车的，母系的亲族也都能丰衣足食，妻子这边的亲族没有挨饿受冻的，国内的寒士靠着我的接济能吃上饭的有数百家。像这样，我是彰显国君的恩赐呢，还是隐藏国君的恩赐呢？”景公说：“说得好！替我罚田桓子喝酒。”

（注译：贾 健 审核：姜 健）

田无宇请求四方之学士
晏子谓君子难得第十三

【题解】

田桓子讥笑晏子孤独而没有朋友，晏子感叹君子难求，学无止境，并批评田桓子日夜纵酒的行为。

【原文】

田桓子见晏子独立于墙阴①，曰："子何为独立而不忧②？何不求四乡之学士可者而与坐？"晏子曰："共③立似君子，出言而非也。婴恶④得学士之可者而与之坐？且君子之难得也，若美山然，名山既多矣，松柏既茂矣，望之相相然⑤，尽目力不知厌。而世有所美焉，固欲登彼相相之上，仡仡然⑥不知厌。小人者与此异，若部娄⑦之未登，善，登之无蹊⑧，维有楚棘⑨而已；远望无见也，俛就则伤要⑩，恶能无独立焉？且人何忧，静处远虑，见岁若月，学问不厌，不知老之将至，安用从酒⑪？"田桓子曰："何谓从酒？"晏子曰："无客而饮，谓之从酒。今若子者，昼夜守尊⑫，谓之从酒也。"

【注释】

①墙阴：墙背阳处。 ②独立而不忧：独自站立而不忧虑。 ③共（gǒng）立：拱手站立。共，同"拱"，拱手。 ④恶：怎么。 ⑤相相

然：高大的样子。⑥仡仡然：奋勇的样子。⑦部娄（bù lóu）：小土丘。⑧蹊：山路。⑨楚棘：荆棘。⑩俛（fǔ）：同“俯”，俯身。要：同“腰”。⑪从酒：纵酒。从，同“纵”。⑫尊：同“樽”，酒樽，一种盛酒器。

【译文】

田桓子看到晏子独自站立在墙阴处，说：“您为什么独自站在这里而不忧虑？为什么不在各地的饱学之士中选出觉得合适的人一块坐坐呢？”晏子说：“那些人拱手站立像个君子，一说话就不是了。我怎么能找到合适的饱学之士一块坐坐呢？况且君子难得啊，就像美丽的高山一样，天下的名山太多了，松柏太茂密了，远远望去十分高大，看它一整天也不厌烦。因而世人对它有所赞美，一定要登上那高高的山顶，奋勇攀登也不厌烦。小人就与此不同，就好比是那没攀登的小山丘，觉得很好，可要攀登却没有小路，只有荆棘；远远望去看不见什么，俯身攀爬时就会被刺伤腰身，我怎能不独立而站呢？况且人有什么忧虑的，静心安处思虑长远，看一年就像一个月匆匆而过，勤学好问不知足，不觉得老年即将到来，怎么用得着纵酒呢？”田桓子问：“什么是纵酒？”晏子说：“没有客人时自己喝酒，就叫纵酒。现在像您这样，日夜守着酒樽喝酒，就叫作纵酒。”

（注译：贾　健　审核：姜　健）

田无宇胜栾氏高氏欲分其家晏子使致之公第十四

【题解】

齐国贵族之间发生了争斗，双方都想争取晏子，而晏子哪一方也不想加入。战败方逃跑后，获胜方想要瓜分他们的财物，晏子强烈反对，并说服田桓子把财物交给了齐景公。

【原文】

栾氏、高氏欲逐田氏、鲍氏①，田氏②、鲍氏先知而遂攻之。高强曰："先得君③，田、鲍安往？"遂攻虎门。二家④召晏子，晏子无所从⑤也。从者曰："何为不助田、鲍？"晏子曰："何善焉，其助之也？""何为不助栾、高？"曰："庸愈于彼乎？"门开，公召而入。

【注释】

①栾氏、高氏：齐国的大臣栾施、高强。鲍氏：齐国的大臣鲍国。 ②田氏：田桓子，齐臣。 ③先得君：先劫持国君。 ④二家：争夺的双方，栾氏、高氏一方，田氏、鲍氏一方。 ⑤从：听从。

【译文】

栾氏、高氏想驱逐田氏、鲍氏，田氏、鲍氏两家事先知道了消息便来攻打他们两家。高强说："我们先劫持国君，田氏、鲍氏还能到哪里去？"于是他们就攻打齐国宫廷的虎门。他们两方都想争取晏子，晏子对哪方也不想听从。侍从说："你为什么不帮助田氏、鲍氏两家呢？"晏子说："他们有什么好的，我为什么帮助他们？""你为什么也不帮助栾氏、高氏呢？"晏子说："他们两家难道比另两家好吗？"宫门开了，景公把晏子召了进去。

【原文】

栾、高不胜而出，田桓子欲分其家，以告晏子。晏子曰："不可！君不能饬法①，而群臣专制，乱之本也。今又欲分其家，利其货②，是非制③也。子必致之公④。且婴闻之，廉者，政之本也；让者，德之主也。栾、高不让，以至此祸，可毋慎乎！廉之谓公正，让之谓保德，凡有血气者⑤，皆有争心，怨利生孽⑥，维义可以为长存。且分争者不胜其祸，辞让者不失其福，子必勿取。"桓子曰："善。"尽致之公，而请老于剧⑦。

【注释】

①饬（chì）法：整治国法。饬，整顿，有条理。法，国法。　②利其货：贪恋他们的财物。　③非制：不符合制度。　④致之公：交给齐景公。　⑤血气者：血气方刚的人。　⑥怨利生孽：蓄积财物就会产生祸端。　⑦请老于剧：请求告老返回剧城（今山东寿光）老家。

【译文】

栾氏、高氏没有取胜而逃出了齐国，田桓子想分了两家的财产，把这个想法告诉了晏子。晏子说："不可以！国君不能整治国法，导致群臣专制，这是祸乱的根本。现在你们又要瓜分他们的家产，贪恋他们的财物，这是不符合制度的。您一定要把这些财物交给国君来处理。而且我听说，廉洁，是政治的根本；谦让，是德行的主体。栾氏、高氏不懂得谦让，以至于招来此祸端，还不该谨慎吗！廉洁的意思是要公正，谦让的意思是促使德行圆满，凡是有血性的人，都有争斗之心，但蓄积财物会产生祸端，唯有道义可以使自己长存。而且喜欢瓜分争夺的人禁不起所带来的灾祸，善于辞让的人不会失去所带来的幸福，所以您千万不要瓜分获取那些财物。”田桓子说：“您说得好。”于是，他把获取的东西都交给了齐景公，自己告老返回了剧城老家。

（注译：贾　健　审核：姜　健）

子尾疑晏子不受庆氏之邑晏子谓足欲则亡第十五

【题解】

齐国相国庆封逃亡在外，大家分了他的食邑。晏子拒不接受庆封的食邑，并告诉大家，人的欲望不能全被满足，富贵要有限度，过分了就要走向灭亡。

【原文】

庆氏①亡，分其邑，与晏子邶殿②，其鄙③六十，晏子勿受。子尾④曰："富者，人之所欲也，何独弗欲？"晏子对曰："庆氏之邑足欲⑤，故亡。吾邑不足欲也，益之以邶殿，乃足欲。足欲，亡无日矣。在外不得宰吾一邑⑥。不受邶殿，非恶富也，恐失富也。且夫富，如布帛之有幅焉⑦，为之制度，使无迁也。夫生厚而用利⑧，于是乎正德以幅之，使无黜慢⑨，谓之幅利⑩。利过则为败，吾不敢贪多，所谓幅也。"

【注释】

①庆氏：庆封，齐国相国。 ②邶（bèi）殿：邑名，在今山东昌邑。 ③鄙：小邑。 ④子尾：人名，齐国大夫。 ⑤足欲：满足欲望。 ⑥在外：指逃亡在外。宰：主宰，掌控。 ⑦有幅焉：有幅度。

幅，指布的宽度。这里指幅度。 ⑧生厚而用利：百姓生活丰厚而器用富饶。 ⑨黜慢：放肆和惰慢。 ⑩幅利：约束追求私利。

【译文】

庆封逃亡后，大家瓜分了他的食邑，给了晏子邶殿之地，共六十个小邑，晏子不接受。子尾说："富裕是人人都想要的，为什么唯独您不想要呢？"晏子回答说："庆封的食邑足够满足了他的欲望，所以导致他如今的逃亡。我的食邑不多不足以满足我的欲求，如果增加了邶殿，就充分满足了欲求。欲求足了，离逃亡没有多少日子了。逃亡在外，连自己的一个食邑也主宰不了。我不接受邶殿之地，并非厌恶富贵，而是害怕失去富贵。况且，富贵就好像布帛有规定的幅度一样，为它制定长度、宽度，是使它不能有所变更。人们都想生活丰厚而器用富饶，于是就要端正道德作为幅度，使人们对财富既不废弃减损也不任意无度，这就叫作约束追求私利。利过了头就要成为祸害，我不敢贪图多利，这就是我所说的幅度。"

（注译：贾　健　审核：姜　健）

景公禄晏子平阴与棠邑晏子愿行三言以辞第十六

【题解】

齐景公把平阴与棠邑赏赐给晏子，晏子拒不接受，并批评景公生活奢侈，导致百姓生活困苦，表示自己并不是不想富贵，但要先国家后自己，又表示对自己最好的赏赐是景公实施让渔盐自由贸易、减少赋税、放宽刑罚等对国对自己都有利的措施。

【原文】

景公禄[①]晏子以平阴与棠邑，反市者十一社[②]。晏子辞曰："吾君好治宫室，民之力弊[③]矣；又好盘游玩好[④]，以饬女子[⑤]，民之财竭矣；又好兴师，民之死近矣。弊其力，竭其财，近其死，下之疾其上甚矣！此婴之所为不敢受也。"

【注释】

①禄：给……俸禄，给……赏赐。　②反：同"贩"，做买卖。社：古代以十五家为一社。　③弊：困乏。　④盘游：流连，游乐。玩好：喜欢的东西。　⑤饬：通"饰"，修饰。女子：指后宫的嫔妃、美女之类。

【译文】

齐景公把平阴和棠邑赏赐给晏子，其中有十一个社是贸易集市。晏子推辞道："我的国君喜欢修建宫室，百姓的力量已经困乏了；国君又喜欢到处游玩、玩赏古玩，用来刻意打扮宫中的嫔妃，百姓的财力已经枯竭了；国君又喜欢兴兵打仗，百姓已经濒临死亡了。困乏民力，枯竭民财，使百姓濒临死亡，下面的百姓已经非常痛恨在上的统治者了！这就是我不敢接受赏赐的原因。"

【原文】

公曰："是则可矣。虽然，君子独不欲富与贵乎？"晏子曰："婴闻为人臣者，先君后身；安国而度①家，宗君而处身，曷为独不欲富与贵也！"公曰："然则曷以禄夫子？"晏子对曰："君商渔盐，关市讥而不征；耕者十取一焉；弛刑罚，若死者刑，若刑者罚，若罚者免。若此三言者，婴之禄，君之利也。"公曰："此三言者，寡人无事焉，请以从夫子。"公既行若三言，使人问大国，大国之君曰："齐安矣。"使人问小国，小国之君曰："齐不加②我矣。"

【注释】

①度：居，处。 ②加：凌驾，欺凌。

【译文】

齐景公说："是这么回事。虽然这样，难道君子不想富与贵吗？"晏子说："我听说作为臣子的，要先国君而后自己；安定国家后才安居自己家，尊奉国君而后安处自身，我为什么偏偏不想富与贵呢！"景公说："既然这样，我拿什么赏赐您呢？"晏子回答说："您让渔业盐业进入市场自由贸易，对关卡集市只稽查不征税；对耕田种地的收取十分之一的赋税；放宽刑罚，若是死罪的改为徒刑，若是徒刑的改为罚款，若是罚款的就免除。我所说的这三种情况实行了，就是对我的赏赐，也是国君您的利益。”景公说：“您说的这三条，我不过问了，就听从先生您的吧。”景公实行了晏子所说的这三条，派人到大国询问，大国国君说：“齐国从此安定了。”派人到小国询问，小国国君说：“齐国不会欺凌我们了。”

（注译：贾　健　审核：姜　健）

梁丘据言晏子食肉不足
景公割地将封晏子辞第十七

【题解】

晏子吃饭而肉不多，梁丘据告诉了齐景公。景公要封地给晏子以增加他的收入。晏子表示，他不以贫困为遗憾，而以此为老师，因而谢绝了景公的好意封赏。

【原文】

晏子相齐，三年，政平民说①。梁丘据②见晏子中食，而肉不足，以告景公。旦日，割地将封晏子，晏子辞③不受，曰："富而不骄④者，未尝闻之；贫而不恨⑤者，婴是也。所以贫而不恨者，以善为师也。今封，易⑥婴之师。师已轻，封已重矣，请辞。"

【注释】

①说：同"悦"，高兴。 ②梁丘据：齐国大夫。 ③辞：推辞。 ④富而不骄：富贵而不骄纵。 ⑤贫而不恨：贫困而不遗憾。 ⑥易：改变，更换。

【译文】

晏子任齐相，三年，国内政治清平、民众欢乐。梁丘据看到晏子吃中午饭，却没有多少肉，就把这个情况告诉了齐景公。第二天，景公要割地封赐给晏子，晏子推辞不接受，说："富裕而不骄纵的人，我没有听说过；贫困而不遗憾的人，我就是。之所以贫困而不遗憾，是因为我以善良为老师。现在您给了我封地，就是更换了我的老师。老师被轻视了，封赏被看重了，所以我请求谢绝封赏。"

（注译：贾　健　审核：姜　健）

景公以晏子食不足致千金而晏子固不受第十八

【题解】

齐景公听下属说晏子吃饭简素且吃不饱，以为晏子家里贫穷，便派人送去钱财，送了三次，晏子推辞了三次。晏子表示国君给自己的赏赐已经很丰厚了，全家上下及亲朋好友都受到了恩惠，他已经很满足了。当景公说当年管仲都接受国君的赏赐时，晏子表示这就是自己高于管仲之处。

【原文】

晏子方食，景公使①使者至。分食食之②，使者不饱，晏子亦不饱。使者反③，言之公。公曰："嘻！晏子之家，若是其贫也，寡人不知，是寡人之过也。"使吏致千金与市租④，请以奉⑤宾客。晏子辞，三致之，终再拜而辞曰："婴之家不贫。以君之赐，泽覆三族⑥，延及交游，以振⑦百姓，君之赐也厚矣！婴之家不贫也。婴闻之，夫厚取之君，而施之民，是臣代君君民⑧也，忠臣不为也。厚取之君，而不施于民，是为筐箧⑨之藏也，仁人不为也。进取于君⑩，退得罪于士⑪，身死而财迁于它人，是为宰藏⑫也，智者不为也。夫十总之布⑬，一豆⑭之食，足于中⑮，免矣！"

【注释】

①使：派出。 ②分食食之：晏子分食物给使者吃。第一个“食”为名词，食物；第二个“食”为动词，给……吃。 ③反：同“返”，回，去。 ④市租：集市上征收的税款。 ⑤奉：招待。 ⑥泽覆：恩泽惠及。三族：父族、母族、妻族。 ⑦振：同“赈”，接济。 ⑧臣代君君民：臣子代替国君治理百姓。第二个“君”为动词，统治，治理。 ⑨筐箧：筐子箱子。箧，读qiè，小箱子。 ⑩进取于君：进身为官时从国君那里得到很多俸禄。 ⑪退得罪于士：隐退后得罪于士人。 ⑫为宰藏：为主人收藏。宰，主人。 ⑬十总之布：粗疏的布，古代的布八十缕为一总。 ⑭豆：四升为一豆。 ⑮足于中：心理满足。

【译文】

晏子正在吃饭，齐景公派使者来了。晏子分饭给使者吃，使者没吃饱，晏子也没吃饱。使者回去后，把这事告诉了景公。景公说：“啊！晏子的家里，竟然贫困到这个地步，我不知道这事，这是我的过错。”景公派官吏拿去千两金子和集市上的税款，请晏子用来招待宾客。晏子推辞，景公派人送了三次都被拒绝，晏子最后拜了两拜推辞说：“我的家里不穷。凭着国君的赏赐，我父族、母族、妻族三族都受到了恩泽，并延及我的朋友，还接济了百姓，国君的赏赐已经很丰厚了啊！我的家里并不贫穷啊。我听说，从国君那里得到丰厚的赏赐，而施舍于百姓，是臣子代替国君治理百姓，忠臣是不会做的。从国君那里得到丰厚的赏赐而不施舍于百姓，这是把自己当成私藏财物的筐子箱子，仁义的人是不会做的。进身为官时从国君那里得到很多钱财，隐退后得罪士人，死后自己的钱财流落到别人手中，这是替人做管家的行为，聪明人是不会这么做的。一匹粗布，一豆食物，我已满足了，这些赏赐还是免了吧！”

【原文】

景公谓晏子曰：“昔吾先君桓公，以书社①五百封管仲，不辞而受，子辞之何也？”晏子曰：“婴闻之，圣人千虑，必有一失；愚人千虑，必有一得。意者管仲之失，而婴之得者耶？故再拜而不敢受命。”

【注释】

①书社：古代以十五家为一社，把社内的人口、土地登记在簿册上，叫作书社。

【译文】

齐景公对晏子说：“以前我们的先君桓公，把在册的五百社的土地人口赏赐给了管仲，管仲没推辞就接受了，您为什么要推辞呢？”晏子说：“我听说，圣明的人千种考虑，必然有一种失误；愚蠢的人有千种考虑，必然有一种正确。我想这就是管仲的失误之处，我的正确之处吧？所以我再三辞谢，不敢接受国君您的命令来接受这些赏赐。”

（注译：贾　健　审核：姜　健）

景公以晏子衣食弊薄使田无宇致封邑晏子辞第十九

【题解】

齐景公听说晏子衣食简朴、生活困苦，就要给他增加封邑。晏子没有接受，反而批评了景公这种随意封赏城邑的做法。晏子认为，一个人不能因为贫困就要求封赏，关键看是否有贤德，有贤德就应该奖赏，没有贤德就不应该奖赏，甚至还要惩罚。否则，即使有再多的土地也不够用来封赏，有再多的钱财也不够用来奖赏。

【原文】

晏子相齐，衣十升之布①，食脱粟之食、五卵、苔菜而已②。左右③以告公，公为之封邑，使田无宇致台与无盐④。晏子对曰："昔吾先君太公受之营丘⑤，为地五百里，为世国长⑥。自太公至于公之身，有数十公⑦矣。苟⑧能说其君以取邑，不至公之身，趣齐搏以求升土⑨，不得容足而寓焉⑩？婴闻之，臣有德益⑪禄，无德退禄，恶有不肖父为不肖子⑫，为封邑以败其君之政者乎？"遂不受。

【注释】

①十升之布：指粗布。古代八十缕经线为一升，细布是十五升。十升，指的是粗布。　②脱粟：去壳的小米。粟，指小米。卵：鸡蛋。　③

左右：侍从，身边的人。 ④台与无盐："台""无盐"都是齐国的地名。 ⑤营丘：姜太公被周武王封于齐，都城设在营丘。"营丘"为地名，在山东淄博临淄区。 ⑥世国长（zhǎng）：诸侯国的首领。世国，指诸侯国。长，指首领，尊长。 ⑦数十公：几十代国君。这里为大致或者夸张的说法。齐国自太公到景公，历经十九代国君，并没有"数十公"那么多。 ⑧苟：如果。说（yuè）：取悦。 ⑨趣（qū）齐：奔赴齐国。搏：索取。升土：少量土地。 ⑩容足：立足之地。寓：寄身。这里指没有容身之处。 ⑪益：增加。与下句"退"相呼应。 ⑫恶有：哪有。不肖父、不肖子：意思是自己如若接受了国君的封邑，就是没有贤德的人；自己对于儿子而言，就是不贤德的父亲；儿子将来再继承这些封邑，也就成了不贤德之人。

【译文】

晏子在齐国担任相国，穿的是粗布衣裳，吃的也不过是脱壳的小米、五个鸡蛋和苔菜而已。他的侍从将这个情况告诉齐景公，景公要为他封赏城邑，派田无宇将台和无盐这两个城邑送给他。晏子回答说："从前我们的先君姜太公受封于营丘，方圆土地有五百里，为各诸侯国的首领。从太公传到主公景公身上，已有数十位国君了。如果说取悦国君就能获得封邑，不等传到主公景公身上，大家都奔赴齐国来索取土地，就没有您的立足之地容身了？我听说，臣子有贤德的就增加俸禄，没贤德的就减少俸禄，哪有不贤的父亲为了不贤的儿子取得封邑而败坏他们国君政事的呢？"于是不接受封邑。

（注译：韩宏博　审核：姜　健）

田桓子疑晏子何以辞邑
晏子答以君子之事也第二十

【题解】

田桓子不理解晏子不接受齐景公赏赐封邑之事。晏子回答他，要有节制地接受赏赐，节俭地安居在自己的住所，这样才能长期受宠并使自己的美名广泛传扬，这是君子要做之事。

【原文】

景公赐晏子邑，晏子辞①。田桓了谓晏子曰："君欢然②与子邑，必不受以恨③君，何也？"晏子对曰："婴闻之，节④受于上者，宠长于君；俭居于处⑤者，名广⑥于外。夫长宠广名，君子之事也，婴独庸能已乎⑦？"

【注释】

①辞：推辞，不接受。　②欢然：高高兴兴。　③恨：通"很"，不听从。　④节：节制。　⑤处：处所。　⑥广：大。　⑦庸：何，岂。已：不做，不为。

【译文】

齐景公赏赐给晏子封邑，晏子推辞。田桓子对晏子说："国君高高兴兴地送给您封邑，您固执地不接受而违背了国君的心意，为什么呢？”晏子回答说：“我听说，有节制地接受国君的赏赐，就能长期得到国君宠爱；节俭地居住在自己的住所，名声就会广泛地传播在外。长期受宠、广泛传播名声，就是君子要做的事情，我怎么能不这样做呢？”

（注译：韩宏博　审核：姜　健）

景公欲更晏子宅
晏子辞以近市得求讽公省刑第二十一

【题解】

齐景公打算更换晏子住的房子，晏子以房子靠近市场对自己有好处为由推辞了。可见晏子尚俭、爱民，不愿耗费国家财力来为自己建房子。后景公问到市价行情，晏子借“踊贵而屦贱”一语，婉言讽喻了景公滥用刑罚、残害民众肢体的行为，促使景公认识到自己的错误而减轻了刑罚。

【原文】

景公欲更①晏子之宅，曰：“子之宅近市，湫隘嚣尘②，不可以居，请更诸爽垲者③。”晏子辞曰：“君之先臣容焉④，臣不足以嗣之⑤，于臣侈⑥矣。且小人近市，朝夕得所求，小人之利也。敢烦里旅⑦！”

【注释】

①更：更换。　②湫（jiǎo）：下，低洼。隘：狭小。嚣：声音。尘：尘土。　③爽：明亮。垲（kǎi）：干燥。　④君之先臣：晏子的先人。这里是晏子对自己先人的谦称。容：居住。　⑤不足：不配。嗣：继承。　⑥侈：奢侈。　⑦里旅：指乡里众人。旅，众。

【译文】

齐景公打算更换晏子住的房子，说：“您的房子靠近市场，低洼狭小，终日吵闹且尘土飞扬，不可以居住，请让我给您换个干爽而地势高的地方建个新房子。”晏子推辞说：“下臣的先人在这里居住，我的德行还不配继承它，这对于我来说已经很奢侈了。而且我靠近市场，早晚都能买到我想要的东西，这对我很有好处。哪敢烦扰乡里众人给我另建呢！”

【原文】

公笑曰：“子近市，识贵贱乎？”对曰：“既窃①利之，敢不识乎？”公曰：“何贵何贱？”是时也，公繁②于刑，有鬻踊者③，故对曰：“踊贵而屦④贱。”公愀然⑤改容。公为是省⑥于刑。

【注释】

①窃：自己，私下。 ②繁：多。 ③鬻（yù）：卖。踊：古代受过刖刑（砍脚）以后安装的假脚。有人专门制造假脚出售，说明齐景公滥用刖刑，许多人都被砍去了脚。 ④屦：鞋子。 ⑤愀（qiǎo）然：容色改变，悲悯凄怆的样子。 ⑥省：减轻。

【译文】

齐景公笑着说：“您靠近市场，知道商品的行情贵贱吗？”晏子回答说：“既然私下得利于它，怎敢不知道呢？”景公说：“什么贵什么便宜？”当时，景公刑狱繁多，市场上有人专门卖假脚，所以晏子回答说：“假脚贵而鞋子便宜。”景公面色变得悲悯凄怆，因此减轻了刑罚。

【原文】

君子曰：“仁人之言，其利博哉！晏子一言，而齐侯省刑。《诗》曰：‘君子如祉①，乱庶遄已②。’其是之谓乎！”

【注释】

①如：行，造。祉（zhǐ）：福。　②庶：庶几，差不多。遄（chuán）：疾，快速。

【译文】

君子说："仁人的话，带给人的利益是巨大的！晏子一句话，齐景公就减轻了刑罚。《诗经》说：'君子来造福，祸乱差不多快速停止。'大概说的就是这种事吧!"

（注译：韩宏博　审核：姜　健）

景公毁晏子邻以益其宅晏子因陈桓子以辞第二十二

【题解】

齐景公乘晏子出使鲁国的机会，拆掉他邻居的房子，来扩建他的住宅。晏子回来后坚决不去住，认为这样做损害了邻居的利益，要求恢复邻居的住宅。这则故事反映了晏子以邻为重，不以住宅为重。晏子这种睦邻之德，足为后世所效法。

【原文】

晏子使鲁，景公为毁其邻，以益其宅。晏子反①，闻之，待于郊②，使人复③于公曰："臣之贪顽④而好大室也，乃通⑤于君，故君大其居，臣之罪大矣。"公曰："夫子之乡恶⑥而居小，故为夫子为之⑦，欲夫子居之，以慊⑧寡人也。"晏子对曰："先人有言曰：'毋卜其居⑨，而卜其邻舍。'今得意于君者慊其居，则毋卜已；没氏之先人卜与臣邻⑩，吉，臣可以废没氏之卜乎？夫大居而逆邻归之心⑪，臣不愿也，请辞。"卒复其旧宅。公弗许⑫，因陈桓子以请，乃许之。

【注释】

①反：同"返"，回来。 ②待：等待。郊：城外。 ③复：禀告。 ④贪顽：贪婪顽劣。 ⑤通：通达，得志。 ⑥乡恶：指居住环境

恶劣。乡，乡里。这里指居住环境。 ⑦为之：这么做。 ⑧慊（qiè）：惬意，满足。 ⑨毋：不。卜：占卜。 ⑩没氏：指住宅被齐景公拆掉的邻居家族。 ⑪逆：违背。归：归向。 ⑫弗：不。

【译文】

晏子到鲁国出使，齐景公把晏子邻居的房子拆了，为晏子扩建房子。等晏子回来时，听说了这件事，就等待在郊外，派人禀报景公说：“为臣我贪赞顽劣且喜欢大房子，这让国君您知道了，所以国君扩建了我的房子，为臣的罪过大了。”景公说：“先生您居住的地方环境恶劣而且房子很小，所以为了先生您才这么做，想让先生您居住，以满足寡人的心愿。”晏子回答说：“先辈曾说过：‘不要贪图占卜个好住宅，而图占卜个好邻居。’如今在国君您那里得志的人很满意自己的住宅，就不需要占卜了；没氏的先辈经占卜与臣为邻居，非常吉利，为臣可以废弃没氏的占卜吗？为了扩建房子而违背邻居当年建房子之心，为臣不愿这样做，请让我谢绝国君您的好意。”于是恢复了邻居们以前的住宅。景公开始时不同意，后来经过陈桓子求情，才同意。

（注译：韩宏博　审核：姜　健）

景公欲为晏子筑室于宫内晏子称是以远之而辞第二十三

【题解】

齐景公想早晚都能见到晏子，要在宫内为晏子建个房子。晏子却认为如果与国君过于亲近，反倒会疏远君臣关系，因此婉言谢绝了景公的好意。

【原文】

景公谓晏子曰："寡人欲朝昔[①]相见，为夫子筑室于闺内[②]，可乎？"晏子对曰："臣闻之，隐[③]而显，近而结[④]，维至贤耳。如臣者，饰其容止以待命[⑤]，犹恐罪戾[⑥]也。今君近之，是远之也[⑦]，请辞。"

【注释】

①昔：通"夕"，夜晚。 ②闺内：宫内。闺，宫中的小门。 ③隐：隐退。 ④结：收敛，约束。 ⑤饰：修饰。容：仪容。 ⑥罪戾：罪过。 ⑦"今君近之"二句：意为现在国君过于亲近我，实际上是在疏远我。这句话是说自己的德行不够，如果过于亲近国君，反而不能自我约束而得罪国君，最后反而是疏远了。

【译文】

齐景公对晏子说："我想早晚都能见到您，给先生您在宫内建个房子，可以吗？”晏子回答说：“为臣听说，隐退而能使名声显扬，亲近国君而能自我收敛，这只有很贤能的人才能做到。像为臣这样的人，修饰自己的仪表行为以等待接受国君的命令，尚且担心有过失呢。现在国君太亲近我，这实际上是在疏远我呀，我请求推辞。”

（注译：韩宏博　审核：姜　健）

景公以晏子妻老且恶欲内爱女晏子再拜以辞第二十四

【题解】

齐景公想把自己的女儿嫁给晏子，晏子谢绝了景公的好意。晏子认为，妻子年轻美貌之时托身于自己，两人共同生活了很长时间，自己不能背弃妻子的托付。

【原文】

景公有爱女，请嫁于晏子。公乃往燕晏子之家①，饮酒酣②，公见其妻曰："此子之内子③邪？"晏子对曰："然④，是也。"

【注释】

①乃：于是。燕：通"宴"，宴饮。　②酣：酣畅。这里指饮酒兴浓时。　③内子：妻子。　④然：对，是。

【译文】

齐景公有一个心爱的女儿，想嫁给晏子。景公于是前往晏子家宴饮，饮到酒兴正浓时，景公看到晏子的妻子说："这是先生您的妻子吗？"晏子回答说："对，她就是。"

【原文】

公曰："嘻！亦老且恶①矣。寡人有女少且姣②，请以满夫子之宫③。"晏子违席④而对曰："乃此则老且恶，婴与之居故⑤矣，故⑥及其少且姣也。且人固以壮托乎老⑦，姣托乎恶。彼尝⑧托，而婴受⑨之矣。君虽有赐，可以使婴倍⑩其托乎？"再拜而辞。

【注释】

①恶：丑，难看。　②姣：美丽，漂亮。　③满：充实。宫：内室。　④违席：离开座席。　⑤故：很长时间。　⑥故：以前，过去。　⑦固：本来。托乎：托付于。　⑧尝：曾经。　⑨受：接受。　⑩倍：通"背"，背弃。

【译文】

齐景公说："嘻!又老又丑啊。我有一个女儿年轻又漂亮，请让她充实先生您的内室。"晏子离开座位回答说："现在我妻子的确又老又丑，可是我同她一起生活很长时间了，以前她也有年轻貌美的时候。况且人本来就是以年壮托付于年老，美貌托付于丑陋。她曾托付于我，而我接受了她的托付。国君您虽然有赏赐，怎么能够让我背弃她的托付呢？"晏子拜了两拜谢绝了。

（注译：韩宏博　审核：姜　健）

景公以晏子乘弊车驽马使梁丘据遗之三返不受第二十五

【题解】

晏子不接受齐景公送给他的四马驾的豪华大车。其中原因有二：晏子尚俭，认为能有暖衣饱食、旧车劣马来奉养自己已经足够；晏子不愿以奢侈率下，如果自己带头奢侈，就无法禁止百姓和下属的奢侈行为了。

【原文】

晏子朝，乘弊①车，驾驽马②。景公见之曰："嘻！夫子之禄寡③邪？何乘不佼④之甚也？"晏子对曰："赖君之赐，得以寿三族⑤，及国游士⑥，皆得生焉。臣得暖衣饱食、弊车驽马以奉⑦其身，于臣足矣。"

【注释】

①弊：破旧。 ②驽马：劣马。 ③寡：少。 ④佼（jiǎo）：好。 ⑤寿：保全。三族：指父族、母族、妻族三系的亲族。 ⑥游士：有交往的人。 ⑦奉：奉养。

【译文】

晏子上朝，乘坐破旧的车子，驾驭劣马。齐景公看见说："嘻！先生您的俸禄太少吗？为什么乘坐这么不好的车马呢？”晏子回答说：“仰赖国君您的赏赐，我能够保全父族、母族、妻族三系的亲族，那些国内和我有交往的人，也都能够生存。为臣我能有暖衣饱食、破旧车辆和劣马来供养我自身，这对我来说已经足够了。”

【原文】

晏子出，公使梁丘据遗之辂车乘马①，三返②不受。公不说③，趣④召晏子。晏子至，公曰：“夫子不受，寡人亦不乘。”晏子对曰：“君使臣临⑤百官之吏，臣节其衣服饮食之养⑥，以先齐国之民，然犹恐其侈靡而不顾其行⑦也。今辂车乘马，君乘之上，而臣亦乘之下，民之无义⑧，侈其衣服饮食而不顾其行者，臣无以禁之。”遂让⑨不受。

【注释】

①使：派。遗（wèi）：送。辂车乘马：指四个马驾的豪华大车。辂（lù）车，大车。乘（shèng）马，四马。　②返：退回，送回。　③说（yuè）：同“悦”，高兴。　④趣（cù）：催促，赶紧。　⑤临：监管。　⑥节：节制。养：供给。　⑦行：品行。　⑧义：礼仪，仁义。　⑨让：推辞，辞让。

【译文】

晏子出去以后，齐景公派梁丘据送给他四马驾的豪华大车，晏子送回来三次不肯接受。景公不高兴了，赶紧召来晏子。晏子来了，景公说：“先生您不接受的话，我也不乘好车马了。”晏子回答说：“国君您派我监管群臣百官，为臣我节制他们衣服饮食的供给，以此作为齐国百姓的榜样，就这样还担心他们生活奢靡而不注意自己的品行呢。现在有四马驾的豪华大车，国君您在上乘坐它，为臣在下也乘坐它，百姓不讲仁义，衣服饮食奢靡而不注意自己的品行，为臣我就没有办法禁止了。”于是（晏子）谦让没有接受。

（注译：韩宏博　审核：姜　健）

景公睹晏子之食菲薄而嗟其贫晏子称其参士之食第二十六

【题解】

本篇记录晏子对于食物尚俭知足，这点与卷六第十九章相同。晏子对于尚俭的理由有二：一是因为世上的食物还不充足；二是晏子认为自己没有比别人强一倍的品行，饮食却比一般人士要好，已经非常知足。

【原文】

晏子相景公，食脱粟①之食，炙三弋、五卵、苔菜耳矣②。公闻之，往燕③焉，睹晏子之食也。公曰："嘻！夫子之家如此其④贫乎！而寡人不知，寡人之罪也。"晏子对曰："以⑤世之不足也，免粟⑥之食饱，士之一乞⑦也；炙三弋，士之二乞也；苔菜、五卵，士之三乞也。婴无倍人之行⑧，而有参⑨士之食，君之赐厚⑩矣，婴之家不贫。"再拜而谢。

【注释】

①脱粟：去壳的小米。粟，指小米。　②炙（zhì）：烤，动词。三弋：三只射杀的飞禽。弋，射。卵：鸡蛋。耳：而已。　③燕：通"宴"，宴饮。　④其：甚。　⑤以：因为。　⑥免粟：即"脱粟"。免，脱。　⑦乞：追求，要求。　⑧婴无倍人之行：指晏子的德行没有高

出常人一倍。　⑨参：同“叁”，三种。　⑩厚：很多，优厚。

【译文】

晏子担任齐景公的相国，吃的是去壳的小米，烤三只飞鸟、五个鸡蛋、苔菜而已。景公就去晏子家吃饭，看到了晏子的饭食。景公说：“唉!先生您家里这么贫穷啊！而我竟然不知道，这是我的罪过啊。”晏子回答说：“因为世间食物还不充足，能够用去壳的小米顶饱，这是士人的第一个追求；烤三只飞鸟吃，这是士人的第二个追求；苔菜、五个鸡蛋，这是士人的第三个追求。我没有高出别人一倍的品行，却有士人的三种食物，国君您的恩赐已经够多了，我晏婴家不贫穷。”拜了两拜辞谢了。

（注译：韩宏博　审核：姜　健）

梁丘据自患不及晏子晏子勉据以常为常行第二十七

【题解】

齐景公的宠臣梁丘据感叹自己到死也赶不上晏子，晏子以“为者常成，行者常至”来勉励他。小人做事，难在坚持，所以晏子特别强调“常”字。

【原文】

梁丘据[①]谓晏子曰：“吾至死不及[②]夫子矣！”晏子曰：“婴闻之，为[③]者常成，行[④]者常至。婴非有异[⑤]于人也，常为而不置[⑥]、常行而不休[⑦]者，故[⑧]难及也？”

【注释】

①梁丘据：齐景公的宠臣，谄媚之臣。 ②不及：赶不上。 ③为：做。 ④行：走。 ⑤异：不同。 ⑥置：搁置，放弃。 ⑦休：停止。 ⑧故（hú）：通“胡”，何。

【译文】

梁丘据对晏子说：“我到死也赶不上先生您了！”晏子说：“我听说，坚持做事的人总能成功，坚持走路的人总能到达目的地。我没有什么与别人不同的地方，坚持做而不放弃、坚持走而不停止的人，有什么难以赶上的呢？”

（注译：韩宏博 审核：姜 健）

晏子老辞邑景公不许致车一乘而后止第二十八

【题解】

齐景公因为晏子担任齐国的相国，功德卓著，在晏子告老时不允许他退还封邑；甚至想效法齐桓公，赏赐给晏子三处住宅，恩泽延及他的子孙。这样的殊荣，以管仲的贤德尚且没有推辞，晏子却坚辞不受。如此往复再三，最后晏子找了个机会缴纳了封邑，还送还了一辆车，后来才了结了此事。

【原文】

晏子相景公，老，辞①邑。公曰："自吾先君定公②至今，用世③多矣，齐大夫未有老辞邑者。今夫子独辞之，是毁国之故④，弃⑤寡人也。不可！"晏子对曰："婴闻古之事⑥君者，称身而食⑦。德厚而受禄，德薄则辞禄。德厚受禄，所以明⑧上也；德薄辞禄，可以洁下也⑨。婴老，德薄⑩无能而厚受禄，是掩上之明⑪、污下之行⑫，不可。"

【注释】

①辞：辞退，归还。　②定公：应作"丁公"。丁公，太公之子。　③用世：世代治国。　④毁：破坏。故：老规矩，旧制度。　⑤弃：舍弃，抛弃。　⑥事：侍奉。　⑦称身：衡量自身。食：食禄。　⑧

明：彰明。 ⑨可：同“所”，与上句相对。洁下：使臣下廉洁。 ⑩德薄：品德微薄。 ⑪掩：掩盖。明：英明，圣明。 ⑫污：玷污，污浊。行：品行。

【译文】

晏子担任齐景公的相国，年老了，要归还封邑。景公说：“自从我的先君丁公到现今，世代治国的人多了，齐国的大夫还没有告老时归还封邑的。如今唯独先生您要归还封邑，这是破坏齐国的老规矩，舍弃我啊。不可以！”晏子回答说：“我听说古代侍奉国君的人，衡量自身来获得俸禄。品德高的就接受俸禄，品德微薄的就退还俸禄。品德高而接受俸禄，能体现国君的圣明；品德微薄而辞去俸禄，能使臣下廉洁。我年老了，品德微薄没有能力却接受了太多的俸禄，这是掩盖了国君的圣明、污浊了臣下的品行，不可以。”

【原文】

公不许，曰：“昔吾先君桓公，有管仲恤劳[①]齐国，身老，赏之以三归[②]，泽及[③]子孙。今夫子亦相寡人，欲为夫子三归，泽至子孙，岂[④]不可哉？”对曰：“昔者管子事桓公，桓公义[⑤]高诸侯，德备百姓[⑥]。今婴事君也，国仅齐于诸侯，怨积[⑦]乎百姓，婴之罪多矣，而君欲赏之，岂以其不肖父为不肖子厚受赏，以伤[⑧]国民义哉？且夫德薄而禄厚，智惛而家富[⑨]，是彰污而逆教也[⑩]，不可。”

【注释】

①恤劳：忧虑操劳。 ②三归：三处封邑。 ③泽及：恩泽延及。 ④岂：难道。 ⑤义：仁义，道义。 ⑥德：德义，恩德。备：遍施，惠及。 ⑦积：积聚。 ⑧伤：损害。 ⑨智：才智。惛（hūn）：糊涂，昏庸。 ⑩彰污：彰显污行。逆教：违背教化。

【译文】

齐景公不允许，说："从前我的先君齐桓公，有管仲为齐国忧劳，管仲老了的时候，桓公赏给他三处封邑，恩泽延及他的子孙。现在先生您也担任我的相国，我想赐给先生三处封邑，恩泽延及您的子孙，难道不可以吗？"晏子回答说："从前管仲侍奉桓公，桓公的仁义要高于各个诸侯，恩德惠及全国百姓。现在晏婴我侍奉国君，国家仅能与其他诸侯平齐，百姓中积聚了怨愤，我的罪过太多了，可是国君您还想赏赐我，难道要让一个不贤的父亲为不贤的儿子接受优厚的赏赐，来伤害国家和百姓的大义吗？况且品德微薄而俸禄丰厚，智力昏庸而家庭富足，这是彰显污行而违背教化啊，不可以。"

【原文】

公不许，晏子出。异日朝，得间而入邑①，致车一乘而后止②。

【注释】

①得间：得到时机。入邑：缴纳封邑。　②致：缴还。乘（shèng）：一车四马。止：停止。

【译文】

齐景公不同意，晏子退出。过几天上朝时，晏子找了个机会缴纳了封邑，还缴还了一辆车才了结了此事。

（注译：韩宏博　审核：姜　健）

晏子病将死妻问所欲言云毋变尔俗第二十九

【题解】

晏子病重将死，他希望死后，妻子儿女仍然保持他在世时的家风，不要改变。

【原文】

晏子病，将死，其妻曰："夫子无欲言乎？"晏子曰："吾恐死而俗变①。谨②视尔家，毋③变尔俗也。"

【注释】

①恐：担心。俗：家风。 ②谨：小心，谨慎。 ③毋：不。

【译文】

晏子生病，快要死了，他的妻子说："先生您没有想要说的话吗？"晏子说："我担心我死后家风会改变。你要谨慎地看守家里，不要改变家里的家风。"

（注译：韩宏博 审核：姜 健）

晏子病将死
凿楹纳书命子壮而示之第三十

【题解】

晏子临死前在厅堂前的柱子里放了一封遗书，让妻子等孩子长大后再给他看。遗书的内容主要有四个方面：一是布帛要节省使用，不能匮乏；二是牛马要节省使用，不能匮乏；三是士人要大量使用，人才不能匮乏；四是国家要富裕，物资不能匮乏。前两者重在养生，是为家为民；后二者重在为政，是为君为国。

【原文】

晏子病，将死，凿楹纳书焉①，谓其妻曰："楹语也，子壮②而示之。"及壮，发书，书之言曰："布帛不可穷③，穷不可饰④；牛马不可穷，穷不可服⑤；士不可穷，穷不可任⑥；国不可穷，穷不可窃⑦也。"

【注释】

①楹：厅堂前的柱子。纳：放。　②壮：长大。　③穷：匮乏。　④饰：装饰，引申为遮身蔽体。　⑤服：役使。　⑥任：任用。　⑦穷不可窃：国家如果物资匮乏，政令就无法推行。窃，通"践"，实行，推行。

【译文】

晏子生病，快要死了，他凿开厅堂前的柱子放进一封信，对他妻子说：“柱子里的信，等孩子长大了再给他看。”等到孩子长大，晏子的妻子打开那封信，信中写的是：“布帛要节省使用，匮乏就不能遮身蔽体；牛马要节省使用，匮乏就不能役使；士人要大量使用，匮乏就不能任用；国家不能穷困，国家如果物资匮乏，政令就无法推行。”

（注译：韩宏博　审核：姜　健）

【卷七　外篇重而异者】

景公饮酒命晏子去礼晏子谏第一

【题解】

齐景公在饮酒酣畅之时，想免去礼节的约束，与晏子纵情享乐。晏子劝谏说，人比禽兽高贵之处就在于有礼义，礼义对于国家社会家庭都非常重要，不可免去。同时，晏子劝诫景公，遵守礼义必须从国君自身做起。

【原文】

景公饮酒数日而乐，去冠披裳①，自鼓盆瓮②，谓左右③曰："仁人亦乐是夫？"梁丘据对曰："仁人之耳目，亦犹人也，夫奚为独不乐此也？"公曰："趣④驾迎晏子。"

【注释】

①去冠：摘下帽子。披：解开。裳：衣服。　②鼓：敲击。盆瓮：瓦盆等打击乐器。　③左右：身边侍从。　④趣（cù）：迅速，赶快。

【译文】

齐景公喝了好几天酒，非常高兴，摘下帽子解开衣服，亲自敲击瓦盆奏乐，对身边侍从说："仁人也喜欢以此为乐吗？"梁丘据回答说："仁人的耳朵和眼睛，同常人是一样的啊，他们怎么会偏偏不喜欢以此为乐呢？"景公说："赶快驾车去接晏子。"

【原文】

晏子朝服以至，受觞[①]再拜。公曰："寡人甚乐此乐，欲与夫子共[②]之，请去[③]礼。"晏子对曰："君之言过矣！群臣皆欲去礼以事[④]君，婴恐[⑤]君子之不欲也。今齐国五尺[⑥]之童子，力皆过婴，又能胜君，然而不敢乱者，畏[⑦]礼义也。上若无礼，无以使[⑧]其下；下若无礼，无以事其上。夫麋鹿[⑨]维无礼，故父子同麀[⑩]。人之所以贵[⑪]于禽兽者，以有礼也。婴闻之，人君无礼，无以临[⑫]其邦；大夫无礼，官吏不恭[⑬]；父子无礼，其家必凶[⑭]；兄弟无礼，不能久同[⑮]。《诗》曰：'人而无礼，胡不遄死[⑯]！'故礼不可去也。"

【注释】

①觞：古代酒器，酒杯。 ②共：共享。 ③去：免除。 ④事：侍奉。 ⑤恐：担心。 ⑥五尺：古代一尺，相当于现在的七寸左右，五尺相当于现在的三尺五寸。 ⑦畏：畏惧。 ⑧使：指使，领导。 ⑨麋鹿：一种动物，俗称"四不像"。 ⑩父子同麀（yōu）：是说鹿之父子两代，共淫同一母鹿。 ⑪贵：高贵。 ⑫临：统治，治理。 ⑬恭：恭敬。 ⑭凶：凶兆，不吉祥。 ⑮同：和睦。 ⑯"人而无礼"两句：引自《诗经·鄘风·相鼠》。遄（chuán）：快，迅速。

【译文】

晏子身穿朝服来了，接过酒杯拜了两拜。齐景公说："我非常喜欢这种快乐，想同先生共同享用，请免去礼节。"晏子回答说："您的话不对啊！群臣都想免去礼节来侍奉您，晏婴我还担心国君您不这样想呢。现在齐国五尺高的孩童，力气都比我大，也能胜过您，但没有人敢作乱，是畏惧礼义啊。在上的人如果不讲礼义，就不能够领导在下的人；在下的人如果不讲礼义，就不能侍奉在上的人。麋鹿正是因为没有礼义，所以才父子共淫同一母鹿。人之所以比禽兽高贵之处，就是因为有礼义啊。晏婴我听说，国君没有礼义，就不能治理国家；大夫没有礼义，下面的官吏就不会恭敬；父子之间没有礼义，其家必然遭殃；兄弟之间没有礼义，就无法长期和睦相处。《诗经》说：‘做人如果没有礼义，何不赶快死！’所以礼不可免去。”

【原文】

公曰：“寡人不敏①，无良左右淫蛊寡人②，以至于此，请杀之。”晏子曰：“左右何罪？君若无礼，则好礼者去，无礼者至；君若好礼，则有礼者至，无礼者去。”公曰：“善。请易衣革冠③，更受命④。”晏子避⑤走，立乎门外。公令人粪洒⑥改席，召晏子，衣冠以迎⑦。晏子入门，三让，升阶，用三献礼⑧焉，嗛酒尝膳⑨，再拜，告餍⑩而出。公下拜，送之门，反⑪，命撤酒去乐⑫，曰：“吾以彰⑬晏子之教也。”

【注释】

①敏：聪敏。 ②无良：不好，没有善行。淫蛊（gǔ）：蛊惑，迷惑。 ③易、革：都是更换的意思。 ④更：再。命：教导，教诲。 ⑤避：回避。 ⑥粪洒：清扫，打扫。 ⑦衣冠以迎：穿戴整齐来迎接。 ⑧三献礼：古代礼仪，敬酒三次，多用于祭祀的时候。 ⑨嗛（xián）酒：品酒。嗛，同“衔”，衔在口中。 ⑩餍（yàn）：饱，足。 ⑪反：同“返”，返回。 ⑫撤酒去乐：撤去酒席、停止音乐。 ⑬彰：彰显。

【译文】

齐景公说：“我不聪敏，没有善行的左右随从蛊惑我，才至于这种地步，请让我把他们杀了。”晏子说：“左右侍从有什么罪？国君如若没有礼义，那么遵守礼义的人就会离开，没有礼义的人就会到来；国君如若爱好礼义，那么讲礼义之人就会到来，不讲礼义之人就会离开。”景公说：“说得好。请让我更换衣帽，再来接受先生的教导。”晏子回避走了出去，站在门外。景公令人洒水扫地，更换酒席，召进晏子，穿戴整齐来迎接。晏子进门，谦让了三次，登上台阶，行三次敬酒的大礼，品酒尝菜，拜了两拜，告之吃饱就出去了。景公走下台阶，送到门口，又返回，让人撤去酒席、停止音乐，说：“我要以此来彰显晏子的教导。”

（注译：韩宏博　审核：王方诗）

景公置酒泰山四望而泣晏子谏第二

【题解】

齐景公在泰山上设酒宴饮，环望国土，为死亡而悲伤。晏子认为，生死兴衰，都是自然规律，没有什么可悲伤的。景公改口说是因为彗星指向齐国，预示齐国要有灾祸，所以悲伤。晏子指出，如果景公无仁德的行为继续下去，那么国家还会有更大的灾祸。在晏子思想中，既有新陈代谢、自然规律不能改变的唯物因素，又有天人相互感应、上天垂象以示警诫的唯心因素，此篇比较全面地反映了晏子的天道观。

【原文】

景公置①酒于泰山之上，酒酣，公四望其地，喟然叹，泣数行而下，曰："寡人将去此堂堂国而死乎！"左右佐哀②而泣者三人，曰："臣细人③也，犹将难死④，而况公乎！弃是国也而死，其孰可为⑤乎！"晏子独搏其髀⑥，仰天而大笑曰："乐哉！今日之饮也。"公怫然⑦怒曰："寡人有哀，子独大笑，何也？"晏子对曰："今日见怯⑧君一，谀⑨臣三，是以大笑。"公曰："何谓谀、怯也？"晏子曰："夫古之有死也，令后世贤者得之以息⑩，不肖者得之以伏⑪。若使古之王者如毋有死，自昔先君太公至今尚在，而君亦安得此国而哀之？夫盛之有衰，生之有死，天之分⑫也；物有必至⑬，事有常然⑭，古之道⑮也，曷为可悲？至老尚哀死者，怯也；左右助哀者，谀也。怯谀聚居⑯，是故笑之。"

【注释】

①置：摆设。　②佐哀：陪着伤心。　③细人：卑微之人，小人物。　④难死：以死为忌惮，怕死。　⑤为：治理。　⑥搏：击，拍打。髀（bì）：股，大腿。　⑦怫（fèi）然：愤怒的样子。　⑧怯：胆小，怯懦。　⑨谀：谄媚。　⑩贤者：贤良的人。息：休息，安息。　⑪不肖者：不贤良之人。伏：伏隐，隐藏。　⑫分：本分，引申为规律。　⑬必至：必然的归宿。　⑭常然：正常的规律。　⑮道：道理。　⑯聚居：聚在一起。

【译文】

齐景公在泰山上摆设酒席，喝到兴浓时，景公四面环望他的国土，喟然长叹，眼泪一行行流下来，说："我就要离开这堂堂大国而死了!"左右陪着他哀伤流泪的有三人，说："下臣都是些小人物，也还怕死，更何况国君呢！您丢下这个国家而死，还有谁能治理它呢！"只有晏子拍打着大腿，仰天大笑说："真快乐啊！今天的宴饮。"景公勃然大怒说："寡人正有所哀伤，而您偏偏大笑，为什么呢？"晏子回答说："今天看到了胆怯的国君一个，谄媚的臣子三个，所以大笑。"景公说："什么是谀媚、胆怯？"晏子说："自古以来就有死亡，它能使后世贤德的人得到安息，使不贤德的人得以隐藏。如果让古代做了大王的人不死，远自过去的先君太公至今还在世，那国君您怎能得到这个国家并为之哀伤呢？有兴盛就有衰败，有生就有死，这是自然的法则啊；事物都有必然的归宿，事情都有它正常的规律，这是自古以来的道理，有什么可悲伤的？到老了还为死亡而哀伤的人，就是胆怯；右右陪着他哀伤的，就是谄媚。胆怯和谄媚聚在一起，所以我因此而笑。"

【原文】

公惭[①]而更辞曰："我非为去国而死哀也。寡人闻之，彗星出，其所向之国君当[②]之。今彗星出而向[③]吾国，我是以悲也。"晏子曰："君之行义回邪[④]，无德[⑤]于国。穿[⑥]池沼，则欲其深以广也；为[⑦]台榭，则欲其高且大也；赋敛如抝夺[⑧]，诛僇如仇雠[⑨]。自是观之，茀[⑩]又将出。彗星之出，庸可惧乎！"

【注释】

①惭：惭愧，羞愧。 ②当：承担。 ③向：指向。 ④义：同“仪”，举止。邪：不正，邪僻。 ⑤德：德义，仁德。 ⑥穿：挖，开凿。 ⑦为：建造，修建。 ⑧拐（huī）夺：掠夺。 ⑨僇：通“戮”，杀戮。仇雠（chóu）：仇敌。 ⑩茀（bèi）：即孛星，古书上指光芒四射的彗星，古人认为它的出现会带来灾难。

【译文】

齐景公非常羞愧而改口说：“我不是为离开国家死去而悲哀。我听说，彗星出现，它所指向的那个国家的国君就要承担灾祸。现在彗星出现并指向我们的国家，我是因为这个悲伤。”晏子说：“国君的行为举止太邪僻，对国家无仁德。开凿池沼，总想让它又深又广；建造亭台楼阁，总想让它又高又大；征收赋税就像是掠夺，诛杀百姓就像是对待仇敌。从这些事情看来，孛星也要出现了。彗星出现，又有什么可怕的!”

【原文】

于是公惧，乃归，窴①池沼，废②台榭，薄③赋敛，缓④刑罚，三十七日而彗星亡⑤。

【注释】

①窴（tián）：通“填”，填平。 ②废：拆除。 ③薄：减轻。 ④缓：放宽。 ⑤亡：消失。

【译文】

于是齐景公害怕了，这才回去，填平了池塘，拆除了亭台楼阁，减轻了赋税，放宽了刑罚，三十七天后彗星就消失了。

（注译：韩宏博　审核：王方诗）

景公瞢见彗星使人占之晏子谏第三

【题解】

齐景公梦见彗星，认为是亡国的征兆。晏子却认为，景公骄奢淫逸，不听规劝，横征暴敛，万民怨恨，后果将更为严重。

【原文】

景公瞢①见彗星。明日，召晏子而问焉曰：“寡人闻之，有彗星者必有亡国。夜者，寡人瞢见彗星，吾欲召占瞢者使占之②。”

晏子对曰：“君居处无节③，衣服无度④，不听正谏⑤，兴事无已⑥，赋敛无厌⑦，使民如将不胜⑧，万民怼⑨怨，茀星又将见⑩瞢，奚独彗星乎！”

【注释】

①瞢：通“梦”。　②占瞢者：占梦的人。占：占卜。　③节：节制。　④度：限度。　⑤正谏：直言规劝。　⑥无已：没有限度。　⑦厌：满足。　⑧使：役使。胜：承担，承受。　⑨怼（duì）：怨恨。　⑩见（xiàn）：通“现”，出现。

【译文】

齐景公梦见了彗星。第二天，景公召来晏子而询问他说：“我听说，有彗星出现，国家就一定会亡国。夜里，我梦见了彗星，我想召占梦的人来占卜一下这件事。”

晏子回答说：“国君生活起居没有节制，衣着服饰没有限度，不听从直言规劝，大兴土木没有止境，征收税赋没有满足，役使百姓让他们无法承受，千千万万的百姓都在怨恨，孛星也将出现在梦里了，何止是彗星呢！”

（注译：韩宏博　审核：王方诗）

景公问古而无死其乐若何晏子谏第四

【题解】

齐景公感慨要是自古就没有死亡，那将是何等的快乐。晏子指出，如果是那样的话，也是古人的快乐，根本轮不到景公。晏子批评了景公怕死贪生，希求永远占有富贵尊荣的自私不仁的思想。

【原文】

景公饮酒，乐。公曰：“古而无死，其乐若何！”

晏子对曰：“古而无死，则古之乐也，君何得焉？昔爽鸠氏始居此地①，季萴因之②，有逢伯陵③因之，蒲姑氏④因之，而后太公因之。古若无死，爽鸠氏之乐，非君所愿⑤也。”

【注释】

①昔：过去，从前。爽鸠氏：远古帝王少昊氏的司寇（管理司法的官员）。②季萴（cè）：虞夏时候的诸侯。因：沿袭。③逢伯陵：商代的诸侯，姜姓。④蒲姑氏：商周之际的诸侯。⑤愿：希望，想要。

【译文】

齐景公饮酒，非常快乐。景公说：“如果自古就没有死亡，那将是何等的快乐啊！”

晏子回答说：“如果自古就没有死亡，那就是古代人的快乐了，您怎么能得到呢？从前爽鸠氏最先居住在这里，季萴沿袭了爽鸠氏，后来逢伯陵沿袭了季萴，蒲姑氏又沿袭了逢伯陵，然后太公又沿袭了蒲姑氏。如果自古就没有死亡，那是爽鸠氏的快乐，这不是您所想要的。”

（注译：韩宏博　审核：王方诗）

景公谓梁丘据与己和晏子谏第五

【题解】

齐景公认为只有梁丘据与自己相和。晏子告诉他，那只是相同，并不是相和。所谓“相和”，就好像烹调，不同的味道相互调剂，才能做出美味的食物。又如音乐，不同的声音相互调和，才能成为美妙的音乐。君臣之间的关系也是如此，只有相互补充，取长补短，才能达到和谐。而梁丘据对景公，阿谀奉承，一味苟同，毫无原则，这种所谓的“相同”，是不可取的。

【原文】

景公至自畋①，晏子侍于遄台②，梁丘据造③焉。公曰：“维据与我和夫④！”晏子对曰：“据亦同也，焉得为和？”

【注释】

①畋（tián）：打猎。 ②侍：随侍，陪侍。遄台：台名，位于齐都故城西侧。 ③造：前往，到来。 ④维：通“唯”。和：相和，和谐。

【译文】

齐景公从打猎的地方回来，晏子在遄台随侍，梁丘据也到来了。景公说：“只有梁丘据与我相和啊！”晏子回答说：“梁丘据与您也只能算得上是相同，哪里算得上是相和啊？”

【原文】

公曰："和与同异乎？"

对曰："异。和如羹焉，水火醯醢盐梅①，以烹鱼肉，燀之以薪②，宰夫③和之，齐④之以味，济⑤其不及，以泄⑥其过。君子食之，以平其心。君臣亦然。君所谓可⑦，而有否焉，臣献⑧其否，以成其可；君所谓否，而有可焉，臣献其可，以去其否。是以政平而不干⑨，民无争心。故《诗》曰：'亦有和羹，既戒且平；鬷嘏无言，时靡有争。'⑩先王之济五味、和五声也⑪，以平其心，成其政⑫也。声亦如味，一气、二体、三类、四物、五声、六律、七音、八风、九歌⑬，以相成也；清浊、大小、短长、疾徐、哀乐、刚柔、迟速、高下、出入、周⑭疏，以相济也。君子听之，以平其心，心平德和。故《诗》曰：'德音不瑕⑮。'今据不然，君所谓可，据亦曰可；君所谓否，据亦曰否。若以水济水，谁能食之？若琴瑟之专一，谁能听之？同之不可也如是。"

公曰："善！"

【注释】

①醯（xī）：醋。醢（hǎi）：肉酱。梅：果实，似杏而酸。　②燀（chǎn）：炊。薪：柴火。　③宰夫：厨师。　④齐（jì）：通"剂"，调和，调剂。　⑤济：增加。　⑥泄：减少。　⑦可：可行，合适。　⑧献：指出。　⑨干：犯，抵触。　⑩"亦有和羹"四句：见《诗经·商颂·烈祖》。戒：谦恭谨慎。鬷（zōng）：总。嘏（gǔ）：大。靡：无，没有。　⑪济：成。五味：酸、苦、甘、辛、咸五种味道。和：协调，调和。五声：古代音乐中的五种音阶，即宫、商、角、徵（zhǐ）、羽。　⑫成其政：成就其政事。　⑬一气：指人气。二体：指文、武两种舞蹈形式。三类：指《诗经》中的《风》《雅》《颂》三种乐调。四物：四方出产的物品，指用四方之物以成乐器，按制造乐器的主要材料分金、

石、土、革、丝、木、匏、竹八类，即“八音”，这些材料非一处就能齐备，所以要用四方出产的物品。六律：定音器（竹管），共有十二个。黄钟、大吕、太簇、夹钟、姑洗、中吕、蕤宾、林钟、夷则、南吕、无射、应钟，合称“十二律”。区分开来，奇数（阳）称“六律”，偶数（阴）称“六吕”，合称“律吕”。古书所说的“六律”，通常是就阴阳各六的十二律而言的。七音：古乐理以宫、商、角、徵、羽、变宫、变徵为七音。八风：八方之风。九歌：一种古代乐曲。　⑭周：密。　⑮德音不瑕：仁德之音没有瑕疵，见《诗经·豳风·狼跋》。

【译文】

齐景公说：“相和与相同有区别吗？”

晏子回答说：“有区别。相和就像做羹汤，用水、火、醋、肉酱、盐、梅来烹制鱼肉，用柴火烧煮，厨师调配它，调和滋味，味道不够就增加，味道太浓就减少。君子吃了它，于是心情平和。国君和臣子之间的关系也是这样。国君认为可行的，而其中有不可行的，臣子指出其中不可行的，来成就其可行的；国君认为不可行的，但其中也有可行的，臣子指出其中可行的，来去除其不可行的。因此政治清平而不相互抵触，人们没有争夺之心。所以《诗经》上说：‘诸侯顺和就像调和的汤羹，谦恭谨慎心气平和；先王总揽政权上下无嫌隙，那时天下和睦不相争。’先王所以调成五味、调和五声的原因，是使其心气平和，成就其政事。声音也与味道一样，是有一气、二体、三类、四物、五音、六律、七音、八风、九歌，相辅相成；有清浊、大小、短长、急缓、哀乐、刚柔、快慢、高低、出入、密疏，相互调和。君子听了这种音乐，使其心气平和，心气平和道德就和谐。所以《诗经》上说：‘仁德之音没有瑕疵。’现在梁丘据不是这样，您认为可行的，他也说可行；您认为不可行的，他也说不可行。这好比用水调剂水，谁去喝它？又好比琴和瑟老弹一个声音，谁去听它？相同不可取的道理就像上边说得这样。”

景公说：“说得好！”

（注译：韩宏博　审核：王方诗）

景公使祝史禳彗星晏子谏第六

【题解】

齐国出现彗星，齐景公想通过祭祀祈祷禳除它。晏子劝谏说，天道不会因人而改变。彗星是用来扫除污秽的，国君若没有污秽的德行，就不必禳除它；若有污秽的德行，禳除它也不能去掉什么，关键在于国君自身的德行。晏子劝谏景公自省有无“秽德”，分析禳除彗星之举无益，劝谏之言，含蓄委婉，诱导启发。

【原文】

齐有彗星，景公使祝禳之①。晏子谏曰：“无益也，只取诬②焉。天道不謟③，不贰④其命，若之何禳之也？且天之有彗，以除秽也。君无秽德⑤，又何禳焉？若德之秽，禳之何损⑥？《诗》云：‘维此文王，小心翼翼，昭事上帝，聿怀多福，厥德不回，以受方国。’⑦君无违德⑧，方国将至，何患于彗？《诗》曰：‘我无所监，夏后及商，用乱之故，民卒流亡。’⑨若德回乱，民将流亡，祝史之为，无能补也。”公说⑩，乃止。

【注释】

①祝：主管祭祀的官员。禳（ráng）：祭名，指通过祭祀祈祷消除灾殃、去邪除恶。 ②诬：欺骗。 ③謟（tāo）：怀疑，疑惑。 ④贰：背叛。 ⑤秽德：污秽的德行。 ⑥损：损减，减少。 ⑦“维此文王”六

句：见《诗经·大雅·大明》。文王：指周文王。事：侍奉。聿（yù）：古汉语助词，用在句首或句中，无义。厥德：引申为修养道德。不回：品行正直，不行邪僻。　⑧违德：邪僻之德。　⑨“我无所监”四句：所引诗句未见于今本《诗经》，或引自“逸诗”（今本《诗经》305篇以外的，前人称之为“逸诗”）。监：通“鉴”，借鉴。用：因。卒：到底，终于。　⑩说（yuè）：同“悦”，高兴。

【译文】

齐国上空出现彗星，齐景公让祝官祭祀祈祷来禳除它。晏子劝谏说：“这没有什么好处，只是自己蒙受欺骗罢了。天道不可怀疑，不可能改变它的成命，这样怎么能禳除它呢？况且天上有彗星，是用来扫除污秽的。国君若没有污秽的德行，又何必禳除它呢？如果有污秽的德行，禳除它又能去掉什么呢？《诗经》上说：‘只有这个周文王，小心翼翼，忠心侍奉上帝，得到很多福分，他的修养道德不邪僻，受到四方诸侯的崇敬。’如果国君您没有邪僻之德，四方诸侯将来归附，何必害怕彗星呢？《诗经》上说：‘我没有引以借鉴的，只有夏桀与商纣，因为政事昏乱的缘故，百姓终于流亡失所。’如果您的德行邪僻，百姓也将会流亡失所，祝官和史官的所作所为，是于事无补的。”景公听了很高兴，就停止了祭祀消灾的事。

（注译：韩宏博　审核：王方诗）

景公有疾梁丘据裔款请诛祝史晏子谏第七

【题解】

齐景公患病很长时间都不见好，宠臣梁丘据、裔款认为是祝官和史官的过错，主张杀了他们以辞宾客。晏子指出这并不是祝官和史官的罪过，景公荒淫靡乐、无所顾忌，祝官和史官既不能向鬼神陈述实情，又不能欺骗撒谎，只好说些空话来求媚讨好，所以鬼神才不保佑。晏子并且指出，如今国君荒淫靡乐，国家法治败坏，上奉荒淫之君，下供无法之臣，百姓都在诅咒，如果说祝祷有益处，那么诅咒也必定会有损害。即使祝官和史官再善于祝祷，也抵不过亿万人的诅咒，只有国君修正自己的德行才是唯一办法。

【原文】

景公疥遂痁[①]，期而不瘳[②]，诸侯之宾问疾者多在。梁丘据、裔款[③]言于公曰："吾事鬼神，丰[④]于先君有加矣。今君疾病，为诸侯忧，是祝史[⑤]之罪也。诸侯不知，其谓我不敬，君盍诛于祝固、史嚚以辞宾[⑥]？"

公说，告晏子。晏子对曰："日[⑦]宋之盟，屈建问范会之德于赵武[⑧]，赵武曰：'夫子家事治，言于晋国，竭情无私，其祝史祭祀，陈言不愧；其家事无猜[⑨]，其祝史不祈[⑩]。'建以语康王[⑪]，康王曰：'神人无怨，宜夫子之光辅五君[⑫]，以为诸侯主也。'"

【注释】

①疥（jiè）：疥疮，简称疥。痁（shān）：疟疾的一种，多日一发。　②期（jī）：一周年。瘳（chōu）：疾病消失，病愈。　③梁丘据、裔款：齐景公的两个宠臣。　④丰：丰厚。　⑤祝史：祝官和史官的合称，古代掌管祭祀的官员。　⑥固：祝官之名。嚚（yín）：史官之名。辞：辞谢。　⑦日：从前，往日。　⑧屈建：字子木，楚国的令尹（相当于相）。范会：即士会，晋国大夫，他的食邑在范，所以称"范会"。赵武：赵盾之孙，也称"赵孟"，晋国正卿。　⑨猜：猜疑，疑心。　⑩祈：请求。　⑪语（yù）：告诉。康王：楚国国君，谥号"康"。　⑫五君：指晋国的文、襄、灵、成、景五代国君。

【译文】

齐景公长了疥疮后又患了疟疾，整整一年也未见痊愈，各诸侯派来探病的人大多还留在齐国。梁丘据、裔款对景公说："我们侍奉鬼神，祭品比先君时候还要丰盛。如今国君患病，让各国诸侯忧心，这是祝官和史官的罪过啊。诸侯不知实情，恐怕还以为我们不敬鬼神，您何不杀了祝固和史嚚来向宾客谢罪呢？"

景公听后很高兴，将此事告诉了晏子。晏子回答说："从前在宋国会盟，屈建向赵武询问有关范会德行的事，赵武说：'先生的家族事务治理得非常好，在晋国说话，竭尽心意而没有私心，他的祝官和史官祭祀，向鬼神陈述实情而不惭愧；他的家事无可猜疑，他的祝官和史官也用不着祈求什么。'屈建将这些话告诉了楚康王，康王说：'鬼神和百姓对范会都没有怨恨，那夫子他能光荣地辅佐晋国的文、襄、灵、成、景五代国君，使晋国成为诸侯盟主是理所当然的了。'"

【原文】

公曰："据与款谓寡人能事鬼神，故欲诛于祝史，子称①是语何故？"

对曰："若有德之君，外内不废，上下无怨，动无违事[2]，其祝史荐信[3]，无愧心矣。是以鬼神用飨[4]，国受其福[5]，祝史与焉。其所以蕃祉老寿者[6]，为信君使也，其言忠信于鬼神。其适[7]遇淫君，外内颇邪[8]，上下怨疾，动作辟违[9]，从欲厌私[10]，高台深池，撞钟舞女，斩刈民力[11]，输掠其聚[12]，以成其违，不恤后人，暴虐淫纵，肆行非度[13]，无所还忌[14]，不思谤讟[15]，不惮鬼神，神怒民痛，无悛[16]于心。其祝史荐信，是言罪也；其盖失数美[17]，是矫诬[18]也；进退无辞，则虚以求媚，是以鬼神不飨，其国以祸，祝史与焉。所以夭昏孤疾者[19]，为暴君使也，其言僭嫚[20]于鬼神。"

【注释】

①称：说。 ②动：行为，举动。违：邪恶，过失。 ③荐信：以诚信之言陈述于神。 ④飨（xiǎng）：祭品。 ⑤福：福佑。 ⑥蕃祉：多福。蕃，繁多，茂盛。祉，福气。 ⑦适：恰巧。 ⑧颇邪：偏颇邪恶。 ⑨辟违：邪僻背理。 ⑩从（zòng）：通"纵"，放纵。厌：满足。 ⑪斩：杀。刈（yì）：割。斩刈：断绝，灭绝。 ⑫输掠：掠取。聚：积蓄。 ⑬肆行：恣意妄为。 ⑭还忌：顾忌。 ⑮讟（dú）：诽谤，怨言。 ⑯悛（quān）：悔改。 ⑰盖：掩藏，掩盖。数（shǔ）：说，列举。 ⑱矫诬：狡诈欺骗。 ⑲夭：夭折。昏：昏昧。孤疾：孤独患病。 ⑳僭嫚：欺诈轻侮。僭，不信。嫚，通"慢"，轻慢。

【译文】

齐景公说："梁丘据和裔款都说我能侍奉鬼神，所以我才想杀掉祝官和史官，先生您说这些话是什么意思？"

晏子回答说："如果是有德行的国君，内外之事都不荒废，上下无怨尤，举动没有违背德义之事，他的祝官和史官向鬼神陈述实情，没有愧疚之心。因此鬼神享用祭品，国家受到鬼神的福佑，祝官和史官也都有份。他们之所以能多福长寿，是因为他们是诚信国君的使者，他们说的话对鬼神忠实诚信。如果他们恰巧遇到一个荒淫的国君，内外政事偏颇邪恶，上下怨恨，举动邪僻背理，放纵欲望满足私心，建造高台深挖池塘，奏乐作乐美女歌舞，耗尽民力，掠夺民财，以成就其违理之行，不体恤后人，暴虐纵欲，恣意妄为不守法度，无所顾忌，不考虑诽谤怨言，不怕鬼神，鬼神发怒百姓痛苦，也无悔改之心。他的祝官和史官若向鬼神陈述实情，就是直言国君的罪过；若掩藏过失而述说其美德，那就是狡诈欺骗；进退为难无言以告，就说些空话来求媚讨好，所以鬼神不享用祭品，他的国家遭受灾祸，祝官和史官也跟着遭殃。他们之所以夭折昏昧孤寡患病，是因为他们是暴虐之君的使者，他们的话对鬼神是欺诈轻侮。”

【原文】

公曰：“然则若之何？”对曰：“不可为也。山林之木，衡鹿[①]守之；泽之萑蒲[②]，舟鲛[③]守之；薮之薪蒸[④]，虞候[⑤]守之；海之盐蜃[⑥]，祈望[⑦]守之。县鄙[⑧]之人，入从其政[⑨]；逼尔[⑩]之关，暴征其私；承嗣[⑪]大夫，强易其贿[⑫]；布常无艺[⑬]，征敛无度；宫室日更[⑭]，淫乐不违[⑮]；内宠之妾肆夺于市，外宠之臣僭令[⑯]于鄙；私欲养[⑰]求，不给则应[⑱]。民人苦病，夫妇皆诅[⑲]。祝有益也，诅亦有损，聊、摄[⑳]以东，姑、尤[㉑]以西，其为人也多矣，虽其善祝，岂能胜亿兆人之诅！君若欲诛于祝史，修德而后可。”

【注释】

①衡鹿：官名。这里设衡鹿之官，守山林之木。　②萑（huán）蒲：水生植物。　③舟鲛：官名，舟是行水之器，鲛是大鱼之名，泽中有水有鱼，所以以“舟鲛”为官名。　④薮（sǒu）：生长着很多草的沼泽地区。薪蒸：薪柴。　⑤虞候：官名，山泽之官，皆名为虞。　⑥蜃（shèn）：大蛤蜊。　⑦祈望：官名，为主海之官。　⑧县鄙：县与鄙，古代行政区划名，五家为邻，五邻为里，四里为酂，五酂为鄙，五鄙为县。这里指边远地区。　⑨政（zhēng）：通“征”，征税，劳役。　⑩逼尔：靠近，临近。　⑪承嗣：世袭。　⑫易：交换，更改。贿：财物。　⑬布：公布，发

布。常：政令，法令。艺：准则，限度。 ⑭更：改变，改换。 ⑮违：去，停止。 ⑯僭令：假传君令。僭，古时指地位在下的人冒用地位在上的人的名义或者礼仪、器物。 ⑰养：长。 ⑱给（jí）：供应。应：通“膺”。引申为惩罚、讨伐。 ⑲诅：诅咒。 ⑳聊、摄：均为地名，当时齐国的西界。 ㉑姑、尤：地名，当时齐国的东界。

【译文】

齐景公说：“既然如此那该怎么办呢？”晏子回答说：“已经没有办法了。山林中的树木，有衡鹿看守；沼泽里的芦苇，有舟鲛看守；草地上的柴草，有虞候看守；大海中的盐和蛤，有祈望看守。边远地区的人，都要前来缴税服役；临近的关卡，横征暴敛百姓私财；世袭的大夫，强行夺取百姓财物；发布政令没有准则，横征暴敛没有节制；宫室天天重修改建，荒淫作乐没有止息；宫内宠妾在市场上肆意掠夺，宫外宠臣在边远地区假传君令；私欲不断膨胀，不能满足就加以惩罚。百姓痛苦疲惫，丈夫妻子都在诅咒。如果说祝祷有益处，那么诅咒也必定会有损害。聊地、摄地以东，姑水、尤水以西，这里的人口也很多啊，即使祝官和史官再善于祝祷，怎么能胜过亿万人的诅咒！国君您如果想要杀了祝官和史官，只有修正自己的德行然后才可以。”

【原文】

公说，使有司①宽政，毁关去禁，薄敛已责②。公疾愈。

【注释】

①有司：指主管某部门的官吏，主事官吏。 ②责：同“债”，债务。

【译文】

齐景公听后很高兴，命令各主事官吏放宽政令，毁掉关卡废除禁令，减轻赋税免除债务。景公的病很快就好了。

（注译：韩宏博 审核：王方诗）

景公见道殣自惭无德晏子谏第八

【题解】

齐景公奢侈无度，遍赏后宫，连鹅、鸭都有粮食吃，百姓却因饥饿而死。晏子指出，夏桀、商纣之所以灭亡的缘故，是士人和百姓的背离；如果做不到施德于天下百姓，最终也必然会导致亡国。

【原文】

景公赏赐及后宫，文绣被台榭①，菽粟食凫雁②。出而见殣，谓晏子曰："此何为而死？"

晏子对曰："此喂③而死。"

公曰："嘻！寡人之无德也甚矣。"

对曰："君之德著而彰，何为无德也？"

【注释】

①文：通"纹"。被：通"披"，披盖。　②食（sì）：饲养。凫（fú）：鸭。雁：鹅。　③喂（wèi）：通"馁"，饥饿。

【译文】

齐景公的赏赐遍及后宫所有的人，宫内的楼台亭榭上都披盖着锦绣，鸭鹅都是用豆子谷子喂养。景公外出，看见了有人饿死了，问晏子说："这个人是怎么死的？"

晏子回答说："这个人是饿死的。"

景公说：“唉！我无德也太厉害了。”

晏子回答说：“您的仁德显著而昭彰，怎么能说无德呢？”

【原文】

景公曰：“何谓也？”

对曰：“君之德及后宫与台榭，君之玩物，衣以文绣；君之凫雁，食以菽粟；君之营内自乐，延及后宫之族。何为其无德？顾臣愿有请于君：由君之意，自乐之心，推而与百姓同之，则何殣之有？君不推此，而苟营内好私，使财货偏有所聚，菽粟币帛腐于囷府①，惠不遍加于百姓，公心不周②乎万国，则桀、纣之所以亡也。夫士民之所以叛，由偏之也。君如察臣婴之言，推君之盛德，公布③之于天下，则汤、武可为也，一殣何足恤哉？”

【注释】

①囷（qūn）府：囷仓库。圆的叫作囷，藏钱财的叫作府。 ②周：遍及。这里是普遍关怀的意思。 ③公布：公开施行，普遍地施予。

【译文】

齐景公问道：“您这些话是什么意思啊？”

晏子回答说：“国君您的仁德遍及后宫所有的人，甚至宫中的楼台亭榭都披盖了锦绣；国君您的鸭鹅，都用豆子谷子喂养；国君您管理宫室，不仅是自己享乐，还惠及后宫里所有的人。怎么能说无德呢？不过，我胆敢向国君您请求：国君您可以把爱后宫的心意，自己追求享乐的想法，惠及老百姓中去，让他们也一同享受，那样怎么还会有饿死的人？国君您不把爱后宫之心惠及百姓，却只顾及自己的宫室，贪图独自享乐，使钱财货物都聚拢到自己的手中，钱粮与布帛都烂在自己的仓库里，不能遍及百姓恩惠，公正之心不能遍及各诸侯国，这就是夏桀、商纣之所以灭亡的缘故。那么士人和百姓之所以背离，就是因为国君偏心的缘故。国君您如果能理解我所说的话，推广国君您的恩德，普遍地施予天下的百姓，就可以成为商汤、周武王这样的贤明国君了，何止怜恤一个饿死的人呢？”

（注译：孙长征 审核：王方诗）

景公欲诛断所爱橚者晏子谏第九

【题解】

齐景公因所喜欢的楸树被砍，就要惩罚砍树的人，晏子以古代国君为借鉴，表述国君以德化治理天下，方始天下久安的道理，警示景公应该爱护自己的子民。

【原文】

景公登箐室[①]而望，见人有断雍门之橚[②]者，公令吏拘之，顾谓晏子趣诛之。晏子默然不对。公曰："雍门之橚，寡人所甚爱也，此[③]见断之，故使夫子诛之，默然而不应，何也？"

【注释】

①箐（jīng）室：当作"青堂"。这里指宫中的一处楼台。　②橚（qiū）：楸树。　③此：当作"比"，刚才。

【译文】

齐景公登上宫中的楼台青堂向远处眺望，看到有人砍断了雍门的楸树，于是命令官吏拘捕砍树的人，回头吩咐晏子立即杀了他。晏子沉默不语。景公说："雍门的楸树，是我最喜欢的，刚才看到有人砍断了它，因此让先生您杀死这个人，您却沉默不语，这是为什么呢？"

【原文】

晏子对曰："婴闻之，古者人君出，则辟道十里[1]，非畏也；冕前有旒[2]，恶多所见也；纩纮琉耳[3]，恶多所闻也；大带重半钧[4]，舄[5]履倍重，不欲轻也。刑死之罪，日中之朝[6]，君过之，则赦之。婴未尝闻为人君而自坐其民者也。"

公曰："赦之，无使夫子复言。"

【注释】

①辟道十里：十里的人都要回避。 ②旒（liú）：古代王冠前后悬垂的玉串饰品。 ③纩（kuàng）：絮衣服的新丝绵。纮（hóng）：古时冠冕上的纽带。琉（chōng）耳：古代王冕上垂在两侧以塞耳的玉、贝。 ④钧：古代重量单位名。三十斤为一钧。此处"钧"似当作"斤"。 ⑤舄（xì）：古代一种复底鞋。 ⑥日中之朝：市朝，古代"日中为市"。

【译文】

晏子回答说："我听说，古代国君出门，十里之外就让人开道，这并不是害怕；王冠前边有玉串遮挡，这是不想看到太多的事情；王冠纽带垂下的玉、贝堵住了耳朵，这是不想听到太多的东西；宽大的衣带半斤重，鞋子一斤重，这是不愿意使自己的身体太轻，轻易行动。判处死刑的罪犯，在朝市上等候处决，国君经过那里看见了，会赦免了他。我不曾听说过当国君的有亲自判决他的百姓罪过的。"

齐景公说："赦免了那个人吧，先生您不要再说了。"

（注译：孙长征　审核：王方诗）

景公坐路寝曰谁将有此晏子谏第十

【题解】

齐景公问晏子将来谁能取代他的地位，晏子直言田氏家族施恩行惠于百姓，士民归于田氏家族必成事实。晏子以爱民之心，论述了“为政在于得民，得民心者得天下”的道理。

【原文】

景公坐于路寝，曰：“美哉室！其谁将有此乎？”

晏子对曰：“其田氏乎！田无宇为埠[①]矣。”

公曰：“然则奈何？”

晏子对曰：“为善者，君上之所劝也，岂可禁哉？夫田氏，国门击柝[②]之家，父以托其子，兄以托其弟，于今三世矣。山木如市，不加于山；鱼盐蚌蜃，不加于海。民财为之归。今岁凶饥，蒿种芼敛不半[③]，道路有死人。齐旧四量，四升为豆，豆四而区，区四而釜，釜十而钟。田氏四量，各加一焉。以家量贷，以公量收，则所以籴[④]，百姓之死命者泽矣。今公家骄汰[⑤]，而田氏慈惠，国泽[⑥]，是将焉归？田氏虽无德，而有施于民。公厚敛，而田氏厚施焉。《诗》曰：‘虽无德与汝，式歌且舞。’田氏之施，民歌舞之也。国之归焉，不亦宜乎？”

【注释】

①垾（hàn）：小堤，水堤。这里喻指如水堤防止灾害。 ②柝（tuò）：古代打更用的梆子。 ③蒿：即蒿子。芼（máo）：通“毛”。这里指可供食用的野菜或者水草。 ④籴（dí）：本指买进粮食。这里指给民粮食。 ⑤骄汰：骄横奢侈。 ⑥泽：通“舍”。

【译文】

齐景公在路寝台的宫室里坐着，说：“我的宫室真漂亮呀！以后谁会得到它呢？”

晏子回答说：“大概是田氏吧！田无宇在做利国利民的事情。”

景公说：“既然这样，那该怎么办呢？”

晏子回答说：“做好事善事，是国君应该鼓励的，怎么可以禁止呢？田氏原来是在国都城门敲梆子打更的家族，父亲把这差事传给儿子，哥哥把这差事传给弟弟，到如今已经三代了。他家山上的木材运到市场上卖，价钱不比山上贵；鱼盐蚌蛤运到市场上卖，价钱不比海边贵。百姓的钱财因此都归拢到他家。今年发生饥荒，即使收的蒿、芼等充饥的野菜也不到往年的一半，道路上到处是饿死的人。齐国旧有四种朝廷制定的量器，四升为一豆，四豆为一区，四区为一釜，十釜为一钟。田氏私家有四种量器，进位各比公家的增加一倍。他用自家大的量器借出粮食，用公家小的量器收回粮食，那么这就意味着拿出粮食救济百姓，百姓中将要饿死的人得到恩惠而活了下来。如今公室暴虐，可是田氏却很仁慈，国家除了田氏还能归谁所有呢？田氏虽然没有大的贤德，然而能施舍给百姓财物。国君您赋敛繁重，然而田氏却大加施舍。《诗经》中说：‘虽然对你没有施恩德，也应该边歌边舞表示高兴。’田氏施恩德给百姓，使得百姓为他唱歌跳舞。国家将归田氏所有，不是顺理成章的吗？”

（注译：孙长征 审核：王方诗）

景公台成盆成适愿合葬其母晏子谏而许第十一

【题解】

齐景公闻盆成适哭声使晏子往吊，引出盆成适特立独行、宁抱义至死而不改其操的故事。通过晏子同情贤者，忠于民事，知难而进，直言敢谏，使得景公幡然悔悟，发出“吾闻之，五子不满隅，一子可满朝。非乃子耶！”的感叹，表明了晏子注重贤者的操行，阐述了忠、仁、义对为政的重要性。

【原文】

景公宿于路寝之宫，夜分①，闻西方有男子哭者，公悲之。明日朝，问于晏子曰：“寡人夜者闻西方有男子哭者，声甚哀，气甚悲，是奚为者也？寡人哀之。”

晏子对曰：“西郭徒居布衣之士盆成适②也。父之孝子，兄之顺弟也，又尝为孔子门人。今其母不幸而死，祔③柩未葬，家贫，身老，子孺④，恐力不能合祔，是以悲也。”

【注释】

①夜分：半夜。　②盆成适：姓盆成，名适（kuò），孔子的学生。　③祔（fù）：合葬。　④孺：弱小。

【译文】

齐景公在路寝台的宫室里睡觉，半夜的时候，听到西边有个男子的哭声，景公为此而感到伤心。第二天上朝的时候，景公向晏子问道："我夜里听到西边有个男子在哭泣，哭声很哀痛，气息很悲伤，这人是干什么的呢？我为他感到哀痛。"

晏子回答说："西城门外住着一个贫民叫作盆成适。他是父亲的孝顺儿子，哥哥听话的弟弟，又曾经是孔子的学生。现在他的母亲不幸死了，灵柩并没有跟他父亲合葬。他家里穷，自己也老了，孩子尚且弱，担心自己的能力不能合葬父母，所以悲伤啊。"

【原文】

公曰："子为寡人吊之，因问其偏柎何所在①？"

晏子奉命往吊，而问偏之所在。盆成适再拜，稽首而不起，曰："偏柎寄于路寝，得为地下之臣，拥札②操笔，给事③宫殿中右陛之下，愿以某日送，未得君之意也。穷困无以图之，布④唇枯舌，焦心热中，今君不辱而临之，愿君图之。"

晏子曰："然。此人之甚重⑤者也，而恐君不许也。"

【注释】

①偏：偏亲，指父亲。柎：棺中荐尸之木。这里指棺。 ②札：古代的书板简册。 ③给事：供事。 ④布：读为"膊"，干。 ⑤人之甚重：丧葬，葬亲。

【译文】

齐景公说："您替我前去向他表示哀悼慰问，并问下他父亲的灵柩埋葬在什么地方？"

晏子奉命前去哀悼慰问，并且问他父亲埋葬在什么地方。盆成适再三拜谢，趴在地上叩头，始终没有站立起来，说："父亲的灵柩埋在正寝宫殿的底下，他得以在地下给国君当臣子，拿着简册和笔，在宫殿右边台阶底下侍奉国君。我希望有一天自己也能送母亲的灵柩去合葬，却不知道国君的心意。我非常贫困，实在没什么办法可想，急得口干舌燥，心里火烧火燎，如今您不怕辱没身份屈尊寒舍，希望您给我出个主意吧。"

晏子说："是的。丧葬是人生中的大事，不过恐怕国君不会愿意啊。"

【原文】

盆成适蹶然①曰："凡②在君耳！且臣闻之，越王③好勇，其民轻死；楚灵王好细腰，其朝多饿死人。子胥忠其君，故天下皆愿得以为子。今为人子臣，而离散其亲戚，孝乎哉？足以为臣乎？若此而得祔，是生臣而安死母也；若此而不得，则臣请挽尸车而寄之于国门外宇溜④之下，身不敢饮食，拥辕执辂⑤，木干鸟栖⑥，袒肉暴骸，以望君愍⑦之。贱臣虽愚，窃意明君哀而不忍也。"

【注释】

①蹶然：急遽的样子。　②凡：皆，全。　③越王：指越王勾践。　④溜：屋檐下滴水之处。　⑤辂：车前的横木。　⑥木干鸟栖：像鸟栖息在树上一样一直到树干枯了也不敢动一下。　⑦愍：通"悯"，怜悯。

【译文】

盆成适急遽地说："这件事就全拜托先生您了！我听说过，越王勾践喜欢勇敢的人，因而他的百姓都把死看得很轻；楚灵王喜欢细腰的女人，因而他的国内常有饿死的人；伍子胥忠于他的国君，因此天下的国君都希望得到他做臣子。如今我作为儿子，却让自己的父母分离不能合葬，这算是孝顺吗？这样能够当臣子吗？如果我的父母能够合葬，我就能活下去，让死去的母亲得以安息；如果不能合葬，那么我就拉着尸车把灵柩放在国都城门外的房檐底下，我不吃不喝，抱着车辕，拉着辕前横木，就像鸟栖息在树上一样一直到树干枯了也不敢动一下，脱掉衣服露出胳膊，让太阳晒我的骨骼，以此来恳求国君怜悯我。我虽然卑贱愚昧，但私下里我觉得贤明的国君会哀怜我而不忍心让我这样做。”

【原文】

晏子入，复[①]乎公，公忿然作色而怒曰：“子何必患若言而教寡人乎？”晏子对曰：“婴闻之，忠不避危，爱无恶言[②]。且婴固以难之矣。今君营处为游观，既夺人有，又禁其葬，非仁也；肆心傲听，不恤民忧，非义也。若何勿听？”因道盆成适之辞。

公喟然太息曰：“悲乎哉！子勿复言。”乃使男子袒免、女子发[③]笄者以百数，为开凶门[④]，以迎盆适成。适脱衰绖，冠条缨[⑤]，墨缘[⑥]，以见乎公。

公曰：“吾闻之，五子不满隅，一子可满朝。非乃子[⑦]耶！”盆成适于是临事不敢哭，奉事以礼，毕，出门，然后举声[⑧]焉。

【注释】

①复：汇报，报告。　②爱无恶言：热爱国君的人没有不好的话语。　③发：当作“髽”，古代妇人丧服的露髻。　④凶门：指在路寝的墙上另开一门，让灵柩进来，称“凶门”。　⑤条：当作“绦”，用丝编织的带子或者绳子。缨：系冠的带子。　⑥墨缘：衣服的边缘镶有黑边。　⑦乃子：指盆成适。　⑧举声：放声。

【译文】

晏子回到宫中，把这件事禀报给齐景公，景公生气地变了脸色怒道：“您至于对他的话感到忧虑而为此来指责我吗？”晏子回答说：“我听说过，忠于国君的人不躲避危险的事，热爱国君的人没有不好的话。再说，对此晏婴我本来就感到为难了。如今国君您修建供自己享乐的宫室，竟然把人家的坟地侵占了，又禁止人家父母合葬，这是不仁的行为；肆意而为且不听劝谏，不体恤百姓的忧愁，这是不义的行为。您为什么不愿意听呢？”于是就把盆成适的话都讲了出来。

景公长叹一声说：“真让人悲伤啊！您不用再说了。”于是就下令让坦露左臂的男子、露髻的女子数百个，特地在路寝的墙上另开了一扇门，来迎接盆成适。盆成适脱掉丧服，头戴丝带的帽子，穿上镶有黑边的衣服，前来晋见景公。

景公说：“我听说过，儿子不好，那么即使再多，也不能使家里光宗耀祖；好的儿子，一个就可以誉满朝堂，这不就是您吗！”盆成适在料理父母合葬的事宜的时候，没有哭泣，按照礼仪合葬完毕，出了宫门，然后才敢放声大哭。

（注译：孙长征　审核：王方诗）

景公筑长庲台晏子舞而谏第十二

【题解】

晏子悲歌，为民请命，齐景公停止徭役。晏子歌词寥寥数语，却深刻地表述了晏子的爱民思想。

【原文】

景公筑长庲[①]之台，晏子侍坐。觞[②]三行，晏子起舞曰：“岁已暮矣，而禾不获，忽忽[③]矣若之何？岁已寒矣，而役不罢，惙惙[④]矣如之何？”舞三，而涕下沾襟。景公惭焉，为之罢长庲之役。

【注释】

①长庲（lái）：地名。 ②觞（shāng）：盛酒的器具。 ③忽忽：忧惧，与下文“惙惙”相同。 ④惙惙：《尔雅·释训》：“忧也。”

【译文】

齐景公在长庲修筑高台，晏子陪伴在景公身边。酒过三巡，晏子起身跳舞助兴，唱道：“已经到了岁末了，田里的庄稼仍没有收割，真让人忧愁将来日子可怎么过？天气已经寒冷了，而筑台的徭役仍没有停歇，真让人忧愁这样下去可怎么办？”跳了三遍，泪流满面，沾湿了衣襟。景公感到惭愧，于是停止了修筑长庲台的徭役。

景公使烛邹主鸟而亡之公怒将加诛晏子谏第十三

【题解】

晏子采用反语讽刺，启迪齐景公悔悟，收回随便杀人之乱命。这表达了晏子的智慧以及对士人的关爱之情。

【原文】

景公好弋[1]，使烛邹主鸟而亡之[2]。公怒，召吏欲杀之。

晏子曰："烛邹有罪三，请数之以其罪而杀之。"公曰："可。"于是召而数之公前，曰："烛邹，汝为吾君主鸟而亡之，是罪一也；使吾君以鸟之故杀人，是罪二也；使诸侯闻之，以吾君重鸟以轻士，是罪三也。"数烛邹罪已毕，请杀之。公曰："勿杀！寡人闻命矣。"

【注释】

①弋（yì）：用绳系在箭上射，以猎飞禽。　②烛邹：人名。主：掌管，看管。

【译文】

齐景公喜好射鸟，派烛邹看管鸟但让鸟飞走了。景公为此很生气，下令官吏杀了他。

晏子说：“烛邹有三条罪状，请让我把他的罪状列举出来之后再杀他也不迟。”景公说：“可以。”于是晏子就把烛邹召来在景公面前列举他的罪状，说道：“烛邹，你替我们国君看管鸟却让鸟飞走了，这是你的第一条罪状；你如今让我们国君为了鸟的缘故杀人，这是你的第二条罪状；你让诸侯们知道这件事，认为我们国君只看重鸟却轻视士人，这是你的第三条罪状。”晏子列举完烛邹的罪状，就请景公杀死他。景公说：“不要杀他了！我接受您的教诲了。”

（注译：孙长征　审核：王方诗）

景公问治国之患
晏子对以佞人谗夫在君侧第十四

【题解】

齐景公问治国中最常见的隐患是什么。晏子一针见血指出，佞人谗夫互相勾结，善于揣摩国君的想法，表现出小诚小信，赢得国君信任和保护，如同神社中的老鼠，很难去除。这就是治国中最常见的隐患。

【原文】

景公问晏子曰："治国之患亦有常乎？"对曰："佞人谗夫之在君侧者，好恶①良臣，而行与小人②，此国之长患也。"公曰："谗佞之人，则诚不善矣。虽然，则奚曾为国常患乎？"晏子曰："君以为耳目而好谋事，则是君之耳目缪③也。夫上乱君之耳目，下使群臣皆失其职，岂不诚足患哉？"

【注释】

①恶：厌恶。这里有说坏话的意思。　②行与小人：和小人结党营私。　③缪：通"谬"，谬误，错误。

【译文】

齐景公问晏子："治理国家长期存在的隐患是什么？"晏子回答说：

“奸佞谗谄的人在国君左右，他们喜欢中伤贤良的臣子，而和小人结党营私，这就是国家长期存在的隐患了。”景公说：“谗谄奸佞的人，品行的确是不怎么好。虽然如此，他们怎么会成为国家长期存在的隐患呢？”晏子说：“国君把他们当作自己的耳目，并且喜欢和他们谋划事情，这样国君的视听就会产生谬误了。他们在上混淆国君的视听，在下使群臣都无法行使自己的职责，难道还不是实际的祸患吗？”

【原文】

公曰：“如是乎！寡人将去之[①]。”晏子曰：“公不能去也。”公忿然作色不说，曰：“夫子何少寡人之甚也？”对曰：“臣何敢槁[②]也？夫能自周于君者，才能皆非常也。夫藏大不诚于中者，必谨小诚于外，以成其大不诚。入则求君之嗜欲能顺之，君怨良臣，则具其往失而益之[③]；出则行威以取富。夫何密近[④]，不为大利变[⑤]，而务与君至义者？此难得其知也。”

【注释】

①去之：使之去，让他们离开。 ②槁：“骄”的假借字，妄自尊大之意。 ③具其往失而益之：把他们（良臣）以往的过失都列举出来以增加国君对忠臣的怨恨。 ④夫：彼。何：谁。 ⑤变：改变。

【译文】

齐景公说：“原来是这样啊！我就将他们除掉。”晏子说：“国君不可以除掉他们。”景公满面怒色，说：“先生您为什么这样小瞧我？”晏子说：“我怎么敢妄自尊大？那些能够得到国君信用的人，才能都不一般的了。他们内心即便隐藏着极大的不忠，也会在表面上谨慎地表现出小的忠诚，以此来达到他们大不忠的目的。这些人在朝内就探求国君的嗜好，处处顺从国君的心意，国君怨恨了贤良的臣子，他们就把这些臣子的过失无限扩大以增加国君对忠臣的怨恨；出了朝廷就施行淫威来索取财富。这些人哪是为了与国君亲密，却不获取大的利益，专为与国君行义的呢？这种人是很难识破他们伎俩的。”

【原文】

公曰：“然则先圣奈何？”对曰：“先圣之治也，审见宾客，听治不留①，患日不足②，群臣皆得毕其诚，谗谀安得容其私？”公曰：“然则夫子助寡人止之，寡人亦事勿用。”对曰：“谗夫佞人之在君侧者，若社之有鼠也。谚言有之曰：‘社鼠不可熏去。’谗佞之人，隐君之威③以自守也，是难去焉。”

【注释】

①听治不留：处理政事决不滞留。这里含有办事敏捷的意思。不留，不滞留。　②患日不足：担心时间不够用，即办事勤快之意。　③隐君之威：隐身在国君的威严之中，意思是依仗国君的威严。

【译文】

齐景公说：“既然这样，那么先圣是如何处理这些的呢？”晏子回答说：“先前的圣人治理国家，会见宾客会很慎重，处理政事决不滞留，群臣都能竭尽他们的忠诚，对谗谀小人决不包藏私心？”景公说：“既然这样，那么先生就协助我来去掉他们，我也不用这些人办事了。”晏子说：“谗谀奸佞的人在国君身边，就如同神社里的老鼠一样。谚语有这样的话说：‘神社里的老鼠是不能用烟火熏走的。’谗谀奸佞的人，依仗国君的威望明哲保身，他们是很难清除的。”

（注译：孙长征　审核：王方诗）

景公问后世孰将践有齐者晏子对以田氏第十五

【题解】

齐景公对于将来谁能拥有齐国一直耿耿于怀。晏子认为是田氏代齐。晏子提出只有以礼治国，用礼制规范君臣上下伦理关系，才能阻止田氏代齐。

【原文】

景公与晏子立曲潢[①]之上，望见齐国，问晏子曰："后世孰将践有齐国者乎？"

晏子对曰："非贱臣之所敢议也。"

公曰："胡必然也[②]？得者无失，则虞[③]、夏常存矣。"

晏子对曰："臣闻见不足以知之[④]者，智也；先言而后当[⑤]者，惠也。夫智与惠[⑥]，君子之事，臣奚足以知之乎！虽然，臣请陈其为政：君强臣弱，政之本也；君唱臣和，教之隆[⑦]也；刑罚在君，民之纪[⑧]也。今夫田无宇，二世有功于国，而利取分寡[⑨]，公室兼之[⑩]，国权专之，君臣易施[⑪]，能无衰乎？婴闻之，臣富主亡。由是观之，其无宇之后无几[⑫]，齐国，田氏之国也。婴老，不能待公之事。公若即[⑬]世，政不在公室。"

【注释】

①曲潢：水池名。 ②胡必然也：何必这样呢。 ③虞：朝代名，舜所建。 ④见不足以知之：见微知著之意。 ⑤当：这里是应验的意思。 ⑥惠：通“慧”。 ⑦隆：兴隆。 ⑧纪：法纪。 ⑨利取分寡：获取钱财，把钱财分给贫困的人。 ⑩公室兼之：兼有公室之利。 ⑪君臣易施：国君和臣子改变了施恩泽的地位。 ⑫无几：没有多久。 ⑬即：就。这里有赶上的意思。

【译文】

齐景公与晏子站在曲潢池上，眺望着齐国的大地，问晏子说：“后世谁将登上王位拥有齐国呢？”

晏子回答说：“这不是我这个身份卑微的下臣敢议论的事情。”

景公说：“先生何必这样呢？如果得到天下，就永远不会失去，那虞舜、夏禹就永远存在了。”

晏子回答说：“下臣听说，如果对事情还未见实际的真相而能知其结果的人，就是有智的人；如果先作出判断而后来证实事情的结果确是这样的人，是有慧的人。智和慧，是君子的事情，我怎么能够知道未来的事呢！虽说如此，还是请允许讲一下治国的道理：国君强大臣子弱小，这是治国的根本；国君倡导臣子附和，这是教化的兴隆；刑罚的权柄在国君手中，这是百姓的纲纪。如今田无宇家族有两代人对齐国立下了汗马功劳，聚积财物又不吝啬地分给孤寡贫困的人，兼有公室的利益，专擅国家的权柄，国君与臣子的位置颠倒了，君权能不衰弱吗？我听说，臣子富裕了国君就会衰弱。由此看来，大概到了田无宇的后代，齐国，就会成为田氏的国家了。我老了，不能再伺候国君办事了。国君一旦去世，政权就不会属于国君的家族了。”

【原文】

公曰：“然则奈何？”

晏子对曰："维礼可以已之。其在礼也，家[①]施不及国，民不懈，货不移，工贾不变[②]，士不滥[③]，官不謟[④]，大夫不收公利。"

【注释】

①家：大夫。 ②工贾不变：工匠商人不改变自己的职业。 ③不滥：不失职。 ④不謟（tāo）：不逾越。

【译文】

齐景公说："既然这样，那么该怎么办呢？"

晏子回答说："只有礼才可以抑制这种事情的发生。在礼的规范中，大夫的施舍不能遍及全国，百姓不懈怠，财货价格平稳，工匠商人不改变自己的行业，士人不失职，官吏不逾越权位，大夫不侵占公家的利益。"

【原文】

公曰："善。今知礼之可以为国也。"对曰："礼之可以为国也久矣。与天地并立。君令[①]臣忠，父慈子孝，兄爱弟敬，夫和妻柔，姑[②]慈妇听，礼之经[③]也。君令而不违[④]，臣忠而不二，父慈而教，子孝而箴[⑤]，兄爱而友，弟敬而顺，夫和而义，妻柔而贞，姑慈而从[⑥]，妇听而婉，礼之质也。"

公曰："善哉！寡人乃今知礼之尚也。"晏子曰："夫礼，先王之所以临[⑦]天下也，以为其民，是故尚之。"

【注释】

①令：善，品德高尚。 ②姑：婆婆。 ③经：规范。 ④违：错误，邪恶。 ⑤箴：规劝。 ⑥从：指不专断。 ⑦临：统治。

【译文】

齐景公说："说得好。现在我知道礼是可以治理国家的了。"晏子回答说："礼可以治理国家已经很久了。它与天地共同存在。国君令下臣尽忠，父亲慈祥儿子孝敬，兄长友爱弟弟恭顺，丈夫和气妻子贤惠，婆婆仁慈媳妇顺从，这是礼的规范。国君的命令不违背常理，臣子的忠心不改变，父亲慈祥而能训教，儿子孝顺而能自我规劝，兄长对弟爱护而友好，弟弟对兄恭敬而顺从，丈夫和气而讲道义，妻子温柔而守贞节，婆婆仁慈而不专断，媳妇听教而温婉，这是礼的实质。"

景公说："说得好啊！现在我知道了礼的重要性了。"晏子说："礼，是先君用来统治天下的法宝，用它教化百姓，所以它很重要。"

（注译：孙长征　审核：王方诗）

晏子使吴吴王问君子之行
晏子对以不与乱国俱灭第十六

【题解】

晏子出使吴国，在回答吴王关于君子之行问题时，阐述贤君与暴君对于政治安定的根本性；并提示作为臣子应该要顺从贤君，不与暴君共存亡。

【原文】

晏子聘于吴，吴王问："君子之行何如？"

晏子对曰："君顺①怀之，政治归之②，不怀暴君之禄③，不居乱国之位，君子见兆则退④，不与乱国俱灭，不与暴君偕亡。"

【注释】

①顺：道德行事。 ②政治归之：政事治理安定就归附他。 ③不怀暴君之禄：不贪恋暴君的俸禄。 ④见兆则退：看到先兆就引退。

【译文】

晏子到吴国出使，吴王问道："君子的行为应该是怎么样的？"

晏子回答说："国君遵循道德行事就亲近他，政事治理安定就归附他，不贪恋暴君的俸禄，不在混乱的国家做官，君子看到衰亡的征兆就隐退，不与混乱的国家一起灭亡，不跟暴君一同逃亡。"

（注译：孙长征 审核：王方诗）

吴王问齐君僈暴吾子何容焉晏子对以岂能以道食人第十七

【题解】

晏子出使吴国。吴王讥讽晏子为什么要在残忍傲慢、粗鲁凶暴的齐王手下屈就。晏子以自身说法，含蓄地嘲讽反击了吴王。

【原文】

晏子使吴。吴王曰："寡人得寄僻陋蛮夷之乡①，希见教君子之行②，请私而无为罪。"晏子蹴然③辟位。

吴王曰："吾闻齐君，盖贼以僈④，野以暴，吾子容焉，何甚也！"

晏子遵循而对曰："臣闻之，微事不通、粗事不能者，必劳；大事不得、小事不为者，必贫；大者不能致人、小者不能至人之门者，必困。此臣之所以仕也。如臣者，岂能以道食⑤人者哉？"

晏子出，王笑曰："嗟呼！今日吾讥晏子，犹倮而訾高撅者也⑥。"

【注释】

①蛮夷之乡：古代对边远落后地区的蔑称。夷，泛指东夷地区。　②希：通"稀"。见教：受教诲。　③蹴（cù）然：恭敬的样子。　④僈：通"慢"，傲慢。　⑤食（sì）：给人吃，养活人。　⑥倮：通"裸"。

訾：呰，责备。撅（guì）：揭衣。

【译文】

晏子出使吴国。吴王说：“我居住在偏僻的蛮荒之地，很少受到君子优良品行的教诲，请允许我把心里话说出来，请您不要见怪。”晏子恭敬地离座起立。

吴王说：“我听说齐国国君不仅暴虐而且傲慢，粗蛮无理，您却能容纳他，这太过分了吧！”

晏子谦恭小心地回答说：“下臣我听说过，对精细的事一窍不通、对粗疏的事又不肯做的人，一定遭受劳苦；大事做不成、小事又不想做的人，一定遭受贫穷；从大的方面说不能让别人来归附、从小的方面说又不能归附别人的人，一定遭受困窘。这就是下臣我之所以当官的缘故。就像下臣我这样的人，哪里能拿大道理给人当饭吃呢？”

晏子出去后，吴王笑着说：“哎呀！今天我打算讥讽晏子，就好比自己光着身子还批评把衣服高高揭起的人一样啊。”

（注译：孙长征　审核：王方诗）

司马子期问有不干君不恤民取名者乎晏子对以不仁也第十八

【题解】

晏子在回答司马子期关于士人的行为问题时，表示如果有能力辅佐国君，给百姓谋利却不去做的人，是不仁的。

【原文】

司马子期①问晏子曰："士亦有不干君②、不恤民、徒居无为而取名者乎？"

晏子对曰："婴闻之，能足以赡③上益民而不为者，谓之不仁。不仁而取名者，婴未得闻之也。"

【注释】

①司马子期：楚平王的儿子，名结，字子期。司马是其官职。　②不干君：不为国君做事。　③赡（dàn）：通"澹"，安定。

【译文】

司马子期问晏子说："士人也有不想拿国君俸禄、不体恤百姓疾苦、闲居无所作为而成名的吗？"

晏子回答说："我听说过，才能足以辅佐国君、谋利足以对百姓有利，却不去这样做的人，叫作不仁。不仁而能成名的，我从没听说过。"

（注译：孙长征　审核：王方诗）

高子问子事灵公庄公景公皆敬子晏子对以一心第十九

【题解】

晏子先后侍奉齐灵公、齐庄公、齐景公三代国君，他们都很敬重晏子。大夫高子问晏子是不是有三样心，晏子回答，只要一心为国，百位国君也能侍奉。这彰显了晏子的忠臣之道。

【原文】

高子问晏子曰："子事灵公、庄公、景公①，皆敬子，三君之心一耶，夫子之心三也？"

晏子对曰："善哉问，事君！婴闻一心可以事百君，三心不可以事一君。故三君之心非一也，而婴之心非三心也。且婴之予灵公也，尽复②而不能立之政，所谓仅全其四支③以从其君者也。及庄公，陈武夫，尚武力，欲辟④胜于邪，而婴不能禁，故退而野处⑤。婴闻之，言不用者，不受其禄；不治其事者，不与其难。吾于庄公行之矣⑥。今之君，轻国而重乐，薄于民而厚于养，藉敛过量，使令过任，而婴不能禁，庸⑦知其能全身以事君乎？"

【注释】

①景公：齐国国君杵臼死后的谥号，其时杵臼尚在，不得称谥。

这里或者为作者之疏失，或者为后人妄改。 ②复：禀告。 ③支：同“肢”。 ④辟：邪辟，偏僻。 ⑤野处：居住在乡间。这里指东耕于海滨。 ⑥吾于庄公行之矣：我对于庄公就是这样做的。这里指庄公为崔杼所杀而自己不殉死事。 ⑦庸：岂，怎么。

【译文】

高子问晏子说：“先生您侍奉齐灵公、齐庄公、齐景公三代国君，他们都很敬重您，是这三位国君的心一样的呢，还是先生的心有三个样呢？”

晏子回答说：“您问得好啊，侍奉国君的事！我听说一心可以侍奉好一百位国君，三心不可以侍奉好一位国君。因此三位国君的心并非一样，而我也没有三心。我辅佐灵公的时候，只能尽力回答询问而不能在治国方面有所建树，因此只能是保全自己的性命随从国君的使唤罢了。我辅佐庄公的时候，朝堂上都是武夫，庄公崇尚勇力，想用违背道德的行为去战胜非道德的行为，而我却不能制止他，所以我辞官隐居到偏僻的地方居住。我听说，自己的建议不被国君采纳，就不能接受国君的俸禄，不能为国君处理国事的，就不和他一起受难。我在庄公的时候就是这样做的。如今的国君，轻视治国之事而重视自己享乐，对百姓刻薄而厚待自己，横征暴敛，役使百姓超过他们所能承受的，而我不能禁止，我怎么能知道否保全自己来侍奉国君呢？”

（注译：孙长征　审核：王方诗）

晏子再治东阿上计景公迎贺晏子辞第二十

【题解】

晏子治理东阿，政绩卓著却招来齐景公的惩罚。后来他改用邪道把东阿治理得很差，却受到景公的表扬。晏子批评景公是非不分，颠倒黑白，并提出辞呈，致使景公幡然悔悟。这揭示了治国勿轻信周围之毁誉，而是应该以事实为准绳的道理。

【原文】

晏子治东阿[1]，三年，景公召而数之曰："吾以子为可，而使子治东阿，今子治而乱，子退而自察也，寡人将加大诛[2]于子。"晏子对曰："臣请改道易行而治东阿，三年不治，臣请死之。"景公许之。

【注释】

①东阿：古邑名，在今山东西部。 ②诛：处罚。

【译文】

晏子治理东阿，三年后，齐景公将晏子召回而训斥他说："我觉得先生您很有才干，因此派您前去治理东阿，如今您将那里治理得一片混乱，您还是罢官好好反省吧，我要加倍惩罚您。"晏子回答说："请让我改变方法治理东阿，如果三年治理不好，将我处死也可以。"景公同意了。

【原文】

于是明年上计[①]，景公迎而贺之曰："甚善矣！子之治东阿也。"晏子对曰："前臣之治东阿也，属[②]托不行，货赂不至；陂[③]池之鱼，以利贫民。当此之时，民无饥，君反以罪臣。今臣后之东阿也，属托行，货赂至，并重赋敛，仓库少内[④]，便[⑤]事左右，陂池之鱼，入于权宗。当此之时，饥者过半矣，君乃反迎而贺。臣愚不能复治东阿，愿乞骸骨[⑥]，避贤者之路[⑦]。"再拜，便僻。

景公乃下席而谢之曰："子强复治东阿，东阿者，子之东阿也，寡人无复与焉。"

【注释】

①上计：送上记载赋税收入的账簿，上报政绩。　②属（zhǔ）：同"嘱"，嘱托。　③陂（bēi）：池沼。　④内（nà）：同"纳"，充实。　⑤便：就。　⑥乞骸骨：这里有告老还乡之意。　⑦避贤者之路：给贤能的人让路。

【译文】

于是第二年上报政绩时，齐景公亲自迎接他并祝贺说："太好了！先生您对东阿治理得很好啊。"晏子回答说："上次我治理东阿，从不接受私人请托，杜绝贿赂之事，不许收受钱财礼物；池沼中的鱼，都拿来接济贫民。那时候，百姓不挨饿，而国君却降罪于我。这次我治理东阿，请托关系大行，贿赂之事常有，并横征暴敛，拿出很少的一部分充实宫府仓库，逢迎国君左右的人，山林池沼里的收益都收入在有权势的人家。这段时间，挨饿的人已经超过了一半，国君反而迎接并祝贺我。下臣我很无能而不能再去治理东阿了，希望告老还乡，给贤能的人让路。"拜了两拜，便离去了。

景公于是离开座位而谢罪说："请先生您不辞劳苦再去治理东阿，东阿，是先生您的东阿，我再也不干预了。"

（注译：孙长征　审核：王方诗）

太卜绐景公能动地
晏子知其妄使卜自晓公第二十一

【题解】

齐国太卜欺骗齐景公说他可以让大地震动。晏子根据天文知识，揭穿了太卜的骗术，又让太卜自行揭穿，既避免了景公受到惊吓，又免了太卜的死罪，表现了晏子“忠上”“惠下”的品德。

【原文】

景公问太卜[①]曰：“汝之道何能？”对曰：“臣能动地[②]。”公召晏子而告之曰：“寡人问太卜曰：‘汝之道何能？’对曰：‘能动地’。地可动乎？”

晏子默然不对，出，见太卜曰：“昔吾见钩星在四心之间[③]，地其动乎？”太卜曰：“然。”晏子曰：“吾言之，恐子死之也；默然不对，恐君之惶[④]也。子言，君臣俱得焉。忠于君者，岂必伤人哉？”

晏子出，太卜走入见公，曰：“臣非能动地，地固将动也。”

【注释】

①太卜：官名，占卜之职。 ②动地：使大地震动。 ③昔：同“夕”，夜里。钩星：客星。四：指房宿，房宿四星，故称“四”。心：

心宿。　④惶：惑。

【译文】

齐景公问太卜说："你掌管占卜可有什么能耐？"太卜回答说："我能让大地震动。"景公召见晏子并把这事告诉了他，说："我问太卜：'你掌管占卜可有什么能耐？'他回答说：'能让大地震动。'人真的可以让大地震动吗？"

晏子默不作声，出了门，去见太卜说："夜里我看见钩星出现在房星和心宿的中间，大地恐怕要震动吧？"太卜说："是的。"晏子说："我一旦把这事说出去，恐怕您就必死无疑了；我沉默没有回答国君，又怕国君受到您的蛊惑。您去说明白这件事，对国君与臣子都有好处。忠于国君的人，难道一定要伤害他人吗？"

晏子出来之后，太卜跑进宫中拜见景公，说："我不能让大地震动，而是大地本来就要发生震动。"

【原文】

陈子阳①闻之，曰："晏子默而不对者，不欲太卜之死也；往见太卜者，恐君之惶也。晏子，仁人也，可谓忠上而惠下也。"

【注释】

①陈子阳：又作田子阳，齐国大臣。

【译文】

陈子阳听说这事后，说："晏子默不作答，是不想让太卜死；去见太卜，是怕国君受太卜蛊惑。晏子真是个仁人啊，真可以算得上是对上忠诚对下施惠。"

（注译：孙长征　审核：王方诗）

有献书谮晏子退耕而国不治复召晏子第二十二

【题解】

有人诋毁晏子的正直无私，齐景公听信谗言。晏子发觉后，提出辞呈，隐居田野，结果导致政治混乱。形势危急之下，景公只好把晏子请回。这表明晏子既知忠臣事君之道，又知贤臣治国、治民之道。

【原文】

晏子相景公，其论人也，见贤而进之，不同君所欲；见不善则废之，不辟君所爱；行已而无私，直言而无讳。有纳书[①]者曰："废置不周[②]于君前谓之专，出言不讳于君前谓之易。专易之行存，则君臣之道废矣，吾不知晏子之为忠臣也。"公以为然。

【注释】

①纳书：献上书信。 ②不周：不和谐。

【译文】

晏子辅佐齐景公，他在用人方面，发现贤才就提拔重用，即便景公另有想法也不苟同；发现不好的官吏就免职不用，即便景公有所偏爱也不避忌；行为处事大公无私，说话也直言不讳。有人向景公上书进言："免职任用不和国君协调一致叫作专权，在国君面前说话也不忌讳叫作傲慢。专权傲慢的行为存在，那么君臣之间的道义就没了，我不觉得晏子是个忠臣。”景公认为很有道理。

【原文】

晏子入朝，公色不说。故晏子归，备载[①]，使人辞曰：“婴故老悖无能[②]，毋敢服壮者事。”辞而不为臣，退而穷处[③]，东耕海滨，堂下生藜藿[④]，门外生荆棘。七年，燕、鲁分争，百姓惛[⑤]乱，而家无积。公自治国，权轻诸侯，身弱高、国。公恐，复召晏子。

【注释】

①备载：套上车马。备，通“犕”，把鞍辔等套在马身上。　②故：通“固”，本来。悖：惑，糊涂。　③穷处：隐居。　④藜藿（lí huò）：杂草名。　⑤惛（hūn）：迷乱，动荡。

【译文】

晏子上朝时，齐景公的脸色很不高兴。因此，晏子回到家，将东西装上车，派人向景公辞职说：“我年老无能了，不能再做年轻人做的事了。”于是辞职不再做景公的臣子，退隐到偏僻的地方居住，在东边的海滨耕田种地，堂下长满了野草，门外生满了荆棘。七年后，燕国与鲁国发生战事，百姓动荡不安，家中一贫如洗。景公亲自管理国家，不再受到其他诸侯的尊重，自身的地位比国内的高氏、国氏家族还低弱。景公很害怕，于是又召回晏子。

【原文】

晏子至，公一归七年之禄，而家无藏[①]。晏子立，诸侯忌其威，高、国服其政，燕、鲁贡职[②]，小国时朝。晏子没[③]而后衰。

【注释】

①家无藏：家里没有积藏的财物，一贫如洗。　②职：赋税，贡品。　③没（mò）：同“殁”，逝世。

【译文】

晏子回来后，齐景公把七年的俸禄一并归还了晏子，而他没有私藏在自家，全部分给贫穷的人。晏子复位后，各国诸侯惧怕他的威望，高氏、国氏服从他的政令，燕国、鲁国也来朝贡，其他小国也按时来朝见。晏子死后，齐国才逐渐衰落。

（注译：孙长征　审核：王方诗）

晏子使高纠治家三年而未尝弼过逐之第二十三

【题解】

高纠在晏子家做了三年的管家，因为从未指出过晏子有何过失，而被晏子辞退。这彰显了晏子严以律己、喜闻其过的品德。

【原文】

晏子使高纠①治家，三年而辞焉。傧者②谏曰："高纠之事夫子三年，曾无以爵位③而逐之，敢请其罪？"

晏子曰："若夫方立之人④，维圣人而已。如婴者，仄陋⑤之人也。若夫左婴右婴之人不举四维⑥，四维将不正。今此子事吾三年，未尝弼⑦吾过也，吾是以辞之。"

【注释】

①高纠：人名，晏子家臣。　②傧（bìn）者：傧相，迎接客人的人。这里指身边的人。　③曾无以爵位：连爵位都没有得到。　④方立之人：得道立身之人。　⑤仄陋（zè lòu）：卑微。　⑥四维：指礼、义、廉、耻。　⑦弼：矫正。

【译文】

晏子让高纠做管家，干了三年就辞退了他。身边的人劝说道："高纠为您服务了三年，连爵位都没有得到反而辞退了他，斗胆请问他犯了什么罪过？”

晏子说：“那种得道立身的人，只有圣人才能做到。像我晏婴这样的人，不过是偏离道义的卑微之人。如果我身边辅佐我的人不能指出我的过失，不能张扬礼、义、廉、耻，礼、义、廉、耻就得不到端正。如今高纠这个人为我服务了三年，却从未矫正过我的过失，我所以才将他辞退。”

（注译：孙长征　审核：王方诗）

景公称桓公之封管仲益晏子邑辞不受第二十四

【题解】

齐景公想效仿齐桓公重赏管仲的做法，给晏子赏赐。晏子陈述自己仅仅做到没有过错，拒辞赏赐。这足见晏子之仁且智，彰显了晏子其忠而廉的品德。

【原文】

景公谓晏子曰："昔吾先君桓公，予管仲狐与穀①，其县十七，著之于帛②，申之以策③，通④之诸侯，以为其子孙赏邑。寡人不足以辱而先君⑤，今为夫子赏邑，通之子孙。"

晏子辞曰："昔圣王论功而赏贤，贤者得之，不肖者失之。御⑥德修礼，无有荒怠。今事君而免于罪者，其子孙奚宜与⑦焉？若为齐国大夫者必有赏邑，则齐君何以共其社稷与诸侯币帛⑧？婴请辞。"遂不受。

【注释】

①狐、穀（gǔ）：皆为地名。　②著：书写。帛：丝织品的总称。　③策：竹简编成的册。　④通：通报。　⑤辱：辜负，违背。先君：指齐桓公。　⑥御：治理，整顿。　⑦与（yù）：参与，引申为接

受、承受。 ⑧共：同“供”。币帛：泛指礼物。

【译文】

齐景公对晏子说：“从前，我的先君齐桓公，把狐地和榖地的十七个县都赏赐给管仲，旨意书写在帛上，并用竹简册记录下来，又通报给各国的诸侯，把这些地方作为给管仲子孙的赏邑。我不能够封赏您而辜负我的先君桓公，如今赏给您邑地，以便传给您的子孙后代。”

晏子辞谢说：“从前，圣明的国君通过评判功劳来赏赐贤德的人，贤德的人得到赏赐，不贤德的人就没有赏赐。所以人人都崇尚道德、修养礼仪，不敢有丝毫的荒废懈怠。如今我侍奉国君只是做到没有过错，子孙怎么能接受赏赐呢？一旦这样做了，齐国大夫一定要封赏领地，那么齐国国君拿什么礼物来祭祀社稷和交往诸侯？我请求辞谢封赏。”最终没有接受景公的封赏。

（注译：孙长征　审核：王方诗）

景公使梁丘据致千金之裘晏子固辞不受第二十五

【题解】

齐景公要赏赐给晏子价值不菲的皮衣，晏子坚辞不要。他认为衣着奢侈，就不可能以身作则，也不可能做到廉洁。这体现了晏子的廉洁思想在其生活中是一以贯之的。

【原文】

景公赐晏子狐之白裘①，元豹之茈②，其赀③千金。使梁丘据致之，晏子辞而不受，三反④。公曰："寡人有此二，将欲服之，今夫子不受，寡人不敢服。与其闭藏之，岂如弊⑤之身乎！"晏子曰："君就赐，使婴修百官之政，君服之上，而使婴服之于下，不可以为教。"固辞而不受。

【注释】

①狐之白裘：即白狐之裘。　②元：本作"玄"，为避清康熙皇帝玄烨讳而改成"元"。茈（zī）：当作"芘"。芘，通"纰"，饰。　③赀：价格，价值。　④反：通"返"，来回。　⑤弊：害处，穿坏。

【译文】

齐景公要赏赐给晏子一件白狐的皮衣，衣襟用黑豹的皮镶边，价值千金。景公让梁丘据去送，往返送了三次，晏子都坚辞不要。景公说："我有两件这样的皮衣，我想穿它，可现在先生您不接受，我也不敢穿。与其让它闲置在衣箱里变坏，还不如穿坏它！"晏子说："国君给我赏赐，是让我管理百官，国君在上穿着皮衣，我在下穿着皮衣，穿着都这么奢侈，又让我怎么能够以身作则教育百官呢？"坚辞不受赏赐。

（注译：李玉国　审核：朱献伟）

晏子衣鹿裘以朝景公嗟其贫晏子称有饰第二十六

【题解】

晏子上朝时衣着朴素，齐景公为此而自责，但晏子还是辞谢了景公的赏赐，他认为自己的待遇已经够好的了。这说明晏子当相国不但洁身自好，还不居功自傲。

【原文】

晏子相景公，布衣鹿裘以朝。公曰："夫子之家，若此其贫也，是奚衣之恶也！寡人不知，是寡人之罪也。"晏子对曰："婴闻之，盖顾人而后衣食者，不以贪昧[①]为非；盖顾人而后行者，不以邪辟为累[②]。婴不肖，婴之族又不如婴也，待婴以祀其先人者五百家，婴又得布衣鹿裘而朝，于婴不有饰[③]乎！"再拜而辞。

【注释】

①贪昧：贪污。　②邪辟：邪僻，不正。累：连累，牵累。　③饰：装饰。

【译文】

晏子作为齐景公的相国，穿着粗布衣裳粗皮袄上朝。景公说："先生家，就这么贫穷，穿的衣服居然这么粗糙破旧！我竟不知道，是我的过失啊。”晏子回答说：“我听说，如果一个人看到别人的穿着而去决定自己的衣着，那么他就不会认为贪污是错误的行为；如果一个人看着别人的行为而去决定自己的行为，那么他就不会以行为邪僻为牵累。我没有什么才能，可我的族人还不如我，靠我的俸禄去祭祀先人的总共有五百家，我能穿着粗布衣裳粗皮袄来上朝，对我来说这不是已经是很好的着装了！”再次辞谢了景公的赏赐。

（注译：李玉国　审核：朱献伟）

仲尼称晏子行补三君而不有果君子也第二十七

【题解】

本章通过孔子之口说明晏子是一位广济天下之民而不自夸、辅佐三位国君而不自傲的正人君子。

【原文】

仲尼曰："灵公污，晏子事之以整齐；庄公壮，晏子事之以宣武；景公奢，晏子事之以恭俭。君子也！相三君而善不通下①，晏子细人②也。"晏子闻之，见仲尼曰："婴闻君子有讥于婴，是以来见。如婴者，岂能以道食③人者哉？婴之宗族待婴而祀其先人者数百家，与齐国之闲士待婴而举火者数百家④，臣为此仕者也。如臣者，岂能以道食人者哉？"晏子出，仲尼送之以宾客之礼，再拜其辱⑤。反，命⑥门弟子曰："救民之姓⑦而不夸，行补三君而不有⑧，晏子果君子也。"

【注释】

①善不通下：善于教化但不能通达于天下。　②细人：见识短浅的人。　③食：养育。　④闲士：即"间士"，拣选之士。举火：生火做饭。　⑤辱：这里指屈驾光临。　⑥命：告诉。　⑦姓：通"生"，性命。　⑧不有：这里指不自夸功德。

【译文】

孔子说："齐灵公行为放纵，晏子就用端庄行为来规范他；齐庄公孔武有力，晏子就用能文能武的行为规范他；齐景公生活奢侈，晏子就用廉洁奉公来规范他。晏子真是一位君子啊！但是他辅佐规范三位国君善于教化但不能通达于天下，如此说来晏子还是有点见识短浅。"晏子听说后，就去拜见孔子，说："我听到先生您评价我的话，因此前来拜见您。像我这个职位的人，岂能够只用道德空话来为人民谋福利呢？我的家族中靠我的俸禄接济才能够祭祀先人的有好几百家，全国之中还没有被官府拣选上的贤人靠我周济才能够吃上饭的也有好几百家，我因此才出来当官。像我这样的人，岂能够只用道德空话来教育人呢？"晏子走时，孔子以礼恭敬出门相送，并再三拜谢晏子屈驾光临指教。孔子回来后，对他的弟子说："养育众多人而不自夸，用自己的德行去弥补国君的过失也不自傲。晏子果然是真正的君子。"

（注译：李玉国　审核：朱献伟）

【卷八　外篇不合经术者】

仲尼见景公景公欲封之晏子以为不可第一

【题解】

虽然说晏子阻挠齐景公重用孔子，是一件见仁见智的事。但从根本上说，这是儒墨两家学说思想不相兼容的表现。

【原文】

仲尼之齐，见景公，景公说之，欲封之以尔稽①。以告晏子，晏子对曰："不可。彼浩裾②自顺，不可以教下；好乐缓于民，不可使亲治；立命而建③事，不可使守职④。厚葬破民贫国，久丧道哀⑤费日，不可使子民。行之难者在内，而传者无其外⑥，故异于服，勉于容，不可以道众而驯百姓⑦。自大贤之灭，周室之卑也，威仪⑧加多，而民行滋薄；声乐繁充，而世德滋衰。今孔丘盛声乐以侈世，饰弦歌鼓舞以聚徒；繁登降之礼⑨，趋翔之节以观众⑩；博学不可以仪世，劳思不可以补民，兼寿⑪不能殚其教，当年⑫不能究其礼，积财不能瞻⑬其乐。繁饰邪术以营⑭世君，盛为声乐以淫愚⑮其民。其道也，不可以示世；其教也，不可以导民。今欲封之，以移齐国之俗，非所以导⑯众存民也。"公曰："善。"于是厚其礼而留其封，敬见⑰不问其道，仲尼乃行。

【注释】

①尔稽：齐国古地名。 ②浩裾：即“倨傲”，简慢高傲。 ③建：当作“逮”。逮，通“怠”，懈怠。 ④不可使守职：不能让……担当职务。 ⑤道哀：“道”当作“遁”。遁，通“循”。循哀，哀而不止。 ⑥传者：当作“儒者”。无：通“妩”，妩媚。 ⑦道：引导。驯：通“训”，教育。 ⑧威仪：礼仪细则。 ⑨繁登降之礼：此句当作“繁登降之礼以示仪”。登降，上下，尊卑。 ⑩趋翔：像鸟舒展双翼那样急走。观众：显示于众人。 ⑪兼寿：两倍的寿数。 ⑫当年：壮年。 ⑬赡：供给。 ⑭营：通“瞀”，惑乱，迷惑。 ⑮愚：通“遇”。 ⑯导：开导，教导。 ⑰敬见：当作“苟见”，很快地接见。“苟”，通“亟”，

【译文】

孔子来到齐国，拜见了齐景公。景公很高兴，就想把尔稽这块地方封赏给孔子。景公把自己的打算告诉晏子后，晏子回答说：“不可以这么做。孔子这个人高傲自大自以为是，不可以教化人民；他喜好礼乐就会纵容人民，不能让他治理人民；他顺应天命，就会懈怠做事而不去抗争，这样他就不会担当职责。他提倡厚葬死者就会劳民伤财而使国家贫困，他还主张长期守丧哀悼逝者，这样他做官就不会爱民如子。道德修养在于表里如一，可是儒家只注重形式，注重外表服饰，注重仪容举止，这样就不能引导人民教化人民。自从圣贤离世，周室衰落之后，礼仪细则越来越多，人民的德行却越来越浅薄；礼乐歌舞阵容越来越强大，世风民俗却越来越衰退。现在，孔子又倡导礼乐歌舞使民风崇尚奢侈，通过歌舞聚会来教育弟子；通过烦琐的礼仪制度来显示礼仪的威严，通过展示繁文缛节的仪式来让人民效仿。他们虽然博学多才，但不能效法于世，虽然苦思积虑不能给老百姓带来好处。甚至好几辈子也学不完他们制定的礼数，人到中年了还搞不懂他们制定的礼仪，即使广聚钱财也不足以支付礼乐的费用。他们还用许多歪门邪说来迷惑国君，倡导歌舞而让人民放荡不羁。所以说他的主张，不能规范世事；他的主张，也不能用来教化人民。现在您想封赏他，通过他的主张来改变齐国风俗现状，这不是可行的教导人民、保护人民的好方案。”景公说：“您说得有道理。”于是，景公赏赐了孔子很多物品却不再封赏他土地，并很快地接见了孔子却不再向他请教国事，最后孔子只好离开了齐国。

（注译：李玉国　审核：朱献伟）

景公上路寝闻哭声问梁丘据晏子对第二

【题解】

晏子一生尚俭，反对铺张浪费，并因此而反对儒家的礼乐葬丧制度。后世墨家更是继承了晏子的这一思想。

【原文】

景公上路寝，闻哭声，曰："吾若闻哭声，何为者也？"梁丘据对曰："鲁孔丘之徒鞠语①者也。明于礼乐，审于服丧，其母死，葬埋甚厚，服丧三年，哭泣甚疾②。"公曰："岂不可哉？"而色说③之。晏子曰："古者圣人，非不知能繁登降之礼，制规矩之节④，行表缀⑤之数以教民，以为烦人留日⑥，故制礼不羡⑦于便事；非不知能扬干戚钟鼓竽瑟以劝众也⑧，以为费财留工⑨，故制乐不羡于和民；非不知能累世殚国以奉死⑩，哭泣处哀以持久⑪也，而不为者，知其无补死者而深害生者，故不以导民。今品人饰礼烦事⑫，羡乐淫民，崇死以害生，三者，圣王之所禁也。贤人不用，德毁俗流⑬，故三邪得行于世。是非贤不肖杂，上妄说邪⑭，故好恶不足以导众。此三者，路⑮世之政，单⑯事之教也。公曷为不察，声受而色说之？"

【注释】

① 鞠语：人名，生平不详。　②疾：痛苦，哀伤。　③色说：喜

欢的神情。④制规矩之节：制定中规中矩的礼节。⑤表缀：表率，榜样。⑥烦人留日：烦扰人民，浪费时日。留日，浪费时日，拖延时日。⑦羡：剩余，超过。⑧扬干戚钟鼓竽瑟：指举行礼乐歌舞之事。劝众：即观众，向众人展示。⑨留工：浪费工时。⑩累世殚国以奉死：这里指厚葬死者。⑪哭泣处哀以持久：这里指长期守孝。⑫品人：众人。⑬德毁流俗：勤俭的品德被毁灭，奢侈之风却开始流行。⑭上：尚，崇尚。妄：虚妄。⑮路：通“露”，败坏。⑯单：通“瘅”，病。

【译文】

齐景公登上路寝台，听到有哭声，说：“我好像听到了哭声，这是为什么呢？”梁丘据回答说：“这是鲁国孔子的学生鞠语在哭。他精通礼乐，深悉服丧制度，他的母亲死了，葬仪很是隆重，并且他守孝三年后，哭声仍很哀伤。”景公说：“这样难道不可以吗？”说完面露喜悦之色。晏子回答说：“古代圣人，并不是不知道那些上下尊卑烦琐的礼仪，也不是不能制定规范的礼节制度，树立起榜样来教导人民，而是认为这些礼仪太麻烦太消耗人的精力时间，因此古代圣人制定礼仪只为便于行事而不去追求繁文缛节；古代圣人不是不知道可以通过举办礼乐歌舞来激励人民，只是认为那样太劳民伤财，所以举办礼乐歌舞不会超过和取悦人民的标准和限度；古代圣人不是不知道竭尽财力去厚葬死者，长期守丧以哀悼死者，而是觉得这样做不但无益于死者，还有害于生者，所以不用这一套礼仪去教导人民。现在很多人只是形式上注重繁文缛节，过多地沉迷礼乐歌舞使民心轻浮，崇尚死者而损害生者，这三样事，都是圣人不为的。贤良之人得不到重用，勤俭的美德被一步步损毁，奢侈之风却开始盛行，所以这三种不正之风开始推行于世。对与错、好与坏没有区别，国君胡来，喜欢邪说，所以他的喜好与厌恶都不能用来引导百姓。这三方面的事情是败坏政治的路数，是一切不正之风的根源。国君为什么不明察秋毫，听到这哭声反而还面露欣赏之意呢？”

（注译：李玉国　审核：朱献伟）

仲尼见景公
景公曰先生奚不见寡人宰乎第三

【题解】

晏子作为三朝元老，不是靠曲意逢迎，而是靠一心一意为齐国的安定富强着想。面对孔子的误解，晏子提出了自己的见解并委婉地批评了孔子。

【原文】

仲尼游齐，见景公。景公曰："先生奚不见寡人宰①乎？"仲尼对曰："臣闻晏子事三君②而得顺焉，是有三心，所以不见也。"仲尼出，景公以其言告晏子，晏子对曰："不然！婴为三心③，三君为一心故，三君皆欲其国家之安，是以婴得顺也。婴闻之，是而非之，非而是之，犹非④也。孔丘必据处此一心矣。"

【注释】

①宰：相国。　②三君：指齐灵公、齐庄公、齐景公。　③婴为三心：此处当作"非婴为三心"，不是我晏婴怀有三心。　④非：通"诽"，诽谤。

【译文】

孔子来到齐国，拜见齐景公。景公问他："先生您为什么不去拜见我的相国晏子呢？”孔子回答说：“我听说晏子能够很顺妥地侍奉齐灵公、齐庄公、齐景公三位国君，这就说明他怀有三心，所以我不想去见他。”孔子走后，景公就把孔子的话告诉了晏子，晏子回答说：“不是像他说得这样！不是我晏婴怀有三心，而是因为三位国君都有一个心愿。三位国君都想让自己的国家安定富强，因此我才能够顺应三位国君。我听说，把正确的当作错误的，把错误的当作正确的，这两种说法都是诽谤。孔子二者必居其一。”

（注译：李玉国　审核：朱献伟）

仲尼之齐见景公而不见晏子子贡致问第四

【题解】

孔子认为晏子通过曲意逢迎，所以才能够顺风顺水地担任三位国君的相国。因此，孔子认为晏子品行不端。晏子摆事实讲道理，严厉批驳孔子，迫使孔子承认了错误。

【原文】

仲尼之齐，见景公而不见晏子。子贡曰："见君不见其从政者，可乎？"仲尼曰："吾闻晏子事三君而顺焉，吾疑其为人。"晏子闻之，曰："婴则齐之世民[1]也，不维其行[2]，不识其过，不能自立也。婴闻之，有幸见爱，无幸见恶，诽誉为类[3]，声响相应[4]，见行而从之者也。婴闻之，以一心事三君者，所以顺焉；以三心事一君者，不顺焉。今未见婴之行，而非其顺也。婴闻之，君子独立不惭于影，独寝不惭于魂[5]。孔子拔树削迹[6]，不自以为辱；穷陈、蔡[7]，不自以为约[8]；非人不得其故，是犹泽人[9]之非斤斧、山人之非网罟也。出之其口，不知其困也。始吾望儒而贵之，今吾望儒而疑之。"仲尼闻之，曰："语有之：言发于尔[10]，不可止于远也；行存于身，不可掩于众也。吾窃议晏子而不中[11]夫人之过，吾罪几[12]矣！丘闻君子过人以为友，不及人以为师。今丘失言于夫子，讥之[13]，是吾师也！"因宰我而谢焉[14]，然仲尼见之。

【注释】

①世民：世代为民。这里指晏子谦称。 ②不维其行：不能长期保持自己的品行。 ③诽誉为类：批评和表扬都是同一类的事。 ④声响相应：声音和回音是相互呼应的。 ⑤魂：这里指自己的灵魂、精神。 ⑥拔树削迹：拔掉树木扫除足迹。 ⑦陈蔡：陈国、蔡国。春秋时期的小国。 ⑧约：贫困。 ⑨泽人：渔民。 ⑩尔：通“迩”，近。 ⑪不中：不适当。 ⑫几：事情的苗头或者预兆。 ⑬讥之：此处当作“夫子讥之”。 ⑭因：通过，经由。宰我：孔子学生。谢：谢罪。

【译文】

孔子来到齐国，拜见了齐景公却不去拜见晏子。子贡问道：“拜见国君却不去拜见帮国君执政的人，合适吗？”孔子回答说：“我听说晏子侍奉了三位国君而且都很顺妥，我怀疑他的品行。”晏子听说后，说：“我家世代为齐国臣民，如果我不能长期保持自己的品行，如果不能改正自己的过错，不能在齐国站稳脚跟。我听说，运气好就会得到宠爱，运气不好就会遭人厌恶，遭到批评诽谤和受到表扬都跟自己的行为相关，就像声音和回音是相互呼应的一样，必须看清一个人行为如何才能判定该批评还是该表扬他。我听说，如果一心一意去侍奉三位国君，就能辅佐三位国君；如果侍奉一个国君却三心二意，就连一个国君也顺应不了。现在，孔子还没有看到我的所作所为，就责备我曲意逢迎国君。我听说过，君子独处扪心自问时，对自己的身影都不会感到有愧；一个人睡觉反思时，对自己的灵魂精神也不会感到内疚。孔子被人拔掉树木扫除足迹，但自己并不认为这是受到侮辱；在陈国、楚国处境艰难，但他自己并不认为是贫乏的人。批评人却不知道真相，这就像渔民认为渔网很有用处、刀斧没有一点儿用处，山民认为渔网没有用处、刀斧很有用处一样。信口开河说话随便，自己却不自知浅薄。以前我看见儒者都很尊重，现在我看见儒者就开始怀疑了。”孔子听到这些话，说：“俗语说得好：近处说话，也能传到远处；自己的一言一行所作所为，掩盖不住众人的耳目。我私下评价晏子却没有说中他的过错，我有过错了！我听说君子超过别人就把他当成朋友，比不过别人就拜他为师。现在我错怪了晏子，他批评了我，他就是我的老师啊！”于是孔子先派宰我去传达自己的歉意，然后又亲自去拜见了晏子。

（注译：李玉国 审核：朱献伟）

景公出田顾问晏子若人之众有孔子乎第五

【题解】

本篇是晏子说明孔子不如舜的原因，同时也是委婉地在说儒家不知变通。

【原文】

景公出田①，寒，故以为浑②，犹顾而问晏子曰：“若人之众，则有孔子焉乎？”晏子对曰：“有③孔子焉则无有？若舜焉则婴不识。”公曰：“孔子之不逮舜为间④矣，曷为‘有孔子焉则无有，若舜焉则婴不识’？”晏子对曰：“是乃孔子之所以不逮舜。孔子行一节⑤者也，处民之中，其过之识⑥，况乎处君之中乎！舜者民处之中，则自齐乎士；处君子之中，则齐乎君子；上与⑦圣人，则固圣人之材也。此乃孔子之所以不逮舜也。”

【注释】

①田：通“畋”，打猎。　②浑：通“温”，温暖。　③有：此处当作“若”。　④间：远。　⑤一节：事物的一端。　⑥其过之识：超过别人很容易识别。　⑦与：及。

【译文】

齐景公外出打猎，天气寒冷，却装作温暖，还回头问晏子："众人之中，有像孔子那样的人吗？"晏子回答说："众人中有像孔子那样的人没有？但如果问众人中有没有像舜那样的人，那么我不知道。"景公说："孔子比不上舜因为差距太大了，可你为什么说'如果问众人中有像孔子的人没有？如果问有没有像舜的人，那我不知道'呢！"晏子回答说："这正是孔子赶不上舜的原因。孔子是一个做事严格要求且很容易走极端的人，他如果处在普通百姓之中，老百姓就很容易识别他，更何况他还处身于君子之中呢！舜身处普通百姓之中，就跟普通百姓一样；舜身处君子之中，就跟君子一样；和圣人在一起，那么他本来就在圣人之列了。这就是孔子不如舜的原因。"

（注译：李玉国　审核：朱献伟）

仲尼相鲁景公患之晏子对以勿忧第六

【题解】

本篇所载的其实是后人虚构，但也说明了晏子对待敌对的国家的智慧。

【原文】

仲尼相鲁[①]，景公患之，谓晏子曰："邻国有圣人，敌国之忧也。今孔子相鲁，若何？"晏子对曰："君其勿忧。彼鲁君，弱主也；孔子，圣相也。君不如阴[②]重孔子，设[③]以相齐，孔子强谏而不听，必骄鲁而有齐，君勿纳也。夫绝于鲁，无主于齐，孔子困矣。"居期年[④]，孔子去鲁之齐，景公不纳，故困于陈、蔡之间[⑤]。

【注释】

①仲尼相鲁：孔子担任鲁国相国。此处与史实不符。孔子相鲁在鲁定公十四年（前496年），此时晏子已经去世四年。　②阴：暗地里，私下里。　③设：假设，假如。　④期年：一周年。　⑤困于陈、蔡之间：孔子在陈国、蔡国受困，断粮达七日之久。

【译文】

孔子担任了鲁国的相国，齐景公对此很担心，就问晏子说："邻国如果有圣人，那么敌对的国家就会有忧虑。现在孔子担任鲁国的相国，我们该怎么办？"晏子回答说："国君您不必担心。那鲁国国君，昏庸无能；而孔子是圣贤的相国。您可以暗地里装作很敬重孔子，假设他以后当齐国的相国。这样当孔子极力劝谏鲁国国君之时，如果不被鲁国国君采纳，那孔子一定认为鲁国国君骄横专断而来到齐国，国君您千万不要接纳孔子。那时候，孔子既和鲁国断绝了关系，又不能在齐国得到任用，那样孔子就陷入困境了。”果然一周年后，孔子就离开鲁国来到齐国，结果景公不接纳他，所以他被困在陈国、蔡国之间断粮达七日之久。

（注译：李玉国　审核：朱献伟）

景公问有臣有兄弟而强足恃乎晏子对不足恃第七

【题解】

晏子认为，国家安定，需要政治清明，而不能依靠个别能臣。否则国家很容易被能臣牵制。从这一点说，晏子的这一思想是很有先进性的。

【原文】

景公问晏子曰："有臣而强，足恃[①]乎？"晏子对曰："不足恃。""有兄弟而强，足恃乎？"晏子对曰："不足恃。"公忿然作色曰："吾今有恃乎？"晏子对曰："有臣而强，无甚如汤[②]；有兄弟而强，无甚如桀[③]。汤有弑其君，桀有亡其兄，岂以人为足恃哉？可以无亡也？"

【注释】

①恃：依靠。　②汤：指商汤。　③桀：指夏桀。

【译文】

齐景公问晏子："可以依靠实力强的臣子治国吗？"晏子回答说："不能依靠。"景公又问："那可以依靠自己能力强的兄弟们吗？"晏子又回答说："不能依靠。"景公生气地说："我现在还有谁可以依靠呢？"晏子回答说："论能力强的臣子，没有比得上成汤的；论能力强的兄弟们，没有比得上夏桀的。可是成汤弑其国君，夏桀驱逐其兄弟。这些能力强的人难道可以依靠吗？依靠他们难道不会亡国吗？"

（注译：李玉国　审核：朱献伟）

景公游牛山少乐请晏子一愿第八

【题解】

本篇通过晏子向齐景公述说自己的愿望，说明国君英明、妻子贤惠、邻居友好、子女孝顺的重要性。

【原文】

景公游于牛山，少乐，公曰："请晏子一愿①。"晏子对曰："不②，婴何愿？"公曰："晏子一愿。"对曰："臣愿有君而见畏③，有妻而见归，有子而可遗。"公曰："善乎！晏子之愿。载④一愿。"晏子对曰："臣愿有君而明，有妻而材，家不贫，有良邻。有君而明，日顺婴之行；有妻而材，则使婴不忘⑤；家不贫，则不愠朋友所识⑥；有良邻，则日见君子：婴之愿也。"公曰："善乎！晏子之愿也。"晏子对曰："臣愿有君而可辅，有妻而可去，有子而可怒⑦。"公曰："善乎！晏子之愿也。"

【注释】

①一愿：一个愿望。 ②不：否。 ③见畏：被敬畏，受到尊敬。 ④载：通"再"。 ⑤忘：通"妄"，胡乱，荒谬。 ⑥不愠朋友所识：不被朋友恼怒。 ⑦有妻而可去，有子而可怒：可以随时休掉妻子，可以随时向儿子发怒。意思是：自己的妻子儿子都很顺从自己，不会惹怒自己。

【译文】

齐景公到牛山游玩，感到没一点儿意思，景公说：“晏子您许一个愿望吧。”晏子说：“不，我没有什么愿望可许。”景公就说：“您就说一个愿望吧。”晏子说：“我希望有一个我敬畏的国君，娶一个和自己一条心的妻子，有一个可以继承我家风的儿子。”景公说：“说得好！晏子的心愿真好。您再说一个吧。”晏子又说道：“我希望国君圣明，妻子多才多艺，日子过得也不贫穷，还有个好邻居。国君圣明，那我每天都能按照正确的旨意做事；妻子多才多艺，我就不会恣意妄为；家庭不困顿，就可以接济一下朋友，那样朋友就不会怪罪我；有好邻居，我就能天天和君子打交道。这就是我的愿望。”齐景公说：“好！晏子的愿望真好。”晏子说：“我希望我有一个明君让我辅佐，有一个可以随时休掉的妻子，有一个可以随时向他发火的儿子。”景公说：“好！晏子的愿望真好。”

（注译：李玉国　审核：朱献伟）

景公为大钟
晏子与仲尼柏常骞知将毁第九

【题解】

本篇通过晏子分析大钟被毁的三种原因，说明同一结果，所处位置角度不同，就会有不同的解释。

【原文】

景公为大钟，将县之。晏子、仲尼、柏常骞三人朝，俱曰：“钟将毁。”冲[①]之，果毁。公召三子者而问之。晏子对曰：“钟大，不祀先君而以燕[②]，非礼，是以曰钟将毁。”仲尼曰：“钟大而县下，冲之其气下回而上薄[③]，是以曰钟将毁。”柏常骞曰：“今庚申，雷日也，音莫胜于雷，是以曰钟将毁也。”

【注释】

①冲：撞。 ②燕：通“宴”，宴会。 ③薄：迫近，侵迫。

【译文】

齐景公让人铸造了一口大钟，正准备要将它悬挂起来。晏子、孔子、柏常骞三人入朝，都说：“这口大钟将会毁坏。”撞了没多久，果然钟就毁坏了。景公就召见他们三人问他们原因。晏子回答说：“这么大的钟，不先用来祭祀祖先却先用来举办宴会娱乐，这不符合礼制，所以我才说，大钟会毁掉。”孔子说：“钟太大，悬挂得太靠下，这样撞击它时，气流向下流动时又被迫向上侵迫冲击，这样势必会毁坏大钟。”柏常骞则回答说：“今天是庚申日，属于雷日，钟声怎么着也超不过雷声，所以我才说大钟会毁坏。”

（注译：李玉国　审核：朱献伟）

田无宇非晏子有老妻晏子对以去老谓之乱第十

【题解】

本篇表现了晏子即使身居高位，也不去做违背天理人伦淫乱之事的高贵品德。

【原文】

田无宇见晏子独立于闺内，有妇人出于室者，发班①白，衣缁布之衣而无里裘②。田无宇讥之曰："出于室为何者也？"晏子曰："婴之家③也。"无宇曰："位为中卿④，田七十万，何以老为妻？"对曰："婴闻之，去老者，谓之乱；纳少者，谓之淫。且夫见色而忘义，处富贵而失伦，谓之逆道。婴可以有淫乱之行，不顾于伦，逆古之道乎？"

【注释】

①班：通"斑"。　②里裘：外衣里的皮袄。　③家：妻子。　④卿：春秋战国时，卿在公之下、大夫之上。共分上卿、中卿、下卿。

【译文】

田无宇看到晏子一个人站在内室里，有一个妇人从里面走出来，头发斑白，衣着朴素而且也没有穿裘衣。田无宇讥讽道：“从您内室里走出来的是您什么人？”晏子说：“是我妻子。”田无宇说：“您身居中卿之位，封田七十万亩，为什么还要这个老妇为妻？”晏子回答说：“我听说，抛弃老妻的，叫作乱；再娶年轻的妻子，叫作淫。何况看见美女就忘记道义，身居高位就失去天理人伦，这叫作大逆不道。我难道是那种做淫乱之事，不顾天理人伦，去背弃圣贤之道的人吗？”

（注译：李玉国　审核：朱献伟）

工女欲入身于晏子晏子辞不受第十一

【题解】

本篇通过晏子拒绝美色，说明晏子是一个道德高尚且不爱美色的正人君子。

【原文】

有工女①托于晏子之家焉者，曰："婢妾，东廓之野人②也。愿得入身③，比数于下陈④焉。"晏子曰："乃今日而后自知吾不肖也！古之为政者，士、农、工、商异居，男女有别而不通，故士无邪行，女无淫事。今仆托国主民⑤，而女欲奔仆，仆必色见而行无廉也。"遂不见。

【注释】

①工女：有手艺的女子。 ②野人：鄙野之人，村野之人。 ③入身：指嫁到晏子家里。 ④比数于下陈：指添列在晏子妻妾之中。比数，列入其中计数。 ⑤托国主民：受国君之托而主政于民。

【译文】

一个有手艺的女子来到晏子家想嫁给晏子，她说："我，是城东郊村野人家的女儿。我想嫁给您，添列在您的妻妾之中。"晏子说："我今天才知道我自己不是一个正人君子！古代执掌国家朝政的人，要求士、农、工、商之人分区居住，男女更是互不交往，所以，男人没有邪恶行为，女子没有淫乱之事。现在我受国君之托而主政于民，而你却来私奔于我，看来你认定我是一个喜爱美色而不知礼义廉耻的人。"于是拒绝了这个女子。

（注译：李玉国 审核：朱献伟）

景公欲诛羽人
晏子以为法不宜杀第十二

【题解】

本篇通过晏子劝谏齐景公不要杀有过错的羽人，体现了晏子仁慈爱民的思想。

【原文】

景公盖姣①，有羽人视景公僭者②。公谓左右曰："问之，何视寡人之僭也？"羽人对曰："言亦死，而不言亦死，窃姣公也。"公曰："合色寡人也③？杀之！"晏子不时而入，见曰："盖闻君有所怒羽人。"公曰："然。色寡人，故将杀之。"晏子对曰："婴闻拒欲不道，恶爱④不祥，虽使色君，于法不宜杀也。"公曰："恶然乎⑤！若使沐浴，寡人将使抱背⑥。"

【注释】

①姣：通"佼"，美好，英俊。　②羽人：官名，掌管征集羽毛以作旌旗车饰用的下层官员。僭（jiàn）：以下犯上。　③合：通"曷"，何。色：以……为女色。　④恶爱：厌恶人之爱。恶，厌恶。　⑤恶然乎：讨厌，怎么会这样。　⑥抱背：拍背按摩。

【译文】

齐景公长得很英俊，有个羽人以下犯上地偷看他。景公就对左右随从说：“问问他，为什么以下犯上地偷看我？”羽人回答说：“说了得死，不说也得死，我觉得国君长得很英俊才以下犯上地偷看。”景公生气地说：“居然把我当成女色来看？快把他杀了！”晏子听说后，不待上朝时，就来到景公身边，问：“听说国君您要怒杀羽人？”景公说：“是啊！他居然把我当女色来看待，所以我非杀他不可。”晏子回答说：“我听说要拒绝没有道理的欲望，厌恶不吉祥的喜爱之情，虽然他爱慕国君您的美貌是不应该的，但依照法律规定不应该杀他。”景公说：“怎么会这样！如果我洗澡，我还要让他给我拍背按摩啰。”

（注译：李玉国　审核：朱献伟）

景公谓晏子东海之中有水而赤晏子详对第十三

【题解】

本篇属于荒诞无稽之谈，但表现了晏子的机智幽默。同时也体现了晏子与齐景公君臣关系的和谐。

【原文】

景公谓晏子曰："东海之中，有水而赤，其中有枣，华而不实，何也？"晏子对曰："昔者秦缪公乘龙舟而理天下，以黄布裹烝①枣，至东海而捐②其布，彼黄布，故水赤；烝枣，故华而不实。"公曰："吾详③问子何为？"对曰："婴闻之，详问者，亦详对之也。"

【注释】

①烝：通"蒸"。 ②捐：投，扔。 ③详：通"佯"，假，诈。

【译文】

齐景公问晏子："东海之中，有一片红色的海域，里面长有枣树，可只开花不结果，这是为什么？"晏子回答说："从前秦缪公（秦穆公）乘坐着龙舟巡视天下，用黄色的布包着蒸熟的枣子，到了东海后，就扔了包着蒸熟枣子的黄布，黄布破了，枣子落到水中，所以海水变红；因为是蒸枣，所以那些枣树只开花不结果。"景公笑着说："我用假话问您，您为什么还要回答？"晏子回答说："我听说，用假话问的，就得用假话回答！"

（注译：李玉国　审核：朱献伟）

景公问天下有极大极细晏子对第十四

【题解】

本篇文字想象奇诡，表现了晏子渊博的知识。

【原文】

景公问晏子曰："天下有极大物乎？"晏子对曰："有！北溟[①]有鹏，足游浮云，背凌[②]苍天，尾偃[③]天间，跃啄北海[④]，颈尾咳[⑤]于天地乎！然而漻漻不知六翮之所在[⑥]。"公曰："天下有极细乎？"晏子对曰："有！东海有虫，巢于蚊睫[⑦]，再乳[⑧]再飞，而蚊不为惊。臣婴不知其名，而东海渔者曰焦冥[⑨]。"

【注释】

①溟：大海。 ②凌：凌驾。 ③偃：扑倒。 ④跃：跳跃。啄：啄食。 ⑤咳：通"阂"，阻碍。 ⑥漻漻：寥寥，空旷辽阔。翮（hé）：鸟的翅膀。 ⑦蚊睫：蚊子的眼睫毛。蚊，蚊子。 ⑧再乳：孵化两次。 ⑨焦冥：微小的虫子名，也写作"蟭螟"。

【译文】

齐景公问晏子："天下有最大的东西吗？"晏子说："有！北海里有一种鹏鸟，爪子在云彩之上飞翔，背负着青天，尾巴伸到了天边，跳跃着就能啄到北海里的食物，头尾塞满了整个天际！翅膀舒展开来都不知道延伸到哪里。"景公又问："天下有最小的东西吗？"晏子说："有！东海里有一种小虫子，它在蚊子的眼睫毛上筑巢，它孵化了两次幼虫了，而蚊子还没有受到半点惊扰。我都不叫不上这虫子的名字，但东海渔民都叫它蟭螟。"

（注译：李玉国　审核：朱献伟）

庄公图莒国人扰绐以晏子在乃止第十五

【题解】

本篇说明晏子因为品德高尚，一心为民，所以才赢得了万民信任。

【原文】

庄公阖门而图莒①，国人以为有乱也，皆操长兵而立于闾②。公召睢休相③而问曰："寡人阖门而图莒，国人以为有乱，皆摽长兵而立于衢闾④，奈何？"休相对曰："诚无乱而国以为有，则仁人不存。请令于国，言晏子之在也。"公曰："诺。"以令于国："孰谓国有乱者，晏子在焉。"然后皆散兵而归。君子曰："大行不可不务也。晏子存而民心安，此一日之所为也，所以见于前信于后者。是以晏子立人臣之位，而安万民之心。"

【注释】

①阖门：关闭城门。图莒：谋取莒国。　②闾：里巷的门口。　③睢休相：人名。　④摽（biào）：高举的样子。衢：四通八达的道路。

【译文】

齐庄公关闭城门而谋取莒国，可国人却以为国家发生了动乱才关闭了城门，都拿着各种长武器守卫着里巷的门口。庄公召见睢休相问他："我关闭城门而谋取莒国，可国人认为国家发生了动乱，都拿着长武器守在里巷的门口，怎么办？” 睢休相说：“本来没有动乱而国人以为发生了动乱，那是因为这里没有贤人。请国君您下令全国，就说晏子还在国都。”庄公说：“好！”于是下令全国：“晏子在国都里，谁说都城发生了动乱？”手持长武器守在里巷的门口的老百姓这才解散回了家。君子说：“一个人不能不尽全力去加强自己的品德修行啊。晏子在，老百姓就心安，这不是一朝一夕就能做到的啊，这是因为老百姓了解晏子以前做的事所以才很信任他。正因为这样，晏子只要担任着国家重臣，就能安定万民之心。”

（注译：李玉国　审核：朱献伟）

晏子死景公驰往哭哀毕而去第十六

【题解】

本篇通过晏子去世后齐景公的悲痛欲绝，来说明晏子对齐国的重要性。

【原文】

景公游于菑①，闻晏子死，公乘侈舆服繁驵驱之②。而因为迟，下车而趋；知不若车之速③，则又乘。比④至于国者，四下而趋，行哭而往，至，伏尸而号，曰："子大夫日夜责寡人，不遗尺寸⑤，寡人犹且淫泆⑥而不收，怨罪重积于百姓。今天降祸于齐，不加于寡人，而加于夫子，齐国之社稷危矣，百姓将谁告夫⑦？"

【注释】

①菑：同"淄"，齐国地名。　②侈：通"趍"，快速。服：驾车。繁驵（zú）：马名。　③速：快。　④比：等到。　⑤不遗尺寸：指细小的事情也不放过，事无巨细。　⑥淫泆（yì）：纵欲放荡。

【译文】

齐景公在淄地游玩，听到晏子死讯，景公赶紧催促备车让车夫驾驭着繁驵马急速前进。可他还嫌慢，跳下车自己跑；知道不如马车快时，又坐上了车。这样等到了都城时，他已经先后四次下车急跑了，一路上景公哭着赶到了晏子家，趴在晏子身上大哭，说："先生您天天规劝我，事无巨细，我还是纵欲放荡也不收敛，老百姓民怨沸腾。如今上天降祸齐国，不降到我头上，却降到了夫子您身上，齐国的社稷危险了，老百姓将向谁求告呢？"

（注译：李玉国　审核：朱献伟）

晏子死景公哭之称莫复陈告吾过第十七

【题解】

本篇通过描写晏子去世之后齐景公的哀悼之情，再次重申晏子对齐国政治的影响力。

【原文】

晏子死，景公操玉加于晏子尸上而哭之，涕沾襟。章子①谏曰："非礼也。"公曰："安用礼乎？昔者吾与夫子游于公邑②之上，一日而三不听寡人，今其孰能然乎？吾失夫子则亡，何礼之有？"免冠而哭，哀尽而去。

【注释】

①章子：即弦章。 ②公邑：即公阜。齐国的地名。

【译文】

晏子去世后，齐景公哭着把一件玉器放到晏子尸身上，泪水都打湿了衣襟。弦章劝道："这不合礼仪。"景公说："还讲究什么礼仪？从前我和晏子去公阜游玩，先生一天之内劝谏我三次，现在还有谁能做到这一点？我失去了先生，国家就有危险了，哪里还讲究什么礼仪？"说完，景公摘掉帽子大哭起来，极尽哀悼之情才离去。

（注译：李玉国　审核：朱献伟）

晏子没左右谀弦章谏景公赐之鱼第十八

【题解】

本篇虽为表扬弦章的廉洁，实际上说的还是晏子对后世齐国的影响力。

【原文】

晏子没十有七年，景公饮诸大夫酒。公射，出质①，堂上唱善，若出一口。公作色太息，播②弓矢。弦章入，公曰："章！自晏子没后，不复闻不善之事。"弦章对曰："君好之，则臣服之③；君嗜之，则臣食之。尺蠖④食黄则黄，食苍则苍是也。"公曰："善。吾不食谄人以言也。"以鱼五十乘赐弦章。章归，鱼车塞途，抚⑤其御之手，曰："昔者晏子辞党⑥以正君，故过失不掩之。今诸臣谀以干⑦利，吾若受鱼，是反晏子之义，而顺谄谀之欲。"固辞鱼不受。君子曰："弦章之廉，晏子之遗行也。"

【注释】

①质：箭靶。　②播：抛弃，丢弃。　③服之：让他使用。　④尺蠖（huò）：昆虫名。　⑤抚：按住。　⑥党：当作"赏"，赏赐。　⑦干：求取，谋求。

【译文】

晏子去世十七年后，齐景公宴请朝中大臣们。宴会上，景公表演射箭，结果射出的箭脱靶，大夫们却异口同声地称赞景公箭术高明。景公叹息了好长时间，丢弃了弓箭。弦章过来，景公说："弦章！自从晏子去世后，我就再没听到过说我不好的事。" 弦章说："国君喜欢什么衣着，大臣们就进献什么衣着；国君喜欢吃什么，大臣就贡献什么食物。尺蠖吃进黄色的东西就变成黄色，吃进苍色的东西就变成苍色。"景公说："好。我再也不听阿谀奉承之人的话了。"于是赏赐了弦章五十车鱼。弦章回去时，看到装鱼的车子把回家的路都堵住了，就按住车夫的手说："过去晏子辞谢赏赐的东西以匡正国君的行为，所以他才不掩盖国君的错误。现在大臣们阿谀逢迎国君就是为了得到赏赐，如果我接受了这些鱼，就等于违背了晏子的初衷，而符合了阿谀逢迎之人的私欲。"于是坚辞了景公赏赐的鱼。君子说："弦章的廉洁，是继承了晏子的遗风。"

（注译：李玉国　审核：朱献伟）

附录：《晏子春秋》八卷【清嘉庆二十一年（1816）吴鼒依元刻影钞本刊刻】

说　明

此《晏子春秋》八卷，为清代嘉庆二十一年（1816），安徽全椒人吴鼒（zī）（1755—1821）根据元代刻本的影钞（影钞，指用白纸蒙在老刻本、写本上，一笔一画描下来，务求与原本丝毫不差）本，重新刊印的版本。

书名页的背面（即现在的版权页）有牌记："嘉庆丙子岁，全椒吴氏刊。"然后是丙子年（1816）吴鼒所作的序言，接着是顾广圻（1766—1835）《重刻晏子春秋序》，再接下来是《晏子春秋目录》，目录末附西汉刘向的上表。最后是正文。

此版本刊印的组织者，是吴鼒。吴鼒，字及之，一字山尊，号抑庵、南禺山樵、达园。清代嘉庆四年（1799）进士，官侍讲学士。善书能画，工骈体文。著《夕葵书屋集》《清画家诗史》《墨林今话》《耕砚田斋笔记》等传世。

此版本刊印的具体实施者，是顾广圻（qí 或 yín）。顾广圻，字千里，号涧苹、无闷子、思适居士、一云散人，元和（今属江苏苏州）人。清朝著名校勘学家、藏书家、目录学家。

吴鼒的序言、顾广圻的序言记载了此版本刊印的缘起：1814 年农历九月初十，是吴鼒的六十大寿。他的妻兄孙星衍（1753—1818），派人送了一本宋一端（又名宋锦）影钞的元刻《晏子春秋》八卷作为寿礼，并希望他能刊印出来。1815年，吴鼒与顾广圻在扬州一起做文字工作，吴鼒请顾广圻具体负责，刊印了此影钞本。1816年，此书出版。

孙星衍，清代著名藏书家、目录学家、书法家、经学家。字渊如，号伯渊、芳茂山人、微隐，阳湖（今江苏武进）人，后迁居金陵（今江苏南京）。辑刊《平津馆丛书》《岱南阁丛书》堪称善本。著有《周易集解》《寰宇访碑录》《孙氏家藏书目录内外篇》《芳茂山人诗录》等多种文集。

宋一端，江西奉新县人，清代康熙四十五年（1706）进士，曾任知县。

此版本的元刻本，今已不存。此版本保存了元刻的原貌，足称善本，藏于国家图书馆古籍馆。

（撰文：姜　健）

嘉慶丙子歲

全椒吳氏刊

嘉慶甲戌九月十日鼒犬馬之辰春秋六十矣將避人游焦山妻兄孫淵如先生遣人以宋錦一端影寫元刻晏子春秋八卷為壽且曰此書傳世尚無善本足下能刻之可以嘉惠學者先生當為故嘗走吳門畢秋帆前輩校刊是書今其言如此足見君子愛心樂善故能與人為善也明年余與元和顧君千里同有文字之役在揚州因請顧君贊摹之一切仍其舊文又明年書成

序　一

略敘緣起此書已抱經前輩舊有定證及淵如音義分見兩家著錄又顧君新得其所撰後敘中不敢掠美以滋繁文余中年早衰書學久荒思業刻古書以消月日稍勝於詩癡符已校勘之良多得之執友而益自壽始於是書蕆其凡云丙子年指乙金樹

吳鼒敘

序　二

重刻晏子春秋後序

嘗謂古書無唐以前人注者易多脫誤晏子春秋其一也乾隆戊申孫伯淵觀察始校定之爲撰音義發凡起例綱舉目張矣嗣是盧抱經先生羣書拾補中晏子即據其本引申觸類頗復增益最後見所謂元人刻本者補二百十五章之目而觀察亦得從元刻影鈔一部手自覆勘嘉慶甲戌九月以贈吳山尊學士於是學士屬廣圻重刻於揚州別録前有都凡每篇有章次題目外篇每章有定著之故悉復劉向之舊洵爲是書傳一善本已廣圻讎字之餘尋繹文句閒有一得知問上篇第十二章當云故臣聞義句謀之法也句民句事之本也下文當云及其衰也建謀反義四字句興事傷民問下篇第十五章當云晉平公饗之文室句既事句請以燕第十九章當云其事君也盡禮道忠句不爲苟祿不用則去而不議其交友也諭義道行句不爲苟戚不同則疎而不誹今本皆脫誤不可讀此

類相承雖久尚有可以爲之推求審正者其音義拾補方行於世既所共覩不事贅述倘取以參稽互證尊舊聞而資新悟將見讀晏子者之自此無難矣元和顧廣圻謹後序

晏子春秋目録

内篇諫上第一凡二十五章
内篇諫下第二凡二十五章
内篇問上第三凡三十章
内篇問下第四凡三十章
内篇襍上第五凡三十章
内篇襍下第六凡三十章
外篇重而異者第七凡二十七章
外篇不合經術者第八凡十八章

右晏子凡内外八篇總二百十五章

護左都水使者光禄大夫臣向言所校中書晏子十一篇臣向謹與長社尉臣參校讎太史書五篇臣向書一篇參書十三篇凡中外書三十篇爲八百三十八章除復重二十二篇六百三十八章定著八篇二百一十五章外書無有三十六章中書無有七十一章中外皆有以相定中書以夭爲芳又爲備先爲牛章爲長如此類者多謹頗略椾皆已定以殺青書可繕寫晏子名嬰謚平仲萊人萊者今東萊地也晏子博聞彊記通于古今事齊靈公莊公景公以節儉力行盡忠極諫道齊國君得以正行百姓得以附親不用則退耕于野用則必不詘義不可脅以邪白刃雖交胸終不受崔杼之劫諫齊君懸而至順而刻及使諸侯莫能詘其辭其博通如此蓋次管仲内能親親外能厚賢居相國之位受萬鍾之禄故親戚待其禄而衣食五百餘家處士待而舉火者亦甚衆晏子衣苴布之衣麋鹿

之裘駕敝車疲馬盡以禄給親戚朋友齊人以此重之晏子蓋短其書六篇皆忠諫其君文章可觀義理可法皆合六經之義又有復重文辭頗異不敢遺失復列以爲一篇又有頗不合經術似非晏子言疑後世辯士所爲者故亦不敢失復以爲一篇凡八篇其六篇可常置旁御觀謹第録臣向昧死上

晏子春秋内篇諫上第一凡二十五章

晏内一

景公所愛馬死欲誅圉人晏子諫第二十五

莊公矜勇力不顧行義晏子諫第一

莊公奮乎勇力不顧于行義勇力之士無忌于國貴戚不薦善逼邇不引過故晏子見公公曰古者亦有徒以勇力立于世者乎晏子對曰嬰聞之輕死以行禮謂之勇誅暴不避彊謂之力故勇力之立也以行其禮義也湯武用兵而不爲逆并國而不爲貪仁義之理也誅暴不避彊替罪不避衆勇力之行也古之爲勇力者行禮義也今上無仁義之理下無替罪誅暴之行而徒以勇力立于世則諸侯行之以國危匹夫行之以家殘昔夏之衰也有推侈大戲殷之衰也有費仲惡來足走千里手裂兕虎任之以力淩轢天下威戮無罪崇尚勇力不顧義理是以桀紂以滅殷夏以衰今公自奮乎勇力不顧于行義勇力之士無忌于國身立威強行本淫暴貴戚不薦善逼邇不引過反聖王之德而循滅君之行用此存者嬰未聞有也

景公飲酒酣願諸大夫無爲禮晏子諫第二

景公飲酒酣曰今日願與諸大夫爲樂飲請無爲禮晏子蹴然改容曰君之言過矣羣臣固欲君之無禮也力多足以勝其長勇多足以弒君而禮不使也禽獸以力爲政彊者犯弱故日易主今君去禮則是禽獸也羣臣以力爲政強者犯弱而日易主君將安立矣凡人之所以貴于禽獸者以有禮也故詩曰人而無禮胡不遄死禮不可無也公湎而不聽少間公出晏子不起公入不起交舉則先飲公怒色變抑手疾視曰嚮者夫子之教寡人無禮之不可也寡人出入不起交舉則先飲禮也晏子避席再拜稽首而請曰嬰敢與君言而忘之乎臣以致無禮之實也君若欲無禮此是已公曰若是孤之罪也夫子就席寡人聞命矣觴三行遂罷酒蓋是後也飭法脩禮以治國政而百姓肅也

景公飲酒酲三日而後發晏子諫第三

景公飲酒酲三日而後發晏子見曰君病酒乎公曰然晏子曰古之飲酒也足以通氣合好而已矣故男不羣樂以妨事女不羣樂以妨功男女羣樂者周觴五獻過之者誅君身服之故外無怨治内無亂行今一日飲酒而三日寢之國治怨乎外左右亂乎内以刑罰自防者勸乎爲非以賞譽自勸者惰乎爲善上離德行民輕賞罰失所以爲國矣願君節之也

景公飲酒七日不納弦章之言晏子諫第四

景公飲酒七日七夜不止弦章諫曰君欲飲酒七日七夜章願君廢酒也不然章賜死晏子入見公曰章諫吾曰願君之廢酒也不然章賜死如是而聽之則臣爲制也不聽又愛其死晏子曰幸矣章遇君也令章遇桀紂者章死久矣于是公遂廢酒

景公飲酒不卹天災致能歌者晏子諫第五

景公之時霖雨十有七日公飲酒日夜相繼晏子請發粟于民三請不見許公命柏遽巡國致

能歌者晏子聞之不說遂分家粟于氓致任器于陌徒行見公曰十有七日矣懷寶鄉有數十飢氓里有數家百姓老弱凍寒不得短褐飢餓不得糟糠敝撤無走四顧無告而君不卹日夜飲酒令國致樂不已馬食府粟狗饜芻豢三保之妾俱足粱肉狗馬保妾不已厚乎民氓百姓不亦薄乎故里窮而無告無樂有上矣飢餓而無告無樂有君矣嬰奉數之筴以隨百官之吏民飢餓窮約而無告使上淫湎失本而不卹嬰

之罪大矣再拜稽首請身而去遂走而出公從之兼于塗而不能逮令趣駕追晏子其家不及粟米盡于氓任器存于陌公驅及之康内公下車從晏子曰寡人有罪夫子倍棄不援寡人不足以有約也夫子不顧社稷百姓乎願夫子之幸存寡人寡人請奉齊國之粟米財貨委之百姓多寡輕重惟夫子之令遂拜于途晏子乃返命稟巡氓家有布縷之本而絕食者使有終月之委絕本之家使有朞年之食無委積之氓與

之薪橑使足以畢霖雨令柏巡氓家室不能禦者予之金巡求氓寡用財乏者死三日而畢後者若不用令之罪公出舍損肉撤酒馬不食府粟狗不食飦肉辟拂嗛齊酒徒減賜三日吏告畢上貧氓萬七千家用粟九十七萬鍾薪橑萬三千乘懷寶二千七百家用金三千公然後就内退食琴瑟不張鍾鼓不陳晏子請左右與可令歌舞足以留思虞者退之辟拂三千謝于下陳人侍三士侍四出之關外也

景公夜聽新樂而不朝晏子諫第六

晏子朝杜扃望羊待于朝晏子曰君奚故不朝對曰君夜發不可以晏子曰何故對曰梁丘據扃入歌人虞變齊音晏子退朝命宗祝脩禮而拘虞公聞之而怒曰何故而拘虞晏子曰以新樂淫君公曰諸侯之事百官之政寡人願以請子酒醴之味金石之聲願夫子無與焉夫樂何夫必攻哉對曰夫樂亡而禮從之禮亡而政從之政亡而國從之國衰臣懼君之逆政之行有

歌紂作北里幽厲之聲顧夫淫以鄙而偕亡君奚輕變夫故哉公曰不幸有社稷之業不擇言而出之請受命矣

景公燕賞無功而罪有司晏子諫第七

景公燕賞于國内萬鍾者三千鍾者五令三出而職計莫之從〇一作職計筭之弁下士師亦同〇公怒令免職計令三出而士師莫之從公不説晏子見公謂晏子曰寡人聞君國者愛人則能利之惡人則能疏之今寡人愛人不能利惡人不能疏失君道矣晏子曰嬰聞之君正臣

從謂之順君僻臣從謂之逆今君賞讒諛之民而令吏必從則是使君失其道臣失其守也先王之立愛以勸善也其立惡以禁暴也昔者三代之興也利于國者愛之害于國者惡之故明所愛而賢良衆明所惡而邪僻滅是以天下治平百姓和集及其衰也行安簡易身安逸樂順于己者愛之逆于己者惡之故明所愛而邪僻繁明所惡而賢良滅離散百姓危覆社稷君上

不度聖王之興而下不觀惰君之衰臣懼君之逆政之行有司不敢爭以覆社稷危宗廟公曰寡人不知也請從士師之策國內之祿所收者三也

景公信用讒佞賞罰失中晏子諫第八

景公信用讒佞賞無功罰不辜晏子諫曰臣聞明君望聖人而信其教不聞聽讒佞以誅賞今與左右相悅頌也曰比死者勉爲樂乎吾安能爲仁而愈黥民耳矣故內寵之妾迫奪于國外

寵之臣矯奪于鄙執法之吏並荷百姓民愁苦約病而姦驅尤佚隱情奄惡蔽諂其上故雖有至聖大賢豈能勝若讒哉是以忠臣之常有災傷也臣聞古者之士可與得之不可與失之可與進之不可與退之臣請逃之矣遂鞭馬而出公使韓子休追之曰孤不仁不能順教以至此極夫子休國焉而往寡人將從而後晏子遂鞭馬而返其僕曰嚮之去何速今之返又何速晏子曰非子之所知也公之言至矣

景公愛嬖妾隨其所欲晏子諫第九

翟王子羨臣于景公以重駕公觀之而不說也嬖人嬰子欲觀之公曰及晏子寢病也居圃中臺上以觀之嬰子說之因爲之請曰厚祿之公許諾晏子起病而見公公曰翟王子羨之駕寡人甚說之請使之示乎晏子曰駕御之事臣無職焉公曰寡人一樂之是欲祿之以萬鍾其足乎對曰昔衛士東野之駕也公說之嬰子不說公因不說遂不觀今翟王子羨之駕也公不說

嬰子說公因悅之爲請公許之則是婦人爲制也且不樂治人而樂治馬不厚祿賢人而厚祿御夫昔者先君桓公之地狹于今脩法治廣政教以霸諸侯今君一諸侯無能親也歲凶年饑道途死者相望也君不此憂恥而惟圖耳目之樂不脩先君之功烈而惟飾駕御之伎則公不顧民而忘國甚矣且詩曰載驂載駟君子所誡夫駕八固非制也今又重此其爲非制也不滋甚乎且君苟美樂之國必衆爲之田獵則不便

道行致遠則不可然而用馬數倍此非御下之道也淫于耳目不當民務此聖王之所禁也君苟美樂之諸侯必或效我君無厚德善政以被諸侯而易之以僻此非所以子民彰名致遠親鄰國之道也且賢良廢滅孤寡不振而聽嬖妾以祿御夫以蓄怨與民爲讎之道也詩曰哲夫成城哲婦傾城今君不免成城之求而惟傾城之務國之亡日至矣君其圖之公曰善遂不復觀乃罷歸翟王子羨而疏嬖人嬰子

景公敎五子之傅而失言晏子諫第十

景公有男子五人所使傅之者皆有車百乘者也晏子爲一焉公召其傅曰勉之將以而所傅爲子及晏子晏子辭曰君命其臣據其肩以盡其力臣敢不勉乎今有之家此一國之權臣也人人以君命命之曰將以而所傅爲子此離樹別黨傾國之道也嬰不敢受命願君圖之

景公欲廢適子陽生而立荼晏子諫第十一

淳于人納女于景公生孺子荼景公愛之諸臣謀欲廢公子陽生而立荼公以告晏子晏子曰不可夫以賤匹貴國之害也置大立少亂之本也夫陽生而長國人戴之君其勿易夫服位有等故賤不陵貴立子有禮故孽不亂宗願君教荼以禮而勿陷于邪導之以義而勿湛于利長少行其道宗孽得其倫夫陽生敢毋使荼饜粱肉之味玩金石之聲而有患乎廢長立少不可以教下尊孽卑宗不可以利所愛長少無等宗孽無別是設賊樹姦之本也君其圖之古之明

君非不知繁樂也以爲樂淫則哀非不知立愛也以義失則憂是故制樂以節立子以道若夫恃讒諛以事君者不足以責信今君用讒人之謀聽亂夫之言也廢長立少臣恐後人之有因君之過以資其邪廢少而立長以成其利者君其圖之公不聽景公沒田氏殺君荼立陽生殺陽生立簡公殺簡公而取齊國

景公病久不愈欲誅祝史以謝晏子諫第十二

景公疥且瘧朞年不已召會譴梁丘據晏子而問焉曰寡人之病病矣使史固與祝佗巡山川宗廟犧牲珪璧莫不備具數其常多先君桓公桓公一則寡人再病不已滋甚予欲殺二子者以說于上帝其可乎會譴梁丘據曰可晏子不對公曰晏子何如晏子曰君以祝爲有益乎公曰然若以爲有益則詛亦有損也君疏輔而遠拂忠臣擁塞諫言不出臣聞之近臣嘿遠臣瘖衆口鑠金今自聊攝以東姑尤以西者此其人

民衆矣百姓之咎怨誹謗詛君于上帝者多矣一國詛兩人祝雖善祝者不能勝也且夫祝直言情則謗吾君也隱匿過則欺上帝也上帝神則不可欺上帝不神祝亦無益願君察之也不然刑無罪夏商所以滅也公曰善解予惑加冠命會譴毋治齊國之政梁丘據毋治賓客之事兼屬之乎晏子晏子辭不得命受相退把政改月而君病悛公曰昔吾先君桓公以管子爲有力邑狐與穀以共宗廟之鮮賜其忠臣則是多

忠臣者子今忠臣也寡人請賜子州款辭曰管子有一美嬰不如也有一惡嬰不忍爲也其宗廟之養鮮也終辭而不受

景公怒封人祝之不遜晏子諫第十三

景公遊于麥丘問其封人曰年幾何矣對曰鄙人之年八十五矣公曰壽哉子其祝我封人曰使君之年長于胡宜國家公曰善哉子其復之曰使君之嗣壽皆若鄙臣之年公曰善哉子其復之封人曰使君無得罪于民公曰誠有鄙民

得罪于君則可安有君得罪于民者乎晏子諫曰君過矣彼疏者有罪戚者治之賤者有罪貴者治之君得罪于民誰將治之敢問桀紂君誅乎民誅乎公曰寡人固也于是賜封人麥丘以爲邑

景公欲使楚巫致五帝以明德晏子諫第十四

楚巫微導裔款以見景公侍坐三日景公說之楚巫曰公明神之主帝王之君也公即位有七

年矣事未大濟者明神未至也請致五帝以明君德景公再拜稽首楚巫曰請巡國郊以觀帝位至于牛山而不敢登曰五帝之位在于國南請齋而後登之公命百官供齋具于楚巫之所裔款視事晏子聞之而見于公曰公令楚巫齋牛山乎公曰然致五帝以明寡人之德神將降福于寡人其有所濟乎晏子曰君之言過矣古之王者德厚足以安世行廣足以容衆諸侯戴之以爲君長百姓歸之以爲父母是故天地四

時和而不失星辰日月順而不亂德厚行廣配天象時然後爲帝王之君神明之主古者不慢行而繁祭不輕身而恃巫今政亂而行僻而求五帝之明德也棄賢而用巫而求帝王之在身也夫民不苟德福不苟降君之帝王不亦難乎惜夫君位之高所論之卑也公曰裔款以楚巫命寡人曰試嘗見而觀焉寡人見而說之信其道行其言今夫子譏之請逐楚巫而拘裔款晏子曰楚巫不可出公曰何故對曰楚巫出諸侯

必或受之公信之以過于内不知出以易諸侯于外不仁請東楚巫而拘裔款公曰諾故曰送楚巫于東而拘裔款于國也

景公欲祠靈山河伯以禱雨晏子諫第十五

齊大旱逾時景公召羣臣問曰天不雨久矣民且有飢色吾使人卜云祟在高山廣水寡人欲少賦斂以祠靈山可乎羣臣莫對晏子進曰不可祠此無益也夫靈山固以石爲身以草木爲髮天久不雨髮將焦身將熱彼獨不欲雨乎祠

之無益公曰不然吾欲祠河伯可乎晏子曰不可河伯以水爲國以魚鼈爲民天久不雨泉將下百川竭國將亡民將滅矣彼獨不欲雨乎祠之何益景公曰今爲之柰何晏子曰君誠避宫殿暴露與靈山河伯共憂其幸而雨乎于是景公出野居暴露三日天果大雨民盡得種時景公曰善哉晏子之言可無用乎其維有德

景公貪長有國之樂晏子諫第十六

景公將觀于淄上與晏子閒立公喟然歎曰嗚

呼使國可長保而傳于子孫豈不樂哉晏子對曰嬰聞明王不徒立百姓不虛至今君以政亂國以行棄民久矣而聲欲保之不亦難乎嬰聞之能長保國者能終善者也諸侯並立能終善者爲長列士並學能終善者爲師昔先君桓公其方任賢而贊德之時亡國恃以存危國仰以安是以民樂其政而世高其德行遠征暴勞者不疾驅海內使朝天子而諸侯不怨當是時盛君之行不能進焉及其卒而衰怠于德而并于

樂身溺于婦侍而謀因豎刁是以民苦其政而世非其行故身死乎胡宮而不舉蟲出而不收當是時也桀紂之卒不能惡焉詩曰靡不有初鮮克有終不能終善者不遂其君今君臨民若寇讎見善若避熱亂政而危賢必逆于衆肆欲于民而誅虐于下恐及于身嬰之年老不能待于君使矣行不能革則持節以沒世耳

景公登牛山悲去國而死晏子諫第十七

景公遊于牛山北臨其國城而流涕曰若何滂滂去此而死乎艾孔梁丘據皆從而泣晏子獨笑于旁公刷涕而顧晏子曰寡人今日遊悲孔與據皆從寡人而涕泣子之獨笑何也晏子對曰使賢者常守之則太公桓公將常守之矣使勇者常守之則莊公靈公將常守之矣數君者將守之則吾君安得此位而立焉以其迭處之迭去之至于君也而獨爲之流涕是不仁也不仁之君見一諂諛之臣見二此臣之所以獨竊笑也

景公遊公阜一日有三過言晏子諫第十八

景公出遊于公阜北面望睹齊國曰嗚呼使古而無死何如晏子曰昔者上帝以人之沒爲善仁者息焉不仁者伏焉若使古而無死丁公太公將有齊國桓襄文武將皆相之君將戴笠衣褐執銚耨以蹲行畎畝之中孰暇患死公忿然作色不說無幾何而梁丘據御六馬而來公曰是誰也晏子曰據也公曰何如曰大暑而疾馳甚者馬死薄者馬傷非據孰敢爲之公曰據與

我和者夫晏子曰此所謂同也所謂和者君甘則臣酸君淡則臣鹹今據也甘君亦甘所謂同也安得爲和公忿然作色不悦無幾何日暮公西面望睹彗星召伯常騫使禳去之晏子曰不可此天教也日月之氣風雨不時彗星之出天爲民之亂見之故詔之妖祥以戒不敬今君若設文而受諫謁聖賢人雖不去彗星將自亡今君嗜酒而并于樂政不飾而寬于小人近讒好優惡文而疏聖賢人何暇在彗茀又將見矣公忿然作色不悦及晏子卒公出背而立曰嗚呼昔者從夫子而遊公阜夫子一日而三責我今誰責寡人哉

景公遊寒途不卹死胔晏子諫第十九

景公出遊于寒塗睹死胔默然不問晏子諫曰昔吾先君桓公出遊睹飢者與之食睹疾者與之財使令不勞力籍斂不費民先君將遊百姓皆悦曰君當幸遊吾鄉乎今君遊于寒塗據四十里之氓殫財不足以奉斂盡力不能周役民

氓飢寒凍餒死胔相望而君不問失君道矣財屈力竭下無以親上驕泰奢侈上無以親下上下交離君臣無親此三代之所以衰也今君行之嬰懼公族之危以爲異姓之福也公曰然爲上而忘下厚藉斂而忘民吾罪大矣于是斂死胔發粟于民據四十里之氓不服政其年公三月不出遊

景公衣狐白裘不知天寒晏子諫第二十

景公之時雨雪三日而不霽公被狐白之裘坐堂側陛晏子入見立有間公曰怪哉雨雪三日而天不寒晏子對曰天不寒乎公笑晏子曰嬰聞古之賢君飽而知人之飢温而知人之寒逸而知人之勞今君不知也公曰善寡人聞命矣乃令出裘發粟與飢寒令所睹于塗者無問其鄉所睹于里者無問其家循國計數無言其名士既事者兼月疾者兼歲孔子聞之曰晏子能明其所欲景公能行其所善也

景公異熒惑守虚而不去晏子諫第二十一

景公之時熒惑守于虛朞年不去公異之召晏子而問曰吾聞之人行善者天賞之行不善者天殃之熒惑天罰也今留虛其孰當之晏子曰齊當之公不說曰天下大國十二皆曰諸侯齊獨何以當晏子曰虛齊野也且天之下殃固于富彊爲善不用出政不行賢人使遠讒人反昌百姓疾怨自爲祈祥錄錄彊食進死何傷是以列舍無次變星有芒熒惑回逆孽星在旁有賢不用安得不亡公曰可去乎對曰可致者可去

不可致者不可去公曰寡人爲之若何對曰盍去冤聚之獄使反田矣散百官之財施之民矣振孤寡而敬老人矣夫若是者百惡可去何獨是孽乎公曰善行之三月而熒惑遷

景公將伐宋夢二丈夫立而怒晏子諫第二十二

景公舉兵將伐宋師過泰山公瞢見二丈夫立而怒其怒甚盛公恐覺辟門召占瞢者至公曰今夕吾瞢二丈夫立而怒不知其所言其怒甚盛吾猶識其狀識其聲占瞢者曰師過泰山而不用事故泰山之神怒也請趣召祝史祠乎泰山則可公曰諾明日晏子朝見公告之如占瞢之言也公曰占瞢者之言曰師過泰山而不用事故泰山之神怒也今使人召祝史祠之晏子俯有閒對曰占瞢者不識也此非泰山之神是宋之先湯與伊尹也公疑以爲泰山神晏子曰公疑之則嬰請言湯伊尹之狀也湯質晳而長顏以髯兑上豐下倨身而揚聲公曰然是已伊

尹黑而短蓬而髯豐上兑下僂身而下聲公曰然是已今若何晏子曰夫湯太甲武丁祖乙天下之盛君也不宜無後今惟宋耳而公伐之故湯伊尹怒請散師以平宋景公不用終伐宋晏子曰公伐無罪之國以怒明神不易行以續蓄進師以近過非嬰所知也師若果進軍必有殃軍進再舍鼓毀將殪公乃辭乎晏子散師不果伐宋

景公從畋十八日不返國晏子諫第二十三

景公畋于署梁十有八日而不返晏子自國往見公比至衣冠不正不革衣冠望游而馳公望見晏子下而急帶曰夫子何爲遽國家無有故乎晏子對曰不亦急也雖然嬰願有復也國人皆以君爲安野而不安國好獸而惡民毋乃不可乎公曰何哉吾爲夫婦獄訟之不正乎則泰士子牛存矣爲社稷宗廟之不享乎則泰祝子游存矣爲諸侯賓客莫之應乎則行人子羽存矣爲田野之不辟倉庫之不實則申田存焉爲

國家之有餘不足聘乎則吾子存矣寡人之有五子猶心之有四支心有四支故心得佚焉今寡人有五子故寡人得佚焉豈不可哉晏子對曰嬰聞之與君言異若乃心之有四支而心得佚焉可得令四支無心十有八日不亦久乎公于是罷畋而歸

景公欲誅駭鳥野人晏子諫第二十四

景公射鳥野人駭之公怒令吏誅之晏子曰野人不知也臣聞賞無功謂之亂罪不知謂之虐

兩者先王之禁也以飛鳥犯先王之禁不可今君不明先王之制而無仁義之心是以從欲而輕誅夫鳥獸固人之養也野人駭之不亦宜乎公曰善自今已後弛鳥獸之禁無以苛民也

景公所愛馬死欲誅圉人晏子諫第二十五

景公使圉人養所愛馬暴死公怒令人操刀解養馬者是時晏子侍前左右執刀而進晏子止而問于公曰堯舜支解人從何軀始公瞿然曰從寡人始遂不支解公曰以屬獄晏子曰此不

知其罪而死臣爲君數之使知其罪然後致之獄公曰可晏子數之曰○或作景公有馬其圉人殺之公怒援戈將自擊之晏子曰此不知其罪而死臣請爲君數之令知其罪而殺之公曰諾晏子舉戈而臨之曰云云○爾罪有三公使汝養馬而殺之當死罪一也又殺公之所最善馬當死罪二也使公以一馬之故而殺人百姓聞之必怨吾君諸侯聞之必輕吾國汝殺公馬使怨積于百姓兵弱于鄰國汝當死罪三也今

以屬獄公喟然歎曰夫子釋之夫子釋之勿傷
吾仁也

晏子春秋內篇諫上第一終

晏內一 廿五

晏子春秋內篇諫下第二 凡二十五章

景公藉重而獄多欲託晏子晏子諫第一
景公欲殺犯所愛之槐者晏子諫第二
景公逐得斬竹者囚之晏子諫第三
景公以摶治之兵未成功將殺之晏子諫
第四
景公冬起大臺之役晏子諫第五
景公爲長庲將欲美之晏子諫第六
景公爲鄒之長塗晏子諫第七

晏內二 、

景公春夏遊獵興役晏子諫第八
景公獵休坐地晏子席而諫第九
景公獵逢蛇虎以爲不祥晏子諫第十
景公爲臺成又欲爲鍾晏子諫第十一
景公爲泰呂成將以燕饗晏子諫第十二
景公爲履而飾以金玉晏子諫第十三
景公欲以聖王居服而致諸侯晏子諫第
十四
景公自矜冠裳遊處之貴晏子諫第十五

景公爲巨冠長衣以聽朝晏子諫第十六
景公朝居嚴下不言晏子諫第十七
景公登路寢臺不終不說晏子諫第十八
景公登路寢臺望國而歎晏子諫第十九
景公路寢臺成逢于何願合葬晏子諫而許第二十
景公嬖妾死守之三日而不斂晏子諫第二十一
景公欲厚葬梁丘據晏子諫第二十二

景公欲以人禮葬走狗晏子諫第二十二
景公養勇士三人無君臣之義晏子諫第二十四
景公登射思勇力士與之圖晏子諫第二十五
景公藉重而獄多欲託晏子晏子諫第一
景公藉重而獄多拘者滿圄怨者滿朝晏子諫公不聽公謂晏子曰夫獄國之重官也願託之夫子晏子對曰君將使嬰敕其功乎則嬰有壹妄能書足以治之矣君將使嬰敕其意乎夫民無欲殘其家室之生以奉暴上之僻者則君使吏比而焚之而已矣景公不悅曰敕其功則使一妄敕其意則比焚如是夫子無所謂能治國乎晏子曰嬰聞與君異今夫胡狢戎狄之蓄狗也多者十有餘寡者五六然不相害傷今束雞豚妄投之其折骨決皮可立得也且夫上正其治下審其論則貴賤不相踰越今君舉千鍾爵祿而妄投之于左右左右爭之甚于胡狗而公不知也寸之管無當天下不能足之以粟今齊國丈夫耕女子織夜以接日不足以奉上而君側皆彫文刻鏤之觀此無當之管也而君終不知五尺童子操寸之煙天下不能足以薪今君之左右皆操煙之徒而君終不知鍾鼓成肆干戚成舞雖禹不能禁民之觀且夫飾民之欲而嚴其聽禁其心聖人所難也而況奪其財而飢之勞其力而疲常致其苦而嚴聽其獄痛誅其罪非嬰所知也

景公欲殺犯所愛之槐者晏子諫第二

景公有所愛槐令吏謹守之植木縣之下令曰犯槐者刑傷之者死有不聞令醉而犯之者公聞之曰是先犯我令使吏拘之且加罪焉其子往辭晏子之家託曰負廓之民賤妾請有道于相國不勝其欲願得充數乎下陳晏子聞之笑曰嬰其淫于色乎何爲老而見犇雖然是必有故令内之女子入門晏子望見之曰怪哉有深憂進而問焉曰所憂何也對曰君樹槐縣令犯之者刑傷之者死妾父不仁不聞令醉而犯之吏將加罪焉妾聞之明君莅國立政不損祿不益刑又不以私恚害公法不爲禽獸傷人民不爲草木傷禽獸不爲野草傷禾苗吾君欲以樹木之故殺妾父孤妾身此令行于民而法于國矣雖然妾聞之勇士不以衆彊淩孤獨明惠之君不拂是以行其所欲此譬之猶自治魚鼈者也去其腥臊者而已昧墨與人比居庾肆而教人危坐今君出令于民苟可法于國而善益于後世則父死亦當矣妾爲之收亦宜矣甚乎今之令不然以樹木之故罪法妾父妾恐其傷察吏之法而害明君之義也鄰國聞之皆謂吾君愛樹而賤人其可乎願相國察妾言以裁犯禁者晏子曰甚矣吾將爲子言之于君使人送之歸明日蚤朝而復于公曰嬰聞之窮民財力以供嗜欲謂之暴崇玩好威嚴擬乎君謂之逆刑殺不辜謂之賊此三者守國之大殃今君窮民財力以羡餒食之具繁鐘鼓之樂極宮室之觀行暴之大者崇玩好縣愛槐之令載過者馳步過者趨威嚴擬乎君逆之明者也犯槐者刑傷槐者死殺不稱賊民之深者君享國德行未見于衆而三辟著于國嬰恐其不可以莅國子民也公曰微大夫教寡人幾有大罪以累社稷今子大夫教之社稷之福寡人受命矣晏子出公令趣罷守槐之役拔置縣之木廢傷槐之法出犯槐之囚

景公逐得斬竹者囚之晏子諫第三

晏内二

景公樹竹令吏謹守之公出過之有斬竹者焉
公以車逐得而拘之將加罪焉晏子入見曰公
亦聞吾先君丁公乎公曰何如晏子曰丁公伐
曲沃勝之止其財出其民公日自莅之有輿死
人以出者公怪之令吏視之則其中金與玉焉
吏請殺其人收其金玉公曰以兵降城以衆圍
財不仁且吾聞之人君者寬惠慈衆不身傳誅
令捨之公曰善晏子退公令出斬竹之囚
景公以摶治之兵未成功將殺之晏子諫第

四
景公令兵摶治當臈冰月之閒而寒民多凍餒
而功不成公怒曰爲我殺兵二人晏子曰諾少
爲閒晏子曰昔者先君莊公之伐于晉也其役
殺兵四人今令而殺兵二人是殺師之半也公
曰諾是寡人之過也令止之
景公冬起大臺之役晏子諫第五
晏子使于魯比其返也景公使國人起大臺之
役歲寒不已凍餒之者鄉有焉國人望晏子晏

子至已復事公迺坐飲酒樂晏子曰君若賜臣
臣請歌之歌曰庶民之言曰凍水洗我若之何
太上靡散我若之何歌終喟然歎而流涕公就
止之曰夫子曷爲至此殆爲大臺之役夫寡人
將速罷之晏子再拜出而不言遂如大臺執朴
鞭其不務者曰吾細人也皆有蓋廬以避燥濕
君爲壹臺而不速成何爲國人皆曰晏子助天
爲虐晏子歸未至而君出令趣罷役車馳而人
趨仲尼聞之喟然歎曰古之善爲人臣者聲名

歸之君禍災歸之身入則切磋其君之不善出
則高譽其君之德義是以雖事惰君能使垂衣
裳朝諸侯不敢伐其功當此道者其晏子是耶
景公爲長庲欲美之晏子諫第六
景公爲長庲（庲舍也）將欲美之有風雨作公與晏
子入坐飲酒致堂上之樂酒酣晏子作歌曰穗
乎不得穫秋風至兮殫零落風雨之弗殺也太
上之靡弊也歌終顧而流涕張躬而舞公就晏
子而止之曰今日夫子爲賜而誡于寡人是寡

人之罪遂廢酒罷役不果成長庲

景公爲鄒之長塗晏子諫第七

景公築路寢之臺三年未息又爲長庲之役二年未息又爲鄒之長塗晏子諫曰百姓之力勤矣公不息乎公曰塗將成矣請成而息之對曰明君不屈民財者不得其利不窮民力者不得其樂昔者楚靈王作傾宮三年未息也又爲章華之臺五年又不息也乾溪之役八年百姓之力不足而息也靈王死于乾溪而民不與君歸今君不遵明君之義而循靈王之跡嬰懼君有暴民之行而不睹長庲之樂也不若息之公曰善非夫子者寡人不知得罪于百姓深也于是令勿委壞餘財勿收斬板而去之

景公春夏遊獵興役晏子諫第八

景公春夏遊獵又起大臺之役晏子諫曰春夏起役且遊獵奪民農時國家空虛不可景公曰吾聞相賢者國治臣忠者主逸吾年無幾矣欲遂吾所樂卒吾所好子其息矣晏子曰昔文王不敢盤遊于田故國昌而民安楚靈王不廢乾溪之役起章華之臺而民叛之今君不革將危社稷而爲諸侯笑臣聞忠不避死諫不違罪君不聽臣臣將逝矣景公曰唯唯將弛罷之未幾朝韋冏解役而歸

景公獵休坐地晏子席而諫第九

景公獵休坐地而食晏子後至左右滅葭而席公不說曰寡人不席而坐地二三子莫席而子獨搴草而坐之何也晏子對曰臣聞介冑坐陣不席獄訟不席尸坐堂上不席三者皆憂也故不敢以憂侍坐公曰諾令人下席曰大夫皆席寡人亦席矣

景公獵逢蛇虎以爲不祥晏子諫第十

景公出獵上山見虎下澤見蛇歸召晏子而問之曰今日寡人出獵上山則見虎下澤則見蛇殆所謂不祥也晏子對曰國有三不祥是不與焉夫有賢而不知一不祥知而不用二不祥用而不任三不祥也所謂不祥乃若此者今上山

見虎虎之室也下澤見蛇蛇之穴也如虎之室如蛇之穴而見之曷爲不祥也

景公爲臺臺成又欲爲鍾晏子諫第十一

景公爲臺臺成又欲爲鍾晏子諫曰君國者不樂民之哀君不勝欲既築臺矣今復爲鍾是重斂于民民必哀矣夫斂民之哀而以爲樂不祥非所以君國者公乃止

景公爲泰呂成將以饗晏子諫第十二

景公泰呂成謂晏子曰吾欲與夫子燕對曰未祀先君而以燕非禮也公曰何以禮爲對曰夫禮者民之紀紀亂則民失亂紀失民危道也公曰善乃以祀焉

景公爲履飾以金玉晏子諫第十三

景公爲履黄金之綦飾以銀連以珠良玉之朐其長尺冰月服之以聽朝晏子朝公迎之履重僅能舉足問曰天寒乎晏子曰君奚問天之寒也古聖人製衣服也冬輕而暖夏輕而清今君之履冰月服之是重寒也履重不節是過任也失生之情矣故魯工不知寒温之節輕重之量以害正生其罪一也作服不常以笑諸侯其罪二也用財無功以怨百姓其罪三也請拘而使吏度之公苦請釋之晏子曰不可嬰聞之苦身爲善者其賞厚苦身爲非者其罪重公不對晏子出令吏拘魯工令人送之境吏不得入公撤履不復服也

景公欲以聖王之居服而致諸侯晏子諫第十四

景公問晏子曰吾欲服聖王之服居聖王之室如此則諸侯其至乎晏子對曰法其節儉則可法其服居其室無益也三王不同服而王非以服致諸侯也誠于愛民果于行善天下懷其德而歸其義若其衣服節儉而衆悦也夫冠足以脩敬不務其飾衣足以掩形禦寒不務其美衣不務于隅肶之削冠無觚羸之理身服不雜綵首服不鏤刻且古者嘗有紩衣攣領而王天下者其義好生而惡殺節上而羡下天下不朝其

服而共歸其義古者嘗有處橧巢窟穴而不惡予而不取天下不朝其室而共歸其仁及三代作服爲益敬也首服足以脩敬而不重也身服足以行潔而不害于動作服之輕重便于身用財之費順于民其不爲橧巢者以避風也其不爲穴者以避濕也是故明堂之制下之潤濕不能及也上之寒暑不能入也土事不文木事不鏤示民之節也及其衰也衣服之侈過足以敬宮室之美過避潤濕用力甚多用財甚費與民

爲讐今君欲法聖王之服不法其制法其節儉也則雖未成治庶其有益也今君窮臺榭之高極汙池之深而不止務于刻鏤之巧文章之觀而不厭則亦與民而讐矣若臣之慮恐國之危而公不平也公乃願致諸侯不亦難乎公之言過矣

景公自矜冠裳遊處之貴晏子諫第十五

景公爲西曲潢其深滅軌高三仞橫木龍蛇立木鳥獸公衣黼黻之衣素繡之裳一衣而五彩

具焉帶球玉而冠且被髮亂首南面而立傲然晏子見公曰昔仲父之霸何如晏子抑首而不對公又曰昔管文仲之霸何如晏子對曰臣聞之惟翟人與龍蛇比今君橫木龍蛇立木鳥獸亦室一就矣何暇在霸哉且公伐宮室之美矜衣服之麗一衣而五彩具焉帶球玉而亂首被髮亦室一容矣萬乘之君而壹心于邪君之魂魄亡矣以誰與圖霸哉公下堂就晏子曰梁丘據裔款以室之成告寡人是以竊襲此服與據

爲笑又使夫子及寡人請改室易服而敬聽命其可乎晏子曰夫二子營君以邪公安得知道哉且伐木不自其根則孽又生也公何不去二子者毋使耳目淫焉

景公巨冠長衣以聽朝晏子諫第十六

景公爲巨冠長衣以聽朝疾視矜立日晏不罷晏子進曰聖人之服中侻而不駔可以導衆其動作侻順而不逆可以奉生是以下皆法其服而民爭學其容今君之服駔華不可以導衆民

疾視矜立不可以奉生日晏矣君不若脫服就燕公曰寡人受命退朝遂去衣冠不復服

景公朝居嚴下不言晏子諫第十七

晏子朝復於景公曰朝居嚴乎公曰嚴居朝則害爲於治國家哉晏子對曰朝居嚴則下無言下無言則上無聞矣下無言則吾謂之瘖上無聞則吾謂之聾聾瘖非害國家而如何也且合升鼓之微以滿倉廩合疏縷之綈以成帷幕太山之高非一石也累卑然後高夫下者非用一

士之言也固有受而不用惡有拒而不受者哉

景公登路寢臺不終不悅晏子諫第十八

景公登路寢之臺不能終而息乎陛忿然而作色不悅曰孰爲高臺病人之甚也晏子曰君欲節於身而勿高使人高之而勿罪也今高從之以罪卑亦從以罪敢問使人如此可乎古者之爲宮室也足乎以便生不以爲奢侈也故節於身謂於民及夏之衰也其王桀背棄德行爲璿室玉門殷之衰也其王紂作爲傾宮靈臺卑狹

者有罪高大者有賞是以身及焉今君高亦有罪卑亦有罪甚於夏殷之王民力殫乏矣而不免於罪嬰恐國之流失而公不得享也公曰善寡人自知誠費財勞民以爲無功又從而怨之是寡人之罪也非夫子之教豈得守社稷哉遂下再拜不果登臺

景公登路寢臺望國而歎晏子諫第十九

景公與晏子登寢而望國公愀然而歎曰使後嗣世世有此豈不可哉晏子曰臣聞明君必務

正其治以事利民然後子孫享之詩云武王豈不事貽厥孫謀以燕翼子今君處佚怠逆政害民有日矣而猶出若言不亦甚乎公曰然則後世孰將把齊國對曰服牛死夫婦笑非骨肉之親也爲其利之大也欲知把齊國者則其利之者耶公曰然何以易對曰移之以善政今公之牛馬老於欄牢不勝服也車蠹於巨戶不勝乘也衣裘襦袴朽弊於藏不勝衣也醯醢腐不勝沽也酒醴酸不勝飲也府粟鬱而不勝食又厚

藉斂於百姓而不以分餒民夫藏財而不用凶
也財苟失守下其報環至其次昧財之失守委
而不以分人者百姓必進自分也故君人者與
其請於人不如請於己也

景公路寢臺成逢於何願合葬晏子諫而許

第二十

景公成路寢之臺逢於何遭喪遇晏子於途再
拜乎馬前晏子下車挹之曰子何以命嬰也對
曰於何之母死兆在路寢之臺牖下願請命合

晏內二 十六

骨晏子曰嘻難哉雖然嬰將爲子復之適爲不
得子將若何對曰夫君子則有以如我者儕小
人吾將左手擁格右手梱心立餓枯槁而死以
告四方之士曰於何不能葬其母者也晏子曰
諾遂入見公曰有逢於何者母死兆在路寢當
如之何願請合骨公作色不悅曰古之及今子
亦嘗聞請葬人主之宮者乎晏子對曰古之人
君其宮室節不侵生民之居臺榭儉不殘死人
之墓故未嘗聞諸請葬人主之宮者也今君侈

爲宮室奪人之居廣爲臺榭殘人之墓是生者
愁憂不得安處死者離易不得合骨豐樂侈遊
兼傲生死非人君之行也遂欲滿求不顧細民
非存之道且嬰聞之生者不得安命之曰蓄憂
死者不得葬命之曰蓄哀蓄憂者怨蓄哀者危
君不如許之公曰諾晏子出梁丘據曰自昔及
今未嘗聞求葬公宮者也若何許之公曰削人
之居殘人之墓淩人之喪而禁其葬是於生者
施於死者無禮詩云穀則異室死則同穴吾敢
不許乎逢於何遂葬其母路寢之牖下解衰去

晏內二 十七

經布衣縢履(元)冠茈武踊而不哭躃而不拜已
乃涕洟而去

景公嬖妾死守之三日不斂晏子諫第二十
一

景公之嬖妾嬰子死公守之三日不食膚著于
席不去左右以復而君無聽焉晏子入復曰有
術客與醫俱言曰聞嬰子病死願請治之公喜
遽起曰病猶可爲乎晏子曰客之道也以爲良

醫也請嘗試之君請屏潔沐浴飲食閒病者之宮彼亦將有鬼神之事焉公曰諾屏而沐浴晏子令棺人入斂已斂而復曰醫不能治病已斂矣不敢不以聞公作色不說曰夫子以醫命寡人而不使視將斂而不以聞吾之爲君名而已矣晏子曰君獨不知死者之不可以生耶嬰聞之君正臣從謂之順君僻臣從謂之逆今君不道順而行僻從邪者邇導害者遠讒諛萌通而賢良廢滅是以諂諛繁於閒邪行交於國也昔吾先君桓公用管仲而霸嬖乎豎刁而滅今君薄於賢人之禮而厚嬖妾之哀且古聖王畜私不傷行斂死不失愛送死不失哀行蕩則溺己愛失則傷生失則害性是故聖王節之也即畢斂不留生事棺槨衣衾不以害生養哭泣處哀不以害生道今朽尸以留生廣愛以傷行脩哀以害性君之失矣故諸侯之賓客慙入吾國本朝之臣慙守其職崇君之行不可以導民從君之欲不可以持國且嬰聞之朽而不斂謂之僇

尸臭而不收謂之陳胔反明王之性行百姓之誹而內嬖妾於僇胔此之爲不可公曰寡人不識請因夫子而爲之晏子復國之士大夫諸侯四鄰賓客皆在外君其哭而節之仲尼聞之曰星之昭昭不若月之曀曀小事之成不若大事之廢君子之非賢於小人之是也其晏子之謂歟

景公欲厚葬梁丘據晏子諫第二十二

梁丘據死景公召晏子而告之曰據忠且愛我我欲豐厚其葬高大其壟晏子曰敢問據之忠與愛於君者可得聞乎公曰吾有喜於玩好有司未能我共也則據以其所有共我是以知其忠也每有風雨暮夜求必存吾是以知其愛也晏子曰嬰對則爲罪不對則無以事君敢不對乎嬰聞之臣專其君謂之不忠子專其父謂之不孝妻專其夫謂之不嫉事父之道導親於父兄有禮於羣臣有惠於百姓有信於諸侯謂之忠爲子之道以鍾愛其兄弟施行於諸父慈惠

於衆子誠信於朋友謂之孝爲妻之道使其衆
妾皆得歡忻於其夫謂之不嫉今四封之民皆
君之臣也而維據盡力以愛君
景公欲以人禮葬走狗晏子諫第二十三
景公走狗死公令外共之棺内給之祭晏子聞
之諫公曰亦細物也特以與左右爲笑耳晏子
曰君過矣夫厚籍斂不以反民棄貨財而笑左
右傲細民之憂而崇左右之笑則國亦無望已
且夫孤老凍餒而死狗有祭鰥寡不卹而死狗

晏内二 廿一

有棺行辟若此百姓聞之必怨吾君諸侯聞之
必輕吾國怨聚於百姓而權輕於諸侯而乃以
爲細物君其圖之公曰善趣庖治狗以會朝屬
景公養勇士三人無君臣之義晏子諫第二
十四
公孫接田開疆古冶子事景公以勇力搏虎聞
晏子過而趨三子者不起晏子入見公曰臣聞
明君之蓄勇力之士也上有君臣之義下有長
率之倫内可以禁暴外可以威敵上利其功下

服其勇故尊其位重其祿今君之蓄勇力之士
也上無君臣之義下無長率之倫内不以禁暴
外不可威敵此危國之器也不若去之公曰三
子者搏之恐不得刺之恐不中也晏子曰此皆
力攻勍敵之人也無長幼之禮因請公使人少
餽之二桃曰三子何不計功而食桃公孫接仰
天而歎曰晏子智人也夫使公之計吾功者不
受桃是無勇也士衆而桃寡何不計功而食桃
矣接一搏猏而再搏乳虎若接之功可以食桃

晏内二 廿二

而無與人同矣援桃而起田開疆曰吾仗兵而
卻三軍者再若開疆之功亦可以食桃而無與
人同矣援桃而起古冶子曰吾嘗從君濟於河
黿銜左驂以入砥柱之流當是時也冶少不能
游潛行逆流百步順流九里得黿而殺之左操
驂尾右挈黿頭鶴躍而出津人皆曰河伯也若
冶視之則大黿之首若冶之功亦可以食桃而
無與人同矣二子何不反桃抽劍而起公孫接
田開疆曰吾勇不子若功不子逮取桃不讓是

貪也然而不死無勇也皆反其桃挈領而死古冶子曰二子死之冶獨生之不仁恥人以言而夸其聲不義恨乎所行不死無勇雖然二子同桃而節冶專桃而宜亦反其桃挈領而死使者復曰已死矣公斂之以服葬之以士禮焉

景公登射思得勇力與之圖國晏子諫第二十五

景公登射晏子脩禮而侍公曰選射之禮寡人厭之矣吾欲得天下勇士與之圖國晏子對曰君子無禮是庶人也庶人無禮是禽獸也夫勇多則弑其君力多則殺其長然而不敢者維禮之謂也禮者所以御民也轡者所以御馬也無禮而能治國家者嬰未之聞也景公曰善迺飾射更席以爲上客終日問禮

晏子春秋內篇諫下第二終

晏子春秋內篇問上第三 凡三十章

景公問臣之報君何以晏子對報以德第二十八

景公問臨國莅民所患何也晏子對以患者三第二十九

景公問爲政何患晏子對以善惡不分第三十

莊公問威當世服天下時耶晏子對以行也第一

莊公問晏子曰威當世而服天下時耶晏子對曰行也公曰何行對曰能愛邦内之民者能服境外之不善重士民之死力者能禁暴國之邪逆聽賃賢者能威諸侯安仁義而樂利世者能服天下不能愛邦内之民者不能服境外之不善輕士民之死力者不能禁暴國之邪逆愎諫傲賢者之言不能威諸侯倍仁義而貪名實者不能威當世而服天下者此其道也已而公不用晏子退而窮處公任勇力之士而輕臣僕之死用兵無休國罷民害朞年百姓大亂而身及崔氏禍君子曰盡忠不豫交不用不懷禄其晏子可謂廉矣

莊公問伐晉晏子對以不可若不濟國之福第二

莊公將伐晉問于晏子晏子對曰不可君得合而欲多養欲而意驕得合而欲多者危養欲而意驕者困今君任勇力之士以伐明主若不濟國之福也不德而有功憂必及君公作色不説晏子辭不爲臣退而窮處堂下生蓼藋門外生荆棘莊公終任勇力之士西伐晉取朝歌及太行孟門茲於兊朞而民散身滅於崔氏崔氏之朞逐羣公及慶氏亡

景公問伐魯晏子對以不若脩政待其亂第三

景公舉兵欲伐魯以問晏子晏子對曰不可魯公好義而民戴之好義者安見戴者和伯禽之治存焉故不可攻攻義者不祥危安者必困且嬰聞之伐人者德足以安其國政足以和其民

國安民和然後可以舉兵而征暴今君好酒而辟德無以安國厚藉斂意使令無以和民德無以安之則危政無以和之則亂未免乎危亂之理而欲伐安和之國不可不若脩政而待其君之亂也其君離上怨其下然後伐之則義厚而利多義厚則敵寡利多則民歡公曰善遂不果伐魯

景公伐檠勝之問所當賞晏子對以謀勝祿臣第四

景公伐檠勝之問晏子曰吾欲賞於檠何如對曰臣聞之以謀勝國者益臣之祿以民力勝國者益民之利故上有羨獲下有加利君上享其民臣下利其實故用智者不偷業用力者不傷苦此古之善伐者也公曰善於是破檠之臣東邑之卒皆有加利是上獨擅名利下流也

景公問聖王其行若何晏子對以衰世而諷第五

景公外傲諸侯内輕百姓好勇力崇樂以從嗜欲諸侯不説百姓不親公患之問於晏子曰古之聖王其行若何晏子對曰其行公正而無邪故讒人不得入不阿黨不私色故羣徒之卒不得容薄身厚民故聚斂之人不得行不侵大國之地不耗小國之民故諸侯皆欲其尊不劫人以兵甲不威人以衆彊故天下皆欲其彊德行教訓加於諸侯慈愛利澤加于百姓故海内歸之若流水今衰世君人者辟邪阿黨故讒諂羣徒之卒繁厚身養薄視民故聚斂之人行侵大

國之地耗小國之民故諸侯不欲其尊劫人以兵甲威人以衆強故天下不欲其強災害加於諸侯勞苦施於百姓故讐敵進伐天下不救貴戚離散百姓不興公曰然則何若敓曰請卑辭重幣以説于諸侯輕罪省功以謝於百姓其可乎公曰諾於是卑辭重幣而諸侯附輕罪省功而百姓親故小國入朝燕魯共貢墨子聞之曰晏子知道道在爲人而失爲已爲人者重自爲者輕景公自爲而小國不爲與在爲人而諸侯

爲役則道在爲人而行在反已矣故晏子知道
矣
景公問欲善齊國之政以干霸王晏子對以
官未具第六
景公問晏子曰吾欲善治齊國之政以干霸王
之諸侯晏子作色對曰官未具也臣數以聞而
君不肯聽也故臣聞仲尼居處惰倦廉隅不正
則季次原憲侍氣鬱而疾志意不通則仲由卜
商侍德不盛行不厚則顏回騫雍侍今君之朝

臣萬人兵車千乘不善政之所失于下霣墜于
民者衆矣未有能士敢以聞者臣故曰官未具
也公曰寡人今欲從夫子而善齊國之政可乎
對曰嬰聞國有具官然後其政可善公作色不
說曰齊國雖小則可謂官不具對曰此非臣之
所復也昔吾先君桓公身體惰懈辭令不給則
隰朋暱侍左右多過獄讞不中則弦甯暱侍田
野不脩民氓不安則甯戚暱侍軍吏怠戎士偷
則王子成甫暱侍居處佚怠左右懾畏繁乎樂

省乎治則東郭牙暱侍德義不中信行衰微則
管子暱侍先君能以人之長續其短以人之厚
補其薄是以辭令窮遠而不逆兵加於有罪而
不頓是故諸侯朝其德而天子致其胙今君之
過失多矣未有一士以聞也故曰官不具公曰
善
景公問欲如桓公用管仲以成霸業晏子對
以不能第七
景公問晏子曰昔吾先君桓公有管仲夷吾保

乂齊國能遂武功而立文德糾合兄弟撫存翌
州吳越受令荆楚惛憂莫不賓服勤于周室天
子加德先君昭功管子之力也今寡人亦欲存
齊國之政於夫子夫子以佐佑寡人彰先君之
功烈而繼管子之業晏子對曰昔吾先君桓公
能任用賢國有什五治徧細民貴不凌賤富不
傲貧功不遺能佞不吐愚舉事不私聽獄不阿
內妾無羨食外臣無羨祿鰥寡無飢色不以飲
食之辟害民之則不以宮室之侈勞人之力節

取於民而普施之府無藏倉無粟上無驕行下
無諂德是以管子能以齊國免於難而以吾先
君參乎天子今君欲彰先君之功烈而繼管子
之業則無以多辟傷百姓無以嗜欲玩好怨諸
侯臣孰敢不承善盡力以順君意今君疏遠賢
人而任讒諛使民若不勝藉斂若不得厚取於
民而薄其施多求於諸侯而輕其禮府藏朽蠹
而禮悖於諸侯菽粟藏深而怨積於百姓君臣
交惡而政刑無常臣恐國之危矣而公不得享

晏内三　十八

也又惡能彰先君之功烈而繼管子之業乎
　景公問莒魯孰先亡晏子對以魯後莒先第
八
景公問晏子莒與魯孰先亡對曰以臣觀之也
莒之細人變而不化貪而好假高勇而賤仁士
武以疾忿急以速竭是以上不能養其下下不
能事其上上下不能相收則政之大體失矣故
以臣之觀也莒其先亡公曰魯何如對曰魯之
君臣猶好爲義下之妥妥也奄然寡聞是以上

能養其下下能事其上上下相收政之大體存
矣故魯猶可長守然其亦有一焉彼鄒滕雉犇
而出其地猶稱公侯大之事小弱之事強久矣
彼周者殷之樹國也魯近齊而親殷以變小國
而不服於隣以遠望魯滅國之道也齊其有魯
與莒乎公曰魯與莒之事寡人既得聞之矣寡
人之德亦薄然後世孰踐有齊國者對曰田無
宇之後爲幾公曰何故也對曰公量小私量大
以施於民其與士交也用財無筐篋之藏國人

晏内三　十九

負攜其子而歸之若水之流下也夫先與人利
而後辭其難不亦寡乎若苟勿辭也從而撫之
不亦幾乎
　景公問治國何患晏子對以社鼠猛狗第九
景公問晏子曰治國何患晏子對曰患夫社鼠
公曰何謂也對曰夫社束木而塗之鼠因往託
焉熏之則恐燒其木灌之則恐敗其塗此鼠所
以不可得殺者以社故也夫國亦有焉人主左
右是也内則蔽善惡于君上外則賣權重于百

姓不誅之則爲亂誅之則爲人主所案據腹而
有之此亦國之社鼠也人有酤酒者爲器甚潔
清置表甚長而酒酸不售問之里人其故里人
云公狗之猛人挈器而入且酤公酒狗迎而噬
之此酒所以酸而不售也夫國亦有猛狗用事
者是也有道術之士欲干萬乘之主而用事者
迎而齕之此亦國之猛狗也左右爲社鼠用事
者爲猛狗主安得無壅國安得無患乎○或作
用事者爲猛狗則道術之士不得用矣此治國

之所患也

景公問欲令祝史求福晏子對以當辭罪而

無求第十

景公問晏子曰寡人意氣衰身病甚今吾欲具
圭璋犧牲令祝宗薦之乎上帝宗廟意者禮可
以干福乎晏子對曰嬰聞之古者先君之干福
也政必合乎民行必順乎神節宮室不敢大斬
伐無偪山林節飲食無多畋漁以無偪川澤祝
宗用事辭罪而不敢有所求也是以神民俱順
而山川納祿今君政反乎民而行悖乎神大宮
室多斬伐以偪山林羨飲食多畋漁以偪川澤
是以民神俱怨而山川收祿司過薦罪而祝宗
祈福意者逆乎公曰寡人非夫子無所聞此請
革心易行于是廢公阜之遊止海食之獻斬伐
者以時畋漁者有數居處飲食節之勿羨祝宗
用事辭罪而不敢有所求也故隣國忌之百姓
親之晏子没而後衰

景公問古之盛君其行如何晏子對以問道

者更正第十一

景公問晏子曰古之盛君其行如何晏子對曰
薄于身而厚于民約于身而廣于世其處上也
足以明政行教不以威天下其取財也權有無
均貧富不以養嗜欲誅不避貴賞不遺賤不淫
于樂不遁于哀盡智導民而不伐焉勞力歲事
而不責焉爲政尚相利故下不以相害行教尚
相愛故民不以相惡爲名刑罰中於法廢罪順
於民是以賢者處上而不華不肖者處下而不

怨四海之内社稷之中粒食之民一意同欲若夫私家之政生有遺教此盛君之行也公不圖晏子曰臣聞問道者更正聞道者更容今君税斂重故民心離市買悖故商旅絶玩好充故家貨殫積邪在於上蓄怨藏於民嗜欲備於側毁非滿於國而公不圖公曰善于是令玩好不御公市不豫宫室不飾業土不成止役輕税上下行之而百姓相親

景公問謀必得事必成何術晏子敍以度義

晏内三 十四

因民第十二

景公問晏子曰謀必得事必成有術乎晏子對曰有公曰其術如何晏子曰謀度於義者必得事因于民者必成公曰奚謂也對曰其謀也左右無所繫上下無所靡其聲不悖其實不逆謀於上不違天謨於不違民以此謨者必得矣事大則利厚事小則利薄稱事之小大權利之輕重國有義勞民有如利以此舉事者必成矣夫逃人而謨雖成不安傲民舉事雖成不榮故臣聞義謀之法者民事之本也故及義而謀信民而動未聞存者也昔三代之興也謀必度其義事必因于民及其衰也建謀者及義興事傷民故度義因民謀事之術也公曰寡人不敏聞善不行其已如何對曰上君全善其次出入焉其次結邪而羞問全善之君能制出入之君時問之君雖日危尚可以没身羞問之君不能保其身今君雖危尚可没其身也

景公問為國家者何如晏子對以舉賢官能

晏内三 十五

第十三

景公問晏子曰莅國治民善為國家者何如晏子對曰舉賢以臨國官能以敕民則其道也舉賢官能則民與若矣公曰雖有賢能吾庸知乎晏子對曰賢而隱庸為賢乎吾君亦不務乎是故不知也公曰請問求賢對曰觀之以其游説之以其行君無以靡曼辯辭定其行無以毁譽非議定其身如此則不為行以揚聲不掩欲以榮君故通則視其所舉窮則視其所不為富則

視其所不取夫上士難進而易退也其次易進易退也其下易進難退也以此數物者取人其可乎

景公問君臣身尊而榮難乎晏子對以易第十四

景公問晏子曰爲君身尊民安爲臣事治身榮難乎易乎晏子對曰易公曰何若對曰爲君節養其餘以顧民則君尊而民安爲臣忠信而無踰職業則事治而身榮公又問爲君何行則危爲臣何行則廢晏子對曰爲君厚藉斂而託之爲民進讒諛而託之用賢遠公正而託之不順君行此三者則危爲臣比周以求寸踰職業防下隱利而求多從君不陳過而求親人臣行此三者則廢故明君不以邪觀民守則而不虧立法儀而不犯苟有所求于民而不以身害之是故刑政安於下民心固於上故察士不比周而進不爲苟而求言無陰陽行無内外順則進否則退不與上行邪是以進不失廉退不失行也

《晏内三　十六》

景公問天下之所以存亡晏子對以六說第十五

景公問晏子曰寡人持不仁其無義耳也不然北面與夫子而義晏子對曰嬰人臣也公曷爲出若言公曰請終問天下之所以存亡晏子曰緩密不能麁苴學者詘身無以用人而又不爲人用者卑善人不能戚惡人不能踈者危交游朋友從無以説於人又不能說人者窮事君要利大者不得小者不爲者餧脩道立義大不能專小不能附者滅此足以觀存亡矣

《晏内三　十七》

景公問君子常行曷若晏子對以三者第十六

景公問晏子曰君子常行曷若晏子對曰衣冠不中不敢以入朝所言不義不敢以要君行己不順不敢治事不公不敢以莅衆衣冠無不中故朝無奇辟之服所言無不義故下無僞上之報身行順治事公故國無阿黨之義三者君子之常行者也

景公問賢君治國若何晏子對以任賢愛民

第十七

景公問晏子曰賢君之治國若何晏子對曰其政任賢其行愛民其取下節其自養儉在上不犯下在治不傲窮從邪害民者有罪進善舉過者有賞其政刻上而饒下赦過而救窮不因喜以加賞不因怒以加罰不從欲以勞民不脩怒而危國上無驕行下無諂德上無私義下無竊權上無朽蠹之藏下無凍餒之民不事驕行而

尚司其民安樂而尚親賢君之治國若此

景公問明王之教民何若晏子對以先行義

第十八

景公問晏子曰明王之教民何若晏子對曰明其教令而先之以行義養民不苛而防之以刑辟所求于下者不務於上所禁於民者不行于身守于民財無虧之以利立于儀法不犯之以邪苟所求于民不以身害之故下之勸從其教也稱事以任民中聽以禁邪不窮之以勞不害

之以實苟所禁于民不以事逆之故下不敢犯其上也古者百里而異習千里而殊俗故明王脩道一民同俗上愛民爲法下相親爲義是以天下不相遺此明王教民之理也

景公問忠臣之事君何若晏子對以不與君陷于難第十九

景公問於晏子曰忠臣之事君也何若晏子對曰有難不死出亡不送公不悅曰君裂地而封之疏爵而貴之君有難不死出亡不送可謂忠

乎對曰言而見用終身無難臣奚死焉謀而見從終身不出臣奚送焉若言不用有難而死之是妄死也謀而不從出亡而送之是詐僞也故忠臣也者能納善於君不能與君陷於難

景公問忠臣之行何如晏子對以不與君行邪第二十

景公問晏子曰忠臣之行何如對曰不掩君過諫乎前不華乎外選賢進能不私乎内稱身就位計能定祿睹賢不居其上受祿不過其量不

權居以爲行不稱位以爲忠不揜賢以隱長不刻下以諛上君在不事太子國危不交諸侯順則進否則退不與君行邪也

景公問佞人之事君何如晏子對愚君所信也第二十一

景公問佞人之事君如何晏子對曰意難難不至也明言行之以飾身僞言無欲以說人嚴其交以見其愛觀上之所欲而微爲之偶求君逼邇而陰爲之與內重爵祿而外輕之以誣行下

事左右而面示正公以僞廉求上采聽而幸以求進傲祿以求多辭任以求重工乎取鄙乎予歡乎新慢乎故恡乎財薄乎施覩貧窮若不識趨利若不及外交以自揚背親以自厚積豐義之養而聲矜卹之義非譽乎情而言不行身涉時所議而好論賢不肖有之己不難非之人無之己不難求之人其言彊梁而信其進敏遜而順此佞人之行也明君之所誅愚君之所信也

景公問聖人之不得意何如晏子對以不與世陷乎邪第二十二

景公問晏子曰聖人之不得意何如晏子對曰上作事反天時從政逆鬼神藉斂殫百姓四時易序神祇並怨道忠者不聽薦善者不行諛過者有賚救失者有罪故聖人伏匿隱處不干長上潔身守道不與世陷乎邪是以卑而不失義瘁而不失廉此聖人之不得意也聖人之得意何如對曰世治政平舉事調乎天藉斂和乎百姓樂及其政遠者懷其德四時不失序風雨不

降虐天明象而贊地長育而具物神降福而不靡民服教而不僞治無怨業居無廢民此聖人之得意也

景公問古者君民用國不危弱晏子對以文王第二十三

景公問晏子曰古者君民而不危用國而不弱惡乎失之晏子對曰嬰聞之以邪莅國以暴和民者危脩道以要利得求而返邪者弱古者文王脩德不以要利滅暴不以順紂干崇侯之暴

而禮梅伯之醢是以諸侯明乎其行百姓通乎其德故君民而不危用國而不弱也

景公問古之莅國者任人如何晏子對以人不同能第二十四

景公問晏子曰古之莅國治民者其任人何如晏子對曰地不同生而任之以一種責其俱生不可得人不同能而任之以一事不可責徧成責焉無已智者有不能給求焉無饜天地有不能勝也故明王之任人諂諛不邇乎左右阿黨

不治乎本朝任人之長不強其短任人之工不強其拙此任人之大略也

景公問古者離散其民如何晏子對以今聞公令如寇讎第二十五

景公問晏子曰古者離散其民而隕失其國者其常行何如晏子對曰國貧而好大智薄而好專貴賤無親焉大臣無禮焉尚讒諛而賤賢人樂簡慢而玩百姓國無常法民無經紀好辯以爲忠流湎而忘國好兵而忘民肅于罪誅而慢於慶賞樂人之哀利人之難德不足以懷人政不足以惠民賞不足以勸善刑不足以防非亡國之行也今民聞公令如寇讎此古離散其民隕失其國所常行者也

景公問欲和臣親下晏子對以信順儉節第二十六

景公問晏子曰吾欲和臣親下奈何晏子對曰君得臣而任使之與言信必順其令赦其過任大無多責焉使邇臣無求嬖焉無以嗜欲貧其

家無信讒人傷其心家不外求而足事君不因人而進則臣和矣儉於藉斂節于貨財作工不歷時使民不盡力百官節適關市省征山林陂澤不專其利領民治民勿使煩亂知其貧富勿使凍餒則民親矣公曰善寡人聞命矣故令諸子無外親謁辟梁丘據無使受報百官節適關市省征陂澤不禁寃報者過留獄者請焉

景公問得賢之道晏子對以舉之以語考之以事第二十七

景公問晏子曰取人得賢之道何如晏子對曰舉之以語考之以事能論則尚而親之近而勿辱以取人則得賢之道也是以明君居上寡其官而多其行拙於文而工於事言不中不言行不法不爲也

景公問臣之報君何以晏子對以報以德第二十八

景公問晏子曰臣之報其君何以晏子欲曰臣雖不知必務報君以德士逢有道之君則順其令逢無道之君則爭其不義故君者擇臣而使之臣雖賤亦得擇君而事之

晏内三　廿四

景公問臨國莅民所患何也晏子對以患者三第二十九

景公問晏子曰臨國莅民所患何也晏子對曰所患者三忠臣不信一患也信臣不忠二患也君臣異心三患也是以明君居上無忠而不信無信而不忠者是以君臣同欲而百姓無怨也

景公問爲政何患晏子對以善惡不分第三十

景公問于晏子曰爲政何患晏子對曰患善惡之不分公曰何以察之對曰審擇左右善則百僚各得其所宜而善惡分孔子聞之曰此言也信矣善進則不善無由入矣不善進則善無由入矣

晏子春秋内篇問上第三終

晏内三　廿五

晏子春秋内篇問下第四 凡三十章

晏内四

下順逆第十九
叔向問事君徒處之義奚如晏子對以大賢無擇第二十
叔向問處亂世其行正曲晏子對以民爲本第二十一
叔向問意孰爲高行孰爲厚晏子敘以愛民樂民第二十二
叔向問嗇吝愛於行何如晏子對以嗇者君子之道第二十三

叔向問君子之大義何若晏子對以尊賢退不肖第二十四
叔向問傲世樂業能行道乎晏子對以狂惑也第二十五
叔向問人何若則榮晏子對以事君親忠孝第二十六
叔向問人何以則可保身晏子對以不要幸第二十七
曾子問不諫上不顧民可成行義者晏子對以何以成也第二十八
梁丘據問子事三君不同心晏子對以一心可以事百君第二十九
柏常騫問道無滅身無廢晏子對以養世君子第三十
景公問何脩則夫先王之游晏子對以省耕實第一
景公出游問於晏子曰吾欲觀於轉附朝舞尊海而南至於琅琊寡人何脩則夫先王之游晏

子再拜曰善哉君之問也聞天子之諸侯爲巡狩諸侯之天子爲述職故春省耕而補不足者謂之游秋省實而助不給者謂之豫夏諺曰吾君不遊我曷以休吾君不豫我曷以助一遊一豫爲諸侯度今君之游不然師行而量食貧苦不補勞者不息夫從南歷時而不反謂之流從下而不反謂之連從獸而不歸謂之荒從樂而不歸謂之亡古者聖王無流連之遊荒亡之行公曰善命吏計公掌之粟藉長幼貧氓之數吏

所委發廩出粟以予貧民者三千鍾公所身見
癃老者七十人振贍之然後歸也
景公問桓公何以致霸晏子對以下賢以身
第二
景公問於晏子曰昔吾先君桓公善飲酒窮樂
食味方丈好色無別辟若此何以能率諸侯以
朝天子乎晏子對曰昔吾先君桓公變俗以政
下賢以身管仲君之賊者也知其能足以安國
濟功故迎之于魯郊自御禮之於廟異日君過
于康莊聞甯戚歌止車而聽之則賢人之風也
舉以爲大田先君見賢不留使能不怠是以內
政則民懷之征伐則諸侯畏之今君聞先君之
過而不能明其大節桓公之霸也君奚疑焉
景公問欲逮桓公之後晏子對以任非其人
第三
景公問晏子曰昔吾先君桓公從車三百乘九
合諸侯一匡天下今吾從車千乘可以逮先君
桓公之後乎晏子對曰桓公從車三百乘九合

諸侯一匡天下者左有鮑叔右有仲父今君左
爲倡右爲優讒人在前諛人在後又焉可逮桓
公之後者乎
景公問廉政而長久晏子對以其行水也第
四
景公問晏子廉政而長久其行何也晏子對曰
其行水也美哉水乎清清其濁不無雩途其清
無不灑除是以長久也公曰廉政而遫亡其行
何也對曰其行石也堅哉石乎落落視之則堅
循之則堅內外皆堅無以爲久是以遫亡也
景公問爲臣之道晏子對以九節第五
景公問晏子曰請問爲臣之道晏子對曰見善
必通不私其利慶善而不有其名稱身居位不
爲苟進稱事授祿不爲苟得體貴側賤不逆其
倫居賢不肖不亂其序肥利之地不爲私邑賢
質之士不爲私臣君用其所言民得其所利而
不伐其功此臣之道也
景公問賢不肖可學乎晏子對以勉強爲上

第六

景公問晏子曰人性有賢不肖可學乎晏子對曰詩云高山仰止景行行止之者其人也故諸侯並立善而不怠者爲長列士並學終善者爲師

景公問富民安衆晏子對以節欲中聽第七

景公問晏子曰富民安衆難乎晏子對曰易節欲則民富中聽則民安行此兩者而已矣

景公問國何如則謂安晏子對以內安政外

歸義第八

景公問晏子曰國如何則可謂安矣晏子對曰下無諱言官無怨治通人不華窮民不怨喜樂無羨賞忿怒無羨刑上有禮於士下有恩于民地博不兼小兵強不劫弱百姓內安其政外歸其義可謂安矣

景公問諸侯孰危晏子對以莒其先亡第九

景公問晏子曰當今之時諸侯孰危晏子對曰莒其先亡乎公曰何故對曰地侵於齊貨竭于晉是以亡也

晏子使吴吴王問可處可去晏子對以視國治亂第十

晏子聘於吴吴王曰子大夫以君命辱在弊邑之地施貺寡人寡人受貺矣願有私問焉晏子逡遁而對曰嬰北方之賤臣也得奉君命以趨於末朝恐辭令不審譏於下吏懼不知所以對者吴王曰寡人聞夫子久矣今乃得見願終其問晏子避席對曰敬受命矣吴王曰國如何則

可處如何則可去也晏子對曰嬰聞之親疏得處其倫大臣得盡其忠民無怨治國無虐刑則可處矣是以君子懷不逆之君居治國之位親疏不得居其倫大臣不得盡其忠民多怨治國有虐刑則可去矣是以君子不懷暴君之祿不處亂國之位

吴王問保威強不失之道晏子對以先民後身第十一

晏子聘於吴吴王曰敢問長保威強勿失之道

若何晏子對曰先民而後身先施而後誅強不暴弱貴不淩賤富不傲貧百姓並進有司不侵民和政平不以威強退人之君不以衆強兼人之地其用法爲時禁暴故世不逆其志其用兵爲衆屏患故民不疾其勞此長保威強勿失之道也失此者危矣吴王忿然作色不説晏子曰寡君之事畢矣嬰無斧鑕之罪請辭而行遂不復見

晏子使魯魯君問何事回曲之君晏子對以庇族第十二

晏子使魯見昭公昭公説曰天下以子大夫語寡人者衆矣今得見而羨乎所聞請私而無爲罪寡人聞大國之君蓋回曲之君也曷爲以子大夫之行事回曲之君乎晏子逡循對曰嬰不肖嬰之族又不若嬰待嬰而祀先者五百家故嬰不敢擇君晏子出昭公語人曰晏子仁人也反亡君安危國而不私利焉僇崔杼之尸滅賊亂之徒不獲名焉使齊外無諸侯之憂内無國家之患不伐功焉鍖然不滿退託於族晏子可謂仁人矣

魯昭公問魯一國迷何也晏子對以化爲一心第十三

晏子聘于魯魯昭公問焉吾聞之莫三人而迷今吾以魯一國迷慮之不免于亂何也晏子對曰君之所尊舉而富貴入所以與圖身出所以與圖國及左右偪邇皆同于君之心者也犒魯國化而爲一心曾無與二其何暇有三夫偪邇于君之側者距本朝之勢國之所以治也左右讒諛相與塞善行之所以衰也士者持祿游者養交身之所以危也詩曰芃芃棫樸薪之槱之濟濟辟王左右趨之此言古者聖王明君之使以善也故外知事之情而内得心之誠是以不迷也

魯昭公問安國衆民晏子對以事大養小謹聽節儉第十四

晏子聘于魯魯昭公問曰夫儼然辱臨弊邑竊

甚嘉之寡人受貺請問安國衆民如何晏子對曰嬰聞傲大賤小則國危慢聽厚斂則民散事大養小安國之器也謹聽節儉衆民之術也

晏子使晉晉平公問先君得衆若何晏子對以如美淵澤第十五

晏子使晉晉平公饗之文室既靜矣晏以平公問焉曰昔吾先君得衆若何晏子對曰君饗寡君施及使臣御在君側恐懼不知所以對平公曰聞子大夫數矣今迺得見願終聞之晏子對

曰臣聞君子如美淵澤容之衆人歸之如魚有依極其游泳之樂若淵澤決竭其魚動流夫往者維雨乎不可復已公又問曰請問莊公與今孰賢晏子曰兩君之行不同臣不敢不知也公曰王室之正也諸侯之專制也是以欲聞子大夫之言也對曰先君莊公不安靜處樂節飲食不好鍾鼓好兵作武士與同飢渴寒暑君之強過人之量有一過不能已焉是以不免于難今君大宮室美臺榭以辟飢渴寒暑畏禍敬鬼神

君之善足以沒身不足以及子孫矣

晉平公問齊君德行高下晏子對以小善第十六

晏子使於晉晉平公問曰吾子之君德行高下如何晏子對以小善公曰否吾非問小善問子之君德行高下也晏子蹵然曰諸侯之交紹而相見辭之有所隱也君之命質臣無所隱嬰之君無稱焉平公蹵然而辭送再拜而反曰殆哉吾過誰曰齊君不肖直稱之士正在本朝也

晉叔向問齊國若何晏子對以齊德衰民歸田氏第十七

晏子聘于晉叔向從之宴相與語叔向曰齊其何如晏子對曰此季世也吾弗知齊其爲田氏乎叔向曰何謂也晏子曰公棄其民而歸於田氏齊舊四量豆區釜鍾四升爲豆各自其四以登於釜釜十則鍾田氏三量皆登一焉鍾乃巨矣以家量貸以公量收之山木如市弗加于山魚鹽蜃蛤弗加於海民參其力二入於公而衣

食其一公積朽蠹而老小凍餒國都之市屨賤
而踊貴民人痛疾或燠休之昔者殷人誅殺不
當僇民無時文王慈惠殷衆收卹無主是故天
下歸之無私與維德之授今公室驕暴而田氏
慈惠其愛之如父母而歸之如流水無獲民將
焉避箕伯直柄虞遂伯戲其相胡公大姬已在
齊矣叔向曰雖吾公室亦季世戎馬不駕卿無
軍行公乘無人卒列無長庶民罷弊宮室滋侈
道殣相望而女富溢尤民聞公命如逃寇讎欒

晏四四

郤胥原狐續慶伯降在皁隸政在家門民無所
依而君日不悛以樂慆憂公室之卑其何日之
有讒鼎之銘曰昧旦丕顯後世猶怠況日不悛其
能久乎晏子曰然則子將若何叔向曰人事畢
矣待天而已矣晉之公族盡矣肸聞之公室將
卑其宗族枝葉先落則公從之肸之宗十一族
維羊舌氏在而已肸又無子公室無度幸而得
死豈其獲祀焉
叔向問齊德衰子若何晏子對以進不失忠

退不失行第十八
叔向問晏子曰齊國之德衰矣今子何若晏子
對曰嬰聞事明君者竭心力以沒其身行不逮
則退不以誣持祿事惰君者優游其身以沒其
世力不能則去不以諛持危且嬰聞君子之事
君也進不失忠退不失行不苟合以隱忠可謂
不失忠不持利以傷廉可謂不失行叔向曰善
哉詩有之曰進退維谷其此之謂歟
叔向問正士邪人之行如何晏子對以使下

晏四四 十四

順逆第十九
叔向問晏子曰正士之義邪人之行何如晏子
對曰正士處勢臨衆不阿私行於國足養而不
忘故通則事上使卹其下窮則教下使順其上
事君盡禮行忠不正爵祿不用則去而不議其
交友也論身義行不爲苟戚不同則疏而不悱
不毀進於君不以刻民尊於國故用於上則民
安行於下則君尊故得衆上不疑其身用于君
不悖於行是以進不喪亡退不危身此正士之

行也邪人則不然用於上則虐民行于下則逆上事君苟進不道忠交友苟合不道行持諛巧以正禄比姦邪以厚養矜爵禄以臨人夸體貌以華世不任於上則輕議不篤于友則好誹故用於上則民憂行于下則君危是以其事君近於罪其交友近於患其得上辟于辱其爲生僨于刑故用于上則誅行于下則弑是故交通則辱生患則危此邪人之行也

叔向問事君徒處之義奚如晏子對以大賢

無擇第二十

叔向問晏子曰事君之倫徒處之義奚如晏子對曰事君之倫知慮足以安國譽厚足以導民和柔足以懷衆不廉上以爲名不倍民以爲行上也潔于治己不飾過以求先不讒諛以求進不阿久私不誣所能次也盡力守職不怠奉官從上不敢隋畏上故不苟忌罪故不辟下也三者事君之倫也及夫大賢則徒處與有事無擇也隨時宜者也有所謂君子者能不足以補上退處不順上治唐圃考菲履共恤上令弟長鄉里不夸言不愧行君子也不以上爲本不以民爲憂内不恤其家外不顧其身游夸言愧行自勤于飢寒不及醜儕命之曰狂僻之民明上之所禁也進也不能及上退也不能徒處作窮于富利之門畢志于畎畝之業窮通行無常處之慮佚于心利通不能窮業不成命之曰處封之民明上之所誅也有智不足補君有能不足以勞民俞身徒處謂之傲上苟進不擇所道苟得

不知所惡謂之亂賊身無以與君能無以勞民飾徒處之義揚輕上之名謂之亂國明君在上三者不免罪叔向曰賢不肖性夫吾每有問而未嘗自得也

叔向問處亂世其正曲晏子對以民爲本第二十一

叔向問晏子曰世亂不遵道上辟不用義正行則民遺曲行則道廢正行而遺民乎與持民而遺道乎此二者之于行何如晏子對曰嬰聞之

卑而不失尊曲而不失正者以民爲本也苟持
民矣安有遺道苟遺民矣安有正行焉

叔向問意孰爲高行孰爲厚晏子對以愛民
樂民第二十二

叔向問晏子曰意孰爲高行孰爲厚對曰意莫
高于愛民行莫厚於樂民又問曰意孰爲下行
孰爲賤對曰意莫下於刻民行莫賤于害身也

叔向問嗇吝愛之於行何如晏子對以嗇者
君子之道第二十三

晏内四 十七

叔向問晏子曰嗇吝愛之于行何如晏子對曰
嗇者君子之道吝愛者小人之行也叔向曰何
謂也晏子曰稱財多寡而節用之富無金藏貧
不假貸謂之嗇積多不能分人而厚自養謂之
吝不能分人又不能自養謂之愛故夫嗇者君
子之道吝愛者小人之行也

叔向問君子之大義何若晏子對以尊賢退
不肖第二十四

叔向問晏子曰君子之大義何若晏子對曰君
子之大義和調而不緣溪盎而不苛莊敬而不
狡和柔而不銓刻廉而不劌行精而不以明汚
齊尚而不以遺罷富貴不傲物貧窮不易行尊
賢而不退不肖此君子之大義也

叔向問傲世樂業能行道乎晏子對以狂惑
也第二十五

叔向問晏子曰進不能事上退不能爲家傲世
樂業枯槁爲名不疑其所守者可謂能行其道
乎晏子對曰嬰聞古之能行道者世可正以則

晏内四 十八

不可以正則曲其正也不失上下之倫其曲也
不失仁義之理道用與世樂業不用有所依歸
不以傲上華世不以枯槁爲名故道者世之所
以治而身之所以安也今以不事上爲道以不
顧家爲行以枯槁爲名世行之則亂身行之則
危且天之與地而上下有衰矣明王始立而居
國爲制矣政教錯而民行有倫矣今以不事上
爲道反天地之衰矣以不顧家爲行倍先聖之
道矣以枯槁爲名則世塞政教之途矣有明上

可以爲下遭亂世不可以治亂說若道謂之惑行若道謂之狂惑者狂者木石之樸也而道義未戴焉

叔向問人何若則榮晏子對以事君親忠孝第二十六

叔向問晏子曰何若則可謂榮矣晏子對曰事親孝無悔往行事君忠無悔往辭和於兄弟信於朋友不諂過不責得言不相坐行不相反在上治民足以尊君在下莅脩足以變人身無所

晏內四　十九

咎行無所創可謂榮矣

叔向問人何以可保身晏子對以不要幸第二十七

叔向問晏子曰人何以則可謂保其身晏子對曰詩曰既明且哲以保其身夙夜匪懈以事一人不庶幾不要幸先其難乎而後幸得之時其所也失之非其罪也可謂保其身矣

曾子問不諫上不顧民以成行義者晏子對以何以爲也第二十八

曾子問晏子曰古者嘗有上不諫上下不顧民退處山谷以成行義者也晏子對曰察其身無能也而託乎不欲諫上謂之誕意也上惛亂德義不行而邪辟朋黨賢人不用士亦不易其行而從邪以求進故有隱有不隱其行法士也廼夫議上則不取也夫上不諫上下不顧民退處山谷嬰不識其何以爲成行義者也

梁丘據問子事三君不同心晏子對以一心可事百君第二十九

晏內四　廿

梁丘據問晏子曰子事三君君不同心而子俱順焉仁人固多心乎晏子對曰嬰聞之順愛不懈可以使百姓暴強不忠不可以使一人一心可以事百君三心不可以事一君仲尼聞之曰小子識之晏子以一心事百君者也

柏常騫問道無滅身無廢晏子對以養世君子第三十

柏常騫去周之齊見晏子曰騫周室之賤史也不量其不肖願事君子敢問正道直行則不容

于世隱道危行則不忍道亦無滅身亦無廢者
何若晏子曰善哉問事君乎嬰聞之執二法裾
則不取也輕進苟合則不信也直易無諱則速
傷也新始好利則無敝也且嬰聞養世之君子
從重不爲進從輕不爲退省行而不伐讓利而
不夸陳物而勿專見象而勿強道不滅身不廢
矣

晏子春秋内篇問下第四終

晏子春秋内篇雜上第五 凡三十章

二
景公使進食與裘晏子對以社稷臣第十
三
晏子飲景公止家老斂欲與民共樂第十
四
晏子飲景公酒呼具火晏子稱詩以辭第
十五
晉欲攻齊使人往觀晏子以禮侍而折其
謀第十六
景公問東門無澤年穀而對以冰晏子請
罷伐魯第十七
景公使晏子予魯地而魯使不盡受第十
八
景公游紀得金壺中書晏子因以諷之第
十九
景公賢魯昭公去國而自悔晏子謂無及
已第二十
晏子使魯有事已仲尼以爲知禮第二十

一
晏子之魯進食有豚亡二肩不求其人第
二十二
曾子將行晏子送之而贈以善言第二十
三
晏子之晉睹齊纍越石父解左驂贖之與
歸第二十四
晏子之御感妻言而自抑損晏子薦以爲
大夫第二十五
泯子午見晏子晏子恨不盡其意第二十
六
晏子乞北郭騷米以養母騷殺身以明道
晏子之賢第二十七
景公欲見高糺晏子辭以禄仕之臣第二
十八
高糺治晏子家不得其俗乃逐之第二十
九
晏子居喪遜荅家老仲尼善之第三十

莊公不悅晏子晏子坐地訟公而歸第一

晏子臣於莊公公不悅飲酒令召晏子晏子至入門公令樂人奏歌曰已哉已哉寡人不能說也爾何來爲晏子入坐樂人三奏然後知其謂己也遂起北面坐地公曰夫子從席曷爲坐地晏子對曰嬰聞訟夫坐地今嬰將與君訟敢毋坐地乎嬰聞之衆而無義彊而無禮好勇而惡賢者禍必及其身若公者之謂矣且嬰言不用願請身去遂趨而歸管籥其家者納之公財在

晏內五

外者斥之市曰君子有力於民則進爵祿不辭貴富無力于民而旅食不惡貧賤遂徒行而東耕於海濱居數年果有崔杼之難

莊公不用晏子致邑而退後有崔氏之禍第二

晏子爲莊公臣言大用每朝賜爵益邑俄而不用每朝致邑與爵爵邑盡退朝而乘喟然而歎終而笑其僕曰何歎笑相從數也晏子曰吾歎也哀吾君不免於難吾笑也喜吾自得也吾亦

無死矣崔杼果弑莊公晏子立崔杼之門從者曰死乎晏子曰獨吾君也乎哉吾死也曰行乎曰獨吾罪也乎哉吾亡也曰歸乎曰吾君死安歸君民者豈以陵民社稷是主臣君者豈爲其口實社稷是養故君爲社稷死則死之爲社稷亡則亡之若君爲己死而爲己亡非其私暱孰能任之且人有君而弑之吾焉得死之而焉得亡之將庸何歸門啓而入崔子曰子何不死子何不死晏子曰禍始吾不在也禍終吾不知也

晏內五

吾何爲死且吾聞之以亡爲行者不足以存君以死爲義者不足以立功嬰豈其婢子也哉其縊而從之也遂袒免坐枕君尸而哭興三踊而出人謂崔子必殺之崔子曰民之望也舍之得民

崔慶劫齊將軍大夫盟晏子不與第三

崔杼既弑莊公而立景公杼與慶封相之劫諸將軍大夫及顯士庶人於太宮之坎上令無得不盟者爲壇三仞埳其下以甲千列環其內外

盟者皆脫劒而入維晏子不肯崔杼許之有敢不盟者戟拘其頸劒承其心令自盟曰不與崔慶而與公室者受其不祥言不疾指不至血者死所殺七人次及晏子晏子奉桮血仰天歎曰嗚呼崔子爲無道而弑其君不與公室而與崔慶者受此不祥俛而飲血崔杼謂晏子曰子變子言則齊國吾與子共之子不變子言戟既在脰劒既在心維子圖之也晏子曰劫吾以刃而失其志非勇也回吾以利而倍其君非義也崔子子獨不爲夫詩乎詩云莫莫葛藟施於條枚愷悌君子求福不回今嬰且可以回而求福乎曲刃鈎之直兵推之嬰不革矣崔杼將殺之或曰不可子以子之君無道而殺之今其臣有道之士也又從而殺之不可以爲教矣崔子遂舍之晏子曰若大夫爲大不仁而爲小仁焉有中乎趨出授綏而乘其僕將馳晏子撫其手曰徐之疾不必生徐不必死鹿生於野命縣于廚嬰命有繫矣按之成節而後去詩云彼己之子舍命不渝晏子之謂也

晏子再治阿而信見景公任以國政第四

景公使晏子爲東阿宰三年毀聞於國景公不說召而免之晏子謝曰嬰知嬰之過矣請復治阿三年而譽必聞於國景公不忍復使治阿三年而譽聞於國景公說召而賞之景公問其故對曰昔者嬰之治阿也築蹊徑急門閭之政而淫民惡之舉儉力孝弟罰偷窳而惰民惡之決獄不避貴強惡之左右所求法則予非法則否而左右惡之事貴人體不過禮而貴人惡之是以三邪毀乎外二讒毀乎内三年而毀聞乎君也今臣謹更之不築蹊徑而緩門閭之政而淫民說不舉儉力孝弟不罰偷窳而惰民說決獄阿貴強而貴彊說左右所求言諾而左右說事貴人體過禮而貴人說是三邪譽乎外二讒譽乎内三年而譽聞于君也昔者嬰之所以當誅者宜賞今所以當賞者宜誅是故不敢受景公知晏子賢廼任以國政三年而齊大興

景公惡故人晏子退國亂復召晏子第五

景公與晏子立于曲潢之上晏子稱曰衣莫若新人莫若故公曰衣之新也信善矣人之故相知情晏子歸負載使人辭于公曰嬰故老耄無能也請毋服壯者之事公自治國身弱於高國百姓大亂公恐復召晏子諸侯忌其威而高國服其政田疇墾辟蠶桑豢收之處不足絲蠶於燕牧馬于魯共貢入朝墨子聞之曰晏子知道景公知窮矣

齊饑晏子因路寢之役以振民第六

景公之時饑晏子請爲民發粟公不許當爲路寢之臺晏子令吏重其賃遠其兆徐其日而不趨三年臺成而民振故上悅乎游民足乎食君子曰政則晏子欲發粟與民而已若使不可得則依物而偶於政

景公欲墮東門之堤晏子謂不可變古第七

景公登東門防民單服然後上公曰此大傷牛馬蹄矣夫何不下六尺哉晏子對曰昔者吾先君桓公明君也而管仲賢相也夫以賢相佐明君而東門防全也古者不爲殆有爲也蚤歲溜水至入廣門即下六尺耳鄉者防下六尺則無齊矣夫古之重變古常此之謂也

景公憐飢者晏子稱治國之本以長其意第八

景公遊於壽宮睹長年負薪者而有飢色公悲之喟然歎曰令吏養之晏子曰臣聞之樂賢而哀不肖守國之本也今君愛老而恩無所不逮治國之本也公笑有喜色晏子曰聖王見賢以樂賢見不肖以哀不肖今請求老弱之不養鰥寡之無室者論而共秩焉公曰諾于是老弱有養鰥寡有室

景公探雀鷇鷇弱反之晏子稱長幼以賀第九

景公探雀鷇鷇弱反之晏子聞之不待時而入見景公公汗出惕然晏子曰君何爲者也公曰吾探雀鷇鷇弱故反之晏子逡巡北面再拜而

賀曰吾君有聖王之道矣公曰寡人探雀鷇鷇弱故反之其當聖人之道者何也晏子對曰君探雀鷇鷇弱反之是長幼也吾君仁愛曾禽獸之加焉而況于人乎此聖王之道也

景公睹乞兒於途晏子諷公使養第十

景公睹嬰兒有乞於途者公曰是無歸夫晏子對曰君存何爲無歸使吏養可立而以聞

景公慙刖跪之辱不朝晏子稱直請賞之第十一

景公正晝被髮乘六馬御婦人以出正閨刖跪擊其馬而反之曰爾非吾君也公慙而不朝晏子睹裔款而問曰君何故不朝對曰昔者君正晝被髮乘六馬御婦人以出正閨刖跪擊其馬而反之曰爾非吾君也公慙而出反不果是以不朝晏子入見景公曰昔者寡人有罪被髮乘六馬以出正閨刖跪擊馬而反之曰爾非吾君也寡人以天子大夫之賜得百姓以守宗廟今見戮於刖跪以辱社稷吾猶可以齊于諸侯乎

晏子對曰君勿惡焉臣聞下無直辭上有隱君民多諱言君有驕行古者明君在上下多直辭君上好善民無諱言今君有失行刖跪直辭禁之是君之福也故臣來慶請賞之以明君之好善禮之以明君之受諫公笑曰可乎晏子曰可於是令刖跪倍資無征時朝無事也

景公夜從晏子飲晏子稱不敢與第十二

景公飲酒夜移于晏子前驅款門曰君至晏子被元端立于門曰諸侯得微有故乎國家得微

有事乎君何爲非時而夜辱公曰酒醴之味金石之聲願與夫子樂之晏子對曰夫布薦席陳簠簋者有人臣不敢與焉公曰移于司馬穰苴之家前驅款門曰君至穰苴介冑操戟立于門曰諸侯得微有兵乎大臣得微有叛者乎君何爲非時而夜辱公曰酒醴之味金石之聲願與將軍樂之穰苴對曰夫布薦席陳簠簋者有人臣不敢與焉公曰移於梁丘據之家前驅款門曰君至梁丘據左操瑟右挈竽行歌而去公曰

樂哉今夕吾飲也微彼二子者何以治吾國微此一臣者何以樂吾身君子曰聖賢之君皆有益友無偷樂之臣景公弗能及故兩用之僅得不亡

景公使進食與裘晏子對以社稷臣第十三

晏子侍于景公朝寒公曰請進煖食晏子對曰嬰非君奉餽之臣也敢辭公曰請進服裘對曰嬰非君茵席之臣也敢辭公曰然夫子之於寡人何爲者也對曰嬰社稷之臣也公曰何謂社稷之臣對曰夫社稷之臣能立社稷别上下之義使當其理制百官之序使得其宜作爲辭令可分布于四方自是之後君不以禮不見晏子

晏子飲景公止家老斂欲與民共樂第十四

晏子飲景公酒令器必新家老曰財不足請斂于氓晏子曰止夫樂者上下同之故天子與天下諸侯與境內大夫以下各與其僚無有獨樂今上樂其樂下傷其費是獨樂者也不可

晏子飲景公酒公呼具火晏子稱詩以辭第十五

晏子飲景公酒日暮公呼具火晏子辭曰詩云側弁之俄言失德也屢舞傞傞言失容也既醉以酒既飽以德既醉而出並受其福賓主之禮也醉而不出是謂伐德賓之罪也嬰已卜其日未卜其夜公曰善舉酒祭之再拜而出曰豈過我哉吾託國于晏子也以其家貨養寡人不欲其淫侈也而況與寡人謀國乎

晉欲攻齊使人往觀晏子以禮侍而折其謀第十六

晉平公欲伐齊使范昭往觀焉景公觴之飲酒酣范昭曰請君之棄罇更之罇觶具矣范昭佯醉不悅而起舞謂太師曰能爲我調成周之樂乎吾爲子舞之太師曰冥臣不習范昭趨而出景公謂晏子曰晉大國也使人來將觀吾政今子怒大國之使者將柰何晏子曰夫范昭之爲人也非陋而不知禮也且欲試吾君臣故絶之也景公謂太師曰子何以不爲客調成周之樂

乎太師對曰夫成周之樂天子之樂也調之必人主舞之今范昭人臣欲舞天子之樂臣故不爲也范昭歸以報平公曰齊未可伐也臣欲試其君而晏子識之臣欲犯其禮而太師知之仲尼聞夫不出於尊俎之閒而知千里之外其晏子之謂也可謂折衝矣而太師其與焉

景公問東門無澤年穀而對以冰晏子請罷伐魯第十七

景公伐魯傅許得東門無澤公問焉魯之年穀

何如對陰水厥陽冰厚五寸不知以告晏子晏子對曰君子也問年穀而對以冰禮也陰水厥陽冰厚五寸者寒温節節則刑政平平則上下和和則年穀熟年充衆和而伐之臣恐罷民弊兵不成君之意請禮魯以息吾怨遣其執以明吾德公曰善迺不伐魯

景公使晏子予魯地而魯使不盡受第十八

景公予魯君地山陰數百社使晏子致之魯使子叔昭伯受地不盡受也晏子曰寡君獻地忠廉也曷爲不盡受子叔昭伯曰臣受命於君曰諸侯相見交讓爭處其卑禮之文也交委多爭受少行之實也禮成文于前行成章於後交之所以長久也且吾聞君子不盡人之歡不竭人之忠吾是以不盡受也晏子歸報公公喜笑曰魯君猶若是乎晏子曰臣聞大國貪于名小國貪于實此諸侯之公患也今魯處卑而不貪乎尊辭實而不貪乎多行廉不爲苟得道義不爲苟合不盡人之歡不竭人之忠以全其交君之

道義殊于世俗國免於公患公曰寡人說魯君故予之地今行果若此吾將使人賀之晏子曰不君以驩予之地而賀其辭則交不親而地不爲德矣公曰善於是重魯之幣毋比諸侯厚其禮毋比賓客君子於魯而後明行廉辭地之可爲重名也

景公遊紀得金壺中書晏子因以諷之第十九

景公遊於紀得金壺發其視之中有丹書曰食魚

無反勿乘駑馬公曰善哉知若言食魚無反則惡其鰈也勿乘駑馬惡其取道不遠也晏子對曰不然食魚無反毋盡民力乎勿乘駑馬則無置不肖於側乎公曰紀有書何以亡也晏子對曰有以亡也嬰聞之君子有道懸之閭紀有此言注之壼不亡何待乎

景公賢魯昭公去國而自悔晏子謂無及已第二十

魯昭公棄國走齊齊公問焉曰君何年之少而棄國之蚤奚道至於此乎昭公對曰吾少之時人多愛我者吾體不能親人多諫我者吾志不能用是則內無拂而外無輔輔拂無一人諂諛我者甚衆譬之猶秋蓬也孤其根而美枝葉秋風一至根且拔矣景公辯其言以語晏子曰使是人反其國豈不爲古之賢君乎晏子對曰不然夫愚者多悔不肖者自賢溺者不問墜迷者不問路溺而後問墜迷而後問路譬之猶臨難而遽鑄兵噎而遽掘井雖速亦無及已

晏子使魯有事已仲尼以爲知禮第二十一

晏子使魯仲尼命門弟子往觀子貢反報曰孰謂晏子習于禮乎夫禮曰登階不歷堂上不趨授玉不跪今晏子皆反此孰謂晏子習于禮者晏子既已有事于魯君退見仲尼仲尼曰夫禮登階不歷堂上不趨授玉不跪夫子反此乎晏子曰嬰聞兩楹之間君臣有位焉君行其一臣行其二君之來遫是以登階歷堂上趨以及位也君授玉卑故跪以下之且吾聞之大者不踰閑小者出入可也晏子出仲尼送之以賓客之禮不計之義維晏子爲能行之

晏子之魯進食有豚亡二肩不求其人第二十二

晏子之魯朝食進餽膳有豚焉晏子曰去其二肩晝者進膳則豚肩不具侍者曰膳豚肩亡晏子曰釋之矣侍者曰我能得其人晏子曰止吾聞之量功而不量力則民盡藏餘不分則民盜子教我所以改之無教我求其人也

曾子將行晏子送之而贈以善言第二十三

曾子將行晏子送之曰君子贈人以軒不若以言吾請以言之以軒乎曾子曰請以言晏子曰今夫車輪山之直木也良匠揉之其圓中規雖有槁暴不復嬴矣故君子慎隱揉和氏之璧井里之困也良工脩之則爲存國之寶故君子慎所脩今夫蘭本三年而成湛之苦酒則君子不近庶人不佩湛之縻醢而賈匹馬矣非蘭本美也所湛然也願子之必求所湛嬰聞之君子居必擇居游必就士擇居所以求士求士所以辟患也嬰聞汨常移質習俗移性不可不慎也

晏子之晉睹齊纍越石父解左驂贖之與歸第二十四

晏子之晉至中牟睹弊冠反裘負芻息於塗側者以爲君子也使人問焉曰子何爲者也對曰我越石父者也晏子曰何爲至此曰吾爲人臣僕於中牟見使將歸晏子曰何爲之僕對曰不免凍餓之切吾身是以爲僕也晏子曰爲僕幾何對曰三年矣晏子曰可得贖乎對曰可遂解左驂以贈之因載而與之俱歸至舍不辭而入越石父怒而請絶晏子使人應之曰吾未嘗得交夫子也子爲僕三年吾廼今日睹而贖之吾於子尚未可乎子何絶我之暴也越石父對之曰臣聞之士者詘乎不知己而申乎知己故君子不以功輕人之身不爲彼功詘身之理吾三年爲人臣僕而莫吾知也今子贖我吾以子爲知我矣嚮者子乘不我辭也吾以子爲忘今又不辭而入是與臣我者同矣我猶且爲臣請鬻於世晏子出見之曰嚮者見客之容而今也見客之意嬰聞之省行者不引其過察實者不譏其辭嬰可以辭而無棄乎嬰誠革之廼令糞灑改席尊醮而禮之越石父曰吾聞之至恭不脩途尊禮不受擯夫子禮之僕不敢當也晏子遂以爲上客君子曰俗人之有功則德德則驕晏子有功免人于厄而反詘下之其去俗亦遠矣此全功之道也

晏子之御感妻言而自抑損晏子薦以爲大夫第二十五

晏子爲齊相出其御之妻從門閒而闚其夫爲相御擁大蓋策駟馬意氣揚揚甚自得也既而歸其妻請去夫問其故妻曰晏子長不滿六尺身相齊國名顯諸侯今者妾觀其出志念深矣常有以自下者今子長八尺迺爲人僕御然子之意自以爲足妾是以求去也其後夫自抑損晏子怪而問之御以實對晏子薦以爲大夫

泯子午見晏子晏子恨不盡其意第二十六

燕之游士有泯子午者南見晏子於齊言有文章術有條理巨可以補國細可以益晏子者三百篇睹晏子恐慎而不能言晏子假之以悲色開之以禮顏然後能盡其復也客退晏子直席而坐廢朝移時在側者曰嚮者燕客侍夫子胡爲憂也晏子曰燕萬乘之國也齊千里之塗也泯子午以萬乘之國爲不足說以千里之塗爲不足遠則是千萬人之上也且猶不能殫其言於我況乎齊人之懷善而死者乎吾所以不得睹者豈不多矣然吾失此何之有也

晏子乞北郭騷米以養母騷殺身以明晏子之賢第二十七

齊有北郭騷者結罘罔捆蒲葦織履以養其母猶不足踵門見晏子曰竊說先生之義願乞所以養母者晏子使人分倉粟府金而遺之辭金受粟有閒晏子見疑于景公出犇過北郭騷之門而辭北郭騷沐浴而見晏子曰夫子將焉適

晏子曰見疑于齊君將出犇北郭騷曰夫子勉之矣晏子上車太息而歎曰嬰之亡豈不宜哉亦不知士甚矣晏子行北子召其友而告之曰吾說晏子之義而嘗乞所以養母者焉吾聞之養其親者身伉其難今晏子見疑吾將以身死白之著衣冠令其友操劒奉而從造于君庭求復者曰晏子天下之賢者也今去齊國齊必侵矣方見國之必侵不若死請以頭託白晏子也因謂其友曰盛吾頭于笥中奉以託退而自刎

其友因奉託而謂復者曰此北郭子爲國故死吾將爲北郭子死又退而自刎景公聞之大駭乘馹而自追晏子及之國郊請而反之晏子不得已而反聞北郭子之以死白己也太息而歎曰嬰之亡豈不宜哉亦愈不知士甚矣

景公欲見高糺晏子辭以祿仕之臣第二十八

景公謂晏子曰吾聞高糺與夫子遊寡人請見之晏子對曰臣聞之爲地戰者不能成其王爲

祿仕者不能正其君高糺與嬰爲兄弟久矣未嘗干嬰之行特祿仕之臣也何足以補君乎

高糺治晏子家不得其俗廼逐之第二十九

高糺事晏子而見逐高糺曰臣事夫子三年無得而卒見逐其說何也晏子曰嬰之家俗有三而子無一焉糺曰可得聞乎晏子曰嬰之家俗閒處從容不談議則疏出不相揚美入不相削行則不與通國事無論驕士慢知者則不朝也此三者嬰之家俗今子是無一焉故嬰非特食餽之長也是以辭

晏子居喪遜答家老仲尼善之第三十

晏子居晏桓子之喪麤衰斬苴絰帶杖菅屨食粥居倚廬寢苫枕草其家老曰非大夫喪父之禮也晏子曰唯卿爲大夫曾子以聞孔子孔子曰晏子可謂能遠害矣不以己之是駁人之非遜辭以避咎義也夫

晏子春秋內篇雜上第五終

晏子春秋内篇雜下第六 凡三十章

靈公禁婦人爲丈夫飾不止晏子請先内勿服第一

齊人好轂擊晏子紿以不祥而禁之第二

景公瞢五丈夫稱無辜晏子知其冤第三

柏常騫禳梟死將爲景公請壽晏子識其妄第四

景公成柏寢而師開言室夕晏子辨其所以然第五

景公病水瞢與日鬭晏子教占瞢者以對第六

景公病瘍晏子撫而對之廼知羣臣之野第七

景公使吴吴王命儐者稱天子晏子詳惑第八

晏子使楚楚爲小門晏子稱使狗國者入狗門第九

楚王欲辱晏子指盜者爲齊人晏子對以橘第十

楚王饗晏子進橘置削晏子不剖而食第十一

晏子布衣棧車而朝陳桓子侍景公飲酒請浮之第十二

田無宇請求四方之學士晏子謂君子難得第十三

田無宇勝欒氏高氏欲分其家晏子使致之公第十四

子尾疑晏子不受慶氏之邑晏子謂足欲則亡第十五

景公禄晏子平陰與槀邑晏子願行三言以辭第十六

梁丘據言晏子食肉不足景公割地將封晏子辭第十七

景公以晏子食不足致千金而晏子固不受第十八

景公以晏子衣食弊薄使田無宇致封邑

辭第十九
田桓子疑景子何以辭邑晏子荅以君子之事也第二十
景公欲更晏子宅晏子辭以近市得所求諷公省刑第二十一
景公毀晏子隣以益其宅晏子因陳桓子以辭第二十二
景公欲爲晏子築室於宫内晏子稱是以遠之而辭第二十三

景公以晏子妻老且惡欲内愛女晏子再拜以辭第二十四
景公以晏子乘弊車駑馬使梁丘據遺之三返不受第二十五
景公睹晏子之食菲薄而嗟其貧晏子稱有參士之食第二十六
梁丘據自患不及晏子晏子勉據以常爲常行第二十七
晏子老辭邑景公不許致車一乘而後止第二十八
晏子病將死妻問所欲言云毋變爾俗第二十九
晏子病將死鑿楹納書命子壯而示之第三十

靈公禁婦人爲丈夫飾不止晏子請先内勿服第一

靈公好婦人而丈夫飾者國人盡服之公使吏禁之曰女子而男子飾者裂其衣斷其帶裂衣

斷帶相望而不止晏子見公問曰寡人使吏禁女子而男子飾裂斷其衣帶相望而不止者何也晏子對曰君使服之於内而禁之於外猶懸牛首于門而賣馬肉於内也公何以不使内勿服則外莫敢爲也公曰善使内勿服踰月而國莫之服

齊人好轂擊晏子紿以不祥而禁之第二

齊人甚好轂擊相犯以爲樂禁之不止晏子患之迺爲新車良馬出與人相犯也曰轂擊者不

祥臣其祭祀不順居處不敬乎下車而棄去之然後國人乃不爲故曰禁之以制而身不先行民不能止故化其心莫若教也

景公嘗五丈夫稱無辜晏子知其冤第三

景公畋於梧丘夜猶早公姑坐睡而嘗有五丈夫北面韋廬稱無罪焉公覺召晏子而告其所嘗公曰我其嘗殺不辜誅無罪耶晏子對曰昔者先君靈公畋五丈夫罟而駭獸故殺之斷其頭而葬之命曰五丈夫之丘此其地耶公令人掘而求之則五頭同穴而存焉公曰嘻令吏葬之國人不知其嘗也曰君憫白骨而況於生者乎不遺餘力矣不釋餘知矣故曰君子之爲善易矣

柏常騫禳梟鳥死將爲景公請壽晏子識其妄第四

景公爲路寢之臺成而不踊焉柏常騫曰君爲臺甚急臺成君何爲而不踊焉公曰然有梟昔者鳴聲無不爲也吾惡之甚是以不踊焉柏常騫曰臣請禳而去公曰何具對曰築新室爲置白茅公使爲室成置白茅焉柏常騫夜用事明日問公曰今昔聞鴞聲乎公曰一鳴而不復聞使人往視之鴞當陛布翌伏地而死公曰子之道若此其明亦能益寡人之壽乎對曰能公曰能益幾何對曰天子九諸侯七大夫五公曰子亦有徵兆之見乎對曰得壽地且動公喜令百官趣具騫之所求柏常騫出遭晏子于塗拜馬前辭騫曰爲禳君鴞而殺之君謂騫曰子之道若此其明也亦能益寡人壽乎騫曰能今且大祭爲君請壽故將往以聞晏子曰嘻亦善能爲君請壽也雖然吾聞之維以政與德而順乎神爲可以益壽今徒祭可以益壽乎然則福兆有見乎對曰得壽地將動晏子曰騫昔吾見維星絶樞星散地其動汝以是乎柏常騫俯有間仰而對曰然晏子曰爲之無益不爲無損也汝薄賦毋費民且無令君知之

景公成柏寢而師開言室夕晏子辨其所以

然第五

景公新成柏寢之室使師開鼓琴師開左撫宮右彈商曰室夕公曰何以知之師開對曰東方之聲薄西方之聲揚公召大匠曰室何爲夕大匠曰立室以宮矩爲之於是召司空曰立宮何爲夕司空曰立宮以城矩爲之明日晏子朝公公曰先君太公以營丘之封立城曷爲夕晏子對曰古之立國者南望南斗北戴樞星彼安有朝夕哉然而以今之夕者周之建國國之西方以尊周也公蹵然曰古之臣乎

景公病水瞢與日鬭晏子教占瞢者以對第六

景公病水臥十數日夜瞢與二日鬬不勝晏子朝公曰夕者瞢與二日鬬而寡人不勝我其死乎晏子對曰請召占瞢者出於閨使人以車迎占瞢者至曰曷爲見召晏子曰夜者公瞢二日與公鬬不勝公曰寡人死乎故請君占瞢是所爲也占瞢者曰請反其書晏子曰毋反書公所病者陰也日者陽也一陰不勝二陽故病將已以是對占瞢者入公曰寡人瞢與二日鬬而不勝寡人死乎占瞢者對曰公之所病陰也日者陽也一陰不勝二陽公病將已居三日公病大愈公且賜占瞢者占瞢者曰此非臣之力晏子教臣也公召晏子且賜之晏子曰占瞢以臣之言對故有益也使臣言之則不信矣此占瞢之力也臣無功焉公兩賜之曰以晏子不奪人之功以占瞢者不蔽人之能

景公病瘍晏子撫而對之迺知羣臣之野第七

景公病疽在背高子國子請公曰職當撫瘍高子進而撫瘍公曰熱乎曰熱熱何如曰如火其色何如曰如未熟李大小何如曰如豆墮者何如曰如屨辨二子者出晏子請見公曰寡人有病不能勝衣冠以出見夫子夫子其辱視寡人乎晏子入呼宰人具盥御者具巾刷手溫之發席傅薦跪請撫瘍公曰其熱何如曰如日其色

何如曰如蒼玉大小何如曰如璧其隋者何如曰如珪晏子出公曰吾不見君子不知野人之拙也

晏子使吳吳王命儐者稱天子晏子詳惑第八

晏子使吳吳王謂行人曰吾聞晏嬰蓋北方辯于辭習于禮者也命儐者曰客見則稱天子請見明日晏子有事行人曰天子請見晏子蹵然行人又曰天子請見晏子蹵然又曰天子請見晏子蹵然者三曰臣受命弊邑之君將使於吳王之所以不敏而迷惑入於天子之朝敢問吳王惡乎存然後吳王曰夫差請見見之以諸侯之禮

晏子使楚楚爲小門晏子稱使狗國者入狗門第九

晏子使楚以晏子短楚人爲小門于大門之側而延晏子晏子不入曰使狗國者從狗門入今臣使楚不當從此門入儐者更道從大門入見楚王王曰齊無人耶晏子對曰臨淄三百閭張袂成陰揮汗成雨比肩繼踵而在何爲無人王曰然則子何爲使乎晏子對曰齊命使各有所主其賢者使使賢王不肖者使使不肖王嬰最不肖故直使楚矣

楚王欲辱晏子指盜者爲齊人晏子對以橘第十

晏子將楚楚聞之謂左右曰晏嬰齊之習辭者也今方來吾欲辱之何以也左右對曰爲其來也臣請縛一人過王而行王曰何爲者也對曰齊人也王曰何坐曰坐盜晏子至楚王賜晏子酒酒酣吏二縛一人詣王王曰縛者曷爲者也對曰齊人也坐盜王視晏子曰齊人固善盜乎晏子避席對曰嬰聞之橘生淮南則爲橘生于淮北則爲枳葉徒相似其實味不同所以然者何水土異也今民生長於齊不盜入楚則盜得無楚之水土使民善盜耶王笑曰聖人非所與熙也寡人反取病焉

楚王饗晏子進橘置削晏子不剖而食第十一

景公使晏子於楚楚王進橘置削晏子不剖而並食之楚王曰橘當去剖晏子對曰臣聞之賜人主前者瓜桃不削橘柚不剖今者萬乘無教令臣故不敢剖不然臣非不知也

晏子布衣棧車而朝田桓子侍景公飲酒請浮之第十二

景公飲酒田桓子侍望見晏子而復於公曰請浮晏子公曰何故也無宇對曰晏子衣緇布之衣麋鹿之裘棧軫之車而駕駑馬以朝是隱君之賜也公曰諾晏子坐酌者奉觴進之曰君命浮子晏子曰何故也田桓子曰君賜之卿位以尊其身寵之百萬以富其家羣臣其爵莫尊于子祿莫重於子今子衣緇布之衣麋鹿之裘棧軫之車而駕駑馬以朝是則隱君之賜也故浮子晏子避席曰請飲而後辭乎其辭而後飲乎公曰辭然後飲晏子曰君之賜卿位以尊其身

嬰非敢爲顯受也爲行君令也寵以百萬以富其家嬰非敢爲富受也爲通君賜也臣聞古之賢君有受厚賜而不顧其國族則過之臨事守職不勝其任則過之君之內隸臣之父兄若有離散在於野鄙此臣之罪也君之內隸臣之所職若有播之在于四方此臣之罪也兵革之不完戰車之不脩此臣之罪也若夫弊車駑馬以朝意者非臣之罪乎且臣以君之賜父之黨無不乘車者母之黨無不足于衣食者妻之黨無凍餒者國之閒士待臣而後舉火者數百家如此者爲彰君賜乎爲隱君賜乎公曰善爲我浮無宇也

田無宇請求四方之學士晏子謂君子難得第十三

田桓子見晏子獨立於墻陰曰子何爲獨立而不憂何不求四鄉之學士可者而與坐晏子曰共立似君子出言而非也嬰惡得學士之可者而與之坐且君子之難得也若美山然名山既

多矣松柏既茂矣望之相相然盡目力不知厭而世有所美焉固欲登彼相相之上仡仡然不知厭小人者與此異若部婁之未登善登之無蹊維有楚棘而已遠望無見也俛就則傷要惡能無獨立焉且人何憂靜處遠慮見歲若月學問不厭不知老之將至安用從酒田桓子曰何謂從酒晏子曰無客而飲謂之從酒今若子者晝夜守尊謂之從酒也

田無宇勝欒氏高氏欲分其家晏子使致之公第十四

晏內六　十三

欒氏高氏欲逐田氏鮑氏田氏鮑氏先知而遂攻之高彊曰先得君田鮑安往遂攻虎門二家召晏子晏子無所從也從者曰何爲不助田鮑晏子曰何善焉其助之也何爲不助欒高曰庸愈於彼乎門開公召而入欒高不勝而出田桓子欲分其家以告晏子晏子曰不可君不能飭法而羣臣專制亂之本也今又欲分其家利其貨是非制也子必致之公且嬰聞之禁者政之本也讓者德之主也欒高不讓以至此禍可毋慎乎廉之謂公正讓之謂保德凡有血氣者皆有爭心怨利生孽維義可以爲長存且分爭者不勝其禍辭讓者不失其福子必勿取桓子曰善盡致之公而請老于劇

子尾疑晏子不受慶氏之邑晏子謂足欲則亡第十五

晏內六　十四

慶氏亡分其邑與晏子邶殿其鄙六十晏子弗受子尾曰富者人之所欲也何獨弗欲晏子對曰慶氏之邑足欲故亡吾邑不足欲也益之以邶殿迺足欲足欲亡無日矣在外不得宰吾一邑不受邶殿非惡富也恐失富也且夫富如布帛之有幅焉爲之制度使無遷也夫生厚而用利于是乎正德以幅之使無黜慢謂之幅利利過則爲敗吾不敢貪多所謂幅也（）或作晏子對曰先人有言曰無功之賞不義之富禍之媒也夫離治闕求富禍也慶氏知而不行是以失之我非惡富也諺曰前車覆後車戒吾恐失富不

敢受之也

景公祿晏子平陰與槀邑晏子願行三言以辭第十六

景公祿晏子以平陰與槀邑反市者十一社晏子辭曰吾君好治宮室民之力弊矣又好盤游翫好以飭女子民之財竭矣又好興師民之死近矣弊其力竭其財近其死下之疾其上甚矣此嬰之所爲不敢受也公曰是則可矣雖然君子獨不欲富與貴乎晏子曰嬰聞爲人臣者先君後身安國而度家宗君而處身曷爲獨不欲富與貴也公曰然則曷以祿夫子晏子對曰君商漁鹽關市譏而不征耕者十取一焉弛刑罰若死者刑若刑者罰若罰者免若此三言者嬰之祿君之利也公曰此三言者寡人無事焉請以從夫子公既行若三言使人問大國大國之君曰齊安矣使人問小國小國之君曰齊不我加矣

梁丘據言晏子食肉不足景公割地將封晏子辭第十七

晏子相齊三年政平民説梁丘據見晏子中食而肉不足以告景公旦日割地將封晏子晏子辭不受曰富而不驕者未嘗聞者貧而不恨者嬰是也所以貧而不恨者以若爲師也今封易嬰之師師已輕封已重矣請辭

景公以晏子食不足致千金而晏子固不受第十八

晏子方食景公使使者至分食食之使者不飽晏子亦不飽使者反言之公公曰嘻晏子之家若是其貧也寡人不知是寡人之過也使吏致千金與市租請以奉賓客晏子辭三致之終再拜而辭曰嬰之家不貧以君之賜澤覆三族延及交遊以振百姓君之賜也厚矣嬰之家不貧也嬰聞之夫厚取之君而施之民是臣代君君民也忠臣不爲也厚取之君而不施於民是爲筐篋之藏也仁人不爲也進取于君退得罪于士身死而財遷於它人是爲宰藏也智者不爲

也夫十總之布一豆之食足於中免矣景公謂晏子曰昔吾先君桓公以書社五百封管仲不辭而受子辭之何也晏子曰嬰聞之聖人千慮必有一失愚人千慮必有一得意者管仲之失而嬰之得者耶故再拜而不敢受命

景公以晏子衣食弊薄使田無宇致封邑晏子辭第十九

晏子相齊衣十升之布脫粟之食五卵苔菜而已左右以告公公爲之封邑使田無宇致臺與無鹽晏子對曰昔吾先君太公受之營丘爲地五百里爲世國長自太公至於公之身有數十公矣苟能說其君以取邑不至公之身趣齊搏以求升土不得容足而寓焉嬰聞之臣有德益祿無德退祿惡有不肖父爲不肖子爲封邑以敗其君之政者乎遂不受

田桓子疑晏子何以辭邑晏子荅以君子之事也第二十

景公賜晏子邑晏子辭田桓子謂晏子曰君歡然與子邑必不受以恨君何也晏子對曰嬰聞之節受于上者寵長于君儉居處者名廣於外夫長寵廣名君子之事也嬰獨庸能已乎

景公欲更晏子宅晏子辭以近市得求諷公省刑第二十一

景公欲更晏子之宅曰子之宅近市湫隘囂塵不可以居請更諸爽塏者晏子辭曰君之先臣容焉臣不足以嗣之於臣侈矣且小人近市朝夕得所求小人之利也敢煩里旅公笑曰子近市識貴賤乎對曰既竊利之敢不識乎公曰何貴何賤是時也公繁于刑有鬻踊者故對曰踊貴而屨賤公愀然改容公爲是省于刑君子曰仁人之言其利博哉晏子一言而齊侯省刑詩曰君子如祉亂庶遄已其是之謂乎

晏公毀晏子隣以益其宅晏子因陳桓子以辭第二十二

晏子使晉景公更其宅反則成矣既拜廼毀之而爲里室皆如其舊則使宅人反之且諺曰非

宅是卜維隣是卜二三子先卜隣矣違卜不祥君子不犯非禮小人不犯不祥古之制也吾敢違諸乎卒復其舊宅公弗許因陳桓子以請廼許之◯或作晏子反聞之待於郊使人復于公曰臣之貧頑而好大室也乃通於君故君大其居臣之罪大矣公曰夫子之鄉惡而居小故爲夫子爲之欲夫子居之以慊寡人也晏子對曰先人有言曰毋卜其居而卜其隣舍今得意於君者慊其居則毋卜巳没氏之先人卜與臣隣吉臣可以廢没氏之卜乎夫大居而逆隣歸之心臣不願也請辭

景公欲爲晏子築室於宮内晏子稱是以遠之而辭第二十三

景公謂晏子曰寡人欲朝昔見爲夫子築室於閨内可乎晏子對曰臣聞之隱而顯近而結維至賢耳如臣者飾其容止以待承令猶恐罪戾也今君近之是遠之也請辭

景公以晏子妻老且惡欲納愛女晏子再拜以辭第二十四

景公有愛女請嫁于晏子公廼往燕晏子之家飲酒酣公見其妻曰此子之内子耶晏子對曰然是也公曰嘻亦老且惡矣寡人有女少且姣請以滿夫子之宮晏子違席而對曰乃此則老且惡嬰與之居故矣故及其少而姣也且人固以壯託乎老姣託乎惡彼嘗託而嬰受之矣君雖有賜可以使嬰倍其託乎再拜而辭

景公以晏子乘弊車駑馬使梁丘據遺之三返不受第二十五

晏子朝乘弊車駕駑馬景公見之曰嘻夫子之禄寡耶何乘不任之甚也晏子對曰賴君之賜得以壽三族及國游士皆得生焉臣得暖衣飽食弊車駑馬以奉其身於臣足矣晏子出公使梁丘據遺之輅車乘馬三返不受公不悅趣召晏子晏子至公曰夫子不受寡人亦不乘晏子對曰君使臣臨百官之吏臣節其衣服飲食之

養以先國之民然猶恐其侈靡而不顧其行也今輅車乘馬君乘之上而臣亦乘之下民之無義侈其衣服飲食而不顧其行者臣無以禁之遂讓不受

景公睹晏子之食菲薄而嗟其貧晏子稱有參士之食第二十六

晏子相景公食脫粟之食炙三弋五卵苔菜耳矣公聞之往燕焉睹晏子之食也公曰嘻夫子之家如此其貧乎而寡人不知寡人之罪也晏

子對曰以世之不足也免粟之食飽士之一乞也炙三弋士之二乞也五卵士之三乞也嬰無倍人之行而有參士之食君之賜厚矣嬰之家不貧再拜而謝

梁丘據自患不及晏子晏子勉據常爲常行第二十七

梁丘據謂晏子曰吾至死不及夫子矣晏子曰嬰聞之爲者常成行者常至嬰非有異于人也常爲而不置常行而不休者故難及也

晏子老辭邑景公不許致車一乘而後止第二十八

晏子相景公老辭邑公曰自吾先君定公至今用世多矣齊大夫未有老辭邑者矣今夫子獨辭之是毀國之故棄寡人也不可晏子對曰嬰聞古之事君者稱身而食德厚而受禄德薄則辭禄德厚受禄所以明上也德薄辭禄可以潔下也嬰老薄無能而厚受禄是掩上之明汚下之行不可公不許曰昔吾先君桓公有管仲恤

勞齊國身老賞之以三歸澤及子孫今夫子亦相寡人欲爲夫子三歸澤至子孫豈不可哉對曰昔者管子事桓公桓公義高諸侯德備百姓今嬰事君也國僅齊於諸侯怨積乎百姓嬰之罪多矣而君欲賞之豈以其不肖父其不肖子厚受賞以傷國民義哉且夫德薄而禄厚智惛而家富是彰汚而逆教也不可公不許晏子出異日朝得閒而入邑致車一乘而後止

晏子病將死妻問所欲言云毋變爾俗第二

十九

晏子病將死其妻曰夫子無欲言乎子曰吾恐死而俗變謹視爾家毋變爾俗也

晏子病將死鑿楹納書命子壯而示之第三十

晏子病將死鑿楹納書焉謂其妻曰楹語也子壯而示之及壯發書之言曰布帛不可窮窮不可飾牛馬不可窮窮不可服士不可窮窮不可任國不可窮窮不可竊也

晏子春秋內篇雜下第六終

晏子春秋外篇重而異者第七凡二十七章

景公飲酒命晏子去禮晏子諫第一

景公置酒泰山四望而泣晏子諫第二

景公瞀見彗星使人占之晏子諫第三

景公問古而無死其樂若何晏子諫第四

景公謂梁丘據與己和晏子諫第五

景公使祝史禳彗星晏子諫第六

景公有疾梁丘據裔款請誅祝史晏子諫第七

景公見道殣自慙無德晏子諫第八

景公欲誅斷所愛橚者晏子諫第九

景公坐路寢曰誰將有此晏子諫第十

景公臺成盆成适願合葬其母晏子諫而許第十一

景公築長庲臺晏子舞而諫第十二

景公使燭鄒主鳥而亡之公怒將加誅晏子諫第十三

景公問治國之患晏子對以佞人讒夫在

君側第十四
景公問後世孰將踐有齊國晏子對以田氏第十五
晏子使吳吳王問君子之行晏子對以不與亂國俱滅第十六
吳王問齊君僈暴吾子何容焉晏子對以豈能以道食人第十七
司馬子期問有不干君不卹民取名者乎晏子對以不仁也第十八

高子問子事靈公莊公景公皆敬子晏子對以一心第十九
晏子再治東阿上計景公迎賀晏子辭第二十
太卜紿景公能動地晏子知其妄使卜自曉公第二十一
有獻書譖晏子退耕而國不治復召晏子第二十二
晏子使高糾治家三年而未嘗弼過逐之第二十三
景公稱桓公之封管仲益晏子邑辭不受第二十四
景公使梁丘據致千金衣裘晏子固辭不受第二十五
晏子衣鹿裘以朝景公嗟其貧晏子稱有飾第二十六
仲尼稱晏子行補三君而不有果君子也第二十七

景公飲酒命晏子去禮晏子諫第一

景公飲酒數日而樂釋衣冠自鼓缶謂左右曰仁人亦樂是夫梁丘據對曰仁人之耳目亦猶人也夫奚爲獨不樂此也公曰趣駕迎晏子晏子朝以至受觴再拜公曰寡人甚樂此樂欲與夫子共之請去禮晏子對曰君之言過矣羣臣皆欲去禮以事君嬰恐君子之不欲也今齊國五尺之童子力皆過嬰又能勝君然而不敢亂者畏禮義也上若無禮無以使其下下若無禮

無以事其上夫麋鹿維無禮故父子同麀人之所以貴於禽獸者以有禮也嬰聞之人君無禮無以臨其邦大夫無禮官吏不恭父子無禮其家必凶兄弟無禮不能久同詩曰人而無禮胡不遄死故禮不可去也公曰寡人不敏無良左右淫蠱寡人以至于此請殺之晏子曰左右何罪君若無禮則好禮者去無禮者至君若好禮則有禮者至無禮者去公曰善請易衣革冠更受命晏子避走立乎門外公令人糞灑改席召衣冠以迎晏子晏子入門三讓升階用三獻焉嗛酒嘗膳再拜告饜而出公下拜送之門反命撤酒去樂曰吾以彰晏子之教也○此章與景公酒酣願無爲禮晏子諫大旨同但辭有詳略爾故著于此篇

景公置酒泰山四望而泣晏子諫第二

景公置酒于泰山之上酒酣公四望其地喟然嘆泣數行而下曰寡人將去此堂堂國者而死乎左右佐哀而泣者三人曰吾細人也猶將難死而況公乎棄是國也而死其孰可爲乎晏子獨搏其髀仰天而大笑曰樂哉今日之飲也公怫然怒曰寡人有哀子獨大笑何也晏子對曰今日見怯君一諛臣三人是以大笑公曰何謂諛怯也晏子曰夫古之有死也令後世賢者得之以息不肖者得之以伏若使古之王者毋知有死自昔先君太公至今尚在而君亦安得此國而哀之夫盛之有衰生之有死天之分也物有必至事有常然古之道也曷爲可悲至老尚哀死者怯也左右助哀者諛也怯諛聚居是故笑之公慙而更辭曰我非爲去國而死哀也寡人聞之彗星出其所向之國君當之今彗星出而向吾國我是以悲也晏子曰君之行義回邪無德于國穿池沼則欲其深以廣也爲臺榭則欲其高且大也賦斂如撝奪誅僇如仇讎自是觀之茀又將出天之變彗星之出庸可悲乎于是公懼廼歸寘池沼廢臺榭薄賦斂緩刑罰三十七日而彗星亡○此章與景公登牛山而悲

登公阜睹彗星而感言同而辭少異爾故著于此篇

景公瞢見彗星使人占之晏子諫第三

景公瞢見彗星明日召晏子而問焉寡人聞之有彗星者必有亡國夜者寡人瞢見彗星吾欲召占瞢者使占之晏子對曰君居處無節衣服無度不聽正諫興事無已賦斂無厭使民如將不勝萬民懟怨茀星又將見瞢奚獨彗星乎○此章與景公登公阜見彗星使禳之晏子諫辭言同而此特言瞢見爲異爾故著於此篇

景公問古而無死其樂若何晏子諫第四

景公飲酒樂公曰古而無死其樂若何晏子對曰古而無死則古之樂也君何得焉昔爽鳩氏始居此地季萴因之有逢伯陵因之蒲姑氏因之而後太公因之古若無死爽鳩氏之樂非君所願也○此章與景公謂梁丘據與己和景公使祝史禳彗星皆出於景公遊公阜一日而有三過言但析爲章而辭少異皆著于此篇

景公謂梁丘據與己和晏子諫第五

景公至自畋晏子侍於遄臺梁丘據造焉公曰維據與我和夫晏子對曰據亦同也焉得爲和公曰和與同異乎對曰異和如羹焉水火醯醢鹽梅以烹魚肉燀之以薪宰夫和之齊之以味濟其不及以洩其過君子食之以平其心君臣亦然君所謂可而有否焉臣獻其否以成其可君所謂否而有可焉臣獻其可以去其否是以政平而不干民無爭心故詩曰亦有和羹既戒且平奏鬷無言時靡有爭先王之濟五味和五聲也以平其心成其政也聲亦如味一氣二體三類四物五聲六律七音八風九歌以相成也清濁小大短長疾徐哀樂剛柔遲速高下出入周流以相濟也君子聽之以平其心心平德和故詩曰德音不瑕今據不然君所謂可據亦曰可君所謂否據亦曰否若以水濟水誰能食之若琴瑟之專一誰能聽之同之不可也如是公曰善

景公使祝史禳彗星晏子諫第六
齊有彗星景公使祝禳之晏子諫曰無益也祇
取誣焉天道不諂不貳其命若之何禳之也且
天之有彗以除穢也君無穢德又何禳焉若德
之穢禳之何損詩云維此文王小心翼翼昭事
上帝聿懷多福厥德不回以受方國君無違德
方國將至何患于彗詩曰我無所監夏后及商
用亂之故民卒流亡若德之回亂民將流亡祝
史之爲無能補也公說乃止○此章與景公登

公阜見彗星章旨同故著于此篇
景公有疾梁丘據裔款請誅祝史晏子諫第
七
景公疥遂痁期而不瘳諸侯之賓問疾者多在
梁丘據裔款言於公曰吾事鬼神豐于先君有
加矣今君疾病爲諸侯憂是祝史之罪也諸侯
不知其謂我不敬君盍誅于祝固史嚚以辭賓
公說告晏子晏子對曰日宋之盟屈建問范會
之德於趙武趙武曰夫子家事治言于晉國竭

情無私其祝史祭祀陳信不愧其家事無猜其
祝史不祈建以語康王康王曰神人無怨宜夫
子之光輔五君以爲諸侯主也公曰據與款謂
寡人能事鬼神故欲誅于祝史子稱是語何故
對曰若有德之君外内不廢上下無怨動無違
事其祝史薦信無愧心矣是以鬼神用饗國受
其福祝史與焉其所以蕃祉老壽者爲信君使
也其言忠信於鬼神其適遇淫君外内頗邪上
下怨疾動作辟違從欲厭私高臺深池撞鍾舞

女斬刈民力輸掠其聚以成其違不恤後人暴
虐淫縱肆行非度無所還忌不思謗讟不憚鬼
神神怒民痛無悛於心其祝史薦信是言罪也
其蓋失數美是矯誣也進退無辭則虛以求媚
是以鬼神不饗其國以禍之祝史與焉所以夭
昏孤疾者爲暴君使也其言僭嫚于鬼神公曰
然則若之何對曰不可爲也山林之木衡鹿守
之澤之萑蒲舟鮫守之藪之薪蒸虞候守之海
之鹽蜃祈望守之縣鄙之人入從其政偪介之

關暴征其私承嗣大夫彊易其賄布常無藝徵斂無度宮室日更淫樂不違內寵之妾肆奪于市外寵之臣僭令於鄙私欲養求不給則應民人苦病夫婦皆詛祝有益也詛亦有損聊攝以東姑尤以西其爲人也多矣雖其善祝豈能勝億兆人之詛君若欲誅於祝史修德而後可公說使有司寬政毀關去禁薄斂已責公疾愈○此章與景公病久欲誅祝史以謝事旨悉同但述辭有首末之異故著于此篇

晏外七　十

景公見道殣自慙無德晏子諫第八

景公賞賜及後宮文繡被臺榭菽粟食鳧鴈出而見殣謂晏子曰此何爲而死晏子對曰此餧而死公曰嘻寡人之無德也甚矣對曰君之德著而彰何爲無德也景公曰何謂也對曰君之德及後宮與臺榭君之玩物衣以文繡君之鳧鴈食以菽粟君之營內自樂延及後宮之族何爲其無德顧臣願有請于君由君之意自樂之心推而與百姓同之則何殣之有君不推此而

苟營內好私使財貨衝有所聚菽粟幣帛腐於囷府惠不遍加于百姓公心不周乎萬國則桀紂之所以亡也夫士民之所以叛由偏之也君如察臣嬰之言推君之盛德公布之于天下則湯武可爲也一殣何足恤哉○此章與景公遊寒塗不卹死胔辭如相反而其旨實同故著於此篇

景公欲誅斷所愛橚者晏子諫第九

景公登箐室而望見人有斷雍門之橚者公令

晏外七　十一

吏拘之顧謂晏子趣誅之晏子默然不對公曰雍門之橚寡人所甚愛也此見斷之故使夫子誅之默然而不應何也晏子對曰嬰聞之古者人君出則闢道十里非畏也冕前有旒惡多所見也纊紘珫耳惡多所聞也泰帶重半鈞舄履倍重不欲輕也刑死之罪日中之朝君過之則赦之嬰未嘗聞爲人君而自坐其民者也公曰赦之無使夫子復言○此章與景公欲殺犯槐者景公逐得斬竹事悉同但辭悉少異耳故著

於此篇
景公坐路寢曰誰將有此晏子諫第十
景公坐於路寢曰美哉其室將誰有此乎晏子對曰其田氏乎田無宇爲垾矣公曰然則柰何晏子對曰爲善者君上之所勸也豈可禁哉夫田氏國門擊柝之家父以託其子兄以託其弟於今三世矣山木如市不加于山魚鹽蚌蜃不加于海民財爲之歸今歲凶飢蒿種芼斂不半道路有死人齊舊四量而豆豆四而區區四而釜釜十而鍾田氏四量各加一焉以家量貸以公量收則所以糴百姓之死命者澤矣今公家驕汰而田氏慈惠國澤是將焉歸田氏雖無德而施于民公厚斂而田氏厚施焉詩曰雖無德與汝式歌且舞田氏之施民歌舞之也國之歸焉不亦宜乎〇此章與景公登路寢而嘆景公問後世有齊者叔向問齊國若何辭旨略同而小異故著于此篇

景公臺成盆成适願合葬其母晏子諫而許第十一
景公宿于路寢之宫夜分聞西方有男子哭者公悲之明日朝問於晏子曰寡人夜者聞西方有男子哭者聲甚哀氣甚悲是奚爲者也寡人哀之晏子對曰西郭徒居布衣之士盆成适也父之孝子兄之順弟也又嘗爲孔子門人今其母不幸而死祔柩未葬家貧身老子孺恐力不能合祔是以悲也公曰子爲寡人弔之因問其偏祔何所在晏子奉命往弔而問偏之所在盆成适再拜稽首而不起曰偏祔寄于路寢得爲地下之臣擁札摻筆給事宫殿中右陛之下願以某日送未得君之意也窮困無以圖之布唇枯舌焦心熱中今君不辱而臨之願君圖之晏子曰然此人之甚重者也而恐君不許也盆成适蹷然曰凡在君耳且臣聞之越王好勇其民輕死楚靈王好細腰其朝多餓死人子胥忠其君故天下皆願得以爲子今爲人子臣而離散其親戚孝乎哉足以爲臣乎若此而得祔是生

臣而安死毋也若此而不得則臣請輓尸車而寄之於國門外宇溜之下身不敢飲食擁轅執輅木乾鳥栖袒肉暴骸以望君愍之賤臣雖愚竊意明君哀而不忍也晏子入復乎公公忿然作色而怒曰子何必患若言而教寡人乎晏子對曰嬰聞之忠不避危愛無惡言且嬰固以難之矣今君營處為游觀既奪人有又禁其葬非仁也肆心傲聽不恤民憂非義也若何勿聽因道盆成适之辭公喟然太息曰悲乎哉子勿復

晏外七　十四

言廼使男子袒免女子髮笄者以百數為開凶門以迎盆成适适脫衰絰冠絛纓墨緣以見乎公公曰吾聞之五子不滿隅一子可滿朝非廼子耶盆成适于是臨事不敢哭奉事以禮畢出門然後舉聲焉○此章與逢於何請合葬正同而辭少異故著於此篇

景公築長庲臺晏子舞而諫第十二

景公築長庲之臺晏子侍坐觴三行晏子起舞曰歲已暮矣而禾不穫忽忽矣若之何歲已寒矣而役不罷惙惙矣如之何舞三而涕下沾襟景公慙焉為之罷長庲之役○此章與景公為長庲欲美之景公冬起大臺之役辭旨同而小異故著於此篇

景公使燭鄒主鳥而亡之公怒將加誅晏子諫第十三

景公好弋使燭鄒主鳥而亡之公怒詔吏殺之晏子曰燭鄒有罪三請數之以其罪而殺之公曰可於是召而數之公前曰燭鄒汝為吾君主

晏外七　十五

鳥而亡之是罪一也使吾君以鳥之故殺人是罪二也使諸侯聞之以吾君重鳥以輕士是罪三也數燭鄒罪已畢請殺之公曰勿殺寡人聞命矣○此章與景公欲誅野人景公欲殺圉人章旨同而辭少異故著於此篇

景公問治國之患晏子對以佞人讒夫在君側第十四

景公問晏子曰治國之患亦有常乎對曰佞人讒夫之在君側者好惡良臣而行與小人此國

之長患也公曰讒佞之人則誠不善矣雖然則奚曾爲國常患乎晏子曰君以爲耳目而好繆事則是君之耳目繆也夫上亂君之耳目下使羣臣皆失其職豈不誠足患哉公曰如是乎寡人將去之晏子曰公不能去也公忿然作色不説曰夫子何小寡人甚也對曰臣何敢槁也夫能自周於君者才能皆非常也夫藏大不誠于中者必謹小誠於外以成其大不誠于中者必謹小誠于外以成其大不誠入則求君之嗜欲能順之公怨良臣則具其往失而益之出則行威以取富夫何密近不爲大利變而務與君至義者也此難得其知也公曰然則先聖柰何對曰先聖之治也審見賓客聽治不留日不足羣臣皆得畢其誠讒諛安得容其私公曰然則夫子扐寡人止之寡人亦事勿用對曰讒夫佞人之在君側者若社之有鼠也諺言有之曰社鼠不可熏去讒佞之人隱君之威以自守也是難去焉（一）此章與景公問佞人之事君何如景公

問治國何患三章大旨同而辭少異故著於此篇

景公問後世孰將踐有齊者晏子對以田氏第十五

景公與晏子立曲潢之上望見齊國問晏子曰後世孰將踐有齊國者乎晏子對曰非賤臣之所敢議也公曰胡必然也得者無失則虞夏當存矣晏子對曰臣聞見不足以知之者智也先言而後當者惠也夫智與惠君子之事臣奚足以知之乎雖然臣請陳其爲政君彊臣弱政之本也君唱臣和教之隆也刑罰在君民之紀也今夫田無宇二世有功于國而利取分寡公室秉之國權專之君臣易施而無衰乎嬰聞之臣富主亡由是觀之其無宇之後無幾齊國田氏之國也嬰老不能待公之事公若即世政不在公室公曰然則柰何晏子對曰維禮可以已之其在禮也家施不及國民不懈貨不移工賈不變士不濫官不諂大夫不收公利公曰善今知

禮之可以爲國也對曰禮之可以爲國也久矣與天地並立君令臣忠父慈子孝兄愛弟敬夫和妻柔姑慈婦聽禮之經也君令而不違臣忠而不二父慈而教子孝而箴兄愛而友弟敬而順夫和而義妻柔而貞姑慈而從婦聽而婉禮之質也公曰善哉寡人廼今知禮之尚也晏子曰夫禮先王之所以臨天下也以爲其民是故尚之○此章與景公坐路寢問誰將有此景公問魯莒孰先亡因問後世孰有齊國晉叔向

問齊國若何三章荅言同而辭異故著於此篇

晏子使吳吳王問君子之行晏子對以不與亂國俱滅第十六

晏子聘于吳吳王問君子之行何如晏子對曰君順懷之政治歸之不懷暴君之祿不居亂國之位君子見兆則退不與亂國俱滅不與暴君偕亡○此章與吳王問可處可去事言既同但辭有詳略之異故著於此篇

吳王問齊君僈暴吾子何容焉晏子對以豈能以道食人第十七

晏子使吳吳王曰寡人得寄僻陋蠻夷之鄉希見教君子之行請私而無爲罪晏子蹵然辟位吳王曰吾聞齊君蓋賊以僈野以暴吾子容焉何甚也晏子遵而對曰臣聞之微事不通麤事不能者必勞大事不得小事不爲者必貧大者不能致人小者不能至人之門者必困此臣之所以仕也如臣者豈能以道食人者哉晏子出王笑曰嗟乎今日吾譏晏子訾猶倮而高橛者

也○此章與景公問天下之所以存亡魯君問何事回曲之君三章或事異而辭同或言同而辭異故著于此篇

司馬子期問有不干君不恤民取名者乎晏子對以不仁也第十八

司馬子期問晏子曰士亦有不干君不恤民徒居無爲而取名者乎晏子對曰嬰聞之能足以贍上益民而不爲者謂之不仁不仁而取名者嬰未得聞之也○此章與叔向問徒處之義章

言同而有詳略之異故著於此篇

高子問子事靈公莊公景公皆敬子晏子對以一心第十九

高子問晏子曰子事靈公莊公景公皆敬子三君之心一耶夫子之心三也晏子對曰善哉問事君嬰聞一心可以事百君三心不可以事一君故三君之心非一也而嬰之心非三心也且嬰之於靈公也盡復而不能立之政所謂僅全其四支以從其君者也及莊公陳武夫尚勇力

欲辟勝于邪而嬰不能禁故退而野處嬰聞之言不用者不受其祿不治其事者不與其難吾於莊公行之矣今之君輕國而重樂薄於民而厚于養藉斂過量使令過任而嬰不能禁嬰庸知其能全身以事君乎○此章與梁丘據問事三君不同心孔子之齊不見晏子言同而辭少異故著於此篇

晏子再治東阿上計景公迎賀晏子辭第二十

晏子治東阿三年景公召而數之曰吾以子爲可而使子治東阿今子治而亂子退而自察也寡人將加大誅於子晏子對曰臣請改道易行而治東阿三年不治臣請死之景公許於是明年上計景公迎而賀之曰甚善矣子之治東阿也晏子對曰前臣之治東阿也屬託不行貨賂不至陂池之魚以利貧民當此之時民無飢君反以罪臣今臣後之東阿也屬託行貨賂至并重賦斂倉庫少内便事左右陂池之魚入于權

宗當此之時飢者過半矣君迺反迎而賀臣愚不能復治東阿願乞骸骨避賢者之路再拜便僻景公迺下席而謝之曰子彊復治東阿東阿者子之東阿也寡人無復與焉○此章與晏子再治阿而見信景公任以國政章言同而述辭少異故著于此篇

太卜紿景公能動地晏子知其妄使卜自曉公第二十一

景公問太卜曰汝之道何能對曰臣能動地公

召晏子而告之曰寡人問太卜曰汝之道何能對曰能動地地可動乎晏子默然不對出見太卜曰昔吾見鉤星在四心之閒地其動乎太卜曰然晏子曰吾言之恐子死之也默然不對恐君之惶也子言君臣俱得焉忠於君者豈必傷人哉晏子出太卜走入見公曰臣非能動地地固將動也陳子陽聞之曰晏子默而不對者不欲太卜之死也往見太卜者恐君之惶也晏子仁人也可謂忠上而惠下也○此章與柏常騫

禳梟死將爲公請壽晏子識其妄章旨同而辭異故著于此篇

有獻書譖晏子退耕而國不治復召晏子第二十二

晏子相景公其論人也見賢而進之不同君所欲見不善則廢之不辟君所愛行已而無私直言而無諱有納書者曰廢置不周於君前謂之專出言不諱於君前謂易專易之行存則君臣之道廢矣吾不知晏子之爲忠臣也公以爲然

晏子入朝公色不悦故晏子歸備載使人辭曰嬰故老悖無能毋敢服壯者事辭而不爲臣退而窮處東耕海濱堂下生藜藿門外生荆棘七年燕魯分爭百姓惛亂而家無積公自治國權輕諸侯身弱高國公恐復召晏子晏子至公一歸七年之祿而家無藏晏子立諸侯忌其威高國服其政燕魯貢職小國時朝晏子没而後衰○此章與景公惡故人晏子退章旨同敘事少異故著于此篇

晏子使高糾治家三年而未嘗弼過逐之第二十三

晏子使高糾治家三年而辭焉儐者諫曰高糾之事夫子三年曾無以爵位而逐之敢請其罪晏子曰若夫方立之人維聖人而已如嬰者仄陋之人也若夫左嬰右嬰之人不舉四維將不正今此子事吾三年未嘗弼吾過也吾是以辭之○此章與景公欲見高糾章旨同而辭少異故著於此篇

景公稱桓公之封管仲益晏子邑辭不受第二十四

景公謂晏子曰昔吾先君桓公予管仲狐與穀其縣十七著之于帛申之以策通之諸侯以爲其子孫賞邑寡人不足以辱而先君今爲夫子賞邑通之子孫晏子辭曰昔聖王論功而賞賢賢者得之不肖者失之御德脩禮無有荒怠今事君而免于罪者其子孫奚宜與焉若爲齊國大夫者必有賞邑則齊君何以共其社稷與諸

侯幣帛嬰請辭遂不受○此章與景公致千金而晏子固不受使田無宇致封邑晏子辭章旨悉同而辭少異故著于此篇

景公使梁丘據致千金之裘晏子固辭不受第二十五

景公賜晏子狐之白裘元豹之茈其貲千金使梁丘據致之晏子辭而不受三反公曰寡人有此二將欲服之今夫子不受寡人不敢服與其閉藏之豈如弊之身乎晏子曰君就賜使嬰脩百官之政君服之上而使嬰服之于下不可以爲教固辭而不受○此章與景公使梁丘據遺之車馬三返不受章旨同而事少異故著于此篇

晏子衣鹿裘以朝景公嗟其貧晏子稱有飾第二十六

晏子相景公布衣鹿裘以朝公曰夫子之家若此其貧也是奚衣之惡也寡人不知是寡人之罪也晏子對曰嬰聞之蓋顧人而後衣食者不

以貪昧爲非蓋顧人而後行者不以邪辟爲累嬰不肖嬰之族又不如嬰也待嬰以祀其先人者五百家嬰又得布衣鹿裘而朝於嬰不有飾乎再拜而辭○此章與陳無宇請浮晏子景公睹晏子之食而嗟其貧章旨同而辭少異故著于此篇

仲尼稱晏子行補三君而不有果君子也第二十七

仲尼曰靈公汙晏子事之以整齊莊公壯晏子

事之以宣武景公奢晏子事之以恭儉君子也
相三君而善不通下晏子細人也晏子聞之見
仲尼曰嬰聞君子有譏於嬰是以來見如嬰者
豈能以道食人者哉嬰之宗族待嬰而祀其先
人者數百家與齊國之閒士待嬰而舉火者數
百家臣爲此仕者 如臣者豈能以道食人者
哉晏子出仲尼送之以賓客之禮再拜其辱反
命門弟子曰救民之姓而不夸行補三君而不
有晏子果君子也○此章與仲尼之齊不見晏
子魯君問何事回曲之君章言同而述辭少異
故著於此篇

晏子春秋外篇重而異者第七終

晏子春秋外篇不合經術者第八 凡十八章
仲尼見景公景公欲封之晏子以爲不可
第一
景公上路寢聞哭聲問梁丘據晏子對第
二
仲尼見景公景公曰先生奚不見寡人宰
乎第三
仲尼之齊見景公而不見晏子子貢致問
第四
景公出田顧問晏子若人之衆有孔子乎
第五
仲尼相魯景公患之晏子對以勿憂第六
景公問有臣有兄弟而強足恃乎晏子對
不足恃第七
景公游牛山少樂請晏子一願第八
景公爲大鍾晏子與仲尼柏常騫知將毀
第九
田無宇非晏子有老妻晏子對以去老謂

之亂第十
工女欲入身于晏子晏子辭不受第十一
景公欲誅羽人晏子以爲法不宜殺第十
二
景公謂晏子東海之中有水而赤晏子詳
對第十三
景公問天下有極大極細晏子對第十四
莊公圖莒國人擾紿以晏子在廼止第十
五
晏子死景公馳往哭哀畢而去第十六
晏子死景公哭之稱莫復陳吾過第十七
晏子歿左右諛弦章諫景公賜之魚第十
八
仲尼見景公景公欲封之晏子以爲不可第
一
仲尼之齊見景公景公說之欲封之以爾稽以
告晏子晏子對曰不可彼浩裾自順不可以教
下好樂緩於民不可使親治立命而建事不可

守職厚葬破民貧國久喪道哀費日不可使子
民行之難者在內而傳者無其外故異于服勉
于容不可以道衆而馴百姓自大賢之滅周室
之卑也威儀加多而民行滋薄聲樂繁充而世
德滋衰今孔丘盛聲樂以侈世飾弦歌鼓舞以
聚徒繁登降之禮趨翔之節以觀衆博學不可
以儀世勞思不可補民兼壽不能殫其教當年
不能究其禮積財不能贍其樂繁飾邪術以營
世君盛爲聲樂以淫愚其民也不可以示其教
也不可以導民今欲封之以移齊國之俗非所
以導衆存民也公曰善于是厚其禮而留其敬
見不問其道仲尼廼行○此并下五章皆毀詆
孔子殊不合經術故著於此篇
景公上路寢聞哭聲問梁丘據晏子對第二
景公上路寢聞哭聲曰吾若聞哭聲何爲者也
梁丘據對曰魯孔丘之徒鞠語者也明於禮樂
審於服喪其母死葬埋甚厚服喪三年哭泣甚
疾公曰豈不可哉而色悅之晏子曰古者聖人

非不知能繁登降之禮制規矩之節行表綴之
數以教民以爲煩人留日故制禮不羨於便事
非不知能揚干戚鍾鼓竽瑟以勸衆也以爲費
財留工故制樂不羨于和民非不知能累世殫
國以奉死哭泣處哀以持久也而不爲者知其
無補死者而深害生者故不以導民今品人飾
禮煩事羨樂淫民崇[illegible]以害生三者聖王之所
禁也賢人不用德毀俗流故三邪得行于世是
非賢不肖雜上妄說邪故好惡不足以導衆此
三者路世之政單事之教也公曷爲不察聲受
而色悅之

晏外八

仲尼見景公景公曰先生奚不見寡人宰乎
第三

仲尼游齊見景公景公曰先生奚不見寡人宰
乎仲尼對曰臣聞晏子事三君而得順焉是有
三心所以不見也仲尼出景公以其言告晏子
晏子對曰不然嬰爲三心三君爲一心故三君
皆欲其國之安是以嬰得順也嬰聞之是而非

之非而是之猶非也孔丘必據處此一心矣

仲尼之齊見景公而不見晏子子貢致問第
四

仲尼之齊見景公而不見晏子子貢曰見君不
見其從政者可乎仲尼曰吾聞晏子事三君而
順焉吾疑其爲人晏子聞之曰嬰則齊之世民
也不維其行不識其過不能自立也嬰聞之有
幸見愛無幸見惡誹譽爲類聲響相應見行而
從之者也嬰聞之以一心事三君者所以順焉
以三心事一君者不順焉今未見嬰之行而非

晏外八

其順也嬰聞之君子獨立不慙于影獨寢不慙
於衾孔子拔樹削跡不自以爲辱窮陳蔡不自
以爲約非人不得其故是猶澤人之非斤斧山
人之非網罟也出之其口不知其困也始吾望
傳而貴之今吾望傳而疑之仲尼聞之曰語有
之言發於爾不可止於遠也行存於身不可掩
於衆也吾竊議晏子而不中夫人之過吾罪幾
矣丘聞君子過人以爲友不及人以爲師今丘

失言於夫子識之是吾師也因宰我而謝焉然
仲尼見之
景公出田顧問晏子若人之衆有孔子乎第
五
景公出田寒故以爲渾猶顧而問晏子曰若人
之衆則有孔子焉乎晏子對曰有孔子焉則無
有若舜焉則嬰不識公曰孔子之不逮舜爲閒
矣曷爲有孔子焉則無有若舜焉則嬰不識晏
子對曰是廼孔子之所以不逮舜孔子行一節

晏外八　六

者也處民之中其過之識況乎處君之中乎舜
者處民之中則自齊乎士處君子之中則齊乎
君子上與聖人則固聖人之林也此廼孔子之
所以不逮舜也
仲尼相魯景公患之晏子對以勿憂第六
仲尼相魯景公患之謂晏子曰隣國有聖人敵
國之憂也今孔子相魯若何晏子對曰君其勿
憂彼魯君弱主也孔子聖相也君不如陰重孔
子設以相齊孔子強諫而不聽必驕魯而有齊

君勿納也夫絶於魯無主于齊孔子困矣居朞
年孔子去魯之齊景公不納故困於陳蔡之閒
○此上五章皆毀詆孔子而此章復稱爲聖相
設相齊以困孔子似非平仲之所宜故著於此篇
景公問有臣有兄弟而強足恃乎晏子對不
足恃第七
景公問晏子曰有臣而強足恃乎晏子對曰不
足恃有兄弟而強足恃乎晏子對曰不足恃公
忿然作色曰吾今有恃乎晏子對曰有臣而強

晏外八　七

無甚如湯有兄弟而強無甚如桀湯有弑其君
桀有亡其兄豈以人爲足恃哉可以無亡也○
此章與景公問臣弃兄弟之強而晏子對以湯
桀無以垂訓故著於此篇
景公遊牛山少樂請晏子一願第八
景公遊于牛山少樂公曰請晏子一願晏子對
曰不嬰何願公曰晏子一願對曰臣願有君而
見畏有妻而見歸有子而可遺公曰善乎晏子
之願載一願晏子對曰臣願有君而明有妻而

材家不貧有良隣有君而明日順嬰之行有妻而材則使嬰不忘家不貧則不慍朋友所識有良隣則日見君子嬰之願也公曰善乎晏子之願也晏子對曰臣願有君而可輔有妻而可去有子而可怒公曰善乎晏子之願也○此章裁晏子之願如此無以垂訓故著於此篇

景公爲大鍾晏子與仲尼柏常騫知將毀第九

景公爲大鍾將懸之晏子仲尼柏常騫三人朝俱曰鍾將毀衝之果毀公召三子者而問之晏子曰鍾大不祀先君而以燕非禮是以曰鍾將毀仲尼曰鍾大而懸下衝之其氣下回而上薄是以曰鍾將毀柏常騫曰今庚申雷日也音莫勝於雷是以曰鍾將毀也○此章與景公爲泰呂成將燕饗晏子諫章旨同而尤近怪故著于此篇

田無宇非晏子有老妻晏子對以去老謂之亂第十

田無宇見晏子獨立於閨内有婦人出於室者髮班白衣緇布之衣而無裏裘田無宇譏之曰出於室爲何者也晏子曰嬰之家也無宇曰位爲中卿田七十萬何以老爲妻對曰嬰聞之去老者謂之亂納少者謂之淫且夫見色而忘義處富貴而失倫謂之逆道嬰可以有淫亂之行不顧于倫逆古之道乎○此章與景公以晏子妻老欲納愛女旨同而事異陳無宇雖至凡品亦未應以是誚晏子設非晏子者將納其説見棄妻乎無以垂訓故著于此篇

工女欲入身於晏子晏子辭不受第十一

有工女託於晏子之家焉者曰婢妾在廓之野人也願得入身比數於下陳焉晏子曰乃今日而後自知吾不肖也古之爲政者士農工商異居男女有别而不通故士無邪行女無淫事今僕託國主民而女欲奔僕僕必色見而行無廉也遂不見○此章與犯傷槐之令者女求入晏子家事同而辭略且無因而至故著于此篇

景公欲誅羽人晏子以爲法不宜殺第十二

景公蓋姣有羽人視景公僭者公謂左右曰問之何視寡人之僭也羽人對曰言亦死而不言亦死竊姣公也公曰合色寡人也殺之晏子不時而入見曰蓋聞君有所怒羽人公曰然色寡人故將殺之晏子對曰嬰聞拒欲不道惡愛不祥雖使色君於法不宜殺也公曰惡然乎若使沐浴寡人將使抱背○此章不典無以垂訓故著于此篇

景公謂晏子東海之中有水而赤晏子詳對第十三

景公謂晏子曰東海之中有水而赤其中有棗華而不實何也晏子對曰昔者秦繆公乘龍而理天下以黃布裹烝棗至東海而捐其布彼黃布故水赤烝棗故華而不實公曰吾詳問子何爲對曰嬰聞之詳問者亦詳對之也○此弃下一章語類俳而義無所取故著於此篇

景公問天下有極大極細晏子對第十四

景公問晏子曰天下有極大乎晏子對曰有足游浮雲背凌蒼天尾偃天閒躍啄北海頸尾咳於天地乎然而漻漻不知六翮之所在公曰天下有極細乎晏子對曰有東海有蟲巢於蟁睫再乳再飛而蟁不爲驚臣嬰不知其名而東海漁者命曰焦冥

莊公圖莒國人擾紿以晏子在迺止第十五

莊公闔門而圖莒國人以爲有亂也皆摽長兵而立於閭公召睢休相而問曰寡人闔門而圖

莒國人以爲有亂皆摽長兵而立于衢閭奈何休相對曰誠無亂而國以爲有則仁人不存請令于國言晏子之在也公曰諾以令於國孰謂國有亂者晏子在焉然後皆散兵而歸君子曰夫行不可不務也晏子存而民心安此一日之所爲也所以見於前信於後者是以晏子立人臣之位而安萬民之心○此章特以晏子而紿國人故著于此篇

晏子死景公馳往哭哀畢而去第十六

景公游於菑聞晏子死公乘侈輿服繁駔驅之而因爲遲下車而趨知不若車之遬則又乘比至於國者四下而趨行哭而往伏尸而號曰子大夫日夜責寡人不遺尺寸寡人猶且淫泆而不收怨罪重積于百姓今天降禍於齊不加于寡人而加於夫子齊國之社稷危矣百姓將誰告夫○此幷下二章皆晏子殁後景公追懷之言故著于此篇

晏子死景公哭之稱莫復陳告吾過第十七

晏子死景公操玉加於晏子而哭之涕沾襟章子諫曰非禮也公曰安用禮乎昔者吾與夫子遊於公邑之上一日而三不聽寡人今其孰能然乎吾失夫子則亡何禮之有免而哭哀盡而去

晏子没左右諛弦章諫景公賜之魚第十八

晏子没十有七年景公飲諸大夫酒公射出質堂上唱善若出一口公作色太息播弓矢弦章入公曰章吾失晏子未嘗聞吾不善章曰臣聞君好臣服君嗜臣食尺蠖食黃身黃食蒼身蒼君其食諂人言乎公曰善賜弦章魚五十乘弦章歸魚車塞途章撫其僕曰曩之唱善者皆欲此魚也固辭不受

晏子春秋外篇不合經術者第八終

图书在版编目（CIP）数据

晏子春秋通译 / 临淄区齐文化研究中心编. -- 济南：齐鲁书社，2019.12
ISBN 978-7-5333-4242-5

Ⅰ.①晏… Ⅱ.①临… Ⅲ.①先秦哲学 ②《晏子春秋》-译文 Ⅳ.①B229.94

中国版本图书馆CIP数据核字(2019)第292393号

晏子春秋通译
YANZI CHUNQIU TONGYI
临淄区齐文化研究中心 编

主管单位	山东出版传媒股份有限公司
出版发行	齊魯書社
社　　址	济南市英雄山路189号
邮　　编	250002
网　　址	www.qlss.com.cn
电子邮箱	qilupress@126.com
营销中心	（0531）82098521　82098519
印　　刷	山东星海彩印有限公司
开　　本	787mm×1092mm　1/16
印　　张	39.25
插　　页	3
字　　数	760千
版　　次	2019年12月第1版
印　　次	2019年12月第1次印刷
印　　数	1-5300
标准书号	ISBN 978-7-5333-4242-5
定　　价	168.00元（上、下册）